L'ALGÉRIE

ET

LA TUNISIE

AUTRES OUVRAGES DE M. PAUL LEROY-BEAULIEU

De la Colonisation chez les peuples modernes ; histoire et doctrine. 3e édition. *Guillaumin*, éditeur, 1885.

De l'État moral et intellectuel des populations ouvrières et de son influence sur le taux des salaires. Ouvrage couronné par l'Académie des sciences morales et politiques. Paris, 1868. *Guillaumin (épuisé)*.

Recherches économiques, historiques et statistiques sur les guerres contemporaines. Paris, 1869. *Lacroix-Verbœckhoven*.

La Question ouvrière au XIXe siècle, 2e édition. Paris, 1882. *Charpentier*.

L'Administration locale en France et en Angleterre. Ouvrage couronné par l'Académie des sciences morales et politiques. Paris, 1872. *Guillaumin (épuisé)*.

Le Travail des femmes au XIXe siècle. Ouvrage couronné par l'Académie des sciences morales et politiques. Paris, 1873. *Charpentier*.

Essai sur la répartition des richesses et sur la tendance à une moindre inégalité des conditions. 3e édition, Paris, 1887. *Guillaumin*.

Le Collectivisme, examen critique du nouveau socialisme. 2e édition. *Guillaumin*, 1885.

Traité de la science des finances. 4e édition, 2 volumes in-8. Tome Ier, Des Revenus publics ; tome II, Le Budget et le Crédit public. *Guillaumin*, 1887.

L'ALGÉRIE

ET

LA TUNISIE

PAR

PAUL LEROY-BEAULIEU

MEMBRE DE L'INSTITUT,
PROFESSEUR AU COLLÈGE DE FRANCE,
DIRECTEUR DE *l'Économiste français*.

PARIS

LIBRAIRIE GUILLAUMIN ET Cie

Éditeurs de la Collection des principaux Économistes, du Journal des Économistes,
du Dictionnaire de l'Économie politique,
du Dictionnaire universel du Commerce et de la Navigation, etc.

RUE RICHELIEU, 14

AVANT-PROPOS

Ce livre est né de quinze ans d'études africaines.

Dans mon ouvrage sur la *Colonisation chez les peuples modernes*, je me suis efforcé d'indiquer les règles qui ressortent de l'expérience de tous les peuples pour la fondation et la conduite des colonies.

J'y traçais en épisode les grandes lignes de notre établissement en Algérie et de nos tâtonnements dans cette contrée.

Il m'a semblé qu'il était utile de consacrer à nos deux possessions de l'Afrique du nord un examen plus étendu et plus détaillé.

On écrit beaucoup aujourd'hui sur ces contrées, mais souvent les écrivains qui traitent ces questions ne connaissent pas assez la colonisation générale ; ils n'ont sur l'œuvre et les procédés des Anglais, des Hollandais, des Espagnols, que des notions vagues où se glisse une grande part de préjugés.

D'autres font des monographies trop morcelées. Il me paraît impossible, par exemple, de parler avec compétence de la Tunisie si l'on ignore l'Algérie. Comment critiquer judicieusement le régime du protectorat, si l'on n'a pas pris la peine de suivre toutes les vicissitudes et toutes les lacunes de notre administration directe en Algérie? Comment suggérer des projets de réforme des impôts tunisiens, si l'on ne connaît par le menu l'organisation des impôts arabes et des impôts européens dans l'ancienne Régence d'Alger, dont nous avons commencé la conquête il y a cinquante-sept ans?

L'histoire de l'Algérie est pour la France une expérience prolongée, coûteuse, pénible, qui doit nous éclairer sur la méthode funeste à éviter dans notre possession nouvelle.

Les faciles débuts de la Tunisie offrent, d'autre part, bien des enseignements pour la continuation et le perfectionnement de notre œuvre algérienne.

Ainsi, l'on doit étudier les deux pays ensemble, si l'on veut voir clair et arriver aux solutions utiles.

Ce n'est pas que nous pensions qu'on doive tendre à l'union pratique de l'Algérie et de la Tunisie. On travaille en ce moment à un projet d'Union Indo-Chinoise. Je considèrerais comme une faute irréparable qu'on voulût fonder une Union Nord-Africaine.

L'Algérie et la Tunisie doivent rester aussi longtemps que possible et, sinon toujours, du moins pendant plusieurs quarts de siècle, des contrées distinctes, séparées par le caractère des populations, par le mode de colonisation, par l'administration générale.

Les réunir, ce serait compromettre l'une et l'autre.

L'Algérie sort à peine aujourd'hui des longues difficultés de la période d'enfance. Elle est venue lentement à un commencement de prospérité; elle a gagné tardivement la faveur publique.

Pour que le développement de la colonisation y soit assuré, régulier, désormais spontané, il reste surtout deux questions à résoudre qui sont autant d'ordre moral que d'ordre matériel, la question des étrangers et la question des indigènes.

On doit naturaliser les étrangers; on doit traiter humainement, élever, instruire les indigènes, en transformer chaque année un certain nombre en citoyens français.

Depuis quinze ans, j'ai tenu à honneur de prendre souvent la défense des indigènes algériens. La sécurité de notre possession, de même que la dignité du nom français, sont intéressés à ce que nous changions de régime envers eux.

L'Afrique du Nord-Ouest ne nous appartiendra définitivement que si nous nous concilions les Arabes et si, dans une certaine mesure, nous les francisons.

Depuis quelque temps un progrès s'est accompli dans les idées du public français à ce sujet. La presse métropolitaine se montre aujourd'hui plus favorable aux indigènes algériens; ils trouvent des voix amies dans le Parlement; et quelques-uns même des représentants de l'Algérie, non pas toutefois la majorité, commencent à s'inquiéter de leurs besoins, à protester contre les rigueurs dont ils sont parfois l'objet.

Si l'on parvenait à résoudre équitablement la question des indigènes en Algérie, on aurait beaucoup plus fait pour l'avenir paisible et pour le développement rapide de cette colonie, qu'en dépensant des millions de francs à créer des centres artificiels.

La Tunisie est exposée à un péril d'une autre nature, celui de devenir une colonie de fonctionnaires. Il semble que les tendances de la nouvelle administration y poussent. Nous souhaitons qu'on l'y arrête. Les révélations récentes sur la Cochinchine nous ont fait connaître les déplorables résultats des colonies de fonctionnaires. Le premier résident français en Tunisie, avec un tact admirable, a su éviter cette fâcheuse direction.

D'après des indices qui, nous l'espérons, ne dureront pas, il semblerait qu'on ait aujourd'hui quelque inclination à faire de ce vaste pays une sorte de préfecture, où l'esprit politicien, les appétits politiciens, les préjugés continentaux, l'exclusivisme politique et religieux se donneraient carrière. Dieu veuille qu'on y remédie en temps opportun!

Un autre danger auquel est exposée notre nouvelle possession, c'est que, par le défectueux régime douanier qu'on met si peu d'empressement à améliorer, elle noue des relations plus étroites avec l'Italie qu'avec la France.

Déjà les exportations tunisiennes, par le régime absurde et antipatriotique que nous maintenons, sont trois fois plus fortes pour l'Italie que pour la France.

Nous attirons sur tous ces points l'attention de nos lecteurs; nous avons cherché à faire un tableau aussi impartial et aussi exact que possible de l'Algérie et de la Tunisie, de leurs ressources naturelles, des résultats déjà acquis, des méthodes suivies ou à suivre, de la population indigène, du traitement qui lui convient, des perspectives de la colonisation et de l'avenir de la France dans le nord de l'Afrique.

La France a le bonheur de trouver en face d'elle, à vingt-huit ou trente heures de ses ports méridionaux, un champ d'activité énorme qu'elle peut aisément féconder. Il y a là, vraiment, une nouvelle France à constituer, double en étendue de l'ancienne, pourvue de ressources naturelles qui, sur la moitié du territoire, égalent celles des pays les mieux doués. Avec l'esprit de colonisation, l'esprit d'aventure, dans ce qu'il a de légitime et d'élevé, peut se développer sur notre sol africain, dans ces régions indéfinies du sud où aucune frontière précise ne nous arrête.

L'œuvre est désormais facile. La paix matérielle est assurée; le pays est partout connu : les capitaux se sentent de l'inclination pour l'Afrique; les voies de communication y sont déjà nombreuses. Si la France a, comme nous le croyons, un reste de vocation colonisatrice, elle peut en donner la preuve. Le prochain quart de siècle sera décisif pour témoigner si notre pays sait encore faire des œuvres grandes et durables. Or, pour les œuvres durables et grandes, ne l'oublions pas, parmi les conditions les plus propices, on doit compter le bon sens, la persévérance et la justice.

20 juin 1887.

Paul LEROY-BEAULIEU.

L'ALGÉRIE ET LA TUNISIE

LIVRE PREMIER
L'ALGÉRIE

CHAPITRE PREMIER

LES ORIGINES ACCIDENTELLES DE NOTRE ÉTABLISSEMENT EN ALGÉRIE. — CARACTÈRE TOUT PARTICULIER DE CETTE COLONIE.

Considérations générales. — Origine tout exceptionnelle de notre établissement colonial en Algérie. — L'Algérie doit tenir une place à part dans l'histoire de la colonisation.
Coup d'œil historique sur les commencements de la conquête. — Irrésolution des Chambres et du gouvernement. — Hostilité d'un grand nombre d'importants personnages parlementaires.
La politique qui prévaut pendant huit ans est celle de l'occupation restreinte. — On cherche confusément en Algérie l'application d'une formule analogue à celle du protectorat. — Efforts persévérants pour gouverner l'intérieur du pays au moyen de princes indigènes, plutôt alliés que dépendants. — Les combinaisons avec la famille beylicale de Tunis. — Les nombreux traités avec Abd-el-Kader. — Les propositions faites à Achmed, bey de Constantine.
La société indigène algérienne n'était ni assez compacte ni assez assise pour fournir les éléments d'un protectorat.
L'Algérie n'est devenue une colonie que fortuitement et malgré l'intention de la métropole.

En dehors des colonies à esclaves, qui produisaient du sucre, du café, de l'indigo et quelques autres denrées d'exportation, le XVIIIe siècle n'avait laissé à la France que quelques positions commerciales méritant plutôt le nom de comptoirs que celui de colonies. Des circonstances spéciales, appartenant à l'ordre des faits politiques, diplomatiques et militaires, nous ont dotés depuis lors d'une vaste contrée où nous nous sommes fixés d'une manière permanente en vue de la colonisation. Il importe de signaler, dès l'abord, l'origine toute singulière et exceptionnelle de cet établissement colonial. Il dut sa naissance, non à des faits de l'ordre économique, mais à des circonstances de l'ordre politique. Ce fut une conquête, et une conquête sans préméditation, amenée par des événements fortuits.

L'histoire moderne, croyons-nous, n'offre aucun fait analogue à celui de l'occupation de l'Algérie par la France depuis plus de 50 ans. Une insulte de la part d'un souverain barbare, le refus des réparations exigées, le besoin de détourner en France l'attention publique des affaires intérieures, telles furent les circonstances minimes et contingentes qui nous amenèrent en Afrique. C'est la seule fois qu'une grande entreprise de colonisation ait eu son origine dans une question de point d'honneur national. Quand les Portugais et les Hollandais fondèrent leur empire oriental, ils y étaient portés par l'appât d'un trafic hautement rémunérateur et par l'espoir d'obtenir le monopole des relations fructueuses de l'Europe avec l'Asie. Quand l'Espagne étendit sa domination sur toute l'Amérique du Sud, elle se sentait attirée vers ce vaste continent et elle y était retenue par les énormes richesses métalliques dont la révélation l'éblouissait, en même temps par l'abondance des produits naturels et par la facilité de la conquête et de l'occupation. Quand l'Angleterre envoya ses enfants vers les vastes plaines de l'Amérique du Nord, elle se trouvait plongée dans une crise économique, sociale et religieuse, où l'émigration était un bienfait incontestable et le seul remède peut-être contre des maux d'une rare intensité (1). Toutes ces nations avaient

(1) Se reporter pour l'histoire des colonisations portugaise, espagnole,

cédé à l'attrait du trafic, à l'appât des richesses ou bien encore à un besoin économique et social.

Pour tous ces peuples, la colonisation fut l'œuvre moins des gouvernements que des particuliers, œuvre lente, mais persistante, commencée et poursuivie par des légions d'aventuriers hardis et heureux, régularisée après coup par l'intervention gouvernementale. Rien ne ressemble moins à la création de notre colonie algérienne. Celle-ci naquit d'un seul jet, par l'initiative du pouvoir, à la suite d'un fait fortuit qui occasionna l'envoi d'une armée française à Alger; il n'est peut-être pas téméraire de dire que, si nous nous sommes fixés en Afrique, la cause en a été moins au besoin de nous y établir qu'à la difficulté de nous en éloigner.

Cette situation, qui fait à notre entreprise algérienne une place à part dans l'histoire de la colonisation, est accompagnée d'autres circonstances non moins exceptionnelles. Toutes les nations qui avaient fondé des colonies autres que celles d'exploitation les avaient placées dans des contrées vacantes ou très peu peuplées; elles s'étaient emparées de régions d'une facile conquête, offrant en abondance des terres libres et d'une appropriation aisée, ne présentant qu'une population disséminée, primitive et incapable de résistance. La France, au contraire, prenait possession, en 1830, d'une terre occupée, cultivée, défendue par une population nombreuse, guerrière, opiniâtre. Cette race établie sur le sol d'Afrique depuis des siècles était douée d'une civilisation avancée; elle formait une société régulière, pourvue de tous les éléments de vie et de consistance; elle avait un sentiment élevé de sa nationalité; elle répugnait par ses mœurs, ses idées, sa religion, à toute assimilation avec une autre race, et ce qui contribuait à augmenter encore les difficultés, c'est que la religion de cette race indigène est une religion

hollandaise et anglaise à notre ouvrage *De la Colonisation chez les peuples modernes*, 3e édition, 1885, Guillaumin, éditeur.

hautement spiritualiste, dépourvue presque de toute empreinte de superstition, une religion qui, par la simplicité et la netteté toute philosophique de sa doctrine, par la pureté de ses enseignements, est douée d'une force défensive que, au point de vue humain, on peut appeler insurmontable (1).

Telles sont les circonstances caractéristiques dans lesquelles a pris naissance notre tentative de colonisation algérienne ; il importe de ne les pas oublier un instant, si l'on veut être juste et impartial, si l'on veut émettre des idées pratiques et réalisables. Rien ne ressemble ici à l'établissement des Anglais dans l'Amérique du Nord ou en Australie. C'est un fait sans précédent, sans analogie dans l'histoire moderne.

Fonder une colonisation agricole dans un pays où tout le sol était possédé et cultivé ; introduire une population européenne au milieu d'une population musulmane, qu'on n'avait ni le droit ni la force d'extirper ou de refouler ; faire de ces deux éléments juxtaposés et hétérogènes un ensemble, si ce n'est homogène, du moins régulier ; c'était là le plus difficile problème que se fût encore posé la politique coloniale des peuples modernes.

Nous n'avons pas à retracer les circonstances spéciales qui nous attirèrent en Afrique en 1830 ; nous n'avons pas à faire l'histoire de ces guerres sans cesse renaissantes, qui jusqu'en 1847 (soumission d'Abd-el-Kader) ou même jusqu'en 1857 (fin de la guerre de Kabylie) accompagnèrent notre laborieux établissement dans ce pays. On peut dire que la difficulté de la conquête fut l'origine de la colonisation (2).

(1) Le caractère spiritualiste, au point de vue du dogme, de la religion mahométane, s'allie, comme chacun sait, dans la pratique, à une sensualité très goûtée des peuples orientaux et méridionaux par l'autorisation de la polygamie et de la répudiation.

(2) Rappelons seulement quelques dates qui montrent les lenteurs de la

Une publication toute récente et d'un très grand intérêt, les *Commencements d'une Conquête*, de M. Camille Rousset, dans la *Revue des Deux Mondes* des années 1885 et 1887, décrit, d'une façon saisissante, l'origine tout accidentelle de notre établissement en Afrique. Ces récits animés et détaillés doivent être lus par tous ceux qui s'étonnent des lenteurs de la colonisation algérienne, et particulièrement par les esprits impatients et ignorants que les premières épreuves d'une entreprise colonisatrice découragent. Il était bon de rappeler à notre génération, qui les a oubliés, les tâtonnements de notre installation en Algérie. Les Chambres françaises, pendant toute la première partie du règne de Louis-Philippe, étaient plutôt hostiles à l'occupation définitive de l'ancienne Régence; les économistes, cédant à un préjugé dont beaucoup ne se sont pas encore dégagés, la déconseillaient; ce qui surprendra davantage, l'un des généraux que les combats d'Afrique ont le plus illustrés, le maréchal Bugeaud, qui doit à l'Algérie toute sa gloire, est resté,

conquête ; le débarquement des Français à Sidi-Ferruch s'effectue le 14 juin 1830; Alger se rend le 5 juillet; Oran est occupé au commencement de 1831 ; la Kasba de Bône est prise en 1832 ; nous occupons Arzew et Mostaganem en juillet 1833 ; nous entrons dans Tlemcen en janvier 1836 ; nous prenons possession de la Calle dans la même année. C'est aussi en 1836 qu'a lieu la première et infructueuse expédition contre Constantine. Le traité de 1837 avec Abd-el-Kader ne nous laisse guère que le littoral de l'Algérie et cède à l'émir l'intérieur, presque jusqu'aux côtes, dans les provinces d'Alger et d Oran. Dans la même année 1837 s'effectue la seconde expédition de Constantine, et nous prenons cette ville le 13 octobre. En 1838 seulement nous mettons garnison à Koléa et à Blida, l'une située à 30 kilomètres, l'autre à 51 d'Alger. Nous n'occupons définitivement Médéa et Miliana qu'en 1840. En 1843, toute la province d'Oran est en feu ; en 1844, nous prenons Biskra et Dellys. Dans la même année, le maréchal Bugeaud remporte la bataille d'Isly sur les Marocains. Le 23 décembre 1847, Abd-el-Kader se rend au général de Lamoricière. En décembre 1852 nous prenons Laghouat. L'expédition de Kabylie s'effectue pendant l'automne et l'hiver des années 1856 et 1857. En juin 1857 seulement la Kabylie est définitivement soumise. On ne peut donc considérer l'Algérie comme complètement conquise que depuis trente ans tout au plus. Nous ne parlons pas ici des insurrections, comme celle de 1871 dans la province d'Alger et de Constantine, et celle 'e 1881 dans la province d'Oran.

jusqu'en 1837, un des partisans décidés de l'évacuation.

Sans entrer dans des détails qui seraient ici hors de mise, il est utile à notre sujet de citer quelques-uns des faits ou quelques-unes des manifestations qui décèlent le mieux, pendant la période initiale, l'opinion publique française à l'égard de l'Algérie et du rôle que nous y devions prendre.

Si vingt jours après la prise d'Alger on pouvait trouver dans la rue Bab-el-Oued un restaurateur, dans la rue de la Marine un hôtel de Malte, un hôtel des Ambassadeurs dans la rue des Consuls, et çà et là sur des toiles flottantes l'enseigne d'un charcutier, d'un débit de vin, d'un dépôt de conserves alimentaires; si, d'autre part, dans les mêmes premières semaines de l'occupation, le commissaire du roi, maire d'Alger, M. Cadet de Vaux, s'occupait de former, sous le nom de ferme expérimentale d'Afrique ou de ferme modèle, une société pour exploiter un domaine de 1,000 hectares à prendre sur les bords de l'Harrach; bientôt les hésitations des pouvoirs publics venaient décourager ces rudiments d'entreprises ou en faisaient ressortir le caractère aventureux et précaire.

On ne savait et l'on ne sut pendant dix ans si l'on se contenterait de tenir garnison sur quelques points de la côte ou si l'on prendrait possession de tout le territoire. On ignorait encore si l'on administrerait au moyen de beys indigènes ou si l'on soumettrait le pays à la direction immédiate de la France. S'il s'était rencontré, comme aujourd'hui en Tunisie, les éléments d'un gouvernement indigène subordonné et docile, il est hors de doute qu'on se fût rangé à un régime beaucoup plus indigène encore et moins empreint d'esprit français que notre protectorat tunisien. On chercha, sans se lasser ni s'instruire par les déceptions de plus de huit années, à constituer des pouvoirs arabes que l'on pût simplement influencer : on le voulut faire dans le beylick de Titeri, avec Moustapha ben Omar et d'autres encore, dans la province d'Oran et celle d'Alger avec Abd-el-Kader, dans la province de Constantine avec Yusuf et Achmed. On alla jusqu'à vouloir introduire le Bey de Tunis dans les affaires algériennes, afin de trouver un intermédiaire près de la population arabe et de dégager le gouvernement français des difficultés de la conquête et des soucis de l'administration.

L'Algérie ne fournissait pas les éléments d'un gouvernement indigène sérieux et pacifique. La société musulmane n'y offrait rien de compact; les tribus étaient divisées et hostiles entre elles; les principaux chefs n'avaient pas assez le sentiment de notre force ou étaient dévorés d'une ambition ardente, d'un fanatisme religieux exalté. Achmed à Constantine était trop cruel et trop barbare; Abd-el-Kader trop arrogant et trop enthousiaste. Lui-même, le plus populaire et le plus vénéré des chefs algériens, rencontrait parmi ses coreligionnaires, même les plus religieux, des ennemis ou des rivaux, comme ce Mohammed-El-Tedjini, marabout de haute race et de grande renommée, qu'il alla assiéger en juin 1838 dans son ksar d'Aïn-Madhi, au Sud-Oranais, et dont il eut tant de peine à surmonter avec de grandes pertes d'hommes l'acharnée résistance.

La formule du protectorat n'existait pas encore; on avait la pensée confuse de cette solution, on s'efforçait de la réaliser; mais les éléments manquaient : à savoir une autorité indigène incontestée et prête à une certaine docilité, une nation compacte et paisible. Ce sont les Arabes, qui par leur indiscipline, leurs divisions, leur arrogance, ont forcé le gouvernement français à conquérir, malgré lui, tout le pays; il a employé huit années à tâcher de séduire les chefs pour s'en faire des alliés fidèles.

Le gouvernement de Charles X avait eu un instant l'idée de charger le célèbre pacha d'Égypte, Mehemet Ali, du soin de venger les insultes de la France sur le dey d'Alger

Mehemet eût conquis l'Algérie et l'eût gouvernée, comme son pachalik, à titre de vassal et tributaire du sultan. Des difficultés diplomatiques européennes eussent empêché une combinaison où la France montrait tant de désintéressement. Le premier gouveneur sous la monarchie de Juillet, le général Clauzel, qui avait à cœur de garder Alger, rêva d'associer un personnage moins remuant et moins en vue que Mehemet Ali, le bey de Tunis à l'œuvre mi-partie de conquête, mi-partie de civilisation de la France en Afrique. Le bey aurait administré, en qualité de notre vassal, toutes les parties du territoire algérien que nous n'aurions pas occupées, c'est-à-dire la totalité moins quelques points des côtes. En l'absence d'une autorité tout à fait indigène, on voulait ainsi recourir à un prince arabe voisin. La même idée dura jusqu'après la prise de Constantine où l'on pensa à faire administrer cette province, à défaut d'Achmed insoumis, par le bey de Tunis.

Elle reçut un commencement d'exécution : un arrêté du général en chef, en date du 15 octobre 1830, destituait Hadji-Achmed, bey de la province de Constantine; un arrêté du lendemain nommait à sa place Sidi-Moustapha, prince de Tunis, frère du bey : quelques jours après celui-ci prenait, par son envoyé, l'engagement de payer à la France, comme bey de Constantine, une redevance annuelle d'un million, réduite par exception à 800,000 francs en 1831. Cette combinaison n'eut pas de suite. Le potentat hardi qui régnait à Constantine montra en 1836 et en 1837 qu'il fallait autre chose qu'un arrêté pour le déposséder.

Ce que l'on croyait avoir fait au centre en nommant un bey de Titeri et à l'est en introduisant sur le papier un prince tunisien à Constantine, on le tenta également à l'ouest dans des conditions moins laborieuses. Le vieux bey d'Oran, Hassan, avait dès la première heure reconnu la souveraineté de la France; il était docile, mais cassé par l'âge et ne demandant qu'à abandonner sa charge en réalisant ses richesses.

Il se laissa donner un successeur, qui fut encore un prince de Tunis, Achmed ; le lieutenant de celui-ci arriva dans le port d'Alger avec 250 soldats tunisiens qu'avait été chercher un bâtiment de l'État français. L'investiture du beylik d'Oran était donnée à peu près aux mêmes conditions que celle du beylik de Constantine, à savoir le payement annuel d'une redevance de 1 million, réduite pour l'année 1831 à 800,000 fr. La France, toutefois, se réservait, ce qu'elle ne faisait pas à Constantine, le droit d'occuper une place dans la province d'Oran, Mers-el-Kebir.

Ces combinaisons montrent combien étaient modestes nos prétentions et combien aussi la colonisation territoriale tenait peu de place dans nos projets. Les arrangements du général Clauzel ne furent pas, il est vrai, ratifiés à Paris : on les annula ; mais simplement parce qu'on jugeait que le général avait empiété sur les attributions du ministère. L'idée de gouverner avec des chefs indigènes, non pas même protégés, mais simplement vassaux et tributaires, persista pendant près de dix ans.

Nos beys et nos aghas n'étaient pas obéis ou perdaient peu à peu quelque chose de leur docilité : de là les expéditions auxquelles nous fûmes entraînés. Notre bey de Titeri, par exemple, Ben Omar, ne parvenait pas à se faire respecter des habitants de Medea. Il fallait s'efforcer de l'y maintenir. Nous avions occupé Bône en août 1830, et n'avions nulle envie de pénétrer dans l'intérieur, mais Achmed, l'impétueux bey de Constantine, ne voulait pas nous y laisser en paix. Ce fut ainsi partout. Notre adhésion persistante à la méthode d'occupation limitée fut sans cesse déjouée par les événements.

L'indécision de la France à l'endroit de l'Algérie fut un mal chronique. D'une part, on ne voulait pas l'abandonner ; d'autre part, on ne voulait pas la conquérir. Dans la séance de la Chambre des députés du 7 mars 1833, le maréchal

Soult, ministre de la guerre, s'exprimait d'une façon qui ne pouvait encourager ni nos soldats ni ceux qui auraient pu se faire colons : « J'ai annoncé, disait-il dans la séance du 7 mars, en rappelant le débat de l'année précédente, qu'à moins de considérations politiques d'une telle nature qu'il soit dans l'intérêt de la France d'y renoncer, le gouvernement n'avait aucun projet d'abandonner la côte d'Afrique. » Ce verbiage grammaticalement incorrect et obscur, ce mot de « côte » substitué à celui de « terre », ne laissaient dans l'esprit aucune impression nette. Nous n'étions maîtres que du sol que foulaient nos soldats, et ceux-ci, sauf dans des incursions brèves, se cantonaient sur quatre ou cinq points de la côte. Il fallait en 1833 une expédition pour protéger la fauchaison des foins dans les prairies de l'entrée de la Mitidja, toujours envahie par la tribu remuante des Hadjoutes. L'apparition du capitaine Pélissier, au printemps de 1834, sur le marché de Boufarik à neuf lieues d'Alger paraissait un événement d'une rare audace.

Dans la province d'Oran, où l'on n'occupait outre cette ville qu'Arzew et Mostaganem, le gouvernement français posait lui-même les bases de la grandeur future d'Abd-el-Kader. La combinaison avec un prince de Tunis ayant échoué, c'était au jeune et nouvel émir qu'on voulait confier le soin d'administrer le gros du pays, non plus comme vassal, ni même comme tributaire, mais simplement comme allié. En 1834, un traité, précurseur de celui de la Tafna, était signé entre le général Desmichels et Abd-el-Kader. On reconnaissait à celui-ci le droit d'entretenir des représentants près de nous à Oran, Mostaganem et Arzew; nous devions avoir quelques officiers français à Mascara, la capitale du jeune chef. Nous nous engagions à lui livrer tous les indigènes qui fuiraient les tribus pour échapper à un châtiment mérité. Nous lui livrions toute la province, sans condition de redevance, en ne nous réservant que les trois places maritimes. Nous lui faisions cadeau de cent fusils et de 500 kilogrammes de poudre. Quoiqu'on trouvât à Paris ce traité exorbitant, il reçut l'approbation royale. L'application qu'Abd-el-Kader fit de cet accord le rendit encore plus nuisible à nos intérêts. Au lieu de protéger l'émir et de l'avoir pour vassal, il semblait que nous eussions cherché en lui un protecteur.

L'attitude des Chambres n'était pas de nature à raffermir celle des généraux. La Commission d'enquête de l'Algérie, instituée au mois de juillet 1833, avait bien voté par 17 voix contre 2 la résolution que « l'honneur et l'intérêt de la France commandaient de conserver les possessions sur la côte septentrionale de l'Afrique » ; mais elle ajoutait les deux paragraphes suivants singulièrement émollients : « En réservant les droits de la France à la souveraineté de toute la régence d'Alger, il convient de borner, pour le moment, l'occupation militaire aux villes d'Alger et de Bône protégées par des lignes d'avant-postes dont les travaux de fortification pourront être ajournés, ainsi qu'aux villes d'Oran et de Bougie ; les forces effectives entretenues dans la Régence doivent être fixées à 21,000 hommes qui auront comme auxiliaires des forces indigènes. » Cet effectif égale à peine la moitié du corps d'armée qui, cinquante ans plus tard, est jugé nécessaire pour conserver la contrée pacifiée.

Plusieurs des principaux personnages de la Chambre montraient presque de l'hostilité à l'occupation algérienne. Dans la séance du 7 mars 1834, le rapporteur des crédits supplémentaires, M. de Rémusat, déclarait que la question d'Alger était une question réservée, que tout ce qui avait été fait jusqu'alors devait être tenu pour provisoire : « La Chambre a droit d'attendre, ajoutait-il, que, dans le cours de l'année et avant la solution définitive du problème, aucune expédition nouvelle, aucun développement des établissements coloniaux ou militaires ne viendra grever le budget de surcharges imprévues. » Un mois plus tard, le rapporteur du budget de la guerre pour l'exercice 1835, M. Hippolyte Passy, s'écriait : « N'allons pas nous croire engagés à réaliser l'impossible, à poursuivre à grands frais un système de conquête et de colonisation auquel manque toute garantie, toute certitude de succès. » D'autres voulaient qu'on s'en tînt à l'occupation de la seule ville d'Alger. Certains regrettaient même qu'on eût pris Alger.

Un des plus célèbres parlementaires du temps, M. Dupin, dans la séance du 29 avril 1834, fut d'une violence sans égale contre la nouvelle conquête : « La colonisation, disait-il, est une chose absurde; point de colons, point de terres à leur concéder, point de garanties surtout à leur promettre. Il faut réduire les dépenses à leur plus simple expression et hâter le moment de libérer la France d'un fardeau qu'elle ne pourra et qu'elle ne voudra pas porter longtemps. » Et c'était un haut fonctionnaire du gouvernement qui s'exprimait sur ce ton; M. Dupin était, en effet, procureur général.

Dans ce budget de 1835, le gouvernement demandait un crédit de 400,000 francs pour un essai de colonisation; la commission était d'avis de n'en accorder que 150,000. Un des orateurs les plus applaudis de ce temps, Odilon Barrot, prononça un discours dont voici la conclusion : « La dépense de 400,000 francs préjugerait la colonisation, c'est pour cela que je vote contre. » Et la Chambre aussi vota contre.

Notre génération qui a assisté aux tergiversations des Chambres dans les affaires du Tonkin ne se doutait pas qu'un demi-siècle auparavant l'irrésolution et l'illusion avaient été, à l'égard de l'Algérie, plus flagrantes encore et plus durables.

Nos généraux, cherchant partout en Afrique une autorité indigène sur laquelle ils pussent s'en remettre du gouvernement de tout l'intérieur, demeuraient pleins de condescendance et de complaisance pour Abd-el-Kader. Le gouverneur général, comte d'Erlon, faisait avec lui au mois de mai 1835 une nouvelle convention plus humiliante que les précédentes. Qu'on en juge par ces formules : « Quand l'émir jugera bon de nommer un hakem (gouverneur) à Miliana ou à Médéa (c'est-à-dire à douze ou quinze lieues d'Alger), ou quand il jugera bon de le destituer, il en informera le général. Lorsque le général aura besoin de quelque chose de ces pays, il en écrira au hakem qui préviendra l'émir... L'émir pourra, par l'entremise de son *oukil* (consul ou accrédité résidant à Alger ou à Oran), acheter poudre, soufre, armes, mortiers et tout ce qui se rapporte aux munitions de guerre ; l'émir rendra aux Français tous les déserteurs français, comme aussi les Français rendront à l'émir ses déserteurs ; si l'émir avait l'intention de faire une expédition à Constantine ou à Tunis, il en ferait part au général pour qu'il donne son avis sur cet objet. »

Ceux qui, aujourd'hui, s'indignent des attributions purement honorifiques qu'on laisse au docile et utile bey de Tunis n'ont qu'à relire toute la série des traités conclus avec Abd-el-Kader. Nous lui abandonnions presque nos fidèles amis Arabes, nos alliés sincères de la première heure, comme les Douair et les Smela, des environs d'Oran, et les coulouglis (soldats turcs) de Tlemcen. Toutes ces complaisances de l'autorité française n'arrivaient pas à lui concilier d'une manière durable l'impétueux émir ni les autres principaux chefs.

Certains hommes de guerre des mieux trempés et d'un esprit original, le général Bugeaud surtout, arrivaient à se lasser de luttes incessantes et à penser que l'Afrique ne valait pas les efforts faits soit pour la conquérir, soit pour l'administrer. Après sa brillante campagne de Tlemcen, la Tafna et la Sikak en 1836, Bugeaud revenait en France, plus que jamais partisan de l'abandon de l'Afrique. « Malheureusement, écrivait d'Oran le 19 juillet 1836 l'un de ses subordonnés, le lieutenant-colonel de Maussion, il professe toute la journée à tout le monde, et d'une voix retentissante, ce système, qui ajoute beaucoup au découragement des troupes, ce dont il ne se doute pas. » C'est seulement deux ans plus tard que le général Bugeaud fut définitivement converti à l'idée de conquérir l'Algérie.

Quand le maréchal Clauzel fit en 1836 la première et désastreuse expédition de Constantine, ce n'était pas pour placer cette importante province sous le gouvernement direct de la France, c'était simplement pour remplacer Achmed, le bey arrogant, par un de nos brillants cavaliers, Yusuf. Les Chambres restaient toujours dans l'illusion que ces demi-mesures aboutiraient à pacifier le pays. Le *Moniteur Officiel* note qu'il y eut un *mouvement prolongé* quand le général Bugeaud, dans la séance du 19 janvier 1837, déclara que pour conquérir l'Algérie il fallait au moins quarante-cinq mille hommes, et ajouta : « On a dit que la Restauration a conquis l'Afrique et que le gouvernement de juillet ne sait ni la conserver ni l'administrer. Messieurs, c'est que la conquête n'a pas encore été faite ; elle est encore à faire. La Restauration n'a pris qu'Alger ; nous avons bien pris depuis plusieurs villes, et nous n'en sommes guère plus avancés ; mais, quand la France voudra faire cette conquête, quand elle le voudra sérieusement, elle le fera. »

Elle fut longtemps à le vouloir : le sentiment populaire était hostile à l'abandon ; la famille royale était très nettement déterminée pour l'occupation progressive ; la Chambre eût volontiers, si elle l'eût osé, décidé l'évacuation. L'année 1837 donna une preuve nouvelle des transactions auxquelles conduit cette division des pouvoirs publics. Au lieu d'un gouverneur, l'Algérie vit lui arriver en quelque sorte, au mois d'avril de cette année, deux demi-gouverneurs : le général de Damrémont à Alger et le général Bugeaud à Oran. Celui-ci, qui avait parlé d'une façon si nationale et si militaire à la Chambre des députés le 19 janvier 1837, concluait quatre mois après le célèbre traité de la Tafna avec Abd-el-Kader. Il fallait toujours des conventions nouvelles avec l'émir, parce qu'il trouvait toujours des arguments pour se soustraire aux précédentes; la France n'était jamais lasse de conclure des accords avec un homme qui n'était jamais las de les enfreindre.

Le traité de la Tafna ne faisait, comme toujours, que de renchérir, à l'avantage de l'émir, sur les précédents. Dans la province de l'ouest, la France ne se réservait autour d'Oran qu'un territoire d'une dizaine de lieues de rayon, limité par le marais de la Macta, le Sig, la rive méridionale de la grande Sebkha et le rio Salado jusqu'à la mer, plus Mazagran et Mostaganem avec leur banlieue. Dans la province d'Alger, la France ne conservait que la partie de la plaine de la Mitidja limitée par une ligne comprenant Coléa, suivant le cours de la Chiffa et la crête du petit Atlas y compris Blida, jusqu'à l'Oued Khadra et « au delà », vague formule qui amena un peu plus tard la rupture du traité. Tout le reste de la province d'Oran, y compris Tlemcen, tout le reste de la province d'Alger relevaient d'Abd-el-Kader, qui n'était assujetti à aucun tribut. Si l'on ajoute que, dans la province de Constantine, nous occupions seulement Bougie et Bône, on voit combien avaient été stériles nos sept années d'occupation restreinte. Le traité de la Tafna excita en France un profond mécontentement; il n'eut pour mérite que de nous permettre de préparer et de mener à bien la seconde expédition de Constantine.

Si la fibre populaire en France était froissée de tous les avantages faits à Abd-el-Kader, il s'en fallait que le Parlement en fût autant ému. L'un des hommes d'Etat les plus belliqueux de ce temps, M. Thiers, disait à la tribune le 21 avril 1837, quelques semaines avant la conclusion du traité, dans une discussion sur des crédits supplémentaires : « Si l'on pouvait arriver à nous assigner quelques lieues de terrain autour d'Oran, d'Alger et de Bône, je serais satisfait; je ne suis donc pas partisan de l'occupation illimitée. »

On n'avait même pas exécuté à la lettre le traité de la Tafna; car Blida, qu'on nous rendait et qui aujourd'hui est considéré presque comme de la banlieue d'Alger dont elle n'est distante que de cinquante kilomètres, ayant député des notables au général de Damrémont, obtint qu'on ne mît pas dans ses murs de garnison française.

On projetait de suivre à Constantine la même méthode qui réussissait si médiocrement à Oran ou à Alger. On voulait traiter avec le célèbre bey Ahmed. On lui demandait de reconnaître à la France autour de Bône et de la Calle la possession d'un étroit territoire; tout le reste de la province fût resté à Achmed, à la seule condition que le bey reconnût publiquement la suzeraineté française par le paiement d'un tribut annuel et par l'élévation du pavillon français au-dessus du sien dans Constantine. Ces arrangements ne différaient de ceux conclus avec Abd-el-Kader que par le caractère de vassalité imposé au bey de Constantine, tandis que la situation faite à l'émir était celle d'un véritable souverain indépendant.

Le parti pris de la France de remettre à des chefs indigènes tout l'intérieur du pays ne cessa pas de se manifester. Le président du conseil, M. Molé, dans une dépêche du 3 septembre 1837, qu'il adressait au général de Damrémont, commandant en chef la seconde expédition de Constantine, lui écrivait ces lignes remarquables : « Il faut, avant tout, par-dessus tout et par tous les moyens réussir; mais, comprenez bien ce que le roi et son gouvernement appelleront ici le *succès;* la paix et jusqu'au dernier moment plutôt que la guerre. Dégagez-vous des influences militaires qui vous entoureront; bravez l'ardeur guerrière, et si Achmed renouvelle ses propositions pendant que vous serez en marche ou devant la place, acceptez-les telles qu'elles avaient été arrêtées entre vous et lui, telles que vous me les avez adressées. Négociez toutefois, sans vous arrêter, sans ralentir les opérations du siège, sans tirer un coup de canon de moins. La signature et l'échange des ratifications doivent seules vous faire cesser l'emploi de la force. J'espère encore qu'Achmed traitera; ne lui demandez rien de plus que ce dont vous vous étiez déjà contenté. » Une lettre du roi, datée du 4 septembre, disait, elle aussi: « Si nous étions assez heureux pour qu'Achmed se déterminât à souscrire préalablement la sage convention qui avait été préparée, je considérerais ce résultat comme aussi avantageux pour la France qu'honorable pour vous et pour les troupes que vous commandez, et je bénirais le ciel qu'il eût été obtenu, sans l'avoir acheté par la perte des braves Français que des combats nous auraient coûtés! »

Le second siège de Constantine commença le 6 octobre 1837, le 11, après des journées de bombardement, le général de Damrémont, se conformant à ses instructions, voulut encore négocier. On lui fit cette fière réponse: « Si les chrétiens manquent de poudre, nous leur en enverrons; s'ils n'ont pas de biscuit, nous partagerons le nôtre avec eux; mais tant qu'un de nous sera vivant, ils n'entreront pas dans Constantine. » Le 13 octobre, la place était prise, mais le général en chef de l'armée française, Damrémont, était tué (1).

Ainsi la France, ne se réservant que sept à huit villes des côtes avec une étroite banlieue, le tout inférieur en étendue à un département français, avait offert à Abd-el-Kader tout l'ouest et tout le centre de l'Algérie, à Achmed tout l'est. Celui-ci rejeta orgueilleusement ce magnifique cadeau, l'autre l'accepta, mais le trouva trop mince et ne s'en voulut pas contenter.

(1) On peut lire dans *les Commencements d'une conquête* de M. Camille Rousset le récit animé et poignant de toutes ces luttes interrompues par de précaires traités.

Avions-nous raison de dire que la possession de l'Algérie fut imposée à la France par la force des choses, que notre gouvernement et nos parlements voulurent toujours limiter l'occupation? La conquête de l'Algérie fut, en quelque sorte, fortuite et imposée au conquérant. La colonisation fut encore plus étrangère à ses premières visées, le refus d'un crédit de 400,000 francs en 1834 en est la preuve.

Nous ne poursuivrons pas plus avant cet aperçu historique. Après la rupture, en 1838, du traité de la Tafna, les illusions disparurent, mais les tâtonnements se renouvelèrent. Grâce au ciel, nous avions, pour vaincre les Arabes, l'appui de beaucoup d'Arabes. Sans les indigènes amis, nous n'aurions pas triomphé des indigènes hostiles. La situation du pays, le morcellement du territoire, les jalousies des tribus, l'absence d'un gouvernement central s'opposaient à l'établissement d'un protectorat; c'était la formule, alors vaine et irréalisable, dont les ministres et les députés avaient la vague intuition et qu'ils poursuivaient avec ténacité. C'est presque comme pis aller que l'Algérie est devenue une véritable colonie. Il nous en a coûté près de vingt ans de luttes et un nombre de milliards difficile à calculer; mais la moisson, si lentement ensemencée, pourra un jour payer la France de tant d'efforts et de pertes.

Quelle différence, toutefois, entre le berceau si agité et si incertain de notre colonie algérienne et celui des anciennes colonies anglaises qui formèrent les Etats-Unis d'Amérique, ou bien encore le berceau de l'Australie, ou du Canada, ou même de Java! Si l'on voulait trouver un antécédent historique à la colonisation de l'Algérie, il faudrait remonter au Mexique avec sa population dense, ses populations variées et ennemies, son territoire au relief inégal. Encore la comparaison est-elle insuffisante. Jamais autant que dans notre Afrique du Nord, la nature, l'histoire et, en outre, la religion n'accumulèrent tant d'obstacles à l'action d'un peuple civilisé.

CHAPITRE II

LE PAYS ET LES HABITANTS

L'Algérie appartient au monde méditerranéen plutôt qu'au monde africain. — Relations constantes de l'Algérie à travers les âges avec l'Europe méridionale et l'Asie orientale.
 Situation géographique et caractère topographique de la contrée. — La division empirique : le Tell, les hauts plateaux et le Sahara. — Le relief du sol. — Le régime des eaux. — Le climat.
 Toutes les races du sud et du centre de l'Europe et de l'Asie orientale se sont superposées en Algérie. — Les restes de populations romaines ou imprégnées de latinisme. — Les anciens habitants du temps de la conquête de Rome. — Proportion présumée des Berbères et des Arabes. — Les descendants des Maures chassés d'Espagne.
 La civilisation européenne peut à la longue rendre leurs qualités agricoles primitives aux anciens Berbères, aux anciens Romains, aux anciens Maures andalous, et exercer une influence heureuse sur les descendants même des Arabes nomades.

Le territoire qui forme la partie centrale de la vaste contrée appelée Maurétanie par les anciens, Maghreb par les Arabes, et Barbarie par les modernes, a toujours été en relations fréquentes avec l'Europe et avec l'Asie orientale. Il appartient beaucoup plus au système méditerranéen qu'au système africain. Sa vie a été plus influencée par les péripéties de la vie des peuples du Nord ou de l'Est, que par les révolutions ou les incidents du Sud. On a supposé qu'autrefois la Maurétanie ou Maghreb formait une sorte d'île de l'Occident, séparée par une mer intérieure des contrées qu'arrosent le Niger et le Sénégal, ou plutôt une presqu'île qui se rattachait à l'Europe par un isthme, qu'une révolution zoologique est venue rompre en ouvrant le détroit de Gibraltar.

La présence des hommes du Nord et des hommes de l'Est dans la Maurétanie se manifeste par l'histoire et par les monuments. De nombreux dolmens y attestent le cheminement des Gaulois ; ces immortels chercheurs d'aventures y arrivèrent après la traversée de l'Espagne. Puis, Tyriens et Sidoniens, Romains et Byzantins, Vandales, Arabes mêlés d'Egyptiens et de Tyriens, viennent superposer et parfois mêler leurs couches sur cette terre qui sert de grande route et d'appât aux peuples conquérants, dominateurs ou commerçants. La Maurétanie appartient successivement aux maîtres du monde, Phéniciens, Romains, Byzantins, barbares du Nord et Arabes. Quand s'ébranla la domination de ceux-ci, les chrétiens à leur tour voulurent implanter sur cette terre attrayante leur foi et leur race. Saint-Louis y arrive en croisé, y trouve la peste et la mort. Plus heureux, les Castillans vainqueurs de Grenade, sous la conduite de Ferdinand, l'aïeul de Chales-Quint, s'emparèrent des principaux points de la côte : Oran, Bougie, Mostaganem, Alger leur appartiennent ; Tlemcen même leur paye tribut ; succès temporaires que Charles-Quint, malgré le surnom d'*Africanus* dont il se para, n'arrive pas à consolider. Une tempête détruit sa flotte : le précaire ascendant de l'Espagne sur la Maurétanie centrale disparaît non sans laisser un vestige jusqu'à la fin du xviii° siècle : Oran fut jusqu'en 1791 garnison espagnole.

Pour n'être plus, de la part des septentrionaux, l'objet d'assauts méthodiques, la Maurétanie du centre, devenue la possession d'une sorte de variété de pirates hardis et instables, ne laissa pas que d'attirer sur elle, par ses provocations et ses brigandages, les châtiments intermittents des peuples chrétiens. Les principales villes de la côte furent fréquemment bombardées par la France et l'Espagne. En même temps, les gens plus souples et plus pratiques de Marseille ou de Gênes entraient en composition avec ce peuple de bandits et fondaient les comptoirs de la Calle et de Tabarque, l'un à l'extrémité orientale de la Maurétanie centrale, l'autre, presque voisin, à l'extrémité occidentale de la Maurétanie de l'Est.

L'audace des deys, survivant à leur force, amena enfin la France à se saisir d'une terre qui était dévolue par la nature aux peuples civilisés de la Méditerranée. Sans entrer dans de grands détails qui seraient ici superflus et que d'autres ont traités avec science et talent (1), faisons un rapide tableau du pays et de ses habitants.

Vue de haut, l'Algérie, telle que nous la détenons après cinquante années de luttes, se présente comme un quadrilatère massif, presque régulier. Du 4º degré quarante minutes de longitude Ouest, où est située la frontière assez indécise et ondoyante qui la sépare du Maroc, elle s'étend jusqu'au 6º degré trente de longitude Est, embrassant ainsi un espace de plus de onze degrés soit 275 lieues ou 1,100 kilomètres de long. La largeur est moindre. Du 37º degré Nord, que dépassent légèrement le cap de Fer et Collo, elle va jusqu'aux environs du 30º degré, si l'on considère comme notre limite l'oasis d'El-Geléah qui nous paye régulièrement tribut; c'est une étendue de 175 lieues ou 700 kilomètres. Dans ce quadrilatère le côté Nord et le côté Sud sont sensiblement égaux entre eux, de même que le sont aussi, d'autre part, le côté Ouest et le côté Est.

La direction de la côte, des environs de Nemours, qui forme la frontière du Maroc, jusqu'au point central, Alger, va dans la direction du Sud-Est au Nord-Ouest, Alger se trouvant à près de 2 degrés géographiques au Nord de Nemours et à 1 degré au Nord d'Oran. A partir d'Alger, sauf

---

(1) On peut consulter notamment le tome XI de la *Géographie universelle* de Reclus, consacré tout entier à la Tripolitaine, à la Tunisie, à l'Algérie et au Maroc.

quelques renflements et quelques golfes de médiocre accentuation, la côte suit une direction rectiligne, de sorte que la Calle, l'extrémité orientale, est presque sur la même latitude qu'Alger. Peu de contrées offrent une figure géographique aussi massive et aussi correcte.

Le relief du sol, considéré également de haut, présente une relative simplicité de formes. On a pu dire qu'il était presque rythmique, qu'on dirait des vagues se succédant aux bords d'une plage. La topographie de l'Algérie a, en effet, plus de régularité que celle de la Tunisie ou du Maroc. L'esprit de simplification a fait distribuer le territoire en trois zones constituant des tranches longitudinales successives : la zone du littoral qui se compose de collines d'une médiocre hauteur, sauf sur un point, la Kabylie, derrière lesquelles s'étendent des plaines ou des vallées; ces premières collines voisines de la mer forment ce qu'on appelle le Sahel. Avec les terres basses du Sig, du Chélif, de la Mitidja, et les vallées qui coupent les massifs de la Kabylie et de la province de Constantine, elles constituent le territoire que l'on dénomme le *Tell* (pays des collines). Par une étymologie qui est aussi fausse qu'ingénieuse, mais qui caractérise les avantages agricoles de cette première zone, on a voulu rattacher le mot arabe Tell à une origine latine *tellus* qui signifie *terre*, la terre par excellence, celle où vient le froment, où l'on peut planter la vigne, où la culture intensive peut se donner carrière.

On estime diversement la superficie du Tell, les uns la bornant à 11 ou 12 millions d'hectares, et les autres l'étendant à 15 millions. Tout, dans cette zone, n'est pas cultivable par des procédés européens; si les collines du Sahel ont généralement une médiocre hauteur, montant rarement au-dessus de 1,100 ou 1,200 mètres, il s'y rencontre aussi des pics élevés, dépassant de beaucoup ce niveau, et atteignant jusqu'aux environs de 2,400 mètres comme le Djurdjura (la plus haute cime, Lalla Khedidja a 2,308 mètres) (1). C'est, d'ailleurs, seulement l'esprit de simplification qui présente le relief de l'Algérie comme se succédant par étages réguliers. Cela n'est vrai que relativement; ce n'est point en chaînes continues, c'est en saillies parallèles, interrompues çà et là par des vallées ou des plaines, que se présentent les inégalités du sol algérien. Même dans cette région favorisée du Tell, les rochers abondent. Sur les 12 ou 15 millions d'hectares qu'on lui attribue, c'est beaucoup si les deux tiers sont susceptibles d'une culture intensive.

Le Sahel ou les montagnes côtières, avons-nous dit, ont par derrière elles, dans la moitié occidentale de l'Algérie, de larges dépressions parallèles à la mer; la même configuration ne se retrouve pas dans la partie orientale, la province de Constantine, où les montagnes sont moins régulières et où elles sont plutôt entrecoupées par des vallées de médiocre largeur, plus ou moins perpendiculaires à la mer, que par des plaines continues. A travers toute l'Algérie, néanmoins, se trouve une bande centrale de terrain, offrant un aspect très uniforme dans la province d'Oran, un peu moins dans celle d'Alger, et moins encore dans celle de Constantine, ayant une altitude moyenne qui ne varie guère entre 1000 et 1,300 mètres : c'est la région dite des hauts plateaux ou des hautes plaines, formant un contraste avec le Tell. On dit de ces plateaux que leur climat compense pour les Européens les inconvénients de leur altitude ; cette observation n'est exacte que dans un sens relatif; car, si les hivers y sont rigoureux, les étés n'y sont guère moins brûlants que sur la côte, parfois même le sont-ils davantage par défaut de la brise de mer. La culture pastorale est jusqu'ici la marque distinctive de ces hauts plateaux, sorte de steppes où s'épanouit l'alfa. On y trouve cependant des

(1) La plus haute montagne de l'Algérie est le Cheliya de l'Aurès (2,328 mètres).

étendues de terres que peut transformer la culture. Au Sud des hauts plateaux commence le désert avec ses vastes surfaces jusqu'ici improductives et ses oasis clairsemées.

On calcule que l'Algérie, dans les limites chaque jour plus reculées où s'étend notre domination, représente une superficie de plus de 600,000 kilomètres carrés, supérieure de 15 à 20 p. 100 à celle de la France. Mais si l'on ne considère que la zone propice à l'Européen, c'est-à-dire la contrée de forme quadrilatérale presque géométrique, comprise entre la mer et le désert, on n'a guère que 300,000 kilomètres carrés ou 30 millions d'hectares ; sur ce chiffre, on ne peut considérer que la moitié tout au plus (15 millions) comme utilisable pour une culture européenne. Ce serait assez, avec les ressources accessoires de la région du désert et celles des carrières et des mines, pour nourrir un jour, dans un état suffisant d'aisance, une population d'une douzaine de millions d'âmes, plus que triple de la population actuelle.

Les grands fleuves, ou même les fleuves aux eaux abondantes, manquent à l'Algérie. Pas une de ses rivières n'est navigable. L'étroitesse de la zone côtière n'a guère permis de se former qu'à des ruisseaux ; mais, à travers les brèches qui déchirent les montagnes, quelques cours d'eau s'écoulent des hauts plateaux dans la Méditerranée. La Tafna, le Sig et l'Habra, le Chélif, qui a 700 kilomètres de cours et se grossit d'un important affluent, la Mina, la Chiffa, l'oued Arrach, l'oued Hamiz, voilà les principaux de ces cours d'eau, en procédant de la frontière marocaine à la Kabylie. Le Chélif est plus long que la Garonne, mais on a dit qu'il a souvent moins d'eau que le moindre gave des Pyrénées. Quant aux *Oued* secondaires, ils paraissaient souvent, sans l'être, à sec en été ; on retrouve leurs eaux sous la terre. Le déboisement et le dégazonnement des montagnes, se joignant au relief tourmenté du sol, rendent toutes ces rivières alternativement turbulentes, impétueuses, dévastatrices ou formant des marais, puis somnolentes, presque honteuses et se cachant. Leur embouchure, d'ordinaire, est fermée par une barre.

A partir de la Kabylie on rencontre des cours d'eau qui, sans perdre absolument ces caractères, offrent moins d'irrégularité et jouissent d'un débit plus constant : l'Isser, le Sébaou, qu'alimentent les neiges du Djurdjura ; puis l'oued Sahel, l'oued el Kébir, nom majestueux et immérité qui veut dire grand fleuve, recevant entre autres affluents, le célèbre Rummel dont les ravins pittoresques font la curiosité de Constantine; enfin la Seybouse, à la riche vallée aboutissant au beau port de Bône ; c'est de tous les cours d'eau algériens celui dont on rougirait le moins en Europe.

L'ensemble du versant méditerranéen n'occupe que 200,000 kilomètres carrés en Algérie, le tiers du territoire ; la zone centrale forme de petits bassins fermés, nombreux surtout dans la région des hauts plateaux de la province d'Oran, et dans celle de la province de Constantine ; l'eau des ruisseaux s'y évapore en lagunes salées qu'on appelle chotts. Quant à la zone méridionale, elle a de véritables fleuves, mais souterrains, comme le célèbre Igharghar, qui appartiennent au bassin du Sahara. On en suit facilement les rives et les cimes, quoique le cours n'en soit plus visible ; mais des coups de sonde poussés avec intelligence font jaillir ces eaux souterraines.

Si instables que soient la généralité des cours d'eau algériens, des travaux appropriés, des barrages, des endiguements, peuvent en faire des auxiliaires précieux de la culture. On verra plus loin que quelques entreprises de ce genre ont été faites et qu'un grand nombre sont en projet.

Le climat de l'Algérie est très variable ; il y en a pour ainsi dire un propre à chaque zone. Si l'on ne juge que par la température, Alger et le Sahel qui l'entoure se rapprochent assez de la Provence ; la chaleur moyenne annuelle n'y dépasse pas 18°,27, la moyenne du mois de décembre le plus froid, étant de 12°,20 et la moyenne d'août, le plus chaud, montant à 25°,54. Dans les montagnes et sur les hauts plateaux la température est plus basse en hiver, mais plus élevée en été : le tableau suivant, que nous empruntons à M. Reclus, rend compte de ces différences.

	Température moyenne de décembre.	Température moyenne d'août.	Température moyenne annuelle.
Région des montagnes.			
Tlemcen	9°,2	26°	16°,8
Fort National	10°,1	27°	14°,2
Constantine	8°,5	26°,9	15°,2
Région des plateaux.			
Géryville	7°,2	25°,3	14°,1
Djelfa	7°,2	27°,6	15°,2
Tébessa	8°,1	27°,7	15°,9

Dans les montagnes et sur les plateaux, la température moyenne du mois d'août est donc de 1 à 2 degrés plus élevée que celle d'Alger. Par contre, la température moyenne du mois de décembre se trouve de 2, 3 et jusqu'à 5 degrés inférieure, et la moyenne annuelle reste aussi de 2, 3 à 4 degrés plus faible que dans la capitale de notre colonie. Or on sait que l'organisme humain peut plus facilement supporter une forte chaleur estivale, à laquelle succède un certain froid hivernal, qu'il ne lui est possible de résister à une température moyenne d'une certaine élévation. On repuise des forces dans l'hiver, c'est ce qui fait que le séjour des hauts plateaux, malgré l'accablante température des quelques mois d'été, se montre en définitive plus propice aux Européens que celui du littoral. La sécheresse générale de l'atmosphère aide à supporter les grandes chaleurs. Avec un régime régulier, sobre et qui se conforme aux nécessités du climat, l'Algérie n'est pas inhospitalière au Français, même à celui du centre ou du Nord, quoique le Provençal, le Languedocien et le Catalan, soient parmi nos nationaux, ses colons d'élection. Les chiffres de la mortalité que l'on trouvera dans le chapitre suivant détruiront les préjugés qui ont eu si longtemps cours à ce sujet.

On a dit de la terre algérienne, au point de vue des facultés agricoles, successivement trop de bien et trop de mal. Elle est ici féconde et là infertile. Elle demande toujours beaucoup de travail, il y faut lutter contre un redoutable ennemi, la sécheresse. Ce fut longtemps une erreur de croire qu'on la pouvait cultiver sans engrais. Elle n'offre, prise dans la masse du Tell, rien d'exceptionnel ni en bien ni en mal. Pour ceux qui s'adonneront avec effort à la culture, elle sera l'*alma tellus, virum mater;* pour les autres, elle n'aura que des déboires. Il ne convient pas de la considérer comme une terre neuve, ainsi que les espaces australiens, la pampa Argentine ou le *Far West* canadien; c'est un sol, au contraire, que l'on a toujours cultivé, qui n'est pas vierge, qui est maltraité et qui demande des soins pour revenir d'une culture superficielle et stérilisante. Ce fut aussi une autre erreur de la regarder comme une contrée tropicale à laquelle on demandait le coton, le sucre et le café. L'Algérie doit être exploitée comme la Provence ou l'Andalousie.

Quelques mots maintenant sur les habitants : ils sont fort bigarrés d'origine et parfois encore d'aspect. Toutes les races se sont croisées sur ce sol; mais l'uniformité du joug, des coutumes et d'une religion, qui constitue sur un type unique toutes les sociétés, ont depuis douze siècles fait disparaître la conscience des différences primitives. Ce qui reste des Gaulois, des Phéniciens, des Vandales, dans cette terre si souvent conquise et reconquise, échappe à l'analyse et à l'œil. On retrouverait plus de traces des Romains. Telle tribu montagneuse semble encore conserver le souvenir confus d'une origine ou d'une empreinte latine. Le type romain, assure-t-on, est très bien conservé chez les Oulad-el-Asker ou « fils de fantassins » de la Kabylie orientale. Les habitants de Tébessa, tout dévoués qu'ils soient à l'islamisme, se disent fils de Romains ; ils se servaient encore en 1842 de monnaies romaines, lors de l'entrée de nos soldats dans leur ville. Dans les montagnes de l'Aurès on trouvera aussi des tribus qui passent pour descendre des Romains. L'observation scientifique récente a démenti l'étrange affirmation de feu le docteur Bertillon que les Romains aient été consumés jusqu'au dernier par le brûlant soleil d'Afrique.

Le mahométisme ayant été imposé d'abord par la violence, puis subi avec résignation, enfin dans le courant des siècles accepté avec une ferveur croissante, une couche presque uniforme de fanatisme a voilé longtemps la distinction originelle des races parmi les habitants de l'Algérie. Les caractères ethniques se sont effacés au point de n'être plus sensibles qu'aux investigateurs habiles et patients. Le vieux fond de la population primitive, les Berbères, avec le goût de la culture, l'esprit démocratique, le sens relativement réaliste, forme sans conteste la plus forte part de l'ensemble des habitants dits indigènes.

Ce n'est pas, d'ailleurs, qu'il y ait une aussi profonde dissemblance qu'on le croit entre les mœurs des anciens habitants de l'Afrique du temps des Romains et ceux des Arabes actuels. Nomades aussi, dans une certaine latitude du mot, paraissent avoir été les Berbères du temps de la conquête par Rome. Les écrivains latins, notamment Pline, les représentent comme changeant souvent de pâturages, changeant de place avec leurs troupeaux, emportant les pieux de leur demeure qui semblent fort analogues aux gourbis des Arabes.

Il serait inutile d'entrer à ce sujet dans des dissertations de quelque étendue. Nous y reviendrons plus loin. Le vrai Arabe, le Sémite, l'homme aux goûts errants, à l'imagination ardente, au mysticisme religieux, n'entre que comme un élément accessoire par le nombre, puissant comme ferment, dans la population algérienne. L'influence des lieux a peut-être plus marqué de son empreinte les hommes que celle de la race. Des Berbères sont devenus nomades dans le Sud et des Arabes se sont faits sédentaires dans le Nord.

Sur les cartes que l'on a essayé de dresser de la répartition des Berbères et des Arabes, on voit des Berbères occuper le Mzab, c'est-à-dire l'extrême Sud, et toute la région de Tougourt ; les Arabes, au contraire, peupler tout le bas de la vallée du Chélif, une partie de celle de la Tafna et certains districts de la province d'Alger. Mascara, si voisine de la côte, et longtemps la capitale nominale, sinon réelle, d'Abd-el-Kader, était bien arabe.

La plupart des écrivains attentifs qui ont étudié l'Algérie, Faidherbe, Jules Duval, Warnier, évaluent à près de 2 millions d'âmes l'élément berbère, ce qui ne laisserait qu'un million d'âmes environ à la race arabe pure, le chiffre de 3 millions d'indigènes n'ayant été dépassé que par le recensement de 1886. Encore doit-on tenir compte des Maures andalous chassés d'Espagne, gens urbains ou agriculteurs habiles, dont le général Faidherbe, peut-être avec exagération, a fixé le nombre à 600,000. Il faudrait aussi mettre en ligne de compte les nègres provenant du Soudan.

On voit quelle population bigarrée, d'origines diverses, qui défie tout classement rationnel. Ce qui paraît exact, c'est que le tiers tout au plus, peut-être même le quart, des habitants de l'Algérie a une racine sémite. Le lien religieux seul les a rattachés, encore faiblement, les uns aux autres. La vie de la tente, qui paraît être la vie normale du désert, l'insécurité qui rendait la culture intensive impossible, le groupement obligatoire en tribus, pour échapper aux vexations et à la ruine, ont donné, sauf dans les massifs difficilement pénétrables de la Kabylie, un aspect assez uniforme à ces populations hétérogènes. Que notre civilisation se répande pendant quelques dizaines d'années encore sur cette terre d'Afrique, et les vieilles races laborieuses ou commerçantes, l'ancien Berbère, l'ancien Romain, l'ancien Maure de Grenade, reprendront lentement les habitudes d'esprit et d'activité méthodique qu'eurent autrefois leurs ancêtres; l'Arabe même des grandes tentes se laissera à la longue pénétrer par ces influences nouvelles.

CHAPITRE III

L'IMMIGRATION. — LE PEUPLEMENT. — L'ACCLIMATATION.

Obstacles que dans les premiers temps le gouvernement oppose à l'immigration. — Infiltration lente de l'élément européen. — Appel aux agriculteurs européens vers 1840. — Alternatives de faveur et de rigueur vis-à-vis de l'immigration.

Marche ascendante de la population européenne. — Comparaison du peuplement de l'Algérie avec le peuplement de l'Australie. — Excédent des décès sur les naissances pendant les vingt premières années. — Depuis lors, excédent notable et continu des naissances sur les décès dans l'élément européen.

Acclimatation inégale des diverses nationalités européennes. — Proportion de ces diverses nationalités dans le nombre total des colons. — Craintes inspirées par l'afflux des Espagnols. — Les naturalisations. — Moyens de favoriser à la longue la naturalisation des Européens étrangers.

Caractère hybride de l'élément français en Algérie. — Nécessité d'une union politique pendant plusieurs siècles de l'Algérie avec la France. — Le recensement de 1886. — Augmentation considérable de la population indigène.

Le gouvernement, dans les premiers temps de la conquête, répugnait à une immigration considérable, soit française, soit étrangère; bien loin de l'attirer, il s'efforça de la prévenir. Il craignait pour les colons l'influence du climat, il craignait d'inquiéter les Arabes et de se les aliéner davantage en distribuant des terres aux Européens, il craignait de s'enlever à lui-même la liberté d'action. Ces différents motifs le portaient plutôt à combattre qu'à susciter l'arrivée d'artisans ou d'agriculteurs de France en Algérie. A la fin de 1832, on prenait une décision ministérielle « afin d'arrêter une immigration trop nombreuse et trop hâtive, d'obvier au désagrément de voir tomber des individus dans la détresse pour s'être inconsidérément transportés dans cette contrée sans avoir les moyens d'y vivre fixés et assurés. Le gouvernement français, outre les mesures déjà prises pour empêcher l'*immigration spontanée* de pénétrer en Algérie, a cru devoir en interdire l'accès dorénavant, jusqu'à nouvel ordre, à tout étranger qui ne pourra établir amplement qu'il a de quoi s'y entretenir, et les légations françaises ont reçu l'ordre de se conformer à ces dispositions dans la délivrance des passeports ».

C'est ainsi que dès les premières années le gouvernement cherchait à éloigner d'Afrique l'immigration spontanée. Avait-il tort? La plupart des publicistes qui se sont occupés de l'Algérie ont incriminé l'administration pour ces lenteurs et ces timidités. A nos yeux, au contraire, ces timidités et ces lenteurs eurent leur justification dans la difficulté des circonstances. Si la contrée que nous occupions eût été une terre vacante ou pacifiée, sans doute il eût été expédient de laisser l'immigration libre s'y porter elle-même, sans réglementation ni entrave, comme les Anglais l'ont pu faire pour l'Australie. Mais la situation était tout autre, et la circonspection, la prudence initiales du gouvernement français, de 1830 à 1835 du moins, au lieu d'être taxées de fautes, pouvaient en ce moment être regardées comme l'accomplissement d'un devoir (1).

L'infiltration de l'élément européen sur cette terre africaine fut donc lente; en 1835, on n'y comptait encore que 11,221 Européens de toute nature. Mais dans les dix années qui suivirent, le développement des opérations militaires, l'augmentation de l'armée attirèrent un nombre considérable de petits trafiquants, qui suivaient les colonnes de soldats et trouvaient dans la guerre même l'aliment de leur

(1) La cause principale de cette opposition administrative à une immigration notable de la métropole dans la colonie, c'est que le gouvernement, pendant six ou huit ans, ne savait pas s'il conserverait l'Algérie ou, tout au moins, s'il ne bornerait pas son occupation à Alger et deux ou trois ports. On ne voulait donc prendre envers les émigrants aucun engagement moral.

commerce et la source de leurs gains. Aussi, en 1845, la population européenne atteignait-elle 95,531 individus sans compter l'armée. Dans cet intervalle le gouvernement avait eu franchement recours à l'immigration ; en 1838, après le traité de la Tafna, en 1842 et 1843, lors de la construction des villages du Sahel d'Alger, il avait fait appel aux agriculteurs et aux ouvriers français. Mais le grand défaut de l'immigration européenne en Algérie, c'est qu'elle ne formait pas un courant régulier et continu. Le gouvernement lui ouvrait ou lui fermait l'entrée de l'Afrique selon les circonstances. Tantôt on l'encourageait ou même on la provoquait, plus souvent on la restreignait.

La bonne volonté administrative qui s'était manifestée de 1838 à 1843 cessa bientôt. Après la révolution de 1848 on multiplia les entraves. Le passage dans la colonie ne fut accordé que sur la preuve établie d'un travail assuré d'avance en un lieu et chez un patron connus. Des Espagnols, qui se trouvaient alors en chômage momentané dans la province d'Oran, furent renvoyés dans leur pays. Quand, en 1853, une compagnie génevoise voulut organiser des colonies suisses à Sétif, on exigea de chacun de ces colons la possession en espèces d'une somme de 3,000 francs. Si l'on n'eût voulu par ces mesures que sauvegarder les intérêts des colons, on pourrait dire qu'elles étaient empreintes d'une prudence exagérée ; mais le vrai motif de ces règlements, c'était que l'administration redoutait une immigration trop considérable. On en trouve la preuve dans un rapport fait, en 1854, au ministre de l'agriculture par un haut fonctionnaire, M. Heurtier, au nom du comité d'émigration :

« Le temps viendra bientôt, y est-il dit, où la France, éco-
« nome de ses enfants, utilisera les bénéfices de sa pru-
« dente réserve, au profit de l'Algérie, vaste champ ouvert à
« l'activité humaine et magnifique débouché pour l'exubé-

« rance de notre population. Il nous serait difficile de
« prévoir exactement les conséquences de cette transmi-
« gration, mais on peut la pressentir. Quel serait le régime
« économique le plus favorable au développement de la
« colonisation? Quel parti pourrait-on tirer dès à présent
« de cet immense mouvement d'hommes, qui, dédaignant
« la côte d'Afrique pour les zones les plus éloignées du globe,
« semblent nous dire que la Méditerranée serait une barrière
« insuffisante entre eux et la mère patrie? Ces questions
« graves, Monsieur le ministre, le fonctionnaire chargé plus
« spécialement de représenter le département de la guerre
« n'a pas jugé qu'il fût opportun de les traiter, ni de pro-
« voquer en ce moment une immigration étrangère trop
« nombreuse dans nos possessions algériennes. Une dépêche
« du maréchal ministre de la guerre vous a témoigné en
« termes explicites le même sentiment. Des raisons de l'or-
« dre politique, tirées notamment des nécessités que nous
« imposent les guerres d'Orient, ont fait prévaloir cet avis
« au sein de la commission. »

Telle était l'opinion de la haute administration sept années après la reddition d'Abd-el-Kader et la complète sujétion du pays. Malgré l'allusion faite aux nécessités de la guerre d'Orient dans le rapport dont nous venons de citer un extrait, cette politique de réserve et d'abstention, hostile à l'immigration, n'était pas transitoire; ce fut une politique constante qui ne cessa pendant longtemps de diriger le gouvernement dans la conduite des affaires algériennes. On s'étudia à limiter le nombre des immigrants et il ne fut pas difficile d'y parvenir. On continua à exiger des nouveaux arrivants la justification d'un capital relativement assez considérable; aux simples ouvriers l'on demandait la possession de 400 francs en argent, aux prétendants à la propriété du sol on imposait l'obligation de justifier d'une fortune de 1,500 à 3,000 francs selon les temps.

Aussi, malgré le grand nombre des permis de passage gratuits, la population coloniale n'augmentait qu'avec une grande lenteur : en l'année 1857, suivant M. le colonel de Ribourt, sur 80,000 passages gratuits accordés, il y avait eu 70,000 retours. En 1856, le nombre des Européens établis en Algérie n'atteignait que le chiffre de 159,282. Au lieu de s'étendre avec les progrès de la pacification, l'immigration avait diminué de plus de moitié. De 1840 à 1845, la population européenne s'était accrue chaque année de 13,493 individus ; de 1850 à 1855, l'accroissement annuel n'avait été que de 6,000 environ. Lors de la création du ministère spécial de l'Algérie et des colonies il y eut un nouvel essor qui ne dura que deux ans ; l'immigration s'accrut dans une proportion sensible ; en 1861, la population européenne de l'Algérie monta à 192,801 individus. C'était la preuve d'une reprise notable dans le courant de l'immigration ; c'était de plus, comme nous l'allons voir, l'indice de la diminution de la mortalité parmi les résidants européens (1).

Ainsi le premier fait caractéristique de la colonisation algérienne, ç'a été pendant une trentaine d'années l'opposition presque constante et systématique du pouvoir à une immigration considérable. Ce fait remarquable a son explication dans les circonstances exceptionnelles dont fut entouré le berceau de notre colonie africaine. Il était naturel, il était légitime peut-être que, pendant les premières années du moins, le gouvernement eût envers l'immigration une conduite circonspecte et réservée. C'était à la fois un devoir moral et une mesure de prudence politique

(1) Nous devons dire que les chiffres ci-dessus sont ceux qui, à travers les obscurités et les contradictions des statistiques algériennes, nous ont paru les plus exacts pour exprimer la croissance de la population coloniale européenne à proprement parler, déduction faite de l'armée et de la population dite en bloc (prisons, hospices, etc.). Les dénombrements algériens sont assez confus en ce qu'on ajoute souvent à la population européenne coloniale, soit cette population dite en bloc, soit l'armée, soit les Israélites naturalisés français.

de ne pas favoriser la trop grande et trop subite affluence des Européens dans cette terre agitée par la guerre et dont on ignorait encore les ressources. Mais, après 1847, après la pacification générale et les premiers essais de culture par des mains européennes, l'administration aurait pu, à notre gré, sans témérité, ouvrir largement les écluses à ce courant d'émigrants, qui tendait spontanément à se porter vers notre terre d'Afrique. Il eût été expédient et pratique de ne pas imposer alors des entraves pénibles et de ne pas outrer les mesures de prudences. C'eût été d'une politique prévoyante et judicieuse que de maintenir l'appel qui avait été fait de 1838 à 1842 aux agriculteurs et aux artisans d'Europe; si l'immigration s'était maintenue au chiffre qu'elle avait atteint pendant ces quatre années, la population européenne de notre colonie serait presque le double de ce qu'elle est aujourd'hui.

Ce n'est pas que nous trouvions avec beaucoup de publicistes que la présence en Algérie de 435,000 Européens civils cinquante-six ans après le débarquement de nos troupes, soit un fait insignifiant (1). C'est, à nos yeux, au contraire, un résultat d'une haute portée et qui prouve que l'élément européen a de sérieuses chances d'avenir et de

(1) Le recensement de 1886, dont nous avons sous les yeux les premiers renseignements, porte à 261,587 le chiffre des Français; mais il en faut déduire 35,925 soldats constituant la principale partie de l'armée d'occupation; il reste ainsi, pour la population civile française, 225,662 âmes. Le même recensement porte à 238,786 le nombre des étrangers, mais on doit déduire 4,513 soldats compris dans la légion étrangère, et, en outre, 5,055 Tunisiens et 19,005 Marocains : il reste, pour la population civile étrangère d'origine européenne, 210,214 âmes, soit en tout, avec les Français, 435,876 habitants d'origine européenne, armée non comprise. Pour être dans l'absolue vérité, il faudrait encore faire quelques déductions du chef des naturalisations d'Arabes ou de Turcs et surtout des naissances de Juifs indigènes déclarées depuis quelques années comme des naissances françaises pures et simples, sans mention de l'indigénat israélite. Néanmoins, les chiffres cités plus haut peuvent être considérés comme d'une suffisante exactitude. Sur le caractère un peu hybride des Français algériens, voir plus loin, pages 45 et 46.

prospérité dans notre colonie d'Afrique. Que l'on se reporte au berceau de tous les autres établissements européens qui ont acquis par la suite des temps le plus haut degré de splendeur, et l'on verra qu'il s'en fallut de beaucoup que l'immigration, à l'origine, y fût aussi nombreuse. L'Australie elle-même, pendant les cinquante premières années de son peuplement, n'a pas fait en population de plus rapides progrès que l'Algérie. Depuis l'année 1815 où les premiers émigrants libres s'y rendirent, jusqu'à l'année 1850, qui précéda la découverte des gîtes aurifères, l'Australie avait reçu moins de colons que l'Algérie n'en comptait à la fin de l'année 1864 (1). Il ne faut donc pas rabaisser outre mesure, ainsi que le font la plupart des publicistes, l'importance de l'immigration européenne dans notre colonie d'Afrique; mais il est incontestable que cette immigration eût été beaucoup plus considérable, à partir surtout de 1847, si le gouvernement n'y avait pas mis d'inutiles entraves; et ces entraves multipliées, ces précautions exagérées et trop prolongées, ces règlements vexatoires, ont fini par détourner de l'Algérie le courant de l'émigration européenne qui ne demandait pas mieux que de s'y porter, et ont jeté à la longue sur notre colonie d'Afrique un discrédit dont elle vient à peine depuis dix ans de se dégager.

Heureusement sa situation est devenue telle qu'elle ne

(1) Le chiffre des immigrants libres en Australie s'est élevé, en effet, d'après Mérivale, à 2,976 personnes de 1815 à 1825, 5,175 personnes de 1825 à 1829, 53,274 individus de 1830 à 1839, enfin 126,937 immigrants de 1840 à 1850, soit en tout 188,000 immigrants en trente-cinq ans. Or, en 1864, la population européenne civile de l'Algérie, recrutée presque uniquement par l'immigration libre, atteignait plus de 200,000 âmes. En 1850, c'est-à-dire soixante-trois ans après que la frégate *Sirius* avait débarqué 800 condamnés déportés à Botany-Bay, l'ensemble des colonies australasiennes, y compris la Nouvelle-Zélande, n'avait que 505,900 habitants; en 1886 la population européenne de l'Algérie, sans l'armée, mais avec la population dite en bloc (hôpitaux, collèges, prisons), est d'environ 435,000 âmes; or l'Algérie française n'avait en 1886 que 56 ans; à 63 ans elle aura presque exactement la même population européenne que l'Australie au même âge.

s'augmente pas seulement par les recrues qui lui viennent du dehors ; elle grandit par elle-même et par l'excédent continu, depuis quelques années, du nombre des naissances sur le nombre des décès. Il n'en fut pas ainsi à l'origine, et la mortalité dans la population européenne fut si grande pendant les vingt premières années, qu'on put douter de l'avenir de la colonisation. Les prophètes de malheur ne manquèrent pas et les faits semblèrent leur donner amplement raison.

Depuis la conquête jusqu'au 31 décembre 1864, il y eut dans la population civile européenne 62,768 décès, contre 44,900 naissances. Cela tient, en partie, pour les premières années du moins, à ce que le nombre des colons célibataires était très considérable, ce qui tendait à réduire les chances de naissance, relativement aux chances de décès. Mais les difficultés de l'acclimatement furent, on ne peut le nier, une des principales causes de cette énorme mortalité ; elle diminua peu à peu : de grands et patients travaux, des dessèchements de marais, des défrichements heureux, enlevèrent à la côte une partie de son insalubrité ; les règles hygiéniques ont été aussi mieux connues et mieux observées ; en outre, il s'est formé toute une génération créole, jeune encore, il est vrai, mais née sur le sol algérien et plus apte que les nouveaux arrivants à supporter le climat de la colonie. En 1853, l'excédent des décès a cessé de se manifester pour ne plus reparaître. Depuis lors, les naissances alimentent chaque année, en l'augmentant, la population d'origine européenne. En 1863, il y eut 8,531 naissances contre 6,347 décès : la différence au profit des naissances atteignait donc 2,184 ; en 1864, le nombre des naissances parmi les colons était de 8,408, celui des décès de 5,497, ce qui constituait, au profit des naissances, une différence de 2,911. Dans les trois années 1879, 1880, 1881, le nombre total des naissances dans la population européenne, israélites indigènes non compris, a été de 39,307 ; celui des décès, après défalcation des décès militaires, s'est élevé à 32,431, ce qui représente un excédent de 6,876 naissances, ou bien encore une proportion de 83 décès pour 100 naissances (1). Pour les années 1882, 1883 et 1884 le nombre total des naissances s'élève à 44,203 et celui des décès à 37,924, parmi la population d'origine européenne, ce qui ferait ressortir un excédent de 6,279 naissances ; mais, comme du chiffre indiqué des décès il convient de déduire 2,061 décès militaires, l'excédent réel des naissances dans la population européenne, ressort à 8,340, soit 2,747 par an, chiffre encore plus favorable que celui de la période triennale précédente (2). On a calculé que par le seul fait de l'excédent des naissances sur les décès, tel qu'il se manifeste depuis 1853, la population européenne de l'Algérie devrait doubler en cinquante-six ans environ, tandis que la population de la France ne le peut qu'en 141 ans (3). On voit que c'est là une situation éminemment favorable. Pour peu que l'immigration augmente, même dans une proportion légère, le nombre des habitants d'origine européenne sera considérable à la fin du siècle, et devra approcher de sept cent mille. Or, quand on parle d'une colonie, ce n'est pas trop que d'exiger soixante-dix ans pour la voir arriver à un état durable de prospérité et de grandeur.

Il importe, cependant, d'entrer plus avant dans cette question de la population européenne et de son accroissement continu par ses propres forces. Diverses nations, on le sait, entrent dans la composition de l'élément européen en Algérie. En 1861, sur 192,746 colons, on ne comptait que

(1) *Statistique générale de l'Algérie*, années 1879-1881, publiée en 1882, p. 31.
(2) *Statistique générale de l'Algérie*, années 1882-1884, pages 57 à 60.
(3) Le chiffre pour le doublement de la population de la France ne s'applique plus à la situation présente. La période de doublement est aujourd'hui plus étendue.

112,229 Français, c'est-à-dire environ 58 p. 100. Venaient ensuite les Espagnols au nombre de 50,021, soit 26 p. 100 de la population européenne; on comptait encore 11,256 Italiens, 8,260 Maltais, 8,332 Allemands ou Suisses; le reste appartenait à des nationalités diverses et non classées. Or, ces différents groupes ne présentent pas les mêmes chiffres proportionnels de naissances et de décès : il y a même entre eux sous ce rapport, de très grandes différences. En 1856. l'on relevait pour chaque élément colonial par an et par 1,000 :

	Naissances.	Décès.
Français	41	43
Espagnols	46	30
Maltais	44	30
Italiens	39	28
Allemands	31	56

C'étaient donc les Italiens, les Maltais et surtout les Espagnols qui se trouvaient dans les conditions les meilleures, c'étaient eux qui augmentaient le plus. La population française, d'après ce tableau, abstraction faite de l'immigration, restait à peu près stationnaire et tendait plutôt à diminuer. Mais depuis lors la situation s'est considérablement améliorée pour les Français. Déjà, en 1856, il y avait progrès sur les années précédentes : car l'année 1853 présentait sur 1,000 colons français 41 naissances et 51 décès. Aujourd'hui, même pour les Français, le chiffre des naissances surpasse celui des décès. Il ne faudrait pas croire d'ailleurs, avec l'auteur d'une brochure médicale (le Dr Beaufumé, *Coup d'œil sur les colonies*), que la situation plus défavorable en apparence des colons français vînt d'une incapacité constitutive de surmonter le climat d'Afrique. Il faut se garder de ces généralisations précipitées, et il convient d'étudier auparavant de près les conditions dans lesquelles vivent les différents éléments européens.

Si la mortalité est moindre parmi les Espagnols, les Maltais et les Italiens, ce n'est pas seulement qu'ils sont originaires de pays plus chauds et de latitudes à peu près isothermes à l'Algérie ; c'est encore qu'ils résident spécialement dans les villes, qu'ils ne s'éloignent guère de la côte, qu'ils se livrent surtout aux métiers ou au jardinage, qu'ils ne sont guère défricheurs et qu'ils s'enfoncent moins dans le désert (1). C'est le Français, au contraire, presque seul, qui forme la population agricole dans les centres éloignés de la mer ; c'est lui seul qui passe l'Atlas et se fixe jusqu'à l'entrée du Sahara, à Laghouat, à Géryville et dans d'autres oasis. Il est naturel que cette vie plus aventureuse et plus rude éprouve plus profondément sa constitution. Peut-être y a-t-il de sa part quelque témérité à se jeter à cent lieues de la mer quand la côte offre encore tant de champs qui ne demandent que des bras, mais la faute en est, en partie, aux règlements administratifs que nous étudierons plus bas et aussi à ce goût aventureux, que nous avons déjà signalé bien des fois sur des théâtres différents comme le trait dominant du caractère français (2). Quoi qu'il en soit, depuis quelques années, la mortalité diminue dans une proportion notable parmi nos compatriotes d'Afrique : même pour les colons

(1) On pourrait dire que la présence de plusieurs milliers d'Espagnols sur les hauts plateaux à Saïda, lors de l'insurrection de Bou-Amama en 1881, donne un démenti à l'opinion que nous exprimons dans le texte. Peut-être, en effet, cette opinion est-elle un peu absolue. Cependant, il reste vrai que de beaucoup la plus grande partie des Européens qui forment la population agricole de l'Algérie se compose de Français et que, par conséquent, la population française est plus exposée que la population espagnole ou italienne. En 1878, cette population rurale atteignait le chiffre de 138,510 Européens.

En 1881, la population rurale européenne montait à 146,657 individus, soit 8,147 de plus qu'en 1878. En 1885, elle s'élevait à 176,696 en accroissement de 38,000 âmes en sept ans. La plupart des Européens qui se fixent dans le territoire militaire, c'est-à-dire loin des côtes, sur les hauts plateaux ou dans le désert, sont des Français. D'après les recensements, en effet, le nombre de nos nationaux dans les territoires de commandement est double, parfois triple, de celui des étrangers. Or, dans ces contrées, la mortalité est naturellement beaucoup plus forte que la natalité.

(2) Voir notre ouvrage sur *la Colonisation chez les peuples modernes*.

français, les naissances sont arrivées à dépasser les décès, et ce progrès ne fera que croître avec l'apparition sur la scène de la génération créole dont le nombre augmente tous les ans d'une manière sensible.

Des statistiques faites avec un grand soin par le docteur Ricoux, dans sa *Démographie figurée de l'Algérie,* justifient pleinement cette assertion. Voici d'abord comment se décomposait, d'après le recensement de 1876, la population européenne de notre province d'Afrique :

Français	155.700
Espagnols	92.500
Italiens	25.800
Maltais	14.200
Allemands	5.700
Autres nationalités	17.500
Population dite en bloc	8.900
Total	320.300

Si l'on déduit la population dite en bloc, on voit que l'élément français fournissait tout juste la moitié de l'ensemble des Européens. Examinons la natalité et la mortalité de ces divers éléments de la population européenne. La mortalité annuelle des Français, qui était de 46,5 pour 1,000 habitants de tout âge dans la période de 1853-1856, est tombée, de 1873 à 1876, à 27 p. 1,000, tandis qu'en France même elle s'élève à 23 p. 1,000. L'écart est donc aujourd'hui faible entre la mortalité des Français en Algérie et la mortalité des Français en France. Quant à la natalité parmi les Français-Algériens, elle est très forte ; elle oscille annuellement entre 35 et 40 p. 1,000 habitants, atteignant presque la natalité des Allemands en Allemagne. La race française n'est pas constitutionnellement peu prolifique ; elle ne l'est qu'en France et intentionnellement (1). Les naissances parmi les

---

(1) Ce qui prouve la prolificité de la race française dans des circonstances favorables quand les ménages ont devant eux un champ illimité, c'est l'étonnante propagation de l'élément français au Canada : dans ce

Français établis en Algérie dépassent de 15 à 20 p. 100 les décès : c'est un assez bon résultat.

Les documents postérieurs confirment avec quelques atténuations les conclusions qui précèdent. Dans les trois années 1882, 1883, 1884, d'après la *Statistique générale de l'Algérie*, les naissances parmi les Français établis dans cette contrée se sont élevées à 21,433 ; les décès dans la même période, en mettant à part les décès militaires, ont atteint seulement le chiffre de 18,468, ce qui laisse un excédent de 2,965 naissances, soit 988 par an, qui représente le mouvement propre de la population française en Algérie. On peut considérer que le nombre moyen des Français établis dans cette contrée pendant ces trois années était de 205,000 environ ; la moyenne des décès se trouvant être de 6,156, c'est une proportion de 30 p. 1,000, encore un peu forte sans doute, légèrement supérieure à celle que constatait le Dr Ricoux, pour la période 1873-76. La cause en est peut-être à l'arrivée d'un plus grand nombre d'émigrants français non acclimatés ; on sait, en effet, que de 1878 à 1885, un grand nombre de vignerons de la métropole, chassés par le phylloxéra, ont été se fixer en Afrique. Quant aux naissances, dont la moyenne pour ces trois années monte à 7,144, elles dépassent annuellement de 988 la moyenne annuelle des décès, et elles représentent une proportion de 34,85 p. 1,000 de l'ensemble des habitants français.

Malheureusement la statistique algérienne ne distingue pas le lieu d'origine des Français-Algériens. Elle ne se préoccupe pas de savoir s'ils sont nés en Afrique, s'ils ne sont Français que par naturalisation, s'ils sont Français du Midi ou du Nord. Une classification de ce genre serait indispen-

---

pays les familles de douze, quinze ou vingt enfants ne sont nullement rares parmi les colons de notre race. Notre colonie algérienne pourra, dans une certaine mesure, reproduire quelques-uns des traits de notre ancienne colonie canadienne.

sable. Quant à la catégorie des Français par naturalisation, elle est en apparence peu nombreuse. En trois ans, de 1876 à 1878, on n'a naturalisé directement que 835 personnes; dans les trois années suivantes, 1879 à 1881, les naturalisations ont été beaucoup plus considérables, s'élevant à 1,557 personnes. Dans la période triennale de 1882 à 1884, le nombre des naturalisations directes a atteint 1,780, soit une moyenne de 593 par an. L'année 1885, en nouveau progrès, a fourni 890 naturalisations de ce genre. Depuis 1865 jusqu'en décembre 1885, il a été admis au bénéfice de la naturalisation directe 8,402 Européens ou indigènes.

On voit que le mouvement des naturalisations, singulièrement lent à l'origine, s'est, depuis quelques années, notablement accru. Il est heureux qu'il en soit ainsi. La cause peut en être double : d'un côté les étrangers, étant fixés en Algérie sans esprit de retour, apprécient davantage notre domination et recherchent plus la qualité de citoyen français. De l'autre côté, l'administration, bien inspirée, se montre beaucoup moins difficile pour conférer cette qualité à ceux qui la sollicitent. Ainsi, dans la période de 1882 à 1884, sur 1,838 naturalisations demandées, on en a accordé 1,780, soit 58 refus seulement (1). Sauf pour les vauriens avérés, les vagabonds et les mendiants, l'administration ne saurait être trop accueillante. Une colonie jeune doit avoir les bras largement ouverts.

Il est intéressant de savoir quelle est la proportion des diverses nationalités dans ces naturalisations. Nous n'avons des chiffres à ce sujet que jusqu'à la fin de l'année 1884. De 1865 au 31 décembre 1884, les naturalisations directes octroyées s'appliquaient à un nombre total de 7,386 individus, sur lesquels 1,122 étaient des indigènes musulmans,

---

(1) C'est un progrès sur la période triennale antérieure ou, sur 1,735 naturalisations demandées, on n'en avait accordé que 1,557, soit 178 refus.

200 des Israélites indigènes avant le décret de 1870 qui les naturalisa en bloc, 2,367 des Allemands, soit Alsaciens-Lorrains, soit ayant servi dans la Légion étrangère, 1,671 des Italiens, 1,253 des Espagnols, enfin 765 de nationalités non dénommées.

Plus la colonisation deviendra ancienne, plus le nombre des naturalisations s'accroîtra ; il finira par être de plusieurs milliers d'âmes par an (1). Il y a, en effet, en Algérie des modes de naturalisation qui sont en quelque sorte spontanées. Les fils d'étrangers nés dans la colonie peuvent opter de plein droit pour la nationalité française, et il est naturel

(1) Dans l'*Exposé de la situation générale de l'Algérie* en 1884, l'administration explique que le nombre des naturalisations en 1883 a sensiblement augmenté, à cause de la suppression, qui était prévue, quoiqu'elle n'ait été effectuée que postérieurement, du droit de représentation des étrangers aux conseils municipaux algériens. On pense que le chiffre des naturalisations continuera à grandir et qu'il s'accentuerait singulièrement si certains projets de loi étaient adoptés. L'un de ces projets accorderait à la première génération d'étrangers nés en Algérie le bénéfice de la naturalisation française de droit, qui n'est accordé dans la métropole qu'à la seconde génération, c'est-à-dire aux étrangers nés en France d'étrangers qui eux-mêmes y sont nés. Il serait question aussi d'étendre à l'étranger qui aurait créé ou amélioré une exploitation industrielle ou agricole en Algérie le bénéfice de la réduction de résidence à un an seulement pour obtenir la naturalisation.

Nous devons dire que malheureusement la députation algérienne est peu disposée à encourager les naturalisations nombreuses. On en trouve une preuve frappante dans le rapport de M. Étienne, député d'Oran, sur le budget de l'Algérie pour l'année 1887. Il s'oppose au projet si anodin de M. Tirman, gouverneur général, qui demande que les fils d'étrangers, nés en Algérie, soient de droit déclarés citoyens français, à moins qu'à leur majorité ils n'aient opté pour leur nationalité d'origine. L'objection de M. Étienne est que les Espagnols, naturalisés ainsi d'office dans la province d'Oran où ils sont plus nombreux que les Français, pourraient « s'emparer de toutes les administrations communales et préparer moralement l'annexion du département d'Oran à la France. » Ce raisonnement est à contre-sens puisque la naturalisation portant sur les individus venant chaque année à la majorité serait graduelle. On sent dans cette opposition le politicien qui craint l'arrivée de nouvelles couches d'électeurs. Les Espagnols seront bien plus redoutables si on ne cherche pas à les assimiler. Les Américains aux États-Unis sont autrement larges avec les émigrants allemands, qui, dans certains comtés, forment la majorité. Le service militaire à effectuer sur le territoire de la France continentale pourrait, d'ailleurs, servir à franciser ces jeunes Espagnols.

qu'ils le fassent de plus en plus. Or le dénombrement de 1881, qui constate la présence de 189,944 étrangers en Algérie, met en évidence ce fait remarquable que 118,945 personnes seulement étaient nées à l'étranger, c'est-à-dire en dehors de la colonie et de la métropole. Il en résulte que plus de 30 pour 100 des étrangers établis en Algérie sont nés dans ce pays même. Il y a dans cet effectif un grand nombre de recrues pour les naturalisations futures. Un genre spécial de naturalisation se rencontre en Algérie, c'est celui qui a son origine dans la convention consulaire conclue entre la France et l'Espagne, relative au service militaire. Les jeunes Espagnols établis dans notre province d'Afrique doivent satisfaire au recrutement, soit d'après la loi espagnole, soit d'après la loi française. Ils ont à ce sujet le droit d'option et ceux qui se soumettent au recrutement français peuvent réclamer de plein droit la naturalisation. Du côté des Espagnols, ces naturalisations spéciales devront devenir plus fréquentes. En 1882 on n'en a recensé que 131 comme ayant obtenu par naturalisation spéciale le titre de Français; cependant on constate que 401 Espagnols se sont soumis dans le courant de cette année à notre loi de recrutement, ce qui fait penser que plusieurs centaines se prévaudront ultérieurement de ce fait pour se faire naturaliser.

Outre la naturalisation sollicitée et les modes spéciaux de naturalisation, il y a encore ce que l'on peut appeler la naturalisation occulte. Tous ces Espagnols, Italiens ou autres qui persévèrent pendant plusieurs générations à habiter l'Algérie doivent finir par se fondre sans qu'on s'en aperçoive dans le flot de la population française. Si notre loi admet, en effet, que les étrangers nés en France ou en Algérie d'un étranger qui lui-même y est né, est Français, sous la condition résolutoire que, arrivé à sa majorité, il ne réclame pas sa qualité d'étranger, il n'y a aucune clause de ce genre pour la troisième génération de race étrangère née sur notre sol.

Là, la qualité de Français est absolument imposée sans qu'on puisse la refuser. Il en résulte que les petits-fils des Espagnols ou des Italiens qui sont nés en Algérie et qui continuent à y habiter ainsi que leurs enfants seront nécessairement Français, qu'ils le veuillent ou non. Ainsi dans soixante ou quatre-vingts ans les descendants des 210,000 étrangers d'origine européenne aujourd'hui établis en Algérie, d'après le recensement de 1886, seront complètement incorporés dans la population française. Les Israélites indigènes finiront aussi, dans une ou deux générations, par cesser de figurer sous une rubrique à part et formeront avec le reste de la population française un tout dont il sera impossible officiellement de les distinguer (1).

Ces remarques étaient nécessaires pour montrer que l'élément français en Afrique n'est pas complètement pur et que la proportion d'alliage qui s'y mêle doit devenir d'année en année plus considérable. Ce n'est pas, à notre sens, un inconvénient. La race française doit agir en Afrique à la façon d'un ferment qui modifie une masse infiniment plus forte qu'elle. Que les Français donnent à l'Afrique du Nord leur langue, leurs mœurs, leurs lois, leurs goûts, cela suffit à notre œuvre civilisatrice. Aussi bien, quelle est dans le monde civilisé contemporain la race qui puisse se dire pure?

Il est évident, néanmoins, que, à la longue, cet alliage doit agir sur la natalité et la mortalité de l'élément dit français. Plus il y entre d'Espagnols, d'Italiens, de Maltais et d'israélites indigènes plus la natalité de l'ensemble doit devenir forte et la mortalité faible. Jusqu'ici néanmoins, cette influence a été compensée par la grande quantité d'Allemands (Alsaciens-Lorrains) et de Belges qui ont été naturalisés

(1) Déjà les plus récentes statistiques officielles font remarquer que, parmi les naissances déclarées et inscrites comme françaises, il en est qui proviennent d'Israélites indigènes des hautes classes ne voulant plus former une catégorie spéciale.

depuis 1870. Ces hommes du Nord, on le sait, ont plus de difficulté que le Français du Midi à s'acclimater en Afrique.

Parmi les colons espagnols la mortalité a été à peu près constante depuis la conquête. Elle reste aujourd'hui entre 30 et 31 pour 1,000, ce qui dépasse légèrement la mortalité des colons français. Le préjugé vulgaire est donc faux sur ce point. Les Espagnols meurent un peu plus en Algérie que nos compatriotes, sans doute parce que les premiers sont plus besogneux. Dans les trois années 1879, 1880, 1881, les décès espagnols se sont élevés à 10,217. Le recensement du 31 décembre 1881 ayant constaté la présence de 114,320 Espagnols dans la colonie, on peut conjecturer que la population espagnole moyenne a été dans ces trois années au-dessous de 110,000. On peut dire, il est vrai, que la mortalité a été un peu accrue par les massacres de Bou-Amama, mais ces massacres n'ont fait qu'un nombre restreint de victimes. Si l'on préfère considérer l'année de paix 1882, la mortalité s'y est élevée à 3,738 pour un nombre moyen d'Espagnols que l'on peut évaluer à 117,000 environ : le taux de mortalité est donc de 31.80 0/0. Quant à la natalité chez les Espagnols de notre colonie, elle est, par compensation, un peu plus élevée que celle des colons de notre nationalité. Elle atteint 40 pour 1,000. Dans les premières années, elle était même montée au chiffre énorme de 47,5 pour 1,000. Dans les trois années 1879, 1880 et 1881, le chiffre des naissances parmi cette catégorie d'habitants a été de 13,565, ce qui donne une moyenne annuelle de 4,521. Si l'on rapproche ce chiffre de celui de 110,000 représentant la population espagnole moyenne, on a un rapport de 41 pour 1,000. En 1882, les naissances furent parmi les Espagnols d'Algérie de 4,827, soit, pour une population moyenne de 117,000, un rapport de 41,25 pour 1,000. On remarquera que l'élément espagnol s'accroît chaque année en moyenne de 1,100 âmes environ, par l'excédent des naissances sur les décès, tandis que l'élément français, cependant bien plus nombreux, ne s'accroît de ce chef que de 988 âmes en moyenne par an. Les Italiens et les Maltais sont dans des conditions à peu près aussi favorables ; parmi eux la natalité est de 37 1/2 pour 1,000, un peu moindre que celle des Espagnols, mais leur mortalité est plus faible que celle de ces derniers et même des Français, elle ne s'élève qu'à 28 ou 29 pour 1,000.

Il est naturel que les Allemands, hommes du Nord, soient moins aisés à acclimater que toutes ces races du Midi. Leur mortalité a atteint dans les premiers temps le chiffre effrayant de 55 pour 1,000 et leur natalité n'était que de 31 pour 1,000. Depuis lors ces conditions se sont un peu améliorées ; la mortalité est descendue à 35 ou 40 pour 1,000, ce qui est encore une bien forte proportion, et la natalité est remontée à 37 pour 1,000. L'écart est encore à l'avantage des décès. S'ensuit-il que l'on doive dire, comme certains publicistes, que les Allemands et, ce qui nous intéresse plus, les Alsaciens-Lorrains, ne doivent pas immigrer en Afrique ? Quelques personnes seraient tentées de parler de même des Français du Nord. Il y a là une grande exagération. La nature humaine est beaucoup plus élastique qu'on ne se le figure. De même que les émigrants normands et bretons, sortis de climats très tempérés et exempts de grands froids, se sont admirablement acclimatés au Canada, de même les colons anglais, irlandais, écossais, sortis de climats humides et plutôt froids, se sont fort bien acclimatés dans la partie méridionale des États-Unis, dans les Carolines, en Louisiane, au Texas, dans la partie de l'Australie voisine des Tropiques, Queensland et la Nouvelle-Galles. Ces exemples sont beaucoup plus probants que tous les raisonnements. Avec le temps et l'hygiène nous n'avons aucun doute que les Français du Nord, les Alsaciens-Lorrains, les Allemands, ne parviennent à prospérer en Afrique.

De tous les éléments que l'on rapproche de la population européenne d'Algérie, celui qui a présenté longtemps à la fois la plus forte natalité et la plus faible mortalité, c'est l'élément des israélites francisés ; mais il s'agit là de véritables indigènes. Leur natalité oscillait jusqu'à ces dernières années entre 43 et 57 pour 1,000, proportion énorme, et leur mortalité entre 24 et 28. Un statisticien, doué d'imagination et tirant de la loi des nombres toutes ses conséquences logiques, en conclurait que, dans quelques siècles, l'Algérie sera devenue une nouvelle Judée ; il ne nous paraît pas que ce résultat soit fort à craindre, mais l'élément israélite exercera une influence profonde sur la destinée algérienne. Depuis quelques années, les conditions si favorables des Israélites indigènes se sont un peu modifiées. La natalité est restée tout aussi forte. En 1882 les naissances juives étaient au nombre de 2,043 pour une population de 35,665 âmes, d'après le recensement du 31 décembre 1881 ; c'était une proportion de 57 pour 1,000 ; mais la mortalité s'est élevée à 1,366, soit plus de 38 pour 1,000, rapport très défavorable. Si l'on considère les quatre années 1879, 1880, 1881 et 1882 le nombre des décès parmi les Israélites francisés monte à 4,756, soit une moyenne annuelle de 1,189 ou 34 0/00 environ, ce qui est encore considérable. Nous ignorons les causes de cet accroissement de mortalité. Dans ces mêmes quatre années, toutefois, les naissances ont atteint le chiffre de 7,921, dépassant de 3,165 celui des décès. L'excédent annuel des naissances sur les décès est ainsi, pour les Israélites francisés, de 791 âmes par an, chiffre presque égal à celui qui exprime l'excédent des naissances sur les décès parmi la population française : cependant celle-ci, prise dans son ensemble, est en Algérie près de six fois plus considérable que la population israélite indigène. Toutefois, comme ce groupe d'habitants ne s'accroît que par l'excédent des naissances sur les décès, non par l'immigration, sa rapide augmentation ne suscite pas d'inquiétudes (1).

La multiplication du nombre des Espagnols, au contraire, inspire des craintes à beaucoup de publicistes et de politiques. On est tenté de nous appliquer le fameux dicton : *Sic vos non vobis*. Les conquêtes que nous faisons, les capitaux que nous prodiguons, d'autres en profitent, les Espagnols, les Italiens. L'Espagnol, a écrit un statisticien, est avant tout le colon né de notre Algérie. A l'appui de ces observations pessimistes on fait remarquer que, de 1872 à 1876, le nombre des Espagnols s'est accru de 21,144, tandis que celui des Français gagnait seulement 26,764. Or le chiffre initial des Français était presque double de celui des Espagnols. Dans la période de 1876 à 1881, si les massacres de Saïda n'étaient intervenus qui ont fait refluer en Espagne une partie des immigrants de cette contrée, il est possible que le nombre des Espagnols eût dépassé le nombre des Français. Les chiffres du recensement de 1876 justifiaient les prévisions alarmantes. Dans le territoire civil de la province d'Oran, les Français ne comptaient que pour 43,516, tandis qu'il ne s'y trouvait pas moins de 69,131 étrangers. En localisant encore davantage, dans l'arrondissement d'Oran, il y avait 45,107 étrangers, en grande majorité espagnols, contre 22,717 Français. L'écart était encore plus fort dans l'arrondissement de Sidi-bel-Abbès, qui comprenait 10,360 étrangers contre 4,343 Français. Nous ne partageons pas cependant, à ce sujet, les anxiétés de beaucoup de nos compatriotes. Il n'y aurait un péril sérieux de

(1) Les premiers résultats du recensement de 1886 portent à 42,744 le nombre des israélites indigènes, au lieu de 35,665 en 1881, c'est un accroissement énorme qui représente 20 p. 100, malgré que certaines naissances d'israélites indigènes soient maintenant inscrites parmi les naissances françaises ordinaires. Une petite partie de cet accroissement tient peut-être à ce que le recensement de 1886 a été mieux fait que celui de 1881.

ce côté que si l'Espagne possédait le Maroc et, malgré l'envie qu'elle en peut avoir, nous ne pensons pas qu'elle soit de force en ce moment à tenter une pareille entreprise ou du moins à y réussir. Quand elle sera en état de le faire, ce qui arrivera peut-être un jour, il est probable qu'une forte partie de l'élément espagnol algérien se sera déjà fondue dans la population française (1).

Le recensement de 1881 n'a atténué que momentanément les craintes que suscitait celui de 1876. Pendant cette période quinquennale, l'élément espagnol en Algérie ne s'est accru que de 20,300 âmes, pendant que la population civile française augmentait de 40,000 âmes environ. Néanmoins, dans beaucoup de districts de la province d'Oran, le nombre des Espagnols l'emportait sur le nombre des Français (2). Les renseignements encore incomplets du recensement de 1886, font ressortir davantage la supériorité des étrangers dans la province d'Oran ; on n'y trouverait, en effet, que 79,661 Français armée comprise, soit approximativement pour la population française civile 67,000 âmes, tandis que les étrangers d'origine européenne y seraient au nombre de 103,009, ce qui, déduction faite des soldats de la légion étrangère, ferait encore ressortir dans le département d'Oran la population civile étrangère d'origine européenne à

---

(1) Il est évident que si, dans un temps plus ou moins éloigné, les Espagnols tentaient la conquête du Maroc, cet empire devrait être au moins divisé ; la moitié orientale et une partie méridionale touchant la mer devraient revenir à la France. Mais notre intérêt est de retarder autant que possible cette échéance.

(2) Il est regrettable que les statistiques algériennes soient fort imparfaites. Dans l'énorme volume in-folio intitulé *Statistique générale de l'Algérie*, 1879-1881, et publié en 1882, on ne donne que les résultats généraux du recensement de 1881, encore en réunissant l'armée à la population civile française ; mais il n'est fourni aucun renseignement précis sur la répartition des différentes nationalités entre les divers départements, arrondissements et cantons. Le document analogue sur la période triennale suivante se tait également à ce sujet. Nous n'avons pour le recensement de 1886 que les résultats globaux qui ne distinguent pas les différentes catégories d'étrangers dans les arrondissements.

plus de 100,000 âmes, dépassant de près de moitié la population civile française (1). Pour peu que notre politique soit intelligente, il ne nous paraît pas que la patrie française soit condamnée à couver en Algérie un œuf espagnol, et en Tunisie un œuf italien. Les divers modes de naturalisation, les mariages mixtes, l'école surtout, le culte même, devront faire que nos efforts n'aient pas cette lamentable conclusion.

Nous avons donné plus haut des renseignements sur les naturalisations (page 44). Le nombre des mariages mixtes augmente dans une proportion importante : dans les trois années 1879, 1880, 1881, il y a eu 972 unions entre des Français et des femmes étrangères, et 371 unions entre des femmes françaises et des étrangers. Dès que l'un des époux est Français, il est bien vraisemblable que les enfants le seront aussi. Dans les trois années 1882, 1883, 1884, le nombre des mariages mixtes s'est élevé à 1,127 entre Français et étrangères et 403 entre étrangers et Françaises. Les mariages entre étrangères et étrangers de toutes nationalités pendant les mêmes années 1882-1884 se sont élevés à 3,531. Les mariages mixtes sont donc dans le rapport de 40 p. 100 avec les mariages entre étrangers. D'autre part, les mariages entre Français et Françaises ayant été au nombre de 4,319 dans la même période, les mariages mixtes représentent avec ces chiffres un rapport de 35 p. 100 environ. Sur 9,380 unions, contractées entre Algériens d'origine européenne dans ces années 1882 à 1884, il s'en trouve 5,849, soit 63 p. 100, où l'un au moins des deux conjoints est Français.

Si l'on réfléchit que la population dite française est déjà un peu bigarrée, on se rendra compte de la proportion de

(1) D'après une communication privée que nous fait le gouvernement de l'Algérie, en date du 5 mars 1887, le nombre total des Espagnols en Algérie serait de 144,530, dont 92,290 dans la seule province d'Oran où ils dépasseraient de plus de 12,000 le chiffre des Français (armée comprise).

plus en plus forte d'alliage que subit l'élément français en Afrique. On ne doit, d'ailleurs, pas le regretter; en s'alliant aux Espagnols, aux Italiens et aux Maltais, la race française, si elle perd de sa pureté, accroît sa force de résistance au climat. Les unions mixtes doivent être recommandées au simple point de vue physiologique. Quelques publicistes, même dans ces temps récents, le statisticien Bertillon par exemple, dans sa préface à la seconde édition de la *Démographie de l'Algérie* du Dr Ricoux, soutiennent l'opinion, qui nous paraît extravagante, que les Français sont exposés à ne pas pouvoir s'acclimater définitivement en Afrique (1). Ils citent comme exemple l'échec des Romains qui tient à d'autres causes qu'à leur incapacité à supporter le climat. Les unions entre les Français et les races plus méridionales rendront l'acclimatation définitive plus aisée et plus prompte.

Quant aux unions entre Européens et musulmans dans les trois années 1882-1884, elles n'ont été qu'au nombre insignifiant de 50; dans 18 cas, c'était un Européen qui épousait une musulmane; dans les 32 autres, c'étaient des Européennes qui épousaient des musulmans. Il est infiniment probable que les unions irrégulières entre ces deux éléments sont nombreuses; elles ont également pour résultat de donner naissance à un élément mixte.

C'est l'école surtout qui pourra exercer une grande influence sur l'assimilation des éléments étrangers à l'élément français. Les tribunaux et l'administration devront aussi lui venir en aide; il dépend de nous que les Espagnols, nés en Afrique, si près qu'ils soient de leur patrie d'origine, finissent par se franciser, et l'Algérie ne sera pas plus une colonie hispanique que les États-Unis ne sont une colonie

(1) *La Démographie figurée de l'Algérie*, par le Dr Ricoux, avec préface du Dr Bertillon, Paris, 1880, p. 11. Contrairement à l'assertion de M. Bertillon des études plus attentives semblent avoir démontré que plusieurs tribus arabes ou kabyles sont de pure race latine et ont, lors de la conquête arabe, embrassé l'islamisme.

irlandaise ou allemande. Une loi qui rendrait français obligatoirement tout individu né sur notre territoire et y ayant vécu jusqu'à sa majorité aurait également une bonne et équitable action sur la fusion des éléments européens divers.

Le culte aussi pourrait nous amener peu à peu les Espagnols, les Italiens et les Maltais. Si l'on avait soin d'entretenir, pour ces populations religieuses, un clergé recruté uniquement dans l'élément français et qui se servit de notre langue dans les sermons, les homélies, les confessions, on contribuerait indirectement à la fusion des étrangers algériens avec nos nationaux. Mais la majorité de sectaires, d'ignorants et de niais qui régnait dans notre Parlement de 1881 à 1886, a supprimé les trois quarts des crédits pour le clergé algérien, et notamment aboli toute subvention pour les séminaires. C'était, en quelque sorte, décréter que le clergé algérien ne se composerait plus que d'Italiens et d'Espagnols. Quand une nation a le malheur de composer son Parlement d'étourdis et d'imprévoyants, elle transforme en instruments de ruine les moyens même qu'elle aurait d'assurer sa prospérité.

Le principal colon de l'Algérie restera, d'ailleurs, toujours le Français, parce qu'il est plus entreprenant, parce qu'il a plus de ressources d'esprit et de caractère, parce que c'est lui qui apporte les capitaux et qui s'entend le mieux à tirer parti de la terre et des hommes. Les Italiens, les Espagnols, les Maltais sont des auxiliaires utiles ; mais on ne peut dire, sans méconnaître les conditions actuelles du travail et de la production en Algérie, que le premier rôle leur appartienne. Quant aux obstacles physiques, qui s'opposaient à la prompte acclimatation des Français, à savoir l'élévation fréquente de la température, le *siroco* ou vent du désert, les émanations telluriques ou paludéennes, leur importance tend à diminuer pour trois raisons. D'abord plusieurs de ces causes morbides disparaissent grâce aux progrès de la colonisation : les émanations paludéennes deviennent plus rares et moins dangereuses par les dessèchements, par la bonne culture des terres, par un système convenable de distribution des eaux, par la plantation d'eucalyptus ; le siroco lui-même est atténué par un bon régime forestier. En second lieu, les tempéraments se forment à la longue au milieu qui les entoure ; la génération créole offre plus de résistance que celle qui l'a précédée. Enfin l'hygiène fait des progrès rapides et les souffrances des premiers arrivés sont des enseignements qui servent aux colons nouveau-venus. Tous ces prétendus obstacles insurmontables ne sont donc, les faits le prouvent, que des difficultés passagères.

Une autre objection de principe que l'on a adressée à la colonisation de l'Algérie par la France, c'est que notre pays n'a guère d'accroissement de population. Il est certain que cet accroissement est faible. Cependant jusqu'ici il n'est pas nul. L'excédent habituel des naissances sur les décès, en dehors des années de guerre, varie chez nous de 90,000 à 150,000 têtes. Dût même cet excédent disparaître d'une manière complète, on n'en devrait pas conclure que la France ne peut coloniser. En effet, il faut tenir compte du mouvement d'immigration belge, allemande, italienne et suisse qui s'effectue sur notre territoire continental. Si nous recevons tous les ans 40 ou 50,000 habitants nouveaux provenant du dehors, nous pouvons fort bien pourvoir à une émigration à peu près correspondante. Les arrivées compenseraient les départs. L'émigration est, en outre, souvent un stimulant à la fécondité des familles.

Quelques statisticiens, M. Jacques Bertillon entre autres, pensent que la France pourrait fournir à l'Afrique une immigration de 100,000 habitants par an. Un pareil afflux ne trouverait pas actuellement à s'y asseoir. Le dixième suffirait. Supposez 10 à 12,000 Français s'établissant chaque année en Afrique, et autant d'Européens étrangers ; ajoutez-y l'excédent normal des naissances sur les décès, on aurait, à la fin du siècle, environ 800,000 ou 900,000 hommes de race européenne sur la côte d'Afrique et, en outre, 4 millions et demi à 5 millions d'Arabes déjà imbus en partie de notre civilisation. En portant nos regards plus loin, avec cette immigration, d'ailleurs modique, de 20 à 25,000 Européens par an (moitié Français et moitié étrangers), avec aussi l'excédent des naissances, l'Afrique française, c'est-à-dire l'Algérie et la Tunisie, contiendrait vers l'année 1930 environ 2 millions d'hommes de race européenne et 8 ou 9 millions d'Arabes qui, si nous avons une politique intelligente et humaine, pourraient être en grande partie francisés. Ce serait là une société beaucoup plus importante comme population et au moins aussi florissante que celle qui occupe l'Australie actuelle, et l'Afrique française en 1930 serait à peine de deux ans plus vieille que ne l'est aujourd'hui l'Australie. Une colonie ne sort guère de l'enfance qu'à l'âge de cent ans. Ces résultats seraient très glorieux pour la France, très féconds pour l'avenir de la race française. Si de légères difficultés, comme celles auxquelles nous avons été exposés en l'année 1881, ne nous découragent pas, il est fort probable que l'Afrique française arrivera, avant sa centième année, à la solide et splendide situation que nous venons d'indiquer. Le phylloxera dans ces derniers temps a merveilleusement servi l'Algérie en l'épargnant et en dévastant la France. L'insecte microscopique, chassant nos vignerons de la vallée du Rhône et de nos départements méditerranéens, les a poussés à franchir la mer. Ainsi les maux de la métropole ont été comme toujours utiles à notre colonie naissante. Si le régime administratif et économique n'est pas plus contraire à notre fondation africaine que les agents physiques, le succès de notre œuvre colonisatrice est assuré (1).

(1) Malheureusement, dans l'été de 1885, le phylloxera a été découvert aux environs de Tlemcen et de Sidi-bel-Abbès, et en 1886 à Philippeville,

Les statistiques officielles donnent les chiffres suivants pour la population algérienne en 1876 et 1881 (1) :

Éléments de la population.	Années		Augmentation.	Diminution.
	1881	1876		
Français................	233.937	198.792	34.145	» »
Israélites naturalisés....	35.665	33.506	2.159	» »
Musulmans (sujets français).	2.850.866	2.476.941	373.925	» »
Espagnols...............	114.320	93.038	20.282	» »
Italiens................	33.693	26.322	7.371	» »
Anglo-Maltais...........	15.402	14.313	1.089	» »
Allemands...............	4.201	6.513	» »	2.312
Autres étrangers........	22.328	17.201	5.127	» »
Totaux........	3.310.412	2.867.626	445.098	2.312
				442.786

L'augmentation de 442,786 âmes frappe tout d'abord ; elle est en partie fictive et tient à ce que, pour la population musulmane, le recensement de 1881 a été plus exact que celui de 1876, l'extension considérable du territoire civil permettant des opérations conduites avec plus de régularité. En mettant de côté les musulmans sujets français et les israélites naturalisés, il reste 233,937 Français et 189,944 étrangers de toutes catégories en 1881, soit ensemble 423,881 âmes, contre 198,792 Français et 158,387 étrangers, soit ensemble 357,179 âmes en 1876. De ces chiffres, pour n'avoir que des Européens, il faudrait retrancher une vingtaine de mille étrangers Marocains et Tunisiens. Toutefois, il y a une autre déduction importante à faire pour n'avoir que la population civile. L'armée est, en effet, comprise dans le chiffre donné plus haut pour la population française de toute catégorie. La population française, dite municipale, c'est-à-dire déduction faite des corps de troupes, prisons, etc., est inscrite pour 195,418 âmes en 1881,

mais l'élan est donné pour la culture viticole, et dût le phylloxera continuer à s'étendre, une culture lucrative, pouvant rémunérer beaucoup de bras européens, n'en reste pas moins acquise à l'Algérie.

(1) Voir plus loin, p. 66, l'analyse du recensement de 1886.

ce qui représente une augmentation d'une quarantaine de mille relativement à la même population en 1876, laquelle ne s'élevait qu'à 156,365. L'élément français civil dépassait ainsi encore les divers éléments étrangers européens réunis.

D'après le même dénombrement de 1881, sur les 423,000 Européens ou étrangers recensés, y compris l'armée, 138,330 étaient nés dans la métropole ou dans une colonie autre que l'Algérie, et 118,945 à l'étranger; c'est ensemble 257,275. Quoique une petite partie des hommes qui entrent dans ce nombre soient des Musulmans, Tunisiens ou Marocains, on peut défalquer ce chiffre total du chiffre de 423,000 représentant tous les Européens; il en résulte qu'au 31 décembre 1881 on trouvait en Algérie environ 166,000 habitants de race européenne qui étaient nés sur le sol algérien. Par le simple fait des naissances qui montent parmi les Européens à 14 ou 15,000 par an, la population d'origine européenne née en Algérie et y vivant doit aujourd'hui (1887) dépasser le chiffre de 200,000 âmes. Quel que soit le courant d'immigration, dans dix ou quinze ans la population de race européenne née sur le sol algérien représentera les deux tiers du groupe européen vivant dans cette contrée. A ceux qui nient l'acclimatation, il suffit d'opposer ces chiffres.

Un recensement antérieur, celui de 1866, analysé par le Dr Ricoux, fait connaître que parmi les 122,119 Français établis en Algérie à cette époque, 36,979 étaient nés en Afrique, parmi lesquels on constatait 1,454 mariés. D'un autre côté, parmi les 95,871 étrangers européens, 35,529 dont 1,548 mariés étaient nés en Algérie. C'était en tout 72,508 individus de race européenne qui avaient reçu le jour en Afrique. On voit que quinze ans après, en 1881, le nombre des personnes de cette catégorie s'élevait à 166,000 environ, ce qui est un accroissement de 130 p. 100 et que, en 1887, le chiffre de 1866 doit avoir triplé environ. Aujourd'hui non seulement près de la moitié de la population de race européenne établie en Afrique y est née, mais encore il doit se rencontrer une très forte proportion d'hommes de race européenne nés en Afrique de parents qui eux-mêmes y étaient nés. En 1876, sur 198,000 Français en chiffres ronds, 64,512 avaient vu le jour en Algérie. Le recensement de 1876 ne donne pas de renseignement analogue pour les étrangers européens.

On a souvent écrit que les Européens du sexe féminin résistent mieux au climat de l'Afrique que ceux du sexe masculin : cette remarque paraît jusqu'ici fondée. Elle est loin, toutefois, d'avoir la portée que lui attribue feu le Dr Bertillon. D'après la *Statistique générale de l'Algérie*, publiée en 1885, l'ensemble des naissances parmi les Européens, pour les douze années de la période 1873 à 1884 inclusivement, comprend 76,521 garçons et 73,090 filles ; il y a donc heureusement ici comme partout un excédent des naissances de garçons. Par contre, les décès dans les mêmes douze années, atteignent le chiffre de 28,326 hommes adultes et 44,498 garçons, soit 72,824 individus du sexe masculin. Les décès pour l'autre sexe ont été de 18,575 femmes et 32,755 filles, soit ensemble 51,330. Il y a là un avantage énorme au profit du sexe féminin qui, dans ces douze années, ne présente que 51,330 décès au lieu de 72,824 pour l'autre sexe. La population féminine d'origine européenne, du chef du mouvement des naissances et des décès, s'est accrue de 21,760 âmes en ces douze années, tandis que la population masculine ne s'est augmentée par la même cause que de 3,697 âmes, ce qui est peu.

Cette proportion beaucoup plus forte des décès masculins, on ne peut l'expliquer uniquement par les deux causes qui se présentent d'abord à l'esprit, à savoir, d'une part, les travaux plus durs auxquels se livrent les hommes, notamment la vie extérieure que beaucoup d'entre eux doivent mener ; d'autre part, dans une population qui se recrute en partie par l'immigration, l'excédent du nombre total des hommes sur le nombre total des femmes (1). Ces deux causes contribuent certainement à la différence de mortalité qu'offrent les Européens des deux sexes en Afrique. Mais elles ne sont ni les seules, ni vraisemblablement les principales. Ce n'est pas, en effet, seulement parmi les hommes faits, c'est aussi parmi les garçons que la mortalité sévit plus que parmi les femmes ou les filles. Dans les douze années 1873-1884, il est mort 44,498 garçons contre 32,755 filles. Indépendamment de ce que la vie même des jeunes garçons est, d'ordinaire, plus extérieure que celle des petites filles, il doit y avoir dans l'organisme masculin une moindre souplesse et une moindre facilité d'acclimatation.

Néanmoins, l'expérience prouve que l'acclimatation du sexe masculin peut s'effectuer. On a vu que dans les douze années de 1873 à 1884 l'excédent des naissances masculines sur les décès masculins dans la population européenne civile d'Algérie s'est élevé à 3,697, chiffre bien faible, il est vrai. Néanmoins la population masculine d'origine européenne, considérée en elle-même et abstraction faite de l'immigration, fait donc plus que couvrir ses pertes. Nous n'avons pas de renseignements analogues sur le mouvement des naissances et des décès parmi les garçons et les filles, les hommes et les femmes adultes de nationalité française.

(1) En 1872, on comptait, dans la population d'origine européenne en Algérie, 113 hommes contre 100 femmes. Dans les années antérieures, cet excédent était beaucoup plus fort ; aujourd'hui il doit être un peu plus faible ; mais il doit toujours subsister. Dans le document intitulé *Dénombrement de la population des départements de France et d'Algérie*, 1876, qui forme un gros volume de 580 pages, nous ne trouvons pas la décomposition, pour la population européenne d'Algérie, du nombre d'hommes et du nombre de femmes ; on ne donne cette répartition entre les deux sexes que pour la population totale, indigènes compris. Tous ces documents sont bien incomplets. Quant à la publication officielle détaillée sur le recensement de 1881, elle n'a pas encore paru au moment où nous revoyons ces lignes.

Dans les colonies où les immigrants fournissent un plus grand nombre d'hommes que de femmes, il n'y a pas un grand inconvénient à ce que l'excédent des naissances sur les décès soit plus fort pour le sexe féminin que pour le sexe masculin. Cela rétablit l'équilibre. Plus tard, avec des soins hygiéniques mieux compris, il est probable que l'on pourra réduire la mortalité, non seulement parmi les hommes adultes, mais parmi les garçons.

Nous ne saurions accorder grande portée à l'objection faite par feu M. Bertillon que l'échec des Romains suscite des doutes sur la possibilité d'acclimater définitivement les hommes du midi de l'Europe sur la terre algérienne.

« Les grands et forts Romains d'autrefois l'ont tenté, dit
« ce statisticien ; ils ont été vaincus. Eux qui, partout où ils
« ont mis le pied en Europe, y ont implanté à jamais leur
« langue, leur loi, leur administration, n'ont rien laissé
« sur la terre africaine que les restes inanimés de leurs
« constructions, vains fossiles d'une prospérité qui a péri
« dès qu'elle a cessé d'être ravitaillée par la mère patrie,
« car ce ne sont pas les faibles indigènes non plus que les
« torrents éphémères des conquérants qui l'ont détruite ;
« l'on n'anéantit pas ainsi le sang romain ; mais c'est le
« soleil africain qui l'a desséché ! et ainsi ont péri tous les
« peuples indo-européens, et ils sont nombreux (Persans,
« Grecs, Romains, Vandales, Français, Anglais, etc., etc.),
« qui, depuis les temps historiques, ont été attirés par les
« richesses africaines (1). »

Le sort de la domination romaine qui, en effet, n'a laissé comme vestige en Afrique que quelques pierres, n'a rien qui soit de nature à nous effrayer. Jamais les Romains n'ont pris possession de l'Afrique septentrionale avec la même intensité que de la Gaule. Ils y ont trouvé des populations

---

(1) Préface à la *Démographie figurée de l'Algérie*, du Dr Ricoux, p. 8.

infiniment moins malléables. Quand l'invasion barbare est survenue, les Romains d'Afrique sont retournés en grand nombre sur le sol italien, et ceux qui restaient de l'autre côté de la Méditerranée se sont trouvés violemment séparés de l'ancienne mère patrie, sans conserver avec elle aucun rapport ni matériel ni intellectuel. Les Arabes ont agi en Afrique, non pas à la manière des torrents qui ravagent et disparaissent, mais comme une couche durable de population qui se superpose aux anciennes et imprime violemment, systématiquement, à celles-ci sa foi, son caractère, sa langue. L'islamisme transforme tous les pays où il se fixe. Si, en Europe, la Turquie a pu conserver des restes vivants des populations grecque ou slave, cela tient en grande partie à l'époque récente de la domination mahométane dans l'Empire turc. C'est au milieu du XVe siècle, sept cents ans après son établissement en Afrique, que le mahométisme s'est fixé sur les bords du Bosphore. Il n'y a jamais eu l'intolérance qu'il montrait en Barbarie. Il se trouvait avoir à lutter contre des populations slaves et grecques autochtones, non contre des Romains importés. L'empire turc, en outre, n'a jamais été séparé de tous rapports avec l'Europe comme la rive méridionale de la Méditerranée. Le christianisme, qui a été la forme de conservation de la culture romaine dans le monde barbare, n'a pas eu le temps de s'implanter solidement en Afrique et les populations chrétiennes n'y ont pas eu assez d'énergie pour résister à l'absorption (1).

L'argument historique de M. Bertillon manque donc de base ; il est victorieusement combattu par d'autres arguments historiques beaucoup plus récents et mieux établis. Le soleil des deux Carolines, de la Floride et du Texas n'est

---

(1) Des recherches plus approfondies ont démontré que plusieurs des tribus kabyles gardent confusément le souvenir d'une origine romaine : ces groupes ethniques ont été submergés dans l'invasion musulmane et s'y sont fondus, ce qu'explique la rupture prolongée de toute communication avec l'Europe.

pas moins brûlant que celui de Tunis et d'Alger ; néanmoins l'une des races européennes les plus septentrionales, les Anglais, s'y est parfaitement acclimatée. Le type des Anglo-Américains diffère, sans doute, de celui des Anglais purs. M. Herbert Spencer, dans un récent voyage en Amérique, le faisait remarquer aux Yankees et attirait leur attention sur ce qu'il appelait leur dégénérescence. Mais il attribuait surtout cette transformation à de fâcheuses habitudes mentales et physiques, un excès d'ambition tourné vers la conquête de la fortune, une agitation fiévreuse. Il reste incontestable que l'élément anglo-saxon, grossi des apports hollandais, suédois, norwégiens et allemands, constitue une forte race qui, par le Texas et la Floride, touche presque aux tropiques, tandis que Alger et Tunis sont de 10 à 12 degrés plus élevés. Très voisines du tropique de l'hémisphère sud sont les colonies anglaises de la Nouvelle-Galles et de Queensland et elles aussi sont florissantes. La capitale du Brésil est assise juste sur le tropique du Capricorne, et les Portugais, dont beaucoup sont originaires des montagnes hispaniques, constituent dans ces contrées une population résistante. L'Afrique ne sera pas moins hospitalière aux Européens et aux Français ; notre civilisation y poussera de fortes racines, surtout si, pendant plusieurs siècles, le lien politique n'est pas rompu entre la colonie et la métropole. Si prématurément ce malheur arrivait que l'Afrique française se séparât de la France, il serait alors à craindre qu'avec les éléments d'origine barbare qu'elle contient dans son sein, et ceux qui l'avoisinent et la menacent, le caractère européen s'affaiblît singulièrement dans cette contrée. Une union politique de plusieurs siècles de l'Afrique du Nord avec la France est la seule condition nécessaire pour que la race européenne conquière définitivement cette partie du monde.

Il ne faudrait pas croire, en effet, que si l'élément européen peut prospérer en Algérie, il doit le faire aux dépens de l'élément arabe en le refoulant, en l'éliminant, ou bien en le réduisant. Quelques observateurs superficiels ont accueilli ce préjugé que, par le contact avec une race supérieure, la race inférieure s'étiole et finit par disparaître. Outre que la population arabe ne se trouve pas, à l'égard de la race européenne, dans des conditions permanentes et irrémédiables d'infériorité, aucun ensemble de faits ne prouve la prétendue règle scientifique que beaucoup de personnes ont si légèrement formulée. Aux États-Unis, par exemple, les Indiens paraissent plutôt s'être fondus en grande partie dans la population européenne qu'avoir matériellement disparu. L'exemple des nègres australiens, traqués et assassinés systématiquement par des colons anglais, ne peut être probant. Lors du recensement de 1872, la très grande diminution que l'on croyait constater dans la population arabe algérienne redonna créance à la prétendue règle d'extinction des races inférieures en présence des races supérieures. De 1866 à 1872, en effet, la population musulmane était censée avoir diminué de 527,020 âmes. Le choléra de 1867, la grande famine de 1868, le typhus et la petite vérole de 1869 à 1872, enfin l'insurrection de 1871, eussent pu expliquer une légère décroissance de la population arabe. Mais les recensements suivants prouvèrent que le dénombrement de 1872 avait été très défectueux. En effet, la population musulmane, qui n'était estimée qu'à 2,125,000 âmes en 1872, fut évaluée à 2,476,000 en 1876, et à 2,850,000 en 1881. Ce dernier recensement est certainement plus exact que les précédents. Un observateur attentif ne peut contester la tendance à l'augmentation de la population indigène en Afrique.

Ces lignes étaient écrites quand les premiers résultats du recensement de 1886 sont venus confirmer les observations qui précèdent. Voici, telles que nous les transmet le gouvernement général de l'Algérie, les constatations de ce dénombrement.

	Départements			Total
	d'Alger.	d'Oran.	de Constantine.	général.
Français d'origine ou naturalisés (armée comprise)..........	106.969	79.675	74.947	261.591
Français nés d'israélites naturalisés par le décret du 24 octobre 1870.........	6.083	8.241	5.044	19.368
Israélites naturalisés par le décret du 24 octobre 1870....	8.725	7.799	6.852	23.376
Sujets français : Arabes, Kabyles, Mzabites...............	1.186.790	659.219	1.428.345	3.274.354
Tunisiens...........	333	50	4.672	5.055
Marocains.	1.327	15.512	2.166	19.005
Nationalités diverses, presque tous d'origine européenne...	70.314	100.009	44.393	214.716
Totaux.......	1.380.541	870.505	1.566.419	3.817.465

Depuis le recensement de 1881, l'élément français d'origine ou de naturalisation, autre que les israélites, se serait accru de 27,650 âmes (1) ; l'élément étranger de plus de 48,000 âmes, mais une certaine partie de cet accroissement doit représenter l'augmentation du nombre des Marocains et des Tunisiens ; l'élément israélite indigène composant la deuxième et la troisième catégorie du tableau ci-dessus aurait progressé de plus de 7,000 âmes, enfin le nombre des indigènes musulmans serait de 423,488 supérieur à celui que constatait le recensement de 1881.

(1) Nous renvoyons le lecteur aux pages 43 à 53 pour constater l'alliage qui se mêle de plus en plus à l'élément français, dont la pureté va naturellement en s'altérant. Le document officiel, intitulé *État de l'Algérie au 31 décembre* 1882, fait remarquer que dans certaines communes les enfants des Israélites naturalisés sont inscrits comme Français sans aucune distinction. De ce chef, l'élément dit français peut s'être accru de 1,500 âmes dans la période de 1876 à 1881 et d'au moins autant dans celle de 1882 à 1886.

Comme l'armée est comprise dans tous ces chiffres, il convient de l'en déduire ; or, elle comptait 47,970 hommes en 1886, dont 35,925 Français, 7,532 sujets français (Arabes, Kabyles, Mzabites) et 4,513 étrangers européens : défalcation faite de cet élément militaire, la population civile française d'origine ou de naturalisation (non compris les israélites indigènes) ressort à 225,666 âmes ; les étrangers d'orígne européenne, après la déduction de la légion étrangère, ne sont plus qu'au nombre de 210,203. Les Français conservent donc une supériorité, mais assez légère, sur l'ensemble des autres groupes de population d'origine européenne (1).

Ce qui frappe tout observateur attentif dans les renseignements qui précèdent, c'est que la population de l'Algérie est beaucoup plus considérable qu'elle ne l'était, et surtout qu'elle ne paraissait l'être, il y a quinze ans. En 1872, elle ne s'élevait, d'après le recensement, qu'à 2,416,000 âmes. Or, voici qu'on nous annonce qu'elle atteint, y compris l'armée, les prisons, la population dite en bloc, 3,817,465 âmes, en 1886 (2). Ce serait un accroissement formidable,

(1) D'après une communication qui nous a été adressée le 5 mars 1887 par le gouverneur général de l'Algérie, le nombre des étrangers européens constaté par le recensement de 1886 se partagerait approximativement ainsi : 144,530 Espagnols, dont 48,599 dans le département d'Alger, 92,290 dans celui d'Oran et 3,641 dans celui de Constantine, en augmentation de plus de 30,000 depuis 1881 ; 44,315 Italiens, dont 11,934 dans le département d'Alger, 5,530 dans celui d'Oran et 26,841 dans celui de Constantine, en accroissement de 10,500 depuis 1881 ; 15,533 sujets anglais, presque tous Maltais, dont 4,149 dans le département d'Alger, 573 dans celui d'Oran, 10,811 dans celui de Constantine, en augmentation de 131 seulement depuis le précédent recensement; 4,863 Allemands (en grande partie Alsaciens); 2,404 Suisses, en accroissement de 380 depuis 1881. Les autres nationalités ne sont représentées que par quelques centaines d'hommes.

(2) Il est curieux de faire remarquer que quelques députés de l'Algérie persistent à répandre dans la métropole des notions qui ne sont pas exactes sur la situation de cette colonie. Ainsi, M. Étienne, dans son intéressant rapport sur le budget du gouvernement général de l'Algérie pour 1887, dit que le nombre des Français dans notre possession algérienne est inférieur à 200,000 âmes, il ne fixe qu'à 2,800,000 le nombre des indigènes

plus de 1,400,000 âmes en quatorze ans. L'Australie n'aurait jamais eu une croissance aussi prodigieuse ; les États-Unis mêmes n'auraient jamais présenté un développement proportionnel aussi considérable, puisque, en quatorze ans, le nombre des habitants de l'Algérie aurait augmenté de plus de moitié, d'environ 60 p. 100.

Ce qui ressort de ces chiffres et de ceux des recensements de 1881 et de 1876, c'est que le recensement de 1872 était singulièrement défectueux. On avait très mal compté la population arabe, et de ce défaut de calcul on avait tiré des conclusions générales et des prévisions ridiculement fausses. Le dénombrement de 1872 s'était effectué au lendemain d'une grave insurrection, alors que les Arabes n'étaient pas encore complètement rassurés, qu'ils pouvaient appréhender de notre part des mesures plus ou moins vexatoires, notamment des aggravations de taxes. Le territoire civil était alors assez réduit. Les moyens dont disposait le service de recensement se trouvaient peu efficaces. Aussi n'est-il pas douteux que les déclarations des indigènes, chefs de douars ou de tribus, restèrent intentionnellement fort au-dessous de la vérité. La prétendue réduction de 400,000 ou 500,000 âmes de la population arabe ou kabyle dans l'intervalle des recensements de 1866 à 1872 était une fable ; c'est ce que démontrèrent de la façon la plus décisive les recensements suivants.

Le plus récent, celui de 1886, annonce l'existence de 3,274,354 indigènes musulmans en Algérie, non compris les Marocains, Tunisiens et autres musulmans étrangers. C'est un accroissement de 423,000 âmes par rapport au recense-

musulmans. Quoique les résultats officiels du recensement officiel de 1886 ne fussent pas encore publiés quand M. Étienne rédigeait son rapport, il lui eût été aisé de se rendre compte que tous ses chiffres étaient de beaucoup dépassés ; de même il réédite la fable ridicule de la disparition de 500,000 indigènes par suite de la famine dans l'intervalle du recensement de 1866 à 1872.

ment de 1881, de près de 800,000 âmes relativement à celui de 1875 et de 1,138,000 âmes par rapport au recensement fantaisiste de 1872.

Que l'on s'en doive attrister ou réjouir, c'est un fait social aujourd'hui constaté : l'élément arabe et kabyle en Algérie pullule sous notre domination. Les indigènes musulmans y multiplient. Certes, nous ne croyons pas que l'augmentation réelle de la population arabe ait été de 423,000 âmes depuis 1881. Nous attribuons une partie de cet accroissement officiel à l'extension du territoire civil, à l'exactitude supérieure de la statistique, à la disparition chez les musulmans des craintes que les recensements antérieurs, et surtout celui de 1872, leur avaient inspirées.

Il n'en demeure pas moins vrai qu'une forte partie de cet accroissement du nombre des indigènes musulmans doit être tout fait fait réelle. La raison l'explique assez. Que dans certaines villes la population musulmane diminue, parce que les artisans indigènes, avec leurs moyens primitifs de production, ne peuvent, quelle que soit leur sobriété, soutenir la lutte avec leurs concurrents européens mieux armés, cela est naturel. Mais, par compensation, dans les campagnes et jusque dans le désert, tout favorise la propagation de la race indigène.

La paix qui règne complète, l'ordre et la sécurité qui y sont très supérieurs à ce qu'on les rencontre dans les pays musulmans indépendants, la réduction des abus administratifs et fiscaux, enfin l'apport de capitaux européens, la demande de travail, les progrès de la production en Algérie doivent faire foisonner les Arabes et les Kabyles. Aux travaux publics de routes ou de voies ferrées, aux mines, à l'exploitation des alfas, aux vignes surtout, ils trouvent un emploi abondant et très rémunéré de leurs bras, ils arrivent à gagner régulièrement 1 fr. 80 centimes ou 2 francs par jour, ce qui pour eux représente la toison d'or ; avec leurs habitudes primitives, cela ouvre le champ à un accroissement considérable de la population. Ils sont donc 3,274,354 aujourd'hui ; si l'on y joint une vingtaine de mille Marocains et 5,000 Tunisiens, on arrive à 3,300,000 en chiffres ronds sur 3,817,465 âmes de population totale, armée comprise ; c'est plus de 86 p. 100.

Il faut nous habituer à cette idée et y conformer notre politique : bien loin de disparaître devant nous, l'Arabe croît auprès de nous, plus rapidement que nous. On trouve 3.300,000 indigènes musulmans en Algérie ; à la fin du siècle, il y en aura 4 millions et, au milieu du siècle prochain, 6 ou 7 millions, sinon davantage. Si nous insistons sur ces chiffres, c'est qu'ils doivent nous dicter notre façon de gouverner. Les hésitations ne sont plus permises. Il faut, comme je le prêche en vain depuis quinze ans, nous gagner les Arabes pendant qu'il en est temps encore, leur donner notre langue, ce qui est le premier point, que nous avons complètement négligé depuis plus d'un demi-siècle que nous possédons le nord de l'Afrique. Il faut renoncer tout à fait aux expropriations de terres ; il convient d'apporter dans la constitution de la propriété privée tous les ménagements désirables ; c'est un devoir pour nous, non seulement de morale, mais de prudence politique, de renoncer aux rigueurs fantaisistes de ce qu'on appelle le Code de l'indigénat. En face d'une population aussi vivace, nous devons avoir une règle dominant toute notre administration, c'est d'éviter de semer dans la population arabe des ressentiments qui nous vaudraient, un jour ou l'autre, une hostilité aussi dangereuse que celle de l'Irlande à l'endroit de l'Angleterre. Les Arabes profitent matériellement de notre présence en Afrique ; il faut qu'ils s'en ressentent aussi au point de vue des idées générales et des mœurs. L'un de nos grands devoirs là-bas, c'est l'éducation de nos sujets musulmans.

Voilà le grand enseignement qui ressort du recensement de 1886. Quant au chiffre actuel des Européens établis en Algérie, il est en lui-même assez satisfaisant. Qu'il y ait aujourd'hui en Algérie environ 436,000 habitants d'origine européenne, armée non comprise, cela nous paraît un succès. En 1861, il ne s'y en trouvait que 205,000 et 235,000 en 1866. La population civile européenne a doublé en vingt-trois années, car on suppute qu'en 1863 elle montait à 217,000 âmes. On ne peut espérer le doublement tous les vingt-trois ans ; mais un accroissement régulier de 8,000 à 10,000 âmes par année semble conforme à toutes les vraisemblances. On approcherait ainsi du chiffre de 600,000 Européens quand se clora le siècle, et de 1 million d'Européens quand on célébrera en 1930 le centenaire de l'Algérie.

Le résultat ne sera pas mesquin : au contraire même, en soi on devra le juger magnifique. Il s'alliera avec un développement prodigieux de la richesse : mais il reste toujours cet autre côté du problème, c'est que, suivant tous les antécédents et toutes les prévisions rationnelles, cette masse d'Européens ne sera pas tout à fait compacte : il s'y trouvera une assez forte quantité d'alliage étranger ; et surtout ce noyau d'un million d'âmes sera perdu dans une population indigène qui, selon toutes les probabilités aussi, montera à un chiffre cinq, six ou sept fois plus élevé.

On ne tient pas, en France, suffisamment compte de tous ces faits. La commission du budget ne s'en inquiète pas quand elle rogne les crédits du clergé algérien, et qu'elle abandonne ainsi à l'éducation et à la direction de prêtres d'Espagne les Espagnols si nombreux, plus nombreux que les Français dans beaucoup d'arrondissements de la province d'Oran. Dans les mains de politiques habiles, la chaire religieuse, le confessionnal, devraient être des moyens de répandre notre langue et le goût pour la France. Le Sénat oublie également tous ces faits, quand, dans une loi sur la naturalisation, au lieu d'ouvrir aussi grandes que possible les portes de la nationalité française, il semble se préoccuper à la fin de 1886 de les verrouiller davantage. En ce qui concerne l'Algérie, on pourrait, sans inconvénient et avec beaucoup d'utilité même, pratiquer comme les deux grandes nations libérales, l'Angleterre et les États-Unis, le *compelle intrare*. Tout Européen, né sur le sol algérien et y ayant résidé jusqu'à sa majorité, devrait être Français de droit.

Ceux qui ne tiennent pas compte non plus, soit dans leurs discours, soit même dans leurs actes, des proportions des divers éléments de la population algérienne, ce sont nos colons et quelquefois leurs députés. Il y a parmi nos colons algériens un parti qui se dit autonomiste. Voilà une invention vraiment curieuse : il se trouve en Algérie 225,666 Français non compris l'armée, et ces 225,666 individus voudraient être autonomes ; mais que feraient-ils de leur autonomie en face des 210,203 étrangers européens et surtout des 3,274,354 Arabes ? En vérité, le mot d'autonomie invoqué par nos colons est trop ridicule, quand les aspirants autonomes seraient, si on les abandonnait à eux seuls, 1 contre 15 dans notre possession d'Afrique. Le dernier recensement n'est pas de nature à les encourager dans ces vues d'autonomie, mais il doit porter le gouvernement de la métropole à s'occuper plus sérieusement qu'autrefois de l'éducation et de l'assimilation des indigènes.

Si, anticipant sur la deuxième partie de cet ouvrage, nous ajoutons aux divers éléments de population algérienne ceux qui y correspondent en Tunisie, nous verrons que les deux anciennes régences, qui nous sont soumises à divers titres, doivent contenir environ 4,800,000 musulmans indigènes, peut-être même 5 millions, plus de 100,000 israélites indigènes et, en chiffres ronds, 500,000 individus de race européenne, dont un peu moins de la moitié d'origine ou de nationalité française. Il n'est pas difficile de prévoir que vers le milieu du xxᵉ siècle il se rencontrera en Algérie et en Tunisie environ 1,500,000 habitants d'origine européenne et une dizaine de millions d'Arabes ou Kabyles.

Voilà ce que nous ne devons jamais perdre de vue ; quand tout le monde, en France et dans les colonies, se sera pénétré de la justesse de cette observation, on en tirera deux conclusions : d'abord qu'il faut nous concilier les Arabes par un traitement équitable, ensuite que le lien entre la métropole et ses colonies africaines ne saurait être relâché, à plus forte raison brisé, avant qu'un grand nombre de générations ne se soit écoulé et n'ait produit une population suffisamment homogène, tout imprégnée de la civilisation française.

CHAPITRE IV

LE RÉGIME DES TERRES ET LA COLONISATION

Nécessité d'avoir des idées claires sur ce que la France veut faire en Afrique.

L'Algérie ne peut être ni une simple colonie de peuplement comme le Canada ou l'Australie, ni une simple colonie d'exploitation comme les Indes ou Java.

Caractère mixte que doit avoir la colonie algérienne.

Situation défavorable de l'Algérie pour le régime des terres. — La propriété indivise des Arabes. — Le domaine du bey.

Les concessions de terre et les obligations qu'elles entraînaient primitivement. — Améliorations apportées à ce régime.

Essai en 1856 et en 1860 de la méthode de vente des terres suivant les procédés australiens. — La population agricole européenne en 1864.

Perfectionnements apportés en 1881 au régime des concessions gratuites.

Les deux méthodes simultanées par lesquelles procède la colonisation territoriale : les concessions et les achats de terres aux Arabes.

Le système de colonisation par centres ou villages.

Étroitesse de la zone de colonisation.

Rappel en 1855 des colons établis dans des localités excentriques.

Pénurie du domaine. — L'insurrection de 1871 accroît l'étendue du domaine au moment où il était presque épuisé. — Les colons alsaciens-lorrains. — Caractère artificiel de cette colonisation.

Étendue des concessions de terres depuis 1870. — Projet de loi relatif à l'expropriation de 3 ou 400,000 hectares de terres appartenant aux indigènes. — Critiques adressées à ce projet de loi. — Le gouvernement ne doit pas exproprier les propriétaires indigènes.

Comment la colonisation agricole peut se développer. — La colonisation agricole spontanée et indépendante égale déjà la colonisation agricole officielle.

Nombre des colons ruraux en Algérie.

La production agricole chez les Européens et chez les indigènes. — La viticulture.

La race arabe ne doit pas être dépossédée. — Dans peu d'années, la colonisation officielle n'aura plus de raison d'être.

La loi de 1873 sur la constitution de la propriété privée. — Lenteur des premiers résultats. — État actuel des travaux.

Achats considérables de terres faits à l'amiable par les Européens aux Arabes. — Importance du domaine public actuel. — Succès de la vente aux enchères d'une petite partie de ce domaine en 1885 et en 1886. — Constitution de l'état civil chez les indigènes.

Nous venons de prouver que l'Afrique du Nord n'est pas inhospitalière aux Européens, ni en particulier aux Français. Ce qui importe maintenant, c'est que notre nation ait des idées claires sur ce qu'elle se propose de faire dans cette contrée qu'elle a conquise.

Jusqu'ici cette clarté d'idées lui a manqué. Tout homme qui a étudié avec quelque attention les colonies des peuples européens soit dans le passé soit dans le présent sait que, en dehors des simples comptoirs, il y a deux catégories principales de colonies, lesquelles se distinguent par des caractères très tranchés : les colonies d'exploitation, telles que les Indes orientales anglaises et Java ; les colonies de peuplement comme le Canada et l'Australie. Dans les premières le peuple colonisateur apporte seulement ses capitaux, sa direction politique et économique ; il ne cherche pas à remplacer la race indigène par une immigration de ses propres nationaux ; il respecte et conserve, autant que possible, l'organisation sociale des natifs. Dans la seconde catégorie de colonies, au contraire, le peuple colonisateur cherche surtout à implanter sa race, à créer une société analogue ou même identique à celle de la mère patrie : il absorbe toute la vie économique du pays, il s'approprie les terres, et peu à peu il évince complètement les natifs qui d'ailleurs, dans ce genre d'établissements, sont peu nombreux, clairsemés et n'ont qu'un embryon de civilisation. Le noir australien ou le huron sont rejetés de plus en plus dans le désert; ils finissent par disparaître, soit qu'ils dépérissent ou qu'on les tue, soit plutôt que par des croisements ils se transforment.

L'Algérie devait-elle être considérée comme une colonie d'exploitation, telle que les Indes orientales anglaises et la grande île de Java, ou comme une colonie de peuplement, telle que l'Australie et le Canada? La nation française pendant longtemps n'est pas parvenue à se faire sur ce point une conscience claire. Elle a oscillé entre ces deux sortes de modèles si opposés. De là toutes les incertitudes, toutes les variations, le peu d'esprit de suite de notre colonisation africaine.

A vrai dire, l'Algérie ne peut se ramener à aucun de ces deux types si tranchés de la colonisation. Elle est une exception, elle doit être une colonie hybride et former une classe à part. On ne peut lui appliquer exclusivement ni la méthode indo-anglaise ou la méthode hollando-javanaise, ni la méthode australienne et canadienne. Si l'on respectait scrupuleusement, minutieusement, tous les usages, toutes les coutumes des indigènes, si l'on évitait d'apporter aucun trouble dans leur mode de jouissance des terres et dans leur existence, on ne pourrait tirer du pays toutes les ressources qu'il contient, on n'assurerait pas à l'Afrique française l'avenir auquel elle peut atteindre. D'autre part, si l'on voulait substituer complètement les Européens aux indigènes on se priverait du secours précieux que peut offrir une population de 3 millions d'habitants déjà à demi civilisés ; on exaspérerait les Arabes; on provoquerait des crises qui dureraient plusieurs siècles. Ainsi l'Algérie ne doit être ni seulement une colonie d'exploitation, ni exclusivement une colonie de peuplement. Les maximes qui règlent ces deux catégories de colonies y trouvent simultanément leur application, en se tempérant et même souvent en se contrariant mutuellement. De là, les difficultés tout à fait spéciales de la colonisation algérienne ; de là aussi l'indulgence qui s'impose aux esprits sérieux à l'égard de la prétendue lenteur de notre œuvre colonisatrice en Afrique. La colonisation algérienne ne pourrait guère être comparée qu'à la colonisation espagnole au Mexique et au Pérou, mais avec cette différence très importante et qui constitue pour nous un obstacle de plus, c'est que la population musulmane de l'Algérie est beaucoup plus difficile à nous assimiler que ne l'étaient aux Espagnols les populations superstitieuses et faibles des plateaux du Pérou et du Mexique.

Au point de vue économique, la première condition de la prospérité d'une colonie de peuplement, c'est la grande abondance des bonnes terres et un régime qui en rende l'appropriation facile et définitive (1). Diverses circonstances, les unes inhérentes à la situation antérieure de l'Algérie, les autres provenant de nos traditions administratives, firent que les conditions de colonisation dans notre dépendance d'Afrique furent, sous le rapport de la distribution des terres, exceptionnellement défavorables. Le premier point à constater, c'est que les terres n'étaient pas vacantes: elles se trouvaient non seulement occupées, mais cultivées par les populations indigènes; les domaines seuls du bey pouvaient être regardés comme confisqués, ce qui les rendait accessibles aux Européens; mais c'était là une quantité de terres limitée et qui ne suffisait pas à occuper une nombreuse population agricole. Quant aux terres qui ne faisaient pas partie du domaine, on n'aurait pu les acquérir et les livrer aux colons que par deux moyens: par la méthode que l'on a appelée le *cantonnement indigène*, c'est-à-dire le refoulement des Arabes loin des côtes, d'où serait résultée la perte pour eux d'une partie du territoire qu'ils avaient l'habitude d'occuper, de labourer ou de parcourir avec leurs bestiaux. Au point de vue de l'équité, c'était là un procédé injuste et qui rappelait les allures des conquérants de l'antiquité. Au point de vue politique, c'était de plus une mesure empreinte de témérité, dont le résultat inévitable eût été d'entretenir

---

(1) Voir sur ce point notre ouvrage *De la Colonisation chez les peuples modernes* (3ᵉ édition) aux chapitres sur les colonies de l'Amérique du Nord et sur les colonies australasiennes.

chez les Arabes l'esprit de haine et de vengeance contre la France.

Restait la seconde méthode, l'échange, c'est-à-dire l'achat aux indigènes des terres qu'ils consentiraient à vendre; ce procédé, le seul juste, le seul qui ne présentât pas de dangers politiques, fut malheureusement, pendant la période d'installation, presque irréalisable dans la pratique; la propriété privée, en effet, n'existait pas dans les tribus arabes, ou, si l'on en rencontrait une image dans quelques-unes, ce n'était qu'à l'état rudimentaire; or, l'absence de propriété privée rendait l'acquisition des terres indigènes par voie d'achat presque impossible (1). On voit quelles difficultés entourèrent le berceau de notre colonisation africaine, difficultés provenant de l'organisation sociale tout à fait exceptionnelle de la contrée où nous nous étions fixés. Il est vrai que dans le principe on ne se fit aucun scrupule d'appliquer la méthode du cantonnement. Tant que dura le système des razzias, il était logique que l'on prît leurs terres à ceux auxquels on prenait leurs bestiaux et leurs biens mobiliers. Mais après la pacification complète, il fallut en venir à un système plus régulier et laisser les tribus en possession des terres qu'elles occupaient, sous peine de raviver une guerre qu'on se jugeait fort heureux d'avoir terminée.

(1) Il y a cependant, même dans les pays musulmans, une certaine propriété privée : ainsi en Tunisie le fameux domaine de l'Enfida, comprenant 130,000 hectares, qui avait été acheté à Khérédine Pacha par la Société marseillaise, et qui fut une des causes de notre expédition tunisienne en 1881. Il se rencontre dans la Régence de Tunis beaucoup d'autres vastes domaines privés ayant de 3 ou 4,000 à 10 ou 12,000 hectares. Ils appartiennent, en général, à des princes ou à des ministres qui les ont acquis par des procédés dont la scrupuleuse Europe n'approuverait peut-être pas la correction. L'Algérie n'a jamais été dans le même cas. Ces princes et ces ex-ministres tunisiens se montrent fort empressés à vendre leurs terres, ce qui rendra facile et prompte la colonisation européenne en Tunisie. Au mois de juin 1885, Mustapha, l'ancien favori du bey Mohammet el Sadock, a apporté à une Société française au capital de 4 millions une dizaine de domaines qu'il possédait dans l'ancienne Régence, et dont la superficie est de plus de 60,000 hectares de terre.

Il se trouvait que la quantité de terres dont pouvait disposer le gouvernement français était limitée ; mais à ces difficultés, qu'il n'avait pas faites, et qu'il ne dépendait pas de lui d'écarter, le gouvernement en joignit d'autres, plus graves peut-être encore, et qui provenaient de nos fâcheuses traditions et mœurs administratives : le système auquel les autorités françaises eurent recours pour livrer aux colons les terres dont elles pouvaient disposer fut celui des concessions gratuites. Ce que ce régime entraîne avec soi d'inconvénients graves, il n'est aucun économiste, aucun agriculteur qui ne s'en soit rendu compte. Ces concessions étaient naturellement tout arbitraires ; c'était l'œuvre de la faveur ; il fallait, pour les obtenir, des démarches, des protections ; il fallait jouer le rôle d'un solliciteur ; en outre, les formalités étaient nombreuses ; une foule de conditions résolutoires étaient attachées à l'octroi des terres ; quelquefois l'on prescrivait le mode de culture ; enfin, ces concessions n'étaient pas définitives, elles ne le devenaient qu'au bout d'un certain nombre d'années ; jusque-là les convenances administratives pouvaient les révoquer ou les permuter ; c'était donc vraiment à titre précaire que le colon possédait ; sa propriété n'était ni complète ni sûre ; il n'avait ni la libre disposition de ses actes et de son bien, ni la certitude de son avenir. On peut dire que c'était tuer dans son germe le principal mobile d'amélioration et de progrès.

Il n'est que trop prouvé par les faits et par le raisonnement que les hommes qui émigrent et passent les mers pour coloniser sont des natures un peu rebelles aux conventions artificielles de la civilisation, des esprits hardis, personnels, peu enclins à porter le joug des règlements ; des hommes enfin qui veulent jouir de la pleine liberté de leurs actes, de la libre disposition de leurs biens, et qui ont surtout en horreur les vices propres aux sociétés avancées, c'est-à-dire la dépendance administrative, le favoritisme et l'obligation de tout solliciter. C'est encore un fait indiscutable, que l'attrait de la propriété foncière est l'appât le plus vif de la colonisation. Eh bien, malheureusement, l'Algérie n'eut jamais que peu de terres à offrir aux colons et ne les leur livra qu'en leur imposant des démarches, des sollicitations, des délais, en les soumettant à des conditions qui rebutaient un grand nombre d'esprits.

Jusqu'en 1851, les lois des 21 juillet 1845, 5 juin et 1ᵉʳ septembre 1847 prescrivaient, pour obtenir des concessions de terre en Algérie, des formalités qui entraînaient à la fois pour les demandeurs des lenteurs et des dégoûts. Sous l'empire de cette législation, les préfets dans les territoires civils, et les généraux commandant les divisions pour les territoires militaires, ne pouvaient accorder que des concessions de 25 hectares; le gouverneur général même n'en pouvait délivrer ayant plus de 100 hectares, si bien qu'il fallait recourir au ministre de la guerre pour les demandes qui ne se renfermaient pas dans ces limites. Les colons ne recevaient qu'un *titre provisoire*, qui n'était qu'une simple promesse de concession soumise à une condition *suspensive*. Il en résultait que le colon ne pouvait ni hypothéquer ni aliéner en tout ou en partie le terrain concédé et qu'il ne pouvait obtenir du crédit qu'à des intérêts ruineux.

D'autres abus se présentaient: on péchait tantôt par excès, tantôt par défaut de réglementation. Aucun délai obligatoire n'était assigné au colon pour la prise de possession des terrains accordés, si bien que des concessionnaires inactifs, différant indéfiniment de se présenter, laissaient la concession inoccupée sans profit pour eux et au préjudice de tout le monde. Pour être gratuites, ces concessions n'exigeaient pas moins, dans certains cas, des dépenses notables par l'obligation d'un cautionnement. Ainsi, pour une concession de 100 hectares et au-dessus, le colon devait déposer, avant son entrée en possession, une somme de 10 francs par hectare. Enfin, un inspecteur de colonisation était *seul* chargé de la vérification des travaux imposés au concessionnaire, ce qui livrait ce dernier à la discrétion de ce fonctionnaire.

Les inconvénients du système étaient si grands, qu'on ne put se dispenser de le modifier à différentes reprises. Le 26 avril 1851, le ministre de la guerre, dans un rapport au président de la République, dévoilait les nombreux défauts de la législation existante et provoquait un décret qui devait transformer les conditions et les modes de concession. Les préfets étaient autorisés, sur l'avis du conseil de préfecture, à délivrer des concessions de 50 hectares et au-dessous ; le concessionnaire devait requérir sa mise en possession dans le délai de trois mois, à peine de déchéance; aucun cautionnement ne devait être exigé ; le concessionnaire pouvait hypothéquer ou aliéner à titre onéreux ou gratuit, en tout ou en partie, le terrain concédé. Dans le mois qui suivait le délai fixé pour l'accomplissement des conditions imposées au concessionnaire, ou même plus tôt, s'il le désirait, il devait être procédé à la vérification des travaux exécutés par lui, et cette vérification devait être confiée à un agent du service topographique et à un colon dont la désignation était au choix du concessionnaire. Si les conditions contenues dans le cahier des charges se trouvaient exécutées, l'immeuble était immédiatement déclaré affranchi des causes résolutoires, ce que constatait un procès-verbal remis au concessionnaire, lequel devenait ainsi propriétaire définitif. Dans le cas où le concessionnaire n'aurait pas rempli toutes les conditions, il pouvait demander une prolongation de délai. La déchéance ne pouvait être prononcée que par le ministre de la guerre après avoir entendu préalablement le concessionnaire et sauf recours au Conseil d'État. En cas de déchéance, si le concessionnaire avait fait des travaux sur l'immeuble, on procédait à une adjudication, dont le prix, déduction faite des frais, était remis au concessionnaire ou à ses ayants droit.

Le même décret s'appliquait aux territoires militaires où les généraux commandant les divisions et les commissions consultatives des subdivisions étaient chargés des attributions que remplissaient, dans le territoire civil, les préfets et les conseils de préfecture.

Le régime du décret de 1851 était assurément préférable au régime antérieur; c'était un adoucissement. Mais combien n'était-il pas encore compliqué et arbitraire? Aussi les agriculteurs sérieux évitaient-ils de recourir aux concessions gratuites. « Les terres en pleine campagne, écri« vait en 1855 un homme fort au courant des affaires « algériennes, coûtent de 10 à 15 francs l'hectare, si elles « ne sont ni défrichées, ni irrigables; défrichées, il faut « payer le prix du défrichement, environ une centaine de « francs. Irrigables, elles atteignent une valeur plus élevée. « Cependant on peut compter acheter un *corps de ferme* « avec une partie notable de terres irrigables au prix de « 100 francs l'hectare. A ce prix, on a des terres qui don« nent un revenu annuel de 500 francs, en tabac et en « coton. Aussi vaut-il mieux, quand on a quelques capi« taux, acheter des terres libérées que prendre des conces« sions gratuites de l'État, lesquelles, par l'exécution des « conditions imposées, reviennent beaucoup plus cher que « le prix courant des terres (1). » Ces lignes de M. Jules Duval contiennent certainement des exagérations, notamment sur les produits de la culture du coton qui a été complètement abandonnée en Algérie; mais le fond de l'observation est juste. L'achat des terres était en général une meilleure opération que la prise d'une concession. On comprend que le régime des concessions ne donnât pas de bien bons résultats. Il y a une trentaine d'années, il n'avait été concédé que 280,000 hectares, c'est-à-dire la moitié de

---

(1) Jules Duval, *l'Algérie*, p. 439.

l'étendue d'un département français, et la population européenne rurale ne montait pas à plus de 83,000 âmes.

Il fallut ouvrir les yeux et transformer radicalement ce régime dont les inconvénients étaient flagrants. L'exemple de l'Australie s'offrait à nos administrateurs; on finit, après bien des résistances, par l'imiter. Déjà, depuis près d'un siècle, plusieurs États de l'Amérique anglaise avaient constitué le meilleur régime d'appropriation des terres. Il y avait plus de vingt ans que la célèbre doctrine Wakefield pour la vente des terres vacantes à haut prix avait pris faveur en Angleterre et avait été appliquée avec succès dans les colonies australiennes. Enfin, pour revenir à la France elle-même et à ses administrateurs, il y avait soixante-dix ans qu'un des meilleurs esprits du dernier siècle, Malouet, avait dénoncé hautement la supériorité du régime de vente sur le régime des concessions. C'est en 1856 que la vente des terres de l'État à titre définitif fut introduite en Algérie. Un décret du 25 juillet 1860 ordonna que les terres domaniales fussent vendues à prix fixe et à bureau ouvert. On recourut concurremment à l'autre mode usité aussi en Australie, la vente aux enchères. En 1863, il y avait eu 193 ventes à prix fixe comprenant une superficie de 5,079 hectares 22 ares, et 280 ventes aux enchères publiques comprenant 2,410 hectares. C'était en tout 7,500 hectares environ pour toute l'année; c'était bien peu. La moyenne de chaque lot à prix fixe s'élevait à 26 hectares 30 ares; la moyenne de chaque lot aux enchères était de 8 hectares 60 ares. On saisit dès l'abord la raison pour laquelle les ventes aux enchères ont une moindre contenance que les ventes à prix fixe : il est tout naturel que les terres de choix soient seules aliénées par voie d'adjudication. Le chiffre atteint par les ventes aux enchères montait, en 1863, à 1,007,241 francs.

Cette modification heureuse dans le mode d'appropriation des terres eut de bons effets. A la fin de 1864, la population agricole européenne dans le ressort administratif des divers centres colonisés dépassait de plusieurs milliers le chiffre de 100,000 individus, et les terres possédées par les colons avaient une contenance de 567,277 hectares. Telle est l'influence immédiate d'un bon régime succédant à un mauvais.

On comprend difficilement comment on n'est pas arrivé plus tôt en Algérie à vendre ainsi les terres au lieu de les concéder et comment on n'a pas persévéré dans cette mesure ; il était d'autant plus naturel d'avoir de prime abord recours à la vente que ces terres, pour la plupart, à la différence de celles de l'Australie, de la Nouvelle-Zélande, du Canada ou du Far-West de l'Amérique, n'étaient pas des terres complètement incultes; elles avaient reçu presque toutes une certaine culture, qui avait commencé à les mettre en rapport et à leur donner de la valeur ; elles étaient en outre situées au milieu d'une population relativement dense, ce qui en rehaussait encore le prix. Toutes ces raisons devaient conseiller le système de la vente de préférence à celui des concessions. Enfin, l'administration, qui exigeait avec tant de ténacité de chaque colon la justification d'un capital assez important, avait un moyen bien moins vexatoire et bien plus sûr de distinguer le colon sérieux de celui qui ne l'était pas, c'était de lui faire acheter les terres qu'il prétendait cultiver.

Après avoir ainsi essayé, non sans quelque succès, de la vente des terres, on a, pendant une quinzaine d'années, presque abandonné cet excellent régime et on est revenu aux concessions, tout en essayant de dégager les concessionnaires de beaucoup des entraves auxquelles ils étaient primitivement assujettis (1). Tel est l'objet d'une loi votée

(1) Dans la séance du 12 février 1884 du Conseil supérieur de gouvernement de l'Algérie le rapporteur sur les questions de colonisation et la

par la Chambre des députés dans le courant du mois de juin 1881. On s'y préoccupe de permettre au colon concessionnaire de se procurer des ressources par voie d'emprunt. Auparavant, son titre de propriété étant révocable jusqu'à l'accomplissement des conditions imposées par l'État, lesquelles exigeaient en général plusieurs années, le colon ne pouvait offrir à son prêteur que sa responsabilité personnelle et non un gage immobilier ; c'était, en fait, lui enlever tout crédit. La nouvelle loi a décidé que le concessionnaire pouvait consentir des hypothèques et que, en cas de résolution du contrat de concession, les droits du prêteur subsisteraient et primeraient ceux de l'État.

On est allé même plus loin et fort justement en matière de crédit, et l'on n'a pas craint, par des innovations heureuses, de déroger au Code civil. Les petits privilèges et les hypothèques occultes sont un très grand obstacle au crédit agricole. Ils sont particulièrement nuisibles dans une contrée neuve où les opérations doivent pouvoir être faciles, claires et promptes. On a décidé qu'en Algérie le prêteur sur hypothèques n'aurait point à s'occuper des privilèges au profit des gens de service ou pour les frais funéraires, etc. Il n'aurait point non plus à s'inquiéter des hypothèques légales et judiciaires qui pouvaient s'attacher au colon avant que celui-ci fût déclaré concessionnaire. Cette mesure est fort utile dans une contrée où la plupart des colons venant de fort loin et étant partis de très bas ont des origines fort obscures. L'immeuble du concessionnaire est donc absolument net vis-à-vis du prêteur. Dans le cas où

---

plupart des membres du Conseil se sont prononcés pour la vente aux enchères des terres publiques, sans exclure complètement la concession à titre gratuit. Au mois de janvier 1885, on a mis en vente plusieurs milliers d'hectares qui, comme on le verra plus loin, ont trouvé des adjudicataires dans des conditions excellentes, parfois à trois ou quatre fois la mise à prix. On a répété la même expérience en 1886 et en 1887.

des hypothèques occultes, soit judiciaires, soit légales, atteindraient le colon depuis qu'il est devenu concessionnaire, le prêteur pourra le connaître en faisant la purge légale suivant le mode qui appartient par privilège en France au Crédit Foncier.

La colonisation terrienne en Algérie procède par deux méthodes simultanées : on y trouve la colonisation indépendante, spontanée, celle qui achète des terres aux Arabes, ou qui morcelle les grandes propriétés des premiers concessionnaires ; il y a, en second lieu, ou plutôt aurions-nous dû dire en premier lieu, la colonisation officielle, celle qui tient au système des concessions. On vient de voir combien on s'est efforcé dans ces derniers temps de perfectionner ce régime, il n'en reste pas moins encore très défectueux (1).

Si l'abondance des bonnes terres et la facilité de leur appropriation sont un des principaux attraits des colonies nouvelles, l'indépendance et la liberté laissées aux colons, spécialement dans les actes quotidiens de la vie pratique et dans les relations civiles ou commerciales, sont aussi une

---

(1) Dans une circulaire du 2 février 1882, adressée aux préfets, M. Tirman, gouverneur général de l'Algérie, indique fort bien les inconvénients des concessions gratuites : il commence par dire que les concessions ne doivent pas être regardées comme une monnaie pour payer les services rendus à l'État. Il ajoute : « Vous vous trouverez aussi en présence de péti-
« tionnaires — il faut bien convenir que jusqu'ici ils ont été trop nom-
« breux — qui, n'ayant aucune aptitude spéciale, s'imaginent volontiers
« qu'ils feront d'excellents colons. Ils commencent bien par se rendre sur
« le territoire où se trouve leur concession ; mais après des essais infruc-
« tueux qui tiennent à leur inexpérience, le découragement les gagne et
« ils entrent alors en arrangement avec les indigènes pour leur louer
« leurs terres jusqu'au moment où, ayant obtenu leur titre définitif de
« propriété, ils peuvent aller jouir n'importe où de la rente que l'État leur
« a constituée. D'autres, à peine installés, quittent la localité, sauf à y
« faire des apparitions à des intervalles plus ou moins éloignés, mais
« suffisamment rapprochés pour éviter la déchéance. De semblables co-
« lons ne peuvent que discréditer l'Algérie. » M. Tirman recommande d'accorder surtout des concessions aux familles nombreuses possédant quelque avoir.

des conditions indispensables au peuplement et à la prospérité des établissements coloniaux. Or, il faut avouer qu'à ce dernier point de vue, comme au précédent, l'Algérie a laissé et laisse encore beaucoup à désirer. La première de toutes les libertés, c'est celle d'aller et de venir et de se fixer dans les lieux de son choix; on peut dire que cette liberté naturelle et primordiale doit être absolue et sans autre réserve que le respect des droits d'autrui. En Australie, en Amérique, au Canada, il est permis à chaque habitant de bâtir où il lui plaît son *loghouse* et de défricher tel champ qui lui convaindra, pourvu que ce champ ne soit pas déjà occupé par un autre et sous la condition de payer une certaine somme minime quand il voudra consolider et régulariser son titre de propriété. C'est par ces *trappers* et pionniers que s'étend chaque année, dans les pays que nous venons de citer, la zone de la colonisation.

En Algérie, il en est autrement. Sans doute nous faisons la part des conditions exceptionnelles de notre province d'Afrique, nous reconnaissons qu'on ne peut permettre à chaque particulier de s'établir sur le territoire des tribus et de se mettre à labourer des champs qu'elles ont l'habitude de parcourir; étant donné l'état actuel de la société arabe, il faut quelques ménagements et certaines précautions; mais, du moins, celui qui a acquis de l'État, moyennant argent, une certaine étendue de terres, aurait-il dû toujours pouvoir élever son toit sur ces terres à l'endroit qui lui convenait; nous voudrions encore que sur toute la côte et dans le Tell l'administration vendît les terres domaniales dès qu'il se présente un amateur, à quelque endroit qu'elles soient situées et si loin qu'elles puissent se trouver des prétendus centres de colonisation. Mais l'on a adopté une marche toute différente.

L'administration crée aux lieux qu'il lui plaît de déterminer des centres de colonisation : c'est dans ces emplacements limités que les colons doivent habiter et s'agglomérer; il ne leur est pas permis de se disperser, il faut qu'ils résident dans les villages officiellement désignés. Aussi les fermes proprement dites, c'est-à-dire les habitations solitaires situées au milieu des champs en culture sont presque proscrites, et cependant, c'est là le meilleur régime pour l'agriculture, c'est de plus le seul mode de vie qui ait de l'attrait pour une population agricole, pour la classe des propriétaires (1). Nous savons que l'administration se retranche derrière des nécessités de défense ou de guerre. Mais le pays est assez pacifié pour que de pareilles craintes deviennent chimériques : et, en outre, dût une insurrection apparaître, il n'est pas raisonnable de sacrifier en vue d'un danger hypothétique et lointain tout le confortable de la vie quotidienne et ce qu'il y a de plus respectable dans les droits de l'homme, celui de fixer sa résidence au milieu de ses propriétés. Cette idée que la colonisation procède par centres est, au point de vue économique et historique, une idée inexacte (2); la colonisation rayonne et s'étend indéfiniment par projection sur tout le pays cultivable; les centres viennent plus tard; les villages — qu'on n'ait aucune crainte sur ce point — sauront bien se créer tout seuls et se placer aux situations les meilleures. On les trouvera sur les cours d'eau, à l'entre-croisement des routes, ils naîtront d'eux-mêmes par l'expansion de la culture et par la nécessité d'un marché pour la vente des produits agricoles dont les colons

---

(1) Il est vrai de dire que dans les pays méridionaux les cultivateurs aiment parfois à habiter dans des villages et non dans des fermes isolées.
(2) On peut citer, peut-être, à l'appui de ce mode de colonisation par villages, l'exemple des premiers colons américains, des puritains notamment. Mais cette méthode ne fut chez eux employée que pendant une courte phase : d'un côté, le souvenir des anciennes communautés de village qui n'avaient pas encore complètement disparu de l'Angleterre, d'un autre côté, la nécessité de se défendre contre les Indiens, ennemis beaucoup plus implacables que les Arabes. Ce procédé ne convient pas à la colonisation contemporaine.

voudront se défaire, et pour l'achat des articles manufacturés, des ustensiles et des diverses marchandises dont ils auront besoin. Il y a là une réforme nécessaire et sans laquelle on ne peut compter sur le développement rapide du peuplement et de la prospérité.

Dans le système adopté jusqu'à ces derniers temps, l'administration, qui crée d'une manière artificielle des centres de colonisation, s'est longtemps arrogé aussi le pouvoir, et c'était parfaitement logique, de les supprimer. La *Lettre sur la politique de la France en Algérie*, adressée par l'Empereur au maréchal de Mac-Mahon, contenait sur ce point des dispositions curieuses. Après avoir tracé « un périmètre à la colonisation autour des chefs-lieux des trois provinces », périmètre « dans lequel les Européens pourront développer leurs intérêts », l'auteur couronné s'exprimait ainsi : « Dans la province d'Oran, les territoires de Nemours, de Mascara et de Tiaret ne pourront prendre de nouveaux développements que lorsque les populations deviendront plus denses. Il en sera de même dans la province d'Alger pour le territoire d'Aumale, dans la province de Constantine pour les postes de Bougie, Djidjelli, Collo et Batna. Quant aux postes de Maghnia, Sebdou, Daya, Saïda, Ammi Moussa, dans la province d'Oran, les postes de Teniet el Haad, Boghar, Tizi Ouzou, Fort Napoléon dans la province d'Alger; enfin les postes de Bordj-bou-Areridj, Biskra, Aïn Beida et Tébessa dans la province de Constantine, ils devront rester dans l'état actuel sans que leur territoire puisse être augmenté. Toutefois on viendra en aide par des subventions aux colons qui demanderaient à rentrer dans les zones de la colonisation. » On lit un peu plus bas, dans le troisième chapitre de la même lettre : « Diminuer insensiblement l'importance politique et militaire des postes de Geryville, de Laghouat, de Djelfa ; rattacher les tribus de ces cercles à celles de la lisière du Tell, chez lesquelles ces tribus viennent s'approvisionner ; *rappeler de ces lieux tous les colons.* »

Ce que de telles mesures peuvent occasionner de perturbations, il est facile de le deviner. Des centres étaient créés par l'administration elle-même pour être ensuite sacrifiés et abandonnés; des colons étaient établis avec autorisation du gouvernement, ils cultivaient tranquillement leurs champs et se trouvaient bien du résultat de leurs efforts, quand on les rappelait bon gré mal gré en arrière. Ainsi était détruite non seulement la liberté d'aller et de venir, mais encore toute sécurité, puisque, au premier revirement dans les idées administratives, on devait quitter son toit et abandonner sa terre. Qu'il y eût ou non des indemnités, c'est là une question secondaire. Celui qui quitte le pays où il est né pour aller dans une colonie ne le fait que pour jouir d'une plus grande indépendance et pour acquérir plus rapidement l'aisance. S'il doit vivre dans cet état précaire, où les mœurs administratives plaçaient naguère le colon d'Algérie, il n'y a pas de doute qu'il n'ait fait un mauvais calcul. Il se trouve avoir à la fois moins de liberté et moins de sécurité que dans la mère patrie; les liens qui le chargent sont plus étroits et plus pesants. Que l'administration fixe provisoirement un périmètre de colonisation pour ne pas inquiéter les Arabes, tant que leur état social ne se sera pas modifié, il nous est à la rigueur possible de le comprendre. Mais qu'au moins ce périmètre s'étende sans cesse; que surtout dans l'intérieur de ce périmètre le colon ait le droit de se fixer où il lui plaît sur les terres qui lui appartiennent, de bâtir sa maison à l'emplacement de son choix, d'aller et de venir à ses risques et périls. Ce qu'il faut au colon plus qu'à tout autre, c'est la certitude de l'avenir, car c'est seulement en vue d'un avenir assez lointain qu'il défriche des terres incultes avec de grands efforts dont la rémunération est à longue échéance; or, cette certitude de l'avenir, les règlements administratifs tendaient à l'enlever au colon d'Algérie.

LE RÉGIME DES TERRES ET LA COLONISATION.

Un des grands obstacles à la colonisation terrienne officielle, c'est la pénurie et l'épuisement du domaine. En 1870 il n'existait plus guère de terres domaniales propres à la colonisation immédiate. L'insurrection de 1871 est survenue fort à propos pour permettre au gouvernement de se refaire une réserve de terres disponibles pour la colonisation. Le gouverneur général de cette époque, M. l'amiral de Gueydon, dans un rapport au Président de la République en date du 4 octobre 1872, donne des renseignements sur la portée et les conséquences de ce mouvement insurrectionnel : en l'espace de quelques jours toute la Kabylie et une partie notable des provinces de Constantine et d'Alger avaient été dévastées; plusieurs villages furent complètement détruits, de nombreuses exploitations françaises ravagées et plus de 150 colons massacrés : les populations de l'est de la plaine de la Mitidja affluaient sous les remparts d'Alger, poussant devant elles ce qu'elles espéraient sauver de bétail et de mobilier. Malgré le désarroi de notre organisation militaire au printemps de 1871, cette terrible révolte fut bientôt réprimée. Les tribus insurgées ne furent admises à soumission que sous la promesse de rendre leurs armes et moyennant le payement de contributions de guerre. Plus de 80,000 armes furent versées dans les arsenaux; le produit total de l'impôt de guerre était estimé à 30 millions de francs au moins, sur lesquels, en octobre 1872, il était rentré 25,335,172 francs. Les biens de toute nature des tribus ou des indigènes qui avaient commis des actes d'hostilité avaient été séquestrés.

L'administration s'appliqua avec zèle à réparer les ruines qu'avait faites l'insurrection. Elle donna largement des *indemnités pour prix du sang* des colons tués, des *indemnités mobilières* pour les pertes de matériel, de récoltes et de bestiaux, et enfin des *indemnités immobilières* pour les dommages causés aux habitations et aux bâtiments de tous genres. Pour ne pas favoriser le découragement et le départ des colons, le gouvernement eut soin que les indemnités immobilières fussent employées sous la surveillance de l'administration à la reconstruction ou la réparation des immeubles détruits. Cette mesure appliquée sans exception a fait renaître toutes les fermes et tous les bâtiments. Les villages détruits ont été rebâtis et presque tous ont augmenté d'importance depuis l'insurrection. Tel de ces villages, Palestro par exemple, a vu tripler sa population en quelques années. La somme des indemnités de toutes catégories s'est élevée à 19 millions de francs répartis entre 10 000 colons.

L'application du sénatus-consulte de 1863 au profit de la population indigène, ne laissant plus de terres domaniales accessibles au peuplement européen, le séquestre des biens des tribus révoltées fournit à partir de 1870 presque toute la dotation de la colonisation terrienne officielle. Ces terres confisquées n'étaient pas, cependant, immédiatement disponibles. Aux termes de l'ordonnance de 1845, les propriétaires séquestrés ont deux ans pour se justifier. Ces biens ne pouvaient donc être réunis avant ce délai au domaine de l'État, sauf par voie de transaction. On organisa des commissions pour hâter les opérations de cette liquidation, et notamment pour déterminer celles des terres séquestrées qu'il y avait lieu d'affecter sur chaque point au peuplement français, en offrant la main levée immédiate du séquestre sur le territoire environnant, à charge par ceux des indigènes qui gardaient leurs biens, de fournir aux propriétaires atteints par ces prélèvements d'équitables compensations soit en terres soit en argent. A la fin d'octobre 1872 trente-trois tribus ou fractions de tribus avaient consenti aux conventions dont il s'agit; 27,000 hectares notamment avaient été rendus disponibles dans la fertile vallée de l'Oued-Sahel. La liquidation du séquestre se poursuivit activement.

Cette opération s'appliquait à 316 tribus ou fractions de tribus et, en outre, à 3,453 familles ou individus. Le domaine devint ainsi propriétaire, par l'application du droit de la guerre, de 300,000 hectares de terres environ (1).

Au moment où il lui échéait des terres, il se produisait une recrudescence de l'immigration. Depuis 1871, par diverses circonstances, le nombre des immigrants en Algérie a été beaucoup plus considérable qu'auparavant. L'attention publique s'est portée davantage sur notre province africaine : comme une mère à qui un de ses enfants vient d'être enlevé entoure les autres d'une affection plus vive et d'une sollicitude plus constante, ainsi la France, dépouillée de l'Alsace-Lorraine, s'attacha plus que jamais à la grande et adolescente colonie dont jusque-là elle s'était médiocrement préoccupée. Elle conçut la pensée de transporter en Afrique une forte partie de l'émigration de l'Alsace-Lorraine. Une loi rendue au lendemain de nos désastres alloua cent mille hectares de terres aux Alsaciens-Lorrains. Des sociétés philanthropiques se créèrent pour recueillir des souscriptions qui aidassent par un concours pécuniaire à cette colonisation. Un grand industriel alsacien, M. Jean Dollfus, un écrivain distingué, d'origine lorraine, M. le comte d'Haussonville, apportèrent un zèle spécial à cette œuvre patriotique du transfert d'une considérable population alsacienne et lorraine en Afrique.

Après le premier moment d'enthousiasme, il sembla que cet essai eût médiocrement réussi. La déception suivit l'il-

(1) D'après un document officiel postérieur : *Statistique générale de l'Algérie*, années 1882 à 1884, le séquestre n'aurait fourni directement que 192,697 hectares aux concessions de terres faites depuis 1871 ; mais, d'autre part, le même document indique, parmi les terres distribuées en concessions depuis l'insurrection, 64,583 hectares provenant d'échanges. Il est possible qu'une grande partie de ces terres aient été échangées contre des terres séquestrées. Enfin, l'État pouvait être encore détenteur, au 31 décembre 1884, d'une partie des terres qu'il avait mises sous le séquestre.

lusion. Le gouvernement avait mis à l'obtention des terres domaniales des conditions difficiles à remplir. Les immigrants n'étaient pas tous d'excellents sujets; c'étaient des hommes du Nord pour lesquels l'acclimatation devait être longue. Les centres nouveaux se trouvaient parfois dépourvus de routes et d'eau. Le gouverneur général d'alors, M. l'amiral de Gueydon, dans son rapport au président de la République, s'exprimait ainsi au sujet de cette immigration d'Alsace-Lorraine : « Parmi les familles alsaciennes et lorraines qui ont transporté leur domicile en Algérie à la suite de la guerre de Prusse, un très petit nombre possédait le capital minimum de 5,000 francs exigé par la loi du 15 septembre 1871 pour obtenir des concessions territoriales; toutes les autres étaient complètement dénuées de ressources. Cependant l'administration française n'en avait pas moins le devoir d'accueillir ces familles venues en vertu de leur option pour la nationalité française. Il a fallu les loger, les nourrir à l'arrivée et, en leur donnant des terres, les pourvoir encore d'installations, d'instruments de travail, de quelques moyens de subsistances pour les aider à attendre les premiers résultats. Ces subventions ne laissent pas que d'atteindre un chiffre important. Le bilan de la colonisation peut se résumer ainsi qu'il suit pour la période de quelques mois qui s'est écoulée depuis la fin de la rébellion et le premier effet des mesures prises pour la mise en circulation des terres séquestrées :

	Familles.	Individus.
Alsaciens et Lorrains possédant le capital de 5,000 francs, exigé par la loi du 15 septembre 1871	28	195
Alsaciens et Lorrains ne possédant pas ce capital	354	1.835
Colons d'autre provenance	621	2.986
	1.003	5.016

C'était donc en tout un millier de familles ou 5,000 individus qui étaient venus immédiatement profiter des nouvelles concessions de terres. Depuis le rapport de l'amiral de Gueydon et dans l'année qui suivit, ces chiffres ont pu être accrus de moitié. Ces familles s'établirent d'abord dans 24 villages agrandis, créés ou en cours de création, dont 8 dans la province d'Alger, 6 dans celle d'Oran et 10 dans celle de Constantine. En outre l'administration poursuivait les travaux d'installation dans 46 autres villages qui tous ensemble devaient avoir un périmètre de 68,000 hectares.

Telles ont été les premières mesures prises au lendemain de la guerre de 1870-71. En évaluant à sept ou huit mille le nombre des Alsaciens-Lorrains qui se rendirent et qui restèrent en Algérie, on est plutôt au-dessus de la vérité qu'au-dessous.

Cette colonisation était tout à fait artificielle, puisqu'il fallait non seulement donner gratuitement des terres, mais encore livrer des maisons toutes construites, fournir des vivres, etc. Il n'est pas étonnant que, dans ces conditions, le succès n'ait été ni prompt ni éclatant. La plupart de ces villages alsaciens-lorrains subirent une crise de transplantation et de croissance. Comme les arbres que l'on déplace, ces centres improvisés firent une maladie. En fin de compte cependant, cette colonisation a réussi. La plupart de ces villages sont aujourd'hui prospères. Dans son rapport sur l'exercice 1880-1881, la Société de protection des Alsaciens-Lorrains demeurés Français, présidée par M. le comte d'Haussonville, affirme que les deux villages de Boukhalfa et d'Haussonviller sont très florissants, qu'ils étaient au complet, par suite de l'installation de quatre nouvelles familles faite en octobre 1880. Le remboursement du dixième des avances faites qui, aux termes du contrat passé avec eux, était exigible au mois d'octobre, avait été effectué sans exception par tous les colons. Ce remboursement s'élevait à 18,561 francs. Plusieurs colons s'étaient entièrement libérés et étaient déjà définitivement propriétaires. L'état sanitaire ne laissait rien à désirer. On avait installé, dans l'automne de 1880, au nouveau village du Camp du Maréchal, 17 familles ; cinq lots de ferme dépendant du même territoire avaient été également concédés et étaient habités. Les nouveaux colons avaient planté depuis leur arrivée, qui ne datait que de quelques mois, plus de 40,000 pieds de vignes ; 11 familles devaient être installées au mois d'octobre 1881 pour achever le développement de ce village. On y terminait des travaux de plantation pour assurer la salubrité. Bref, la Société de protection avait ainsi réussi à compléter en huit années le peuplement des trois territoires mis à sa disposition par le gouvernement de l'Algérie, alors que la convention qui avait été conclue à cet effet lui accordait un délai de 15 ans.

Ces procédés anormaux de colonisation ont obtenu ainsi une sorte de succès relatif (1). Cependant, ce n'est pas de cette façon que l'on eût pu rapidement développer la population agricole européenne en Algérie. En dehors de l'action de ces sociétés philanthropiques et patriotiques, le gouvernement a continué depuis 1870 à créer des centres nouveaux, à agrandir les centres anciens et à distribuer chaque année en concessions 30 ou 40,000 hectares de terres, jusqu'en 1882. A partir de cette époque, les concessions n'ont plus guère embrassé que 10 à 12,000 hectares par année.

Pour résumer toutes les opérations accomplies pendant la période qui s'est écoulée de 1871 au 31 décembre 1884, c'est-à-dire en quatorze ans, la superficie des terres livrées officiellement à la colonisation durant cet intervalle est de 501,793 hectares dont 358,445 ont été affectés aux concessions individuelles, le reste appartient, avec une affectation

---

(1) Nous devons dire que, au printemps de 1885, un correspondant du journal *le Temps* a contesté la prospérité du village d'Haussonviller ; M. le comte Othenin d'Haussonville a répondu par une lettre au même journal, où il affirme que la situation financière des colons vis-à-vis de la Société qui les a installés se trouve excellente et qu'ils ont remboursé les avances qui leur avaient été faites.

propre, aux communes, aux départements et au domaine public. La valeur de ces terres était estimée par l'administration à 44,776,078 francs, soit environ 90 francs l'hectare en moyenne (1). Il avait été dépensé pour travaux d'installation des colons une somme de 21,146,029 francs. L'ensemble des concessions accordées aux particuliers pendant ces quatorze années comprenait 13,030 lots de toute nature (lots de village, lots de ferme et lots industriels) (2). Le nombre des familles installées lors de la création des centres était de 11,048; sur ce nombre 3,851 ont été évincées ou déchues pour une cause quelconque, pendant la période de concession provisoire, et remplacées par 4,017 familles nouvelles (3). Sur les 11,048 familles primitivement installées, 5,867 résidaient encore sur leurs concessions dans le courant de 1884. Un certain nombre, ayant satisfait aux conditions déterminées par les règlements, avaient cédé ou vendu leurs concessions; 872 avaient cédé leur droit au bail ou leurs concessions pendant la période même de la concession provisoire; 2,128, après avoir obtenu leurs titres définitifs, avaient vendu leurs terres. Enfin il résultait du recensement opéré par l'administration que sur l'ensemble des concessionnaires de ces quatorze années, soit qu'il s'agit des concessionnaires primitifs ou de leurs remplaçants, 8,567 familles résidaient, représentant un effectif de 32,976 personnes. Au

---

(1) Ces chiffres et les suivants sont extraits de la *Statistique générale de l'Algérie*, 1882-84.

(2) Il n'est pas besoin d'expliquer ce qu'est un lot de ferme; quant aux lots de village et aux lots industriels, ce sont des lots qui, les premiers, comprennent une assez grande étendue de terre, mais avec la maison dans le village même au contraire des lots de ferme, et qui, les seconds, les lots industriels, n'ont qu'une étendue de terre beaucoup plus restreinte, quelques hectares destinés aux artisans comme le forgeron, le menuisier, le charpentier, que l'administration établit dans chaque centre.

(3) La différence entre le nombre des familles évincées et celui des familles qui les ont remplacées provient de ce qu'un certain nombre de lots de ferme ont été convertis en lots de villages qui ont une étendue beaucoup moindre.

31 décembre 1884 le nombre de lots disponibles sur cet ensemble d'allocations s'élevait à 1,207, embrassant 3,634 hectares.

Le territoire de 501,793 hectares distribués de 1871 au 31 décembre 1884, en concessions soit individuelles pour les colons, soit collectives pour les communes et les départements, avait les origines suivantes : 148,457 hectares provenaient du domaine de l'État; 192,697 du séquestre sur les indigènes révoltés; 64,583 avaient été acquis par des échanges, 2,093 achetés de gré à gré, et 93,963 par voie d'expropriation, généralement sur des Arabes. Les terres qui provenaient du domaine étaient estimées en 1882 à une valeur moyenne de 84 francs, celles provenant du séquestre étaient portées pour une valeur moyenne de 115 francs, les terres acquises par échange, pour une de 87 francs; les terres achetées de gré à gré avaient été payées en moyenne une cinquantaine de francs, et enfin les terres expropriées représentaient 57 francs environ par hectare.

Les 501,793 hectares concédés se repartissaient en 358,445 attribués individuellement à des immigrants ou à des colons algériens, 85,460 destinés à servir aux communes de terres de parcours indivises, 7,219 de dotation communale proprement dite pour les services publics, 18,326 de réserves domaniales, 267 de réserves départementales et 32,076 hectares de terres restant au domaine public. Le nombre des « lots de village », qui forment le régime général, s'élevait à 8,406, celui des lots de ferme à 1,377; les lots dits industriels montaient à 1,545, enfin les lots urbains ne faisant pas partie des concessions ordinaires ou industrielles atteignait le nombre de 1,702; toutes ces catégories ensemble représentaient 13,030 concessions.

Sur les 11,048 familles primitivement installées, c'est-à-dire dotées de concessions lors de la création même des centres, 5,792 se composaient d'immigrants et 5,256 d'algériens. Sur les premières 2,761, guère plus de 47 p. 100, résidaient encore sur leurs concessions en 1884, et sur les secondes, 3,106 ou près de 60 p. 100.

Si, du nombre des lots concédés (13,030) on rapproche le chiffre des dépenses affectées à la colonisation, soit 65,928,107 francs, représentant la valeur des terres, les frais d'installation, les travaux de viabilité et d'adduction d'eau, la construction des mairies, des écoles et des édifices religieux, on constate que chaque lot coûte en moyenne à l'État la somme de 5,059 francs ; si l'on rapproche ce même chiffre de dépenses du nombre des personnes définitivement installées, lequel est de 32,976, on trouve que pour chacune d'elles en moyenne la dépense supportée par l'État est de 1,999 francs. Il est vrai que l'administration, dans les documents postérieurs à 1882, a abandonné ce mode de calcul. Jugeant que les mairies, les voies de communication, les églises et écoles, les plantations, auraient dû être faites en tout état de cause, quand même les colons auraient acheté leurs terres et s'y seraient fixés à leurs frais, et ne comptant que la valeur des terrains concédés, l'administration trouve que la colonisation par centres officiels ne coûte à l'État que 2,454 francs en moyenne par famille et 969 francs par tête. Ces chiffres sont trop bas et devraient être relevés d'au moins moitié.

Il nous a paru utile de donner tous ces renseignements. On y voit combien est coûteuse la colonisation officielle et combien restreinte aussi est sa portée. C'est à peine si, au bout de dix années, la moitié des concessionnaires est encore établie sur les concessions, puisque, à la fin de 1884, sur 11,048 familles primitivement installées dans les quatorze années qui venaient de s'écouler, il n'en restait que 5,867, or il s'en fallait qu'une moyenne de dix années se fût écoulée depuis l'origine de ces concessions. Quant au nombre de personnes ainsi établies, il ne s'élevait qu'à

32,976 dont 17,003 immigrants seulement ; or, de 1871 à 1884, le nombre des Français s'est accru de plus de 80,000. Si l'on considère les immigrants concessionnaires seuls, on voit que les concessions officielles n'ont pourvu guère plus du cinquième des immigrants français arrivés en Algérie durant cette époque. Si l'on fait entrer aussi en ligne de compte les concessionnaires algériens, dans la pensée que ceux-ci auront été remplacés sur les lieux qu'ils quittaient par des immigrants uniquement français, quoique ce fait ne soit pas certain, la colonisation officielle ne pourrait, néanmoins, pas s'attribuer le mérite d'avoir contribué pour plus de 40 p. 100 à l'accroissement du nombre des Français en Algérie pendant la période de 1871 à la fin de 1884. Ce qui est surtout remarquable, c'est que 47 p. 100 à peine des familles concessionnaires soient restées sur leurs terres, si généreusement octroyées.

On ne doit pas s'étonner que toutes les terres confisquées sur les Arabes en 1871, comme châtiment de l'insurrection, aient été à peu près réparties, et que le domaine public ait vu diminuer ses réserves. Aussi se jugeait-il fort empêché de continuer l'exécution de ce programme de concessions gratuites qui, pour la décade d'années commençant en 1883, eût exigé encore 3 ou 400,000 hectares de terres disponibles. En présence de cet épuisement des ressources domaniales, on a demandé aux Chambres un crédit de 50 millions de francs pour acheter, par voie d'expropriation, des terres aux Arabes : 25 millions eussent été employés à l'achat même de 3 ou 400,000 hectares à un prix moyen de 50 ou 60 francs, les 25 autres millions eussent servi à installer les villages, c'est-à-dire à construire les chemins, les édifices publics, aménager les eaux et les fontaines. De la sorte il eût été pourvu à la colonisation officielle pendant les dix années à partir de 1883, et l'on eût pu doter encore une dizaine de mille familles d'immigrants ou de colons.

Ce projet de loi, qui jouissait d'une grande faveur auprès des colons et de leurs représentants, suscita cependant de sérieuses critiques. On fit observer que ce n'est pas le moyen de se concilier les Arabes et de les pacifier que de leur enlever leurs terres : qu'il est tout à fait injuste de transformer les indigènes de propriétaires en prolétaires, qu'on arriverait ainsi à créer en Algérie une question agraire, telle que celle qui afflige l'Irlande. On ajoutait qu'aucun jury d'expropriation n'existant en Algérie, les prétendues expropriations se font par la violence ou par la ruse en abusant de l'autorité administrative, en payant aux Arabes 40 ou 50 francs l'hectare ce qui souvent vaut quatre ou cinq fois plus. On fit remarquer encore que la propriété chez les Arabes étant constituée d'une manière fort confuse et fort obscure, l'indemnité n'est souvent pas payée au propriétaire éliminé, qui se trouve à la fois sans terre et sans argent, cet argent étant versé à la caisse des dépôts et consignations où il reste parfois huit à dix ans. On dit enfin que dans les districts où il s'agissait d'établir les nouveaux centres, c'est-à-dire notamment en Kabylie, la propriété indigène est déjà très divisée, qu'elle ne représente guère qu'un hectare et demi ou deux hectares par famille, et qu'il y aurait une spoliation inhumaine à déposséder ces patients laboureurs (1).

Toutes ces critiques portent, et l'on doit en tenir compte. Le gouvernement aurait le plus grand tort d'exproprier les propriétaires indigènes : ce serait un crime. Le droit de propriété s'en trouverait pour toujours ébranlé. Le projet d'expropriation de 300,000 hectares de terres pour 50 millions a été heureusement repoussé par la Chambre des députés qui a entendu la voix de la justice et du bon sens. Nous avons personnellement contribué, par notre activité dans la presse, à obtenir ce résultat; nous nous en félicitons comme

(1) Ce qu'on ignore généralement, c'est que la population de la Kabylie est plus dense que celle de la France.

d'un honneur et comme d'un sérieux service rendu à la colonisation algérienne qu'il importe de préserver de toute souillure originelle (1).

Il est très regrettable que les députés algériens ne se soient pas tenus pour battus par le vote mémorable de la Chambre qui a repoussé le crédit de 50 millions demandé en 1883 pour l'expropriation des indigènes et la création de 175 centres français. Élus uniquement par les colons, ayant une clientèle électorale à satisfaire, les députés algériens sont dans une situation qui offre quelques analogies avec celle qu'auraient pu avoir des députés élus dans nos Antilles par les seuls blancs et dominant une masse énorme de noirs non représentés. Dans son rapport sur le budget du gouvernement général de l'Algérie en 1887, M. Étienne reprend cette proposition de l'expropriation des Arabes et d'une manière plus générale de leur cantonnement en déplaçant les tribus ou les douars pour faire de la place aux Européens. Il parle de fixer ainsi 100,000 Français nouveaux en Algérie, ce qui est un chiffre singulièrement exagéré pour les procédés auxquels il se rapporte, puisque de 1871 à 1885, en affectant aux concessions et aux dotations de villages 501.000 hectares, on n'est parvenu à installer que 32,976 âmes, femmes et enfants compris. Nous avons la confiance que jamais la France n'acceptera de proposition aussi barbare et aussi impolitique. Mais M. Étienne, si répréhensif sur ce point, a, d'autre part, raison de se plaindre que notre Chambre, si agitée et si fainéante à la fois, n'ait pas en 1886 trouvé le temps de voter le projet de loi, déposé depuis plusieurs années au Sénat par M. d'Haussonville et voté par ce corps, pour la mise à la disposition de la coloni-

---

(1) La *Société française pour la protection des indigènes des colonies*, fondée il y a quelques années, et qui a bien voulu nous élire pour président, a été pour une bonne part dans le rejet de ce malencontreux projet de loi.

sation du vaste domaine qui reste encore à l'État dans notre colonie.

Si l'on veut continuer pendant une dizaine d'années la colonisation officielle on a plusieurs moyens équitables d'y pourvoir : on peut acheter des terres, soit de gré à gré aux grands propriétaires indigènes, soit par voie de traités aux tribus, là où ces terres ne sont pas suffisamment cultivées, où elles sont à l'état de landes et de parcours. Dans ces conditions, le tort fait aux indigènes n'est pas considérable ; il serait amplement compensé par une indemnité qui devrait être large, par l'établissement de routes dans les districts indigènes, par la création pour eux de haras, de dépôts d'étalons, de bergeries modèles, par le foncement de puits artésiens, l'aménagement des eaux, etc. Si l'État acquérait ainsi de gré à gré 2 à 300,000 hectares de terre des grands propriétaires indigènes et des tribus, il ne devrait pas leur demander ce qu'ils ont de meilleur et de mieux utilisé, mais ce qui, étant susceptible d'une culture plus perfectionnée, n'est que très faiblement mis en valeur par eux. Il devrait aussi veiller à ce que les acquisitions ne représentassent que la moindre partie des terres détenues par les Arabes, et faire en sorte que ceux-ci, pourvus de meilleurs instruments, de meilleurs animaux et usant de meilleurs procédés, trouvassent dans la plus-value des terres qui leur resteraient une compensation très ample à la perte de celles qui leur auraient été achetées à l'amiable. Il ne s'agit pas, en un mot, de spolier les Arabes et de rendre leur position pire ; il peut s'agir seulement d'arriver graduellement à la mise en culture par des mains européennes des étendues que les indigènes laissent incultes.

Dans ces conditions, avec toutes ces précautions et un certain temps, l'État pourrait, croyons-nous, acheter en dehors de la Kabylie 2 ou 300,000 hectares de terres aux Arabes. Il a bien d'autres ressources encore à sa disposition.

En s'entendant avec certaines grandes sociétés européennes qui possèdent de véritables latifundia dont elles tirent un médiocre parti, comme la *Compagnie algérienne* qui détient environ 90,000 hectares qu'elle fait cultiver par des métayers indigènes, ou la *Société franco-algérienne* qui, dans la province d'Oran, possède 28,000 hectares, il entrerait encore en possession d'une centaine de mille hectares de plus.

Il reste à l'État une autre ressource plus abondante et plus immédiate. Son domaine n'est pas aussi épuisé que le prétendent les partisans de l'expropriation des Arabes. Les documents officiels même en donnent la preuve. Au 31 décembre 1885 le domaine de l'État en Algérie se répartissait ainsi :

	Nombre des parcelles.	Contenance hectares.	Valeur : francs.
Immeubles non affectés à des services publics.	12.273	779.981	40.516.969
Bois et forêts.	865	1.183.292	69.878.532
Immeubles affectés à des services publics.	4.490	34.455	90.193.984
	17.628	1.998.028	200.589.485

Une étendue de 2 millions d'hectares est, certes, énorme, quand on pense que les forêts de l'État en France ne dépassent pas 1 million d'hectares. En mettant de côté ce qui est affecté aux services publics et les bois et les forêts, il reste 780,000 hectares. On dit, il est vrai, que ce sont souvent des rochers ou des sables, qu'ils sont mal situés, éparpillés, ne se prêtant nullement à la création de centres. Que le premier reproche soit faux, c'est ce qu'indique la valeur même attribuée à ces terres. Une estimation moyenne de plus de 50 francs l'hectare dans un pays primitif et encore médiocrement habité comme l'Algérie montre que la moitié de ces terres au moins doivent être de bonne qualité; si elles sont trop dispersées ou trop éloignées, il n'est pas impossible de s'en servir pour des échanges ou de les vendre afin d'en acheter d'autres qui soient plus propices au peuplement européen. Sur ces 780,000 hectares, certainement la moitié, soit 390,000 au moins, peuvent servir à ces fins (1).

Une objection plus forte consiste à faire ressortir que la plus grande partie de ces terres restant au Domaine sont situées dans la province de Constantine et qu'il n'en reste presque plus dans la province d'Oran où il importerait surtout de fortifier l'élément français. Cela est regrettable, mais on peut y parer en achetant dans la province d'Oran les 28,000 hectares de terres de la Compagnie franco-algérienne et en portant surtout sur cette province les sommes destinées à des achats aux indigènes (2). Sans nuire le moins du monde à l'œuvre de l'entretien et de la restauration des forêts, qui est une des tâches essentielles de l'administration algérienne, on pourrait, sur les 1,183,000 hectares qui sont classés sous cette catégorie, en prélever 100,000 ou 200,000 qui n'ont de forêts que le nom et dont le défrichement n'aurait aucun inconvénient pour le régime des eaux. Avec les achats aux grandes Sociétés immobilières européennes et les traités ou conventions faites à l'amiable avec les Arabes, on disposerait aisément, dans un délai de six ou sept ans, de 6 ou 700,000 hectares de terres.

Ce serait un espace suffisant pour 20,000 familles; car, à cause de l'extension de l'industrie viticole, une dotation moyenne de 25 à 30 hectares par famille paraît suffisante. Quand l'État aurait donné ce développement nouveau à la colonisation officielle, il devrait s'en tenir là, et renoncer, à

(1) Dans l'*Exposé de la situation générale de l'Algérie*, publié en 1884, le nombre des hectares disponibles pour la colonisation était estimé à 271,449 sur 836,511 hectares non affectés à des services publics qui composaient au 31 décembre 1882 le domaine de l'État en Algérie en dehors des forêts; une étendue de 271,449 hectares forme déjà un superbe domaine aliénable ou concessible, mais il est probable que ce chiffre est fort inférieur à la réalité.

(2) Au 31 décembre 1884, sur 800,401 hectares de terrains domaniaux, autres que les forêts et non affectés aux services publics, 587,019 se trouvaient dans la province de Constantine, 107,431 dans celle d'Oran et 105,951 dans celle d'Alger.

partir de 1893 ou de 1894, à ce procédé de peuplement. A cette époque, il est probable que la loi de 1873 sur l'établissement de la propriété chez les indigènes aura reçu une très large application, et que la colonisation agricole libre, spontanée, achetant elle-même, sans aucune intervention de l'État, des terres aux Arabes, contribuera beaucoup plus encore qu'elle ne l'a fait jusqu'ici au peuplement européen.

En janvier et février 1885 l'administration algérienne est entrée de la façon la plus heureuse dans la loi de l'aliénation des terres du domaine public. Elle a offert en adjudication plus de 7,300 hectares divisés en 101 lots. Vingt de ces lots étaient situés dans la province d'Alger, ayant ensemble environ 1,200 hectares, soit 60 hectares en moyenne; le plus grand comprenait 168 hectares, et le plus petit 8 hectares 75. Les 81 lots de la province de Constantine consistaient en 6,100 hectares environ, soit 75 hectares en moyenne; le plus grand lot, dans cette province, atteignait 486 hectares, et le plus petit était de 30 hectares. La mise à prix variait, par lot, pour l'ensemble des deux départements, de 240 francs à 22,000 francs, les chiffres les plus habituels étant de 3 à 6,000 francs. Quant à la mise à prix par hectare, elle oscillait de 6 fr. 50 à 265 francs, le prix le plus habituel étant de 30 à 80 francs par hectare. L'ensemble des mises à prix montait à 410,000 francs en chiffres ronds, soit une moyenne de 4,060 francs par lot et de 56 francs environ par hectare. Les plus écartés de ces lots étaient situés un peu au sud d'Aumale, dans la province d'Alger, et au sud de Batna, dans la province de Constantine. Les étrangers et les indigènes étaient exclus de l'adjudication, et les lots ne pouvaient passer dans leurs mains avant l'expiration d'une période de cinq ou douze ans, suivant les cas, à partir de l'adjudication. Cette opération réussit à merveille, presque tous les lots trouvèrent preneurs sur la première mise à prix qui, généralement, fut de beaucoup dépassée, parfois plus que doublée.

En 1886 on a renouvelé l'essai, continuant ainsi à imiter les colonies australiennes, et l'on a obtenu un succès plus considérable encore qu'en 1885. On a vendu de gré à gré 451 hectares pour le prix de 111,052 francs, soit en moyenne plus de 245 francs par hectare. On a livré en même temps aux enchères publiques 12,751 hectares, qui ont trouvé preneurs pour une somme totale de 800,055 francs. Parmi ces 12,751 hectares il s'en rencontrait 11,251 vendus comme lots de ferme sur une mise à prix de 320,025 francs, et qui ont été adjugés à 652,615. En définitive l'État a pu aliéner cette année-là 13,182 hectares pour un prix total de 911,107 francs, soit en moyenne 69 francs par hectare. Ce résultat est très satisfaisant. Ce qui est remarquable, c'est que malgré ces aliénations successives la valeur du domaine public, quoique perdant en étendue, ne baisse pas. Ainsi les 779,981 hectares qui le composaient au 31 décembre 1885, en dehors des forêts et des parcelles affectées aux services publics, étaient estimés à quelques centaines de mille francs de plus que l'estimation antérieure des 800,401 hectares existant au 31 décembre 1884, ou les 815,343 hectares qu'on possédait en 1883, ou même les 836,000 hectares qu'on détenait en 1882 (1).

Le gouverneur général attribue le grand succès des dernières enchères à la sécurité que trouvent les acquéreurs dans les ventes domaniales où l'origine de la propriété est incontestée, aux facilités accordées pour les payements à effectuer en cinq ans, au taux de l'intérêt à servir pour les termes non échus, enfin à la grande publicité pratiquée tant en France qu'en Algérie pour l'annonce de ces ventes. Le nombre des Français du continent qui viennent visiter les

---

(1) Voir, pour la justification, la *Statistique générale de l'Algérie*, 1882-84, p. 200, et l'*Exposé de la situation générale* en 1886, p. 386.

immeubles domaniaux devient de plus en plus considérable, et l'on a pu dire que l'adjudication annuelle des lots de ferme est un excellent moyen de vulgarisation pour la colonie.

L'expérience n'est donc plus à faire. L'administration devrait vendre résolûment 20,000 ou 30,000 hectares de terres domaniales par an ; en accroissant sa publicité dans tous les petits journaux du midi et du centre de la France, elle vendrait facilement pour 2 ou 3 millions de terre annuellement et attirerait plusieurs milliers de Français chaque année dans la colonie. On devrait aussi se servir du prix de vente pour acheter des terres à l'amiable aux tribus indigènes dans la province d'Oran où le domaine est épuisé. Voilà la vraie méthode, la bonne, celle que les États-Unis, le Canada, l'Australie nous ont enseignée ; qu'on y persévère, on y obtiendra de magnifiques succès.

L'œuvre de la colonisation agricole indépendante n'est déjà pas nulle dans le passé, et dans le présent elle a même plus d'importance que la colonisation officielle. Quoique la propriété collective soit le fait dominant chez les Arabes et que la loi de 1873 sur la constitution de la propriété privée n'ait encore reçu qu'un commencement d'exécution, néanmoins les colons trouvent à acheter des terres aux indigènes. Le domaine des colons dans ces dernières années s'accroît presque autant par la voie des transactions libres que par celles des concessions. Dans les six années de la période 1877 à 1882, les Européens ont acheté tant aux musulmans qu'aux Israélites indigènes 185,629 hectares de terrains ruraux ; ils n'ont vendu aux musulmans et aux israélites indigènes que 29,273 hectares ; l'excédent des achats par les Européens est de 156,356 hectares, soit plus de 26,000 hectares par an. Or, la colonisation officielle n'a mis à la disposition des colons en douze années (1871-1882) que 345,000 hectares en concessions individuelles, auxquels on peut joindre 80,000 hectares environ de parcours communaux. C'est une moyenne de 35 à 40,000 hectares de terres pour la colonisation officielle par année; mais les terres achetées par les Européens aux Arabes valent en général mieux que celles que l'État concède. En 1883 et 1884, le mouvement d'acquisition par les Européens a été bien plus développé, car, dans ces deux années, l'excédent de leurs achats de terrains ruraux aux Musulmans et aux Israélites sur leurs ventes aux uns et aux autres s'est élevé au total de 93,247 hectares.

Les Européens possédaient en Algérie, dans le courant de l'année 1884, une étendue de 1,180,813 hectares; en 1887 ils doivent bien détenir au moins 1,300,000 hectares. Cette superficie ne peut que s'agrandir : elle doublera probablement d'ici à la fin du siècle si l'État concède aux Européens une partie de son domaine improductif, et si la constitution de la propriété privée chez les indigènes permet aux Européens de continuer leurs achats.

Dès maintenant l'œuvre accomplie n'est nullement méprisable. Un million trois cent mille hectares de terres, c'est l'étendue de deux grands départements de la France continentale. Si ces surfaces appartenant aux Européens étaient uniquement cultivées par des mains européennes et que la culture y fût aussi intensive que dans la mère patrie, la population agricole européenne devrait s'élever en Algérie à 500,000 âmes environ, car en France, la population rurale représente en moyenne un individu par 2 hectares ou 2 hectares et demi. Il s'en faut, cependant, que la population agricole européenne ait atteint en Algérie ce degré de densité, quoiqu'elle ait singulièrement augmenté depuis quelques années : en 1875 les colons ruraux n'étaient, y compris les membres de leurs familles, qu'au nombre de 118,852; au 1er septembre 1878, ils s'élevaient à 138,510; en 1881, ils atteignaient le chiffre de 146,657. En 1885 ils étaient au nombre de 176,696, soit une augmentation en quatre ans de 30,000 européens vivant de l'agriculture. C'est déjà là un chiffre qui dément les assertions de ceux qui prétendent que l'Européen ne peut pas se faire cultivateur en Afrique.

La population européenne agricole dans cette contrée peut s'accroître rapidement par deux causes : d'abord par l'extension des superficies qu'occupe la colonisation, ensuite par la substitution de la culture intensive à la culture extensive. Ce territoire de 1,300,000 hectares qui fait vivre aujourd'hui 180,000 Européens environ pourrait rémunérer la main-d'œuvre d'un nombre double ou triple si la culture se perfectionnait, ce qui ne peut manquer avec le temps. On a vu que, dans les concessions, on calcule une superficie moyenne de 40 à 45 hectares par famille; cela correspond à la culture primitive et extensive, à la première période qui suit le défrichement. Mais au bout de quelque temps, une douzaine d'hectares, puis une demi-douzaine et parfois seulement deux ou trois hectares doivent, dans les districts les plus favorisés du moins, suffire à occuper d'une manière profitable une famille tout entière. Qu'on étende les cultures dérobées, qu'on plante la vigne, l'olivier, l'oranger, les arbres fruitiers, les légumes, alors l'étendue des terres occupées par chaque famille pourra diminuer dans des proportions énormes, sans que le sort des colons empire.

La viticulture est particulièrement destinée à accomplir cette transformation. En dehors, en effet, de l'œuvre patiente des simples paysans, qui, cantonnés dans leurs centres, font, avec peu de capitaux, de l'autre côté de la Méditerranée, une culture analogue à celle de la France, deux sortes d'exploitation surtout ont attiré les efforts des colons, l'élève des bestiaux et la culture de la vigne. Les propriétaires qui n'ont que des capitaux restreints, qui craignent de les aventurer et qui se contentent de perspectives bornées, se mettent à produire du bétail. On peut, dans ce cas, laisser la terre presque inculte, n'en défricher qu'une faible partie : l'on n'a besoin ni de beaucoup de bâtiments, ni de beaucoup de main-d'œuvre; on assure que ceux qui se sont livrés à cette industrie en ont retiré dans ces derniers temps un intérêt d'au moins 12 à 15 p. 100 de leurs capitaux. Peut-être la baisse notable du prix de la viande sur les marchés européens rendra-t-elle moins rémunérateur à l'avenir ce mode de tirer parti du sol; mais on peut espérer que la dépréciation toute récente du bétail tient en partie à des causes occasionnelles et temporaires.

La grande séduction, toutefois, reste la vigne. Cette plante, comme le jus qu'on en tire, a le don d'échauffer les cerveaux, de mettre les esprits en bonne humeur et de leur faire entrevoir l'avenir sous les couleurs les plus riantes. Que de fois depuis quinze ans que je cause de la vigne avec des propriétaires ou des vignerons méridionaux, puis avec des planteurs africains, ai-je constaté combien cette enchanteresse sait prendre possession des imaginations des hommes les plus positifs! Moi-même j'ai cédé à son attrait et, au moment où j'écris ces lignes, je suis sous le charme des promesses de cette merveilleuse culture. Celui qui plante la vigne entrevoit la fortune certaine à brève échéance. Aucune déception, aucune expérience, ne parvient à refroidir son zèle : ni le phylloxera, ni l'anthracnose, ni le mildew, ni le black-rot, ni le cortège désormais innombrable des ennemis de la vigne ne fait impression sur son esprit. Qu'était le pot au lait de La Fontaine à côté de quelques ceps de vignes? Il n'est pas de vigneron qui n'ait la tête de Perrette. Parlez à un planteur de vignes d'un revenu de 10, 12 ou 15 p. 100 du capital qu'il engage, il lèvera les épaules, et ne se tiendra pas pour satisfait du double. C'est que, quels que soient la science, les soins du viticulteur, la culture de la vigne participe de la loterie, aujourd'hui plus que jamais. On a en perspective des gains illimités. Il est vrai que parfois la vigne a rapporté 25, 30, 40, peut-être même 50 p. 100 des capitaux employés; on va jusqu'à dire 100 p. 100, mais ceux qui parlent sont des méridionaux.

En passant en Afrique, les Gascons ou les Provençaux se sont encore exaltés; ils voient double ou triple. Les journaux algériens gourmandent sévèrement ceux qui, comme moi, déclarent, après bien des réflexions, des comparaisons et des calculs, que l'on doit être satisfait en moyenne sur un grand domaine africain d'une production annuelle, en tenant compte de toutes les vicissitudes diverses, de 40 à 50 hectolitres à l'hectare; si j'ai le malheur d'écrire que la vigne peut, dans le Tell d'Alger ou dans les plaines et sur les coteaux de Tunis, produire un revenu de 10 à 15 ou 20 p. 100, ils s'indignent et affirment que je déprécie l'Afrique et la dénigre. Tel est l'état d'esprit des viticulteurs d'au delà de la Méditerranée. On peut leur reprocher de dédaigner trop les calculs, de ne pas savoir au juste ce que c'est qu'une moyenne rigoureuse pour un grand nombre d'hectares et pour une série d'années, de généraliser des cas particuliers et exceptionnels, de transformer en ordinaires et normaux des rendements rares.

La passion de la vigne sévit et sévira, néanmoins, en Afrique. Est-ce un mal? Non certes; pourvu que ceux qui s'y adonnent ne confient pas toute leur fortune et toute leur destinée à cette plante fantasque, tantôt si prodigieusement libérale, tantôt si persévéramment décevante. C'est qu'il en coûte cher de faire une vigne; on évalue cette dépense à 3 ou 4,000 francs par hectare. Le premier de ces deux chiffres doit paraître un minimum pour un travail sérieux et offrant des conditions de succès durable. C'est à peu près la même dépense que dans la métropole: le prix de la terre seule est notablement moindre.

Quelques personnes blâment cet entrain de nos capitalistes

à créer au delà de la Méditerranée des vignobles gigantesques. N'est-ce pas là une culture bien exclusive, singulièrement coûteuse et terriblement aléatoire? A-t-on sous la main le personnel, dans l'esprit l'expérience, qui seraient nécessaires pour réussir? Quand l'insecte ennemi jette ses avant-gardes sur divers points de l'Afrique, à Mansoura, à Sidi Bel Abbès, à Oran et à Philippeville, n'y a-t-il point de la témérité à le défier en lui préparant, par la plantation de vignes françaises non résistantes, une abondante proie? L'expérience des dernières années est-elle, d'ailleurs, si séduisante? La vigne produit, sans doute, en Afrique, mais moins qu'on ne l'imagine, en moyenne : 1 million d'hectolitres en 1885 pour 70,000 hectares environ, dont la moitié ou tout au moins un bon tiers peut être considéré comme en production; en 1886 on est arrivé à 1,500,000 hectolitres. Une quarantaine d'hectolitres à l'hectare en moyenne, voilà donc ce que semble promettre le vignoble algérien : on peut, sans doute, obtenir mieux, mais aussi moins. L'Algérie, à l'heure actuelle, après tant d'années de tâtonnements et d'efforts, commence à peine à récolter du vin au delà de ses besoins. Ne remarque-t-on pas aussi une certaine gêne parmi beaucoup de vignerons algériens? N'est-il pas exact qu'une pétition récente adressée au gouverneur général par le comice agricole et industriel de Souk-Ahras représente comme très précaire la situation des propriétaires de vignes de ce district et dit, entre autres choses, qu'ils doivent au moins 6 millions de francs aux banquiers tels que la Banque de l'Algérie, le Crédit foncier et agricole d'Algérie, la Compagnie algérienne, etc.? Le même document n'ajoute-t-il pas que beaucoup de vignerons succombent faute d'avances nécessaires, que des hectares de vignes ne se vendent plus que 1,500 francs chacun et que la propriété foncière perd de sa valeur tous les jours (1)? Ces

(1) Voir le deuxième numéro d'août 1886 de l'*Algérie agricole*, bulletin

exemples ne devraient-ils pas détourner les propriétaires de confier tout leur avenir à cet arbuste fragile et capricieux? Ne serait-il pas plus prudent, plus généreux aussi, de perfectionner simplement la culture arabe, et de diriger les Khammès, cultivateurs qui sont asservis à leurs dettes et qui recueillent le cinquième seulement de la récolte qu'ils ont faite avec les semences, les animaux et les instruments prêtés par le propriétaire?

Ces critiques sont exagérées, mais non dépourvues de toute vérité. On en doit faire son profit pour éviter les fautes qui ont pu être commises. Sans doute, l'engouement pour la vigne en Algérie a trop exalté l'esprit et les espérances d'un grand nombre de colons. Diverses compagnies financières ont planté des espaces énormes, 2, 3, 4 ou 700 hectares, sans faire les travaux nécessaires pour la réussite de l'arbuste : elles se contentaient parfois de faire des trous dans le sol, au lieu de le défoncer profondément. On a ainsi installé beaucoup de vignobles dans des conditions insuffisantes. La passion de la vigne a poussé divers capitalistes à entreprendre au delà de leurs forces.

Quelques-unes des opinions courantes, entretenues par les journaux et les commérages individuels au sujet de cette magnifique culture, sont radicalement erronées. Quand on affirme que la vigne en Algérie produit à sa seconde feuille, c'est-à-dire à la deuxième année, quand on prétend qu'elle rend aisément 80 à 100 hectolitres à l'hectare, on s'illusionne. La vigne n'est pas plus précoce en Afrique que dans le midi de la France; elle peut dans les premières années offrir une végétation plus luxuriante, mais elle ne porte pas plus tôt des fruits. Certains cépages, comme la carignane, peuvent à la troisième feuille donner une demi-récolte; mais les autres cépages, comme l'aramon, le

de la colonisation, publication faite par le comice agricole d'Alger, p. 5173.

mourvèdre, ne commencent à fournir une véritable récolte qu'à la quatrième feuille, et d'une façon générale l'on n'arrive guère au plein de la production qu'à la cinquième ou la sixième année.

Quant au rendement, il est en général inférieur à celui des vignes prolifiques de nos départements méridionaux tels que l'Hérault ou l'Aude. Sans insister sur certaines infériorités, au moins passagères, des vignobles africains, tels que moins d'entente et de perfection dans le traitement de l'arbuste, moins d'abondance dans les fumures, une condition physique semble s'opposer à ce qu'en général la vigne produise d'aussi grandes quantités en Afrique que dans la France méditerranéenne, c'est la sécheresse de l'atmosphère pendant l'été et au moment de la récolte. Dans la luxuriante plaine de Béziers et de Narbonne, il est rare que, dans la quinzaine ou le mois qui précède la vendange, il ne survienne pas quelque pluie qui fasse gonfler le raisin et en double le jus. Tout au moins, les abondantes rosées matinales ont cet effet. En Afrique, ces pluies sont très rares, elles sont souvent remplacées par le sirocco qui dessèche la grappe. De là les quantités moindres que semblent devoir produire les vignes africaines. Mais ce malheur a sa contre-partie heureuse. Le vin d'Afrique est plus alcoolique ; il a souvent aussi plus de bouquet et, en définitive, plus de valeur.

En supposant que la récolte moyenne soit, pour le cours d'une dizaine d'années et pour un vignoble de 100 hectares, de 40 hectolitres seulement à l'hectare et en évaluant le prix à 25 francs, ce qui semble se rapprocher, pour une série d'années, de la valeur probable, on obtient un rendement brut de 1,000 francs au moins par hectare ; si l'on évalue à 350 ou 400 francs les frais d'exploitation, il reste un bénéfice de 650 francs environ par hectare ; or la constitution du vignoble n'a pas dû coûter plus de 3,000 à 4,000 francs par hectare, de sorte que le rendement net atteindrait 15 à 20 p. 100. Ce chiffre est assez beau et séducteur : il faut, toutefois, considérer que ces 15 ou 20 p. 100 seront loin d'être toujours atteints et qu'ils doivent contenir un amortissement rapide. Si, en effet, le phylloxera frappait le vignoble au début de la période de production, s'il agissait d'une façon foudroyante comme dans certains districts du Midi, il faudrait dire adieu à tout revenu. Les frais de l'établissement de la vigne seraient perdus, sauf la valeur amoindrie de la terre et la valeur longtemps stérile du magasin et de la vaisselle vinaire. Il est vrai qu'une loi prévoyante, tout en établissant une taxe spéciale sur les vignes pour le service du phylloxera, a déterminé des indemnités assez larges pour les propriétaires dont les vignes phylloxérées devraient être arrachées ; elle réduit dans une proportion assez notable le risque; néanmoins, il s'agit toujours ici, non pas d'une culture paisible, régulière, assurée contre tous les grands fléaux, mais d'une véritable industrie et d'une des plus chanceuses qui soient. Ces 15 ou 20 p. 100 représentent donc un revenu industriel : parfois, avec beaucoup d'habileté et de bonheur, le rendement peut être plus élevé. Mais, pour arriver à ce taux moyen, il faut déjà réunir à un haut degré ces deux conditions de bonheur et d'habileté.

Il convient de donner quelques statistiques sur le développement du vignoble algérien. Conformément à la grande loi qui veut que les colonies naissantes ou adolescentes tirent, en général, un bénéfice des fléaux économiques comme des perturbations politiques qui frappent la métropole, le phylloxera, qui a dévasté nos départements du Midi, a précipité vers l'Algérie un très grand nombre de vignerons méridionaux. Or, trois ou quatre hectares de vignes bien tenues, avec un espace d'égale étendue consacré à d'autres cultures, suffisent amplement pour occuper et entretenir une famille européenne. Jusque vers 1878, on n'avait planté la vigne que très exceptionnellement en Algérie. Le document officiel publié en 1880 ne recensait, pour l'année 1879, que 6,945 propriétaires européens ayant ensemble 17,737 hectares complantés en vignes, lesquelles avaient produit 346,000 hectolitres de vin. Ce nombre s'est rapidement accru : en 1882 on comptait 23,104 planteurs, dont 10,368 Européens, possédant ensemble 39,768 hectares de vignes, ayant produit 681,335 hectolitres (1). Au 31 décembre 1883, le nombre des propriétaires de vignes, tant européens qu'indigènes, était évalué à 29,920 ; l'étendue des hectares plantés à 45,629, et la récolte de 1883 à 821,000 hectolitres. En décembre 1885 le nombre des hectares plantés en vigne était évalué à 70,885 et la récolte de vin dans la même année avait atteint 967,000 hectolitres. En 1886 le vignoble algérien doit s'étendre sur près de 80,000 hectares et la récolte a atteint 1,500,000 hectolitres. Si l'immunité dont a joui l'Afrique relativement au phylloxera eût continué, il n'eût pas été étonnant que, dans une dizaine d'années, il y eût eu 2 à 300,000 hectares de vignobles dans notre colonie africaine et que la production s'y fût élevée à 6 ou 7 millions d'hectolitres de vin, au lieu du million et demi d'hectolitres produits en 1886. Quoique notre grande colonie soit aujour-

(1) Jusqu'à ces derniers temps, l'Algérie a importé beaucoup plus de vin qu'elle n'en a exporté : ainsi les importations de vins se sont élevées à 286,766 hectolitres en 1881, et à 357,010 en 1882, ayant une valeur de 7,989,000 francs dans la première année et de 8,384,000 dans la seconde. Les exportations de vins ont atteint, au contraire, seulement 18,719 hectolitres en 1881 et 18,092 en 1882, ayant une valeur de 324,864 francs et de 460,020 francs respectivement. Même en 1884 l'importation des vins au commerce général de l'Algérie atteint 157,458 hectolitres valant 7,454,000 francs et l'exportation des vins ne s'élève qu'à 149,806 hectolitres évalués à 2,906,000 francs ; comme quantités et comme valeurs l'exportation des vins était donc, même en 1884, encore inférieure à l'importation. A partir de 1886 seulement l'exportation des vins a notablement dépassé pour l'Algérie l'importation ; mais il faudra encore un bien long temps avant que notre province africaine inonde les marchés français, d'autant que la consommation du vin se développe dans la colonie.

d'hui attaquée par le redoutable insecte à ses deux extrémités, dans la province d'Oran à Magenta, Sidi-bel-Abbès et à Oran même, dans la province de Constantine à Philippeville, on ne doit pas désespérer de l'avenir viticole de l'Algérie. Heureusement le phylloxéra a été étudié pendant vingt ans en France avant qu'il n'abordât le territoire africain. On voit aujourd'hui que l'on peut combattre l'ennemi, enrayer sa marche, et, comme dernière défense, vivre avec lui en substituant certains cépages résistants à ceux qui sont détruits. On peut espérer que l'emploi énergique et habituel des insecticides, et plus encore l'état d'isolement et d'éloignement des divers vignobles algériens qui se trouvent séparés les uns des autres par des chaînes de montagnes, rendront la propagation de l'insecte plus malaisée et, par conséquent, ses ravages plus lents.

Depuis 1865, c'est-à-dire en plus de vingt ans le phylloxéra, quoique au début on ignorât sa nature et qu'on ne lui ait opposé presque aucune résistance, a détruit à peine la moitié du vignoble français : on peut espérer que, mieux connu et combattu dès le premier pas en Afrique, il aura moins aisément raison des vignes africaines. Une lutte méthodique contre l'envahisseur au moyen des insecticides est une expérience qui mérite d'être poursuivie avec persévérance. Si, au bout de cinq ou six années, l'on s'apercevait que ces moyens de défense sont vains, on pourrait autoriser la culture et l'importation des vignes américaines; mais il semble que, jusqu'à ce qu'on ait sérieusement expérimenté la défense par les insecticides, il soit prudent de prohiber les plants exotiques dont la culture est beaucoup plus incertaine, beaucoup plus coûteuse que celle des plants nationaux et qui ont l'inconvénient de dissimuler la présence de l'insecte et d'aider à sa propagation.

Nous n'étudierons pas ici les autres cultures algériennes qui peuvent se faire par les mains de nos colons: les orangers, les productions potagères et fruitières sont parmi les plus séduisantes. Mais il est un genre d'exploitation qui jouit depuis peu d'années d'un commencement de vogue parmi nos capitalistes, c'est celui des palmiers dattiers, dans les oasis, soit existantes, soit à créer dans le Sahara. Le désert n'est pas aussi inhospitalier qu'on le pense : ce pays du feu et de la soif peut se transformer. On verra plus loin (page 146) l'œuvre merveilleuse que les Français ont ébauchée par le foncement de puits artésiens sur la ligne de Biskra à Touggourt. Les capitalistes commencent à s'éprendre de la culture du dattier. Plusieurs sociétés au capital de 7 ou 800,000 francs, parfois d'un million, se sont constituées pour créer des plantations de palmiers dans le désert. Certaines possèdent déjà, dans les Ziban ou dans le Souf, au sud de la province de Constantine, 40 à 50,000 palmiers-dattiers. On compte sur un revenu (frais de culture déduits) d'environ 2 francs pour les espèces communes et de 8 à 10 francs pour les espèces rares ; mais il faut attendre 8 à 10 ans le revenu. Ce ne sont que les indigènes qui peuvent cultiver sous ce climat brûlant ; il faut, toutefois, quelques européens résidant, comme directeurs de cultures, dans chacune de ces oasis nouvelles. Ce sont encore de nouveaux champs d'emploi pour l'activité française, quoiqu'il n'y ait pas là place, comme dans le Tell, pour un très grand nombre de cultivateurs français.

L'établissement d'une nombreuse population européenne rurale dans notre province d'Afrique n'est en définitive plus douteux. Dans dix ou quinze années les Européens posséderont 2 millions environ d'hectares sur les 14 à 15 millions qui sont susceptibles de culture européenne en Algérie. En supposant que la densité soit moitié moindre qu'en France, ces 2 millions d'hectares occuperont et feront vivre 350,000 à 400,000 colons ruraux. Si un chiffre égal, ce qui n'est pas impossible, vit des occupations industrielles ou commerciales ou des travaux publics, on aura obtenu ainsi un splendide résultat 75 ou 80 ans après la conquête. On peut espérer que le progrès continuera et que, même après la suppression absolue de la colonisation officielle à partir de 1892 ou de 1893, la colonisation gagnera du terrain, de façon à posséder 5 ou 6 millions d'hectares de terres vers le milieu du xx° siècle; il y aurait alors place en Algérie pour un million et demi ou 2 millions de colons européens ruraux.

Il n'en résulterait pas nécessairement que la race arabe fût expropriée et que, de la situation de propriétaire, elle passât à celle de prolétaire. Elle n'aurait qu'à accomplir quelques progrès dans la culture, et avec un territoire moindre d'un tiers ou de moitié elle obtiendrait plus de produits qu'aujourd'hui. Ainsi, d'après les documents officiels, dans la campagne 1883-1884, les Européens avaient ensemencé en blé tendre ou blé dur 311,962 hectares qui leur avaient donné un rendement de 2,412,267 quintaux métriques, soit 7 quintaux métriques 73 par hectare; dans la même année les indigènes avaient ensemencé avec la même nature de grains 1,063,134 hectares qui produisirent 6,070,342 quintaux, soit guère plus de 5 quintaux 70 par hectare. Dans la même campagne agricole, les Européens avaient ensemencé 181,107 hectares en orge qui leur produisirent 1,720,165 quintaux métriques, soit 9 quintaux et demi par hectare; dans la même année les 1,354,345 hectares ensemencés en orge par les indigènes leur produisirent 9,684,967 quintaux métriques, soit 7 quintaux 15 en moyenne par hectare. Il en résulte que si les indigènes cultivaient comme le font aujourd'hui nos colons (et c'est loin d'être là un degré de culture assez avancé), ils auraient un rendement aussi considérable sur des étendues d'un quart moindre que celles qu'ils ensemencent. Encore ne tient-on pas compte ici des énormes superficies en landes ou en jachères. Il en est de même pour toutes les cultures. Les

CULTURES INDIGÈNES ET CULTURES EUROPÉENNES.

12,199 propriétaires européens qui cultivaient la vigne en 1883 en retiraient un produit de 18 hectolitres à l'hectare (1); les 20,605 propriétaires indigènes qui se livraient à la même culture n'obtenaient par hectare que 2 hectolitres environ. Le tabac produisait, en 1884, 891 kilogrammes aux Européens par hectare et 510 aux indigènes. Tandis que les Européens possédaient, en 1884, 39,742 charrues, les indigènes qui occupent un territoire cultivable dix fois plus considérable (nous ne tenons compte que des 13 ou 14 millions d'hectares susceptibles d'être cultivés) n'avaient que 271,338 charrues de beaucoup plus faible qualité. Les Européens employaient 25,714 herses, rouleaux, semoirs à cheval, et les indigènes seulement 1,795; les Européens possédaient encore 21,608 chariots, charrettes et tombereaux, les indigènes seulement 855. Les indigènes n'avaient que 11 faucheuses, râteaux à cheval ou moissonneuses et 4 machines à battre soit à vapeur, soit à manège; les Européens détenaient 1,388 des premiers ustensiles et 996 des seconds. En un mot, le matériel agricole des Européens était évalué à 16,490,449 francs, ce qui, certes, n'est pas bien élevé,

---

(1) Il faut dire que le rendement par hectare est, en réalité, beaucoup plus élevé, tant pour les Européens que pour les indigènes, parce que le vignoble, dont on donne la superficie, étant d'origine toute récente, comprend, au moins pour moitié, des vignes qui ne sont pas encore arrivées à l'âge de la production. On sait que la vigne ne commence à produire qu'à la troisième année pour certains cépages et à la quatrième pour d'autres, et qu'elle n'est en pleine production qu'à la sixième ou septième année. Si l'on jugeait d'après l'année 1884, le rendement moyen, pour les vignes européennes en Algérie, serait d'environ 32 hectolitres par hectare. En effet, sur les 50,800 hectares de vignes appartenant aux Européens en 1884, il y en avait 27,337 qui étaient déjà plantés en 1881 et qui, par conséquent, venaient au moins à leur quatrième feuille en 1884. Or, le produit de cette dernière année ayant été pour les vignes européennes de 880,684 hectolitres, cela représente pour les vignes parvenues au moins à leur quatrième feuille une moyenne de 32 hectolitres 20 à l'hectare. Il est vrai que certains cépages précoces commencent à produire dès la troisième feuille. Mais ce rendement est faible, et on peut le négliger d'autant plus qu'une petite partie du vignoble algérien est cultivée en vue de la production directe du raisin de table.

puisque c'est seulement 14 francs par hectare ; le matériel agricole des indigènes ne valait que 3,688,934 francs, ou 30 à 35 centimes environ par hectare (1).

Ainsi, les Arabes, avec un peu plus d'instruction et d'esprit de progrès, en suivant même de fort loin les exemples des Européens, pourront incontestablement tirer un aussi grand parti de la moitié de leurs terres que celui qu'ils tirent aujourd'hui de la totalité. Si dans cinquante ans ils ont des surfaces moitié moindres, ils pourront néanmoins être beaucoup plus riches, à la condition que le gouvernement, ce qui est de son devoir strict, se soit préoccupé de les instruire par l'établissement de nombreuses écoles techniques et d'établissements agricoles et de leur faciliter le crédit à bon marché. Les descendants des Mores ne peuvent être, quoi que l'on dise, absolument incapables de comprendre l'agriculture intensive ; c'est une question de temps, d'exemple et d'éducation. Depuis cinq à six ans ils ont déjà fait de grands progrès, les Kabyles surtout, car les chiffres que nous donnons plus haut pour le matériel agricole des indigènes en 1884 dépassent de beaucoup les chiffres correspondants pour 1879, qui ne portaient le matériel agricole des indigènes qu'à une valeur de 2,960,114 francs.

Pour que la colonisation officielle par voie de concession ait complètement terminé son rôle dans sept ou huit années ainsi qu'il est désirable, il faut que l'on ait alors achevé ou à peu près la constitution de la propriété privée chez les Arabes du Tell. Au lendemain de nos désastres, le 26 juillet 1873, un de nos députés algériens, M. le Dr Warnier, fit voter une loi « relative à l'établissement et à la conservation de la propriété en Algérie ». Nous n'entrerons pas dans les détails de la procédure qu'instituait cette loi importante.

C'est une opération singulièrement délicate que celle de la

---

(1) Tous ces chiffres sont extraits de la *Statistique générale de l'Algérie*, pour les années 1882-84, document officiel.

transformation de la propriété collective en propriété privée. On sait que la première a encore aujourd'hui des partisans en Europe, même parmi les esprits éclairés, M. de Laveleye par exemple. Les Hollandais qui avaient essayé de constituer à Java la propriété privée n'y ont pu réussir (1). En Algérie la question est beaucoup plus capitale et pressante. Tandis, en effet, que Java est une simple colonie d'exploitation où les indigènes cultivent le sol d'une manière intensive et avec assez de succès, l'Algérie est en grande partie une colonie destinée au peuplement européen et où le sol est loin d'avoir été complètement mis en valeur. La propriété collective qui ne nuit que médiocrement à la prospérité de Java est, au contraire, un obstacle insurmontable aux progrès rapides de l'Algérie.

La loi de 1873 a reçu dans les premières années un commencement d'exécution, mais avec une certaine lenteur. D'après le rapport du gouverneur général civil, les opérations des Commissions d'enquête avaient porté jusqu'au 1er octobre 1880 sur 188 douars représentant une superficie de 1,384,452 hectares, distribués à peu près également entre les trois provinces. Si sur toute cette étendue la propriété civile eût été définitivement établie, on eût pu considérer ce résultat comme un succès. Mais il s'en faut qu'il ait été obtenu. En effet, les douars dans lesquels les titres de propriété avaient été délivrés, c'est-à-dire où l'opération était terminée, n'étaient qu'au nombre de 36 et ne formaient qu'une étendue de 150,444 hectares. En supposant qu'on ne procédât pas avec plus d'activité, on en concluait qu'il faudrait sept cents ans pour que la propriété privée fût le régime universel des 14 millions d'hectares cultivables de l'Algérie. Heureusement, ces conclusions primitives étaient singulièrement inexactes. Si le travail n'était achevé

(1) Voir notre ouvrage *De la Colonisation chez les peuples modernes*, 3e édition (Guillaumin, 1885).

que sur 150,000 hectares il était commencé et à divers degrés d'avancement sur plus de 1,200,000 autres. Les douars pour lesquels les titres de propriété étaient en préparation ou déposés à la direction des domaines étaient au nombre de 33 et représentaient une étendue de 255,042 hectares; on pouvait penser que dans un délai d'un ou deux ans ces douars seraient portés dans la catégorie précédente, celle où la propriété privée est complètement fondée. Il y avait en outre 8 douars, comprenant 85,058 hectares, dont les dossiers étaient soumis à l'approbation du gouvernement; puis 40 douars et 246,867 hectares pour lesquels les commissaires enquêteurs n'avaient plus qu'à effectuer leur deuxième transport ou à arrêter leurs conclusions définitives. Pour 18 autres douars et 137,008 hectares les dossiers étaient soumis à la formalité du dépôt. Pour 34 autres et 326,890 hectares les dossiers étaient à la vérification dans les bureaux des sous-préfectures. Dans 17 douars ayant une étendue de 170,096 hectares, les travaux sur le terrain étaient terminés. Enfin, dans 2 autres douars ayant 13,047 hectares, les travaux sur le terrain étaient en exécution. En groupant ces différents chiffres, on pouvait considérer que, en 1880, les opérations étaient terminées pour 150,000 hectares, qu'elles se trouvaient presque achevées pour 340,000 autres, qu'elles étaient assez avancées pour 246,000, enfin que pour 650,000 hectares elles étaient en préparation.

Depuis 1880, cette opération a fait des progrès assez considérables, quoique ne répondant pas encore à l'impatience des colons. Au 1er octobre 1886, l'étendue des hectares définitivement constitués en propriétés privées montait à 959,187 se répartissant ainsi : 449,593 hectares dans le département d'Alger, 412,077 dans celui d'Oran et 97,517 dans celui de Constantine qui était de beaucoup en retard. Les titres étaient, en outre, en préparation pour d'autres douars ayant une étendue de 382,684 hectares, et enfin les travaux de constitution de la propriété privée étaient à divers degrés d'avancement sur 637,252 autres hectares, soit en tout 1,979,123 hectares pour lesquels le travail était soit terminé, soit assez avancé, soit, du moins, commencé. La moyenne de la livraison des titres dans les dernières années est de 150,000 hectares par an. Il faudrait, de ce train, soixante-dix ou quatre-vingts ans environ pour que l'opération fût achevée dans la région du Tell.

Ces perspectives sont, sans doute, bien lointaines ; il importe que l'opération soit totalement effectuée dans un délai beaucoup plus court, en quinze ou vingt ans par exemple. Cela supposerait que chaque année on constituât la propriété privée sur 500,000 ou 600,000 hectares. Il serait bon, d'ailleurs, dans ce pays, de laisser toujours une certaine étendue en communaux. Si l'on arrivait ainsi à établir annuellement la propriété individuelle sur 4 ou 500,000 hectares aujourd'hui soumis à la propriété collective, l'acquisition à l'amiable du cinquième ou du quart de ces terres par les Européens ferait à la colonisation un domaine suffisant, qui compenserait très avantageusement la suppression de la colonisation officielle.

Dans ces conditions, à l'ouverture du xxe siècle, les Européens pourraient posséder 2 millions et demi ou 3 millions d'hectares de terres en Algérie, soit l'étendue de quatre ou cinq départements français et le quart environ du sol cultivable de cette colonie. Quant aux Arabes qui détiendraient encore les autres trois quarts, ils auraient appris à en tirer un meilleur parti et ils seraient aussi aisés, plus aisés même qu'aujourd'hui. M. le gouverneur général Tirman, jugeant que le service de la constitution de la propriété chez les indigènes était défectueux, a pris, à la date du 6 mars 1883, un arrêté pour étendre cette administration, pour la rendre plus efficace et plus active.

Un projet de loi a été déposé par le gouvernement et voté par le Sénat au moment où nous revoyons ces lignes (janvier 1887) pour modifier et compléter la loi de 1873 relative à la constitution de la propriété chez les indigènes. Ce projet, entre autres dispositions, prescrit le partage par le commissaire enquêteur des terres commodément partageables, qui constituent des propriétés familiales (biens *melk*) indivises entre plusieurs personnes et qui ne tombaient pas sous la loi de 1873, laquelle ne visait que les territoires collectifs dits *arch* et propriétés de tribus ou de douars. Il établit aussi une procédure rapide et peu coûteuse pour le partage des immeubles restés indivis après la délivrance des titres ; il applique aux partages et licitations la loi française ; il étend le délai accordé aux tiers pour faire inscrire ou transcrire leurs titres après l'établissement des titres français ; il modifie les formalités de la purge ; en outre, ce qui est très important, surtout loin des centres de colonisation, il crée une procédure administrative pour permettre l'acquisition des terrains *arch* (collectifs) par les Européens ; cela sera d'une grande utilité pendant toute la période, d'au moins quinze ou vingt ans encore, que durera l'opération de constitution de la propriété privée dans tout le territoire ; ce même projet de loi précise les voies et moyens financiers affectés au fonctionnement du service de la propriété indigène.

Il est vraiment inexplicable et inexcusable que notre Chambre des députés, toujours bruyante, affairée, préoccupée de gros riens ou de problèmes insolubles et d'un intérêt lointain, n'ait pas encore trouvé le temps de sanctionner ce projet de loi qui offre un intérêt capital pour l'extension des cultures françaises et du peuplement français dans notre magnifique colonie d'Afrique. Heureusement une loi du 28 décembre 1884 a mis à la disposition de l'Algérie un crédit de 1,560,000 francs à titre d'avance pour la liquidation de l'arriéré du service de la propriété indigène; mais les ressources courantes devraient être aussi accrues.

Il faut procéder avec beaucoup de soin pour que l'accélération des opérations n'enlève rien aux indigènes des garanties auxquelles ils ont droit : il paraîtrait qu'il s'est parfois commis des abus à leur détriment. Ainsi, tout en cherchant à abréger les lenteurs actuelles, il ne faut pas recourir à des procédés sommaires qui seraient souvent iniques. Le but que l'on se propose n'est pas de dépouiller artificieusement les Arabes de leurs terres, ou de les contraindre par des formalités vexatoires à les vendre; ce serait là un crime qui entacherait notre domination en Algérie. Aussi doit-on repousser tous les plans que proposent certains de nos colons ou leurs représentants, et qui n'auraient pas pour principe le respect absolu des droits des Arabes et le désir de leur conférer une propriété privée qu'ils puissent sérieusement exploiter. Tout en regrettant le temps considérable que prend cette opération, si essentielle et si délicate, il convient de se rappeler qu'un travail bien plus facile, la confection du cadastre, a duré en France près d'un demi-siècle et a coûté 150 à 200 millions de francs (1).

Pour établir et surtout pour maintenir la propriété privée chez les indigènes, on a compris qu'il faut donner à ceux-ci un état civil régulier. Une loi a été votée, pour cet objet, par le Parlement métropolitain, en date du 23 mars 1882; mais c'est encore là une œuvre difficile et coûteuse pour laquelle on n'a jusqu'ici alloué que des crédits insignifiants. Au lieu des 300,000 francs que demandait pour ce chapitre le *Conseil supérieur de l'Algérie*, rien n'a été alloué pour l'année 1884, et une somme dérisoire de 20,000 francs pour l'année 1885;

---

(1) Pour les divers problèmes que soulève l'application des lois et règlements sur la constitution de la propriété privée en Algérie, on peut consulter utilement l'excellent recueil de droit intitulé : *Revue algérienne et tunisienne de législation et de jurisprudence.*

en 1886 on a porté ce crédit à 100,000 francs, ce qui est encore insuffisant. Au mois d'octobre 1886 l'état civil n'avait été constitué que sur 38 territoires, ayant ensemble 90,380 habitants. La constitution de l'état civil, au moins parmi les indigènes du Tell, est un des acheminements vers la civilisation des Arabes et des Kabyles.

CHAPITRE V

LE ROLE DE L'ADMINISTRATION EN ALGÉRIE

Le rôle de l'administration est immense dans les colonies nouvelles, il est néanmoins compatible avec les libertés des colons. — L'administration doit se restreindre aux grands services d'intérêt collectif. — Les dépenses préparatoires et les dépenses conservatoires. — L'administration des forêts. — Les puits artésiens. — Le service topographique. — L'introduction d'un régime perfectionné de conservation et de transmission de la propriété.

Le degré de libertés administratives dont jouissent les habitants d'une colonie est la mesure presque infaillible de la rapidité et de l'étendue de son développement probable ; quand on parle de libertés administratives, il ne s'agit pas de la suppression de l'administration, qui est nécessaire, qui a même une tâche immense à remplir. L'État, dans les sociétés nouvelles, a un rôle considérable et difficile à bien soutenir. Mais trop souvent il prend le change et, négligeant ses fonctions essentielles, il empiète outre mesure sur le domaine de l'initiative et de la responsabilité privées. C'est précisément ce qui est arrivé en Algérie ; les grands services publics, dont l'utilité est si incontestable dans les sociétés jeunes, n'ont jamais été complètement à la hauteur de leur mission, et, d'un autre côté, les colons se sont trouvés sans cesse entravés dans l'exercice légitime de leur liberté par l'ingérence vexatoire de l'administration.

La base la plus solide de toute colonisation, ce sont les libertés municipales et provinciales qui la constituent. Les unes et les autres ont été pendant un très long temps singulièrement étiolées dans notre province d'Afrique ; il n'y avait rien là qui ressemblât aux *townships* de la Nouvelle-Angleterre ; de pauvres communes, dispersées, avec un territoire excessivement restreint, placées sous la surveillance quotidienne des sous-préfets et des commissaires civils, limitées dans leurs attributions financières, aussi dénuées de moyens que de droits ; des conseils généraux non électifs, avec des sessions de huit jours, privés de l'initiative nécessaire, réduits à formuler des vœux au lieu de prendre des résolutions ; au-dessus de ces images languissantes de la représentation populaire, un vaste attirail de hauts et de moyens fonctionnaires : telle a été pendant quarante années l'organisation de notre colonie.

La lettre impériale de 1863 reconnaissait elle-même que ce système administratif était hautement défectueux. Mais les correctifs qu'elle annonçait n'étaient-ils pas, quelques-uns du moins, plus propres à augmenter qu'à atténuer le mal ? Le personnel doit être réduit, disait la lettre, et l'on doit reporter au préfet une foule de mesures qui rentraient auparavant dans les attributions des sous-préfets et des commissaires civils. Mais si l'on n'élaguait pas nombre de règlements inutiles, cette simplification ne devait être pour les colons qu'un accroissement de charges. Si le nombre et la difficulté des affaires, qui proviennent d'une réglementation trop minutieuse, ne sont pas réduits, le petit nombre et l'éloignement des fonctionnaires chargés de les résoudre n'amènent pour les colons qu'une augmentation de frais et de délais. Ce qui importe, c'est de dégager l'administration de toutes les fonctions délicates qui seraient mieux remplies par les colons eux-mêmes, ou, du moins, par les municipalités et les conseils généraux. C'est seulement ainsi que l'on peut arriver à une simplification véritable, à une plus grande rapidité dans les transactions, à un essor fécond de l'initiative et de la responsabilité privées.

De même que les lois commerciales présentent une simplicité plus grande et sont d'une application plus rapide que les lois civiles, de même il importe que l'administration coloniale soit moins compliquée, plus alerte et plus prompte que l'administration métropolitaine ; car une colonie, c'est une société où la vie doit être active, ardente, sous peine de langueur et de mort ; tout ce qui tend à arrêter ou même à régler avec trop de précision ce mouvement spontané et incessant des sociétés nouvelles est pour elles une cause de stagnation et d'affaissement. Qu'on laisse fermenter sans crainte cette sève vigoureuse et nourricière, qui est le signe de la jeunesse et le gage de l'avènement à la maturité. Qu'on ne s'étudie pas à enchaîner cette vivacité juvénile, à limiter cette expansion naturelle, qui sont les preuves et en même temps les conditions de la croissance et de la santé du corps social.

Malheureusement l'on a voulu traiter pendant quarante années cette colonie naissante comme une société décrépite ; au lieu de l'abandonner à la rapidité de sa marche, on lui a imposé les béquilles administratives, et ce système mauvais n'a commencé d'être sérieusement modifié qu'après 1870. Aujourd'hui que les pouvoirs des municipalités sont plus considérables, que les conseils généraux sont élus par les citoyens et que l'Algérie est représentée dans l'Assemblée nationale de la métropole, on peut espérer que la colonisation deviendra plus active. Mais encore faudrait-il que les colons se préoccupassent plus de leurs affaires algériennes que des questions générales de politique ; encore conviendrait-il qu'ils se gardassent d'une hostilité démesurée contre l'élément arabe : il n'y a de colonie prospère qu'à la condition que les colons soient des gens pratiques, laborieux, prudents et uniquement absorbés par le commerce, l'agriculture et l'industrie.

Le rôle de l'administration est immense, plus encore

dans les colonies que dans la métropole. Mais il faut qu'elle se restreigne aux grands services d'intérêt collectif. Elle y trouvera une tâche considérable et pour laquelle elle aura besoin d'activité, d'intelligence et de dévouement. Les services des forêts, des ponts et chaussées, du cadastre, sont complètement indispensables à l'Algérie et doivent être grandement perfectionnés ; le personnel doit être augmenté dans une large mesure ; de l'efficacité de ces services dépend en grande partie l'avenir de la colonisation. On sait quelle importance les Anglo-Saxons, nos maîtres en matière de fondation et d'entretien de colonies, attachent aux *preparatory expenses*, routes, canaux, dessèchements ; non moins indispensables sont les dépenses conservatrices d'un intérêt général, *conservatory expenses* (1). Les unes et les autres de ces dépenses incombent à l'État et ne peuvent être bien faites que par lui. La grande mesure conservatrice, en Algérie, c'est l'entretien des forêts et la régularisation des cours d'eau : deux millions et demi d'hectares de forêts à préserver ou plutôt à restaurer, c'est une lourde tâche, et cependant si on ne le fait avec soin, la colonisation est en péril. Le maintien des forêts est indispensable pour sauvegarder le pays du sirocco et de la sécheresse. Jusqu'ici, ce service n'a été fait qu'imparfaitement ; on a abandonné à la dépaissance des troupeaux les croupes des montagnes ; et qui sait si l'intensité des fléaux récents qui ont frappé notre colonie n'est pas due en partie à la négligence apportée jusqu'ici dans le service forestier ?

D'après la dernière statistique triennale, la superficie des forêts domaniales, communales et privées, au 31 décembre 1884, était évaluée à 2,785,186 hectares, dont 790,112 dans la province d'Alger, 808,202 dans celle d'Oran, 1,186,872 dans

(1) Voir, sur ce point, pour les colonies britanniques, notre ouvrage : La *Colonisation chez les peuples modernes* (3e édition, 1885, Guillaumin, éditeur).

celle de Constantine. Sur ce nombre, 436,536 hectares étaient des forêts de chênes-liège, 764,831 de chênes verts, 51,517 de de chênes zéens, 859,261 de pins d'Alep, 37,992 de cèdres, 160,538 de thuyas et le reste d'essences diverses. La généralité de ces forêts était domaniale : sur ces 2,785,000 hectares, 73,361 appartiennent aux communes, et 293,156 aux particuliers. Sur ces 2,785,186 hectares, 2,125,000 seulement sont soumis à l'administration des forêts, les 659,734 hectares restants sont encore sous l'autorité de l'administration militaire. Malheureusement la plupart de ces forêts sont dépourvues d'arbres; heureux encore quand elles offrent des broussailles et quand elles ne sont pas presque uniquement des clairières. On jugera de ce que ces forêts valent, quand on saura que le montant des produits forestiers pendant les neuf années qui s'écoulent de 1873 à 1881 inclusivement a varié d'un minimum de 559,000 francs en 1878, à un maximum de 1,022,000 francs en 1873. Il s'est relevé en 1882 et a atteint 1,445,000 francs, puis s'est soutenu à 1,438,822 francs en 1883 et 1,429.002 francs en 1884 (1). C'est environ 50 centimes par hectare. En France, le produit moyen des forêts de l'État est de 25 à 30 francs environ par hectare. Si les forêts algériennes valaient les françaises, l'État et les communes en retireraient un produit brut de 70 millions de francs et un produit net de 40 millions au moins. Le pays, en outre, serait beaucoup plus fertile, bien plus à l'abri des sécheresses. Les forêts, dans le midi, produisent plus par leur influence indirecte que par le bois qu'on y débite. Le temps viendra-t-il où les forêts algériennes seront ainsi reconstituées? Il ne faudra pas moins de trois quarts

(1) Ces chiffres comprennent non seulement le produit des forêts exploitées directement par l'administration, mais aussi les amendes, les redevances et les fermages des bois amodiés aux particuliers. Car, en ce qui concerne les produits des forêts exploitées par l'administration, ils ne se sont élevés qu'à 449,000 francs en 1882, 472,000 francs en 1883, 554,000 en 1884 et 415,791 francs seulement en 1885.

de siècle pour y arriver ; il y faudrait aussi beaucoup de persévérance, d'intelligence, et, en ce qui concerne les semis, les plantations, les routes et les accès, il conviendrait de ne pas reculer devant des sacrifices d'argent qui seraient le meilleur des placements gouvernementaux.

On aura la preuve du peu d'intérêt que soit l'administration algérienne soit le parlement métropolitain attachèrent pendant cinquante-cinq ans à l'entretien et à la conservation de nos forêts africaines dans les deux faits suivants qui sont caractéristiques. La *Statistique générale de l'Algérie* pour la période triennale 1882-1884 porte, comme on l'a vu plus haut, à 2,785,186 hectares l'étendue du territoire forestier ; or, la statistique immédiatement antérieure, pour la période triennale 1879-1881, n'évaluait qu'à 2,045,062 hectares la superficie des forêts en Algérie. Voilà donc 740,000 hectares environ, une étendue dépassant celle d'un d'un grand département français, qui sont soudainement découverts dans un espace de trois ans? Quelle est la raison de cette aubaine qui tient du prodige ? La *Statistique générale* de 1882-84 donne l'explication en ces termes : « Pen-
« dant ces dernières années et par suite de l'augmentation du
« personnel, le service des forêts a reconnu et délimité de
« nombreux boisements qui ont été ensuite soumis au ré-
« gime forestier par application de l'article 4, paragraphe 4,
« de la loi du 16 juin 1851 (1) ». Veuille le ciel que de nouvelles augmentations du personnel forestier nous réservent encore de pareilles trouvailles !

Le second fait qui, à un autre point de vue, est non moins topique, se trouve relaté dans l'*Exposé de la situation générale de l'Algérie* pour l'année 1886. En tête du chapitre consacré au service des forêts, le gouverneur général s'exprime ainsi :
« La loi forestière complémentaire, relative à l'aménage-

---

(1) *Statistique générale de l'Algérie*, années 1882-84, p. 156.

ment et au rachat des droits d'usage dans les forêts de l'Algérie, aux exploitations et abus de jouissance dans les bois des particuliers, à la police des forêts et au reboisement, déposée le 17 juillet 1874 sur le bureau de l'Assemblée nationale, a été votée par la Chambre des députés et le Sénat, et promulguée le 9 décembre 1885 au *Journal officiel* de la république (1) ». Il a donc fallu onze ans et demi pour que le Parlement expédiât un projet aussi important. Avec nos Chambres de députés, si déplorablement recrutées et adonnées à des discussions si oiseuses, les lois les plus utiles et les plus simples attendent onze ans et demi pour être votées.

Grâce à cette loi si tardive on reconnaît chaque année et on soumet au service des forêts des massifs nouveaux. Mais les crédits affectés à la surveillance, à l'entretien, à l'exploitation, à la restauration des massifs sont bien insuffisants. Le gouverneur général s'applaudit de ce que, pour ces 2,700,000 hectares, il y ait, en 1885, 391 gardes français, au lieu de 380 en 1884. Ces gardes français heureusement ont un cheval et des auxiliaires indigènes ; il n'en n'est pas moins vrai qu'en moyenne chacun d'eux a la direction d'un massif de 5,500 à 6,000 hectares. Il est, en outre, inadmissible que 659,000 hectares de forêts restent encore sous l'autorité militaire. Une des tâches importantes pour l'efficacité de la surveillance, c'est la construction de maisons forestières où les gardes puissent se loger à portée des massifs. Or, le gouverneur général nous apprend qu'en 1885 les travaux ont porté sur 28 maisons ou *gourbis* de ce genre, dont 16, commencées en 1884, ont été terminées, 12 autres, comprenant 15 logements, ont été entreprises et parmi ces dernières, 4 ont été achevées dans le courant de l'année ; les 8 autres n'ont pu être livrées aux gardes qu'en

---

(1) *Exposé de la situation générale de l'Algérie*. 1886, p. 238.

1886. La construction d'une vingtaine de logements de gardes par an, voilà donc ce qu'on nous représente comme un grand effort. De ce train de tortue, deux ou trois siècles s'écouleraient avant qu'un nombre suffisant de gardes français ou indigènes aient été installés dans des logements à proximité des massifs.

On se met à reboiser avec zèle, mais on n'a pu affecter à cette prévoyante besogne en 1885 que le mince crédit de 38,153 francs. Le vice est dans la médiocrité des allocations budgétaires, qui figurent au projet de budget du gouvernement général en 1887 pour le chiffre insuffisant de 1,877,099 francs, dont 1,406,149 consacrés au personnel, 390,000 francs au matériel et 80,950 francs à des dépenses diverses. L'initiative des particuliers et des sociétés vient heureusement un peu à l'aide de l'administration centrale faiblement outillée. C'est ainsi qu'il s'est constitué une ligue de reboisement de l'Algérie, reconnue d'utilité publique par un décret du 30 juin 1886, et une autre association analogue, la ligue du reboisement d'Oran.

Malheureusement, les incendies de forêts sont très fréquents pour des raisons diverses : les indigènes ont conservé l'habitude méridionale d'incendier les terrains boisés qu'ils occupent, soit pour chasser les bêtes fauves, soit pour se procurer les pâturages nécessaires à leurs troupeaux. Le gouverneur général civil estimait en 1880 à 300,000 hectares la contenance des forêts qui depuis vingt ans avaient été ainsi ravagées par le feu. A cette coutume se joignent les incendies insurrectionnels ou de mécontentement, comme ceux qu'on a vus en 1863, en 1865, en 1871, en 1873 et plus encore en 1881 (1). Dans ces conditions, comment avoir des forêts véritables ?

---

(1) Le mécontentement des indigènes paraît être la cause principale de la plupart de ces incendies, qui varient singulièrement selon les années. En 1876, les étendues incendiées ont été de 55,000 hectares; en 1877, de

On a établi un régime sévère, celui de la responsabilité collective des tribus en cas d'incendie. C'est là un traitement exceptionnel, qui blesse les idées de justice et offre plus d'inconvénients que d'avantages. Le gouvernement doit s'appliquer, en multipliant le personnel forestier, à rétablir un domaine qui est si essentiel pour la bonne culture de l'Algérie et qui peut être si productif un jour. En 1882, à la suite des énormes incendies de 1881, on a constitué un service de 2,465 postes vigies qui emploient 6,516 hommes. Aussi, l'année suivante, les incendies ont-ils presque disparu.

Tout en se montrant très sévère à l'égard des indigènes, l'administration reconnaît loyalement qu'ils ne sont pas les seuls coupables et que, d'ordinaire, ils n'ont pas des intentions mauvaises. Ainsi, dans son plus récent exposé au sujet des incendies, le gouverneur général écrit :

« Les rapports fournis sur ces sinistres constatent généralement que la malveillance y est restée étrangère et que les populations indigènes ont montré le plus grand zèle pour les combattre. » Bien plus, il avoue que les Européens sont quelquefois les coupables soit par négligence, soit par refus d'éteindre le feu. Ainsi, pour les incendies de la commune mixte d'Aïn-Fezza en 1885, le gouverneur général s'exprime ainsi : « Comme il ressort des enquêtes, d'une part, que les incendies survenus dans cette commune ont été causés par des incinérations de chaumes, pratiquées plutôt par les Eu-

---

40,000; en 1878, de 8,156; en 1879, de 17,662; en 1880, de 20,880; en 1881, le feu a ravagé la superficie énorme de 169,057 hectares; le dommage causé pendant cette dernière année a atteint 9,042,000 francs, et les amendes infligées aux indigènes n'ont couvert cette perte que pour 510,000 francs; en 1882, les incendies ont causé beaucoup moins de mal, ne s'étendant qu'à 4,018 hectares; en 1883, ils se sont étendus à 2,461, en 1884, à 3,231; c'était là un dommage médiocre ; en 1885, les incendies se sont beaucoup développés et ont parcouru 51,569 hectares, causant une perte évaluée en argent à 674,487 francs. En 1886, le mal a été beaucoup moindre : en définitive, depuis 1882, il y a un grand progrès.

ropéens que par les indigènes, et, d'autre part, que les colons ont refusé d'aider à l'extinction des incendies, tandis que les indigènes, ont, au contraire, fait preuve de bonne volonté, le Conseil de gouvernement a pensé que ces derniers, *moins coupables que les Européens que la loi ne peut atteindre*, étaient suffisamment punis par l'interdiction du pâturage, pendant six ans, dans les bois et forêts parcourus par le feu (1). » Voilà un traitement scandaleusement inégal et peu digne d'une nation civilisée. En 1885 le montant des condamnations encourues pour incendies et pour délits forestiers s'est élevé à une somme de 1,321,367 francs, dont 514,358 francs à titre de dommages-intérêts, 2,854 fr. 54 à titre de confiscation (sans doute de fusils), 37,364 francs à titre de restitution, 619,295 fr. 50 à titre d'amendes et 147,494 francs pour les frais. Mais ce sont, pour les incendies du moins, les seuls indigènes qui portent le poids de ces lourdes condamnations ; les colons d'Aïn-Fezza ayant par imprudence allumé le feu et refusant de concourir à l'éteindre n'encourent aucune pénalité. Il ne convient pas que les lois soient des verges destinées à frapper les seuls Arabes et à bénir les Européens coupables des mêmes méfaits. La loi doit être réformée dans le sens de l'égalité.

Si le régime forestier embrasse en Algérie, 2,785,185 hectares de terres, il y a, sur ce chiffre, 293,156 hectares qui appartiennent aux particuliers. Un décret de 1870 a autorisé dans de certaines conditions l'aliénation des forêts de chênes-liège, et au 31 décembre 1884 une étendue de 149,943 hectares de cette essence avait été constituée définitivement en propriétés privées. Sur ce chiffre, 70,497 avaient été aliénées à titre gratuit, mode qui ne nous paraît pas digne d'encouragement ; les 79,446 autres l'avaient été à titre onéreux. Depuis 1879, les aliénations à ce dernier titre l'emportent de

---

(1) *Exposé de la situation générale de l'Algérie*, 1886, p. 265.

beaucoup, et l'on doit s'en applaudir, sur celles à titre gratuit. Enfin, depuis 1884, il semble que l'on ait renoncé, avec raison, à toute aliénation nouvelle.

On a pris, en outre, l'habitude d'augmenter chaque année les superficies de forêts amodiées à long terme. Depuis 1876 jusqu'au 31 décembre 1884, 683,499 hectares ont été placés sous ce régime ; il ne s'agit pas là, toutefois, uniquement de véritables forêts : si dans les surfaces ainsi amodiées se trouvent des chênes-liège (pour une étendue de 54,854 hectares amodiés pour quatorze ans), la généralité ne contient que des alfas, des diss, des palmiers nains, des asphodèles et des carrières.

En ce qui concerne les forêts de chênes-liège à proprement parler, on estime que dans le Tell elles s'étendent sur une surface d'au moins 400,000 hectares, sur lesquels on vient de voir que 150,000 en chiffres ronds ont été aliénés définitivement à des particuliers et 54,854 amodiés pour quatorze ans, il reste donc environ 195,000 hectares qui peuvent être exploités directement par le service forestier national. Malheureusement l'exiguïté des crédits affectés aux travaux de mise en état n'ont pas permis de les pousser avec l'activité désirable. Cependant, en 1885 la vente des lièges de reproduction, récoltés dans quelques forêts domaniales seulement, a procuré au Trésor une récolte de 244,147 francs ; les communes en ont retiré en outre 2,884 francs. Ce sont là des misères relativement au rendement qu'on peut espérer avec des soins, des dépenses d'établissement et du temps. Il s'agit, en effet, d'un produit de grande valeur, dont notre civilisation fait de plus en plus usage et qui ne se trouve que dans peu de contrées. C'est par millions de francs que devra se compter un jour le produit des forêts de chênes liège de l'État en Algérie.

Depuis le rejet, en 1883, du projet d'expropriation de

300,000 hectares de terres sur les Arabes, il a été question souvent de prélever sur les forêts domaniales algériennes 200 ou 250,000 hectares qui pourraient être livrés à la colonisation pour le défrichement. Si elle était accomplie avec intelligence, cette opération ne prêterait à aucune critique sérieuse. Il faudrait seulement que les hectares ainsi livrés aux colons fussent pris parmi les surfaces qui ne sont plus boisées que de nom et qui se trouvent situées dans les plaines, où l'entretien de massifs forestiers offre le moins d'utilité. Il n'est pas nécessaire, en effet, que l'État et les communes détiennent 2,400,000 hectares de forêts nominales; s'ils n'en possédaient que 2 millions d'hectares qu'on s'efforçât de repeupler et de bien entretenir, ce serait pour le pays et pour le Trésor un profit considérable.

Voilà donc l'une des branches principales de l'administration coloniale : c'est là que celle-ci peut et doit se montrer active; c'est là qu'il est légitime et nécessaire non seulement de conserver, mais d'augmenter le nombre des fonctionnaires. Il est d'autres services aussi essentiels. Qui pourrait mesurer l'utilité des ponts et chaussées dans cette vaste contrée, où les populations sont disséminées et où la fertilité et la salubrité naturelles sont contrariées au premier abord par des marécages qu'il importe de dessécher? Un colon fort expert dans les affaires algériennes, M. Jules Duval, a dit, avec grande justesse, qu'en Algérie la politique devait être une politique hydraulique. Des desséchements, des canaux, des barrages, c'est un besoin universellement senti, un besoin primordial dans cette terre féconde, qui a deux ennemis principaux et que l'on croirait inconciliables, la sécheresse et les émanations palustres ; il faut utiliser tous les cours d'eau pour l'industrie et la culture.

Le mot de politique hydraulique a fait fortune comme il le devait. L'administration, toutefois, dispose de moyens insuffisants pour mettre cette ingénieuse formule en pratique. Dans les commencements elle concédait de vastes terrains incultes à des sociétés à la condition que l'on construisît des barrages ou que l'on fît des desséchements. On a deux exemples de cette méthode : le barrage de l'Habra exécuté par la Société franco-algérienne, moyennant l'octroi d'un énorme domaine d'environ 28,000 hectares de terres; puis le desséchement de l'immense marais appelé le lac Fezzara, près de Bône, dont s'est chargée la célèbre Compagnie minière de Mokta-el-Hadid, moyennant qu'on la mît en possession de 13 ou 14,000 hectares de terres qui étaient couverts par les eaux ou empestés par les émanations palustres. La première de ces œuvres a réussi, mais la Société franco-algérienne, par suite, il est vrai, de manipulations financières contestables, est dans une situation des plus précaires. La seconde est encore en suspens, la Compagnie de Mokta-el-Hadid s'étant refusée sous le prétexte que la nature saline du terrain y faisait obstacle, à planter sur une partie du terrain desséché 2,000 hectares en eucalyptus, ainsi qu'elle s'y était engagée. Le gouvernement algérien propose de reprendre l'entreprise en restituant à la Compagnie de Mokta ses dépenses effectuées.

Il paraît difficile, cependant, que l'État se charge directement de faire en Algérie tous les travaux utiles de barrages, d'irrigations, d'endiguements et de desséchements. M. Étienne, député d'Oran, dans son rapport sur le budget de 1887, évalue à 100 millions de francs la somme nécessaire pour cette grande œuvre. Or la dotation pour les travaux hydrauliques au budget de 1886 et à celui de 1887 n'est que de 750,000 francs.

La vraie méthode, qui est, toutefois, d'une application encore très délicate, consiste à faire avancer par l'État à des associations syndicales de cultivateurs ou à des sociétés anonymes une partie, non pas la totalité, les trois quarts par exemple, des sommes reconnues nécessaires à chaque entreprise hydraulique. L'État peut facilement prêter des fonds à 4 p. 100, amortissement compris dans une période d'une cinquantaine d'années. A ce prix, il n'est nullement en perte. L'important est qu'il ne se laisse pas duper par des faiseurs ; c'est pour cette raison qu'il convient que le quart ou le cinquième environ des dépenses soit fait aux risques et périls des syndicats, et que le gouvernement ne garantisse que les trois autres quarts ou les quatre autres cinquièmes. Avec le prix de location ou de vente, soit des terres améliorées, soit de l'eau procurée, il rentrerait dans ses déboursés ; et, si l'entreprise était bien conduite, les syndicats qui auraient fourni une faible quote part seulement du capital, pourraient largement s'indemniser par l'excédent des améliorations obtenues sur l'intérêt si réduit des sommes dépensées. En procédant ainsi et en échelonnant les travaux sur dix ou quinze années, en ayant soin de ne pas les commencer tous à la fois et de terminer chacun le plus rapidement possible, l'Etat pourrait avancer 100 ou même 150 millions ; il doit seulement prendre des garanties sérieuses pour que ces sommes ne soient pas gaspillées.

Dans l'exposé du gouverneur général de l'Algérie en 1886, il est question de diverses conventions conclues ou projetées avec des syndicats ou avec des sociétés pour une quantité d'œuvres hydrauliques : ce sont, dans le département d'Alger, les barrages et canaux du Hamiz, du Chélif, de l'Oued-Fodda, de l'Oued-Sly, de Bou-Saada, du Bou-Roumi, de l'Oued-Rouina, du Sebaou, de l'Oued-Nizi près de Laghouat, du Djébel-Amour, de l'Oued-Khremis, de l'Oued-Sahel ; les endiguements du Chélif, de l'Oued-Kébir, de l'Oued-Djémaa ; dans le département d'Oran, les barrages de Ras-Moullah, d'Hennaïa, de l'Oued-Arlal, de l'Oued-Magoun ; les irrigations de la plaine du Sig, le canal de l'Ouggaz, le barrage de Magenta, de l'Oued-Fergoug, de la Djidouaïa, les irrigations de la plaine du Chélif, les desséchements des marais de la

Makta, du lac salé de Misserghin, les endiguements de défense du village de Tizi, du village de Sahouria; dans le département de Constantine, les barrages des Zardézas, du Rummel, les irrigations de la vallée du Sahel, le canal d'irrigation de Kripsa, la transformation en immenses réservoirs du lac Oubeïra, la dérivation de la Seybouse, le desséchement du lac Fezzara, commencé, mais inachevé, le desséchement des marais d'El-Guerra et de Fesguia, l'assainissement du territoire de Blandan, celui de la petite plaine de Bône, l'endiguement de la Soumam.

Il n'échappera à personne que toute cette nomenclature officielle est bien longue et qu'elle contient un ensemble de travaux pour près d'un quart de siècle. Ce serait folie que de se mettre à l'œuvre sur tant de points à la fois : on renouvellerait en Afrique les extravagances du plan Freycinet qui a mis à mal les finances de la France, et qui n'a pas produit un effet utile correspondant au quart ou au cinquième des dépenses.

L'un des vices de l'administration française, encore accru par les influences électorales, c'est de gaspiller sur un trop grand nombre d'entreprises simultanées des crédits qui naturellement sont limités, et de prolonger, par conséquent, sur un espace de temps triple ou quadruple du nécessaire la durée des travaux et la période d'improductivité des capitaux. Il convient de s'y prendre autrement dans une colonie. Que l'on choisisse dans chacun des départements algériens deux ou trois œuvres seulement, soit huit à dix en tout, que l'on porte tous les efforts administratifs sur ces quelques entreprises en ajournant toutes les autres, qu'on pousse alors avec toute l'activité possible chacun des travaux commencés, qu'on renonce à toute idée esthétique et grandiose, se contentant de ce qui est strictement utile, et qu'on ne passe à de nouveaux chantiers qu'au fur et à mesure que les premiers seront achevés.

De cette façon l'on aura des résultats certains et prompts ; avec 25 ou 30 millions ainsi concentrés sur quelques points, l'on obtiendra un effet utile plus considérable qu'avec 100 millions disséminés sur tout le territoire.

Cette méthode, la seule pratique, doit reléguer complètement à l'écart toutes les influences électorales qui sont le fléau des travaux publics et des budgets. Pour établir le classement de ces 50 ou 60 projets, parmi lesquels il en faut choisir 8 à 10 au plus qui auront un rang de priorité, il est un critérium simple et décisif : il faut écarter, dès l'abord, tous les projets qui demandent à l'État des subventions à fonds perdus : on doit donner la préférence à tous ceux qui sont présentés par des sociétés ou des associations syndicales ayant un capital versé, un cautionnement suffisant, et ne sollicitant de l'administration qu'une avance à 3 et demi ou 4 p. 100 (amortissement compris), dont le remboursement serait suffisamment assuré par les redevances pour les eaux ou par le prix de vente des terrains que l'entreprise rendrait disponibles. L'utilité d'une œuvre, en effet, est d'autant mieux démontrée, que l'on trouve pour s'en charger des sociétés sérieuses de capitalistes ou d'intéressés qui se contentent d'un faible secours de l'État, surtout d'un secours se présentant sous la forme d'une avance en capitaux à un taux d'intérêt modéré.

Ce que l'administration doit surtout aider, ce sont les œuvres d'initiative et d'exécution entièrement privée, qui ne demandent pas même à l'administration une avance de fonds ni une garantie quelconque, mais qui sollicitent simplement d'elle d'abréger ou de supprimer quelques-unes de ces formalités administratives qui prétendent préserver les particuliers contre les conséquences de leurs actes. Nos formalités en matière de travaux publics font un grand mal en France : des gens de bonne volonté sont constamment arrêtés dans leurs projets d'amélioration, par toutes les enquêtes, contre-enquêtes, par toutes les prescriptions auxquelles on les soumet. Dans une colonie les délais et les frais qui résultent d'un procédé d'administration de ce genre seraient mortels.

On lit, par exemple, dans l'*Exposé* du gouverneur général publié en 1886, qu'un projet d'alignements de la berge gauche du Sebaou, pour permettre aux riverains qui le désirent de reconquérir une partie des terrains envahis par la rivière, a été envoyé au ministre de l'agriculture, favorablement accueilli par lui, mais cependant accepté seulement avec des modifications de détail; une enquête a dû être faite, puis le projet, remanié, est retourné au ministre « qui ne saurait tarder à prendre une décision définitive. » Toutes ces lenteurs qui prennent des années, quand on ne demande à l'État aucun sacrifice, sont absolument déraisonnables et découragent les hommes les plus entreprenants; la vie humaine est courte, les particuliers se lassent de projets dont les études sont si longues. Mieux vaut se tromper une fois ou deux sur dix essais que de détourner de toute tentative, par une si attentive circonspection, les esprits ardents. Pourquoi, en outre, faire déterminer à Paris, par des ingénieurs ou des bureaucrates de la région du Nord, les questions hydrauliques africaines? On pourrait se dispenser de ce contrôle parisien, surtout quand les finances de l'État ne sont engagées par aucune subvention, aucune avance, aucune garantie ; une commission d'ingénieurs et d'administrateurs à Alger trancherait ces questions avec plus de compétence et de célérité. Cette décentralisation est d'autant plus indispensable que le goût des améliorations hydrauliques parmi les colons semble se répandre. Ainsi, pour le bas Isser, existe un projet d'initiative privée analogue à celui du Sebaou : « La tendance des propriétaires à lutter contre l'envahissement des cours d'eau, dit le gouverneur général, semble du reste s'accuser, à en juger par plusieurs demandes du même genre qui ont été formulées depuis peu. L'initiative individuelle dans ce sens ne saurait être trop favorisée. » Il ne s'agit pas ici de faveur, puisque les particuliers ne demandent que l'autorisation de dépenser leur propre argent : le service que dans ce cas peut rendre l'administration, c'est de faire connaître promptement sa décision. Que de bien elle ferait parfois, si elle voulait simplement, dans ses études et ses formalités, se souvenir de la brièveté de la vie humaine !

Il est une autre œuvre à laquelle l'administration française s'est adonnée avec un brillant succès et qui est susceptible d'un développement beaucoup plus considérable encore, c'est celle des puits artésiens. Elle a ainsi créé des oasis ; elle peut prolonger jusque dans l'extrême sud la région cultivable. Un publiciste russe, qui dans ces derniers temps a étudié l'Algérie et en a parlé avec enthousiasme, M. de Tchihatchef, ne tarit pas en éloges sur l'importance des résultats que nous avons obtenus : « Entre le Chott Melghir
« et la ville de Tougourt, écrit-il, il n'y a pas moins de
« quarante puits artésiens, ce qui, sur une ligne d'environ
« 120 kilomètres, donne presque un puits par 3 kilomètres,
« et sans doute on ne tardera pas à pousser cette belle
« ligne artésienne jusqu'à Ouargla, car pour le moment,
« entre Tougourt et Ouargla, sur un espace d'environ
« 150 kilomètres, il n'y a que cinq puits artésiens. » L'auteur russe estimait à plus de 155 le chiffre total des puits artésiens dans la province de Constantine, subdivision de Batna, de 1856 à 1878. « Le nombre des sondages pour la
« recherche des eaux jaillissantes a été de 149, dit M. de
« Tchihatchef, et pour celle des eaux ascendantes de 262 ;
« la profondeur totale forée a été de 18 kilomètres 626 mè-
« tres, et le débit primitif des nappes jaillissantes et ascen-
« dantes est de 182,119 mètres cubes par vingt-quatre
« heures, ou de 765,742,969 mètres cubes par an. Ces

« chiffres sont assez éloquents pour se passer de tout com-
« mentaire, et lorsque l'on considère qu'ils représentent
« seulement un travail de vingt-deux années, on peut
« soutenir hardiment que, lors même que la France n'aurait
« pas doté l'Algérie d'autre chose que de puits artésiens,
« elle pourrait déjà, sous ce seul rapport, accepter avanta-
« geusement la comparaison avec n'importe quel pays (1). »
Depuis que l'écrivain russe a écrit ces lignes, l'activité des
Français pour l'exploitation des couches d'eau souterraines
ne s'est pas ralentie. Au 31 décembre 1884, le nombre des
puits artésiens forés dans les trois départements algériens
s'élevait à 257 pour les eaux jaillissantes, et 419 pour les
eaux ascendantes; la profondeur totale de tous les forages
atteignait 27 kilomètres 897 mètres, en augmentation de
50 p. 100 sur le chiffre donné par M. de Tchihatchef. Le
débit total des eaux jaillissantes captées n'était pas moindre
de 235,300 litres par minute. Sur ce chiffre, la part de la
province de Constantine est de 231,700 litres à la minute
des nappes jaillissantes captées; la province d'Alger n'offre
jusqu'ici que 3,510 litres à la minute, et celle d'Oran,
beaucoup plus pauvre en eaux souterraines, seulement
90 litres à la minute. Cette œuvre se poursuivant avec
méthode et persévérance, la civilisation et la culture doivent
peu à peu empiéter sur le désert, et l'on peut prévoir le jour
où le Sahara lui-même deviendra moins inhospitalier qu'aujourd'hui.

Les particuliers, soit des colons algériens, soit des capitalistes français, se sont mis depuis quelques années à s'intéresser aux forages dans les contrées sans eau et notamment
dans le désert. Entre Biskra et Tougourt plusieurs sociétés,
dont l'une mérite d'être mentionnée, la *Société agricole et
industrielle de Batna*, ont créé de toutes pièces des oasis où

(1) Tchihatchef, *Espagne, Algérie et Tunisie*, p. 339

elles plantent des dattiers. Elles ont été aidées dans cette entreprise par un homme dont le nom est inséparable de l'œuvre des forages algériens dans la province de Constantine, M. l'ingénieur Jus. Elles eurent à lutter au début contre l'hostilité de l'administration militaire, qui ne voulait pas les autoriser à acheter aux tribus indigènes des territoires stériles dont celles-ci ne faisaient rien. C'est là une nouvelle preuve, à la fois des très grands inconvénients de l'administration militaire non contrôlée par l'élément civil, même dans le Sahara, et de l'utilité du projet de loi dont nous parlions plus haut pour faciliter l'achat par les Européens de territoires *arch,* collectifs (1).

(1) Nous empruntons à l'*Économiste français* du 1ᵉʳ janvier 1887 les renseignements suivants sur le percement de puits artésiens et la culture de palmiers-dattiers par des mains européennes dans la province de Constantine :
« La région de l'Oued-Rir' est une des plus riches de l'Afrique en eaux souterraines et mérite d'être signalée comme fournissant un exemple éclatant du rôle bienfaisant que la sonde artésienne peut jouer dans le Sahara, en augmentant la quantité des eaux disponibles pour l'irrigation des cultures. Depuis 1856, année de la conquête de l'Oued-Rir' par les troupes françaises, des travaux de sondages ont été exécutés au pays sous la direction aussi habile que dévouée de M. l'ingénieur Jus : en trente ans, la valeur des oasis a quintuplé et la population indigène a doublé.
« Aujourd'hui le pays est entièrement pacifié, et ce sont des Européens qui ne craignent pas de faire de l'agriculture dans ces parages lointains. La culture du palmier-dattier paraît, en effet, susceptible de résultats avantageux, et d'après M. Jus, chaque palmier rapporte, bon an mal an, un revenu de 4 à 5 francs au moins, net des frais de culture proprement dite. En revanche, il faut bien compter huit années depuis la plantation jusqu'à l'époque du plein rapport de l'arbre.
« En 1878, trois explorateurs français, MM. Fau, F. Foureau et A. Foureau, fondèrent la Compagnie dite de l'Oued-Rir', et achetèrent à l'État de grands jardins de palmiers tout plantés dans la région de Biskra, ainsi que dans l'Oued-Rir'. De même, M. Treille, l'honorable député de Constantine, et M. Sarradin firent l'acquisition de jardins dans ces deux régions. Bientôt, c'étaient des terrains jusqu'alors incultes qu'on entreprenait de mettre en valeur : on exécutait des recherches d'eaux jaillissantes en dehors des oasis existantes, et on vivifiait, grâce aux irrigations, de vastes espaces dans les steppes du désert. Voilà surtout les entreprises qui paraissent intéressantes et civilisatrices. Le premier qui a ouvert la marche dans cette voie, c'est le capitaine Mohamed Ben Driss, ancien agha de Tougourt, naturalisé Français, qui, en 1879, créa l'oasis de Talaem-Mouïdi ; puis, en 1881, MM. Fau et Foureau créèrent, à leur tour,

LE ROLE DE L'ADMINISTRATION : LES PUITS ARTÉSIENS. 149

Aujourd'hui on peut presque se reposer sur l'initiative privée pour la multiplication des puits artésiens. Il faudrait seulement établir un régime de protection des puits existants, c'est-à-dire une zone, un périmètre dans l'intérieur duquel on ne pourrait plus en former de nouveaux qui menaçassent le débit de ceux qui fonctionnent ; ce serait le moyen d'empêcher le gaspillage de la nappe d'eau. En procédant à cette réglementation dans un esprit de large équité, on n'empêcherait pas la continuation et l'extension d'une œuvre si utile, on ne ferait que lui donner plus de sécurité. D'une bonne politique hydraulique et d'une bonne politique forestière en Algérie on doit attendre la mise en valeur de cette contrée, si pleine de promesses et de ressources.

Un autre service essentiel qui n'est primé par aucun autre, qui doit même précéder tous les autres, c'est celui de la topographie. Tout ce territoire de colonisation à lever, à cadastrer, à allotir, c'est la tâche première de toute administration coloniale intelligente ; avec quel soin les États-Unis et l'Australie se hâtent de pourvoir à cette œuvre importante, la première par ordre de date et de nécessité ! Il nous faudrait, comme dans les colonies anglo-saxonnes, une légion de géomètres. C'est le point de départ de toute

l'oasis du Chria-Saiah. La même année, en 1881, M. Rolland, qui avait exploré le Sahara algérien à l'occasion des missions du chemin de fer transsaharien, fondait, de concert avec M. de Courcival, ancien officier de l'armée d'Afrique, une Société dite Société agricole et industrielle de Batna, dont les immenses plantations furent commencées en 1882 et poursuivies depuis lors sans interruption et dans des proportions auparavant inconnues.

« En moins de cinq ans, la Société de Batna a créé trois oasis nouvelles et construit trois villages, à Ourir, Sidi-Yahia et Ayata ; elle a foré sept puits artésiens jaillissants, qui fournissent ensemble un débit constant de 21 mètres cubes d'eau vive par minute ; elle a défriché et mis en valeur 400 hectares de terrains auparavant incultes, et planté environ 50,000 palmiers-dattiers. Ces travaux sont revenus à 500,000 francs en chiffres ronds, ce qui représente une dépense d'environ 10 francs par arbre à ce jour. Ils ont été exécutés avec le concours de M. l'ingénieur Jus, qui est le directeur de la Société en Algérie, et de MM. Chardonnet et P. Bonhoure, agents français résidant à poste fixe dans l'Oued-Rir'. »

appropriation du sol, c'est la condition de tout peuplement considérable. Qu'on emprunte à l'Amérique cette méthode si féconde d'appropriation des terres vacantes. Que l'on divise tout le territoire destiné à la colonisation en sections et en lots contigus, d'une étendue géométrique parfaitement fixée, et placés le long de bonnes routes; que l'on conserve, si l'on veut, une section centrale pour servir de dotation aux écoles et aux autres établissements d'utilité publique. On n'aura plus besoin alors de créer des centres de colonisation; on n'aura plus besoin de transports gratuits pour les immigrants; ils viendront d'eux-mêmes et à leurs frais quand ils seront sûrs de trouver, pour une petite somme, une étendue de terres bien limitée, nettement circonscrite et dont la propriété leur sera à jamais assurée. Mais, pour arriver à cette perfection, pour allotir et cadastrer les terres domaniales, pour que chaque immigrant et chaque colon trouve toujours à en acheter selon sa convenance, il convient que le service de la topographie soit sérieusement organisé, et il ne l'a jamais été assez dans notre province d'Afrique. C'est, sans aucun doute, une des causes du développement lent de notre colonie; les nouveaux arrivants n'ont jamais trouvé une assez grande quantité de terres disponibles, et ceux mêmes qui étaient assez heureux pour en obtenir par voie de concession ou d'achat étaient en présence d'une propriété mal limitée et qui n'offrait pas toutes les garanties de sécurité.

Dans ces dernières années on s'est préoccupé en Algérie de donner à la topographie une organisation méthodique et efficace. D'après l'exposé du gouverneur général en 1886, le personnel de ce service comprenait 1 inspecteur, 3 géomètres en chef et 176 agents de tout grade, divisés en une section sédentaire et une section active chargée des levés généraux. Du 1er octobre 1885 au 30 septembre 1886 les travaux de la section sédentaire se résumaient ainsi :

LE ROLE DE L'ADMINISTRATION : LE LOTISSEMENT.

Calcul des plans, 1,041,052 hectares ; 65,253 parcelles ; réduction des plans en tableaux d'assemblage : 3,937,219 hectares, comprenant 71,668 parcelles ; copie de 13,847 plans de toute nature et à toutes les échelles embrassant 14,600,380 hectares et 614,862 parcelles ; copie de tableaux indicatifs et d'états de lotissement : 53,753 parcelles ou articles.

Le personnel de la section active chargée des levés généraux avait de son côté exécuté pendant la même période du 1er octobre 1885 au 30 septembre 1886 les travaux suivants : Triangulation : 109,119 hectares ; levés pour la colonisation, le domaine, les forêts et la propriété indigène : 93,833 hectares et 31,532 parcelles ; révision de plans : 50,300 hectares et 19,730 parcelles ; études de lotissement : 12,695 hectares et 1,027 lots ; application de lotissements : 18,614 hectares et 1,526 lots ; reconnaissance, délimitation et bornages de propriétés (propriété indigène et forêts) : 310,436 hectares et 22,240 lots ; vérifications de toute nature : 381,894 hectares et 110,352 lots ou parcelles.

On voit que le service de la topographie ne chôme pas, il a encore bien de la besogne, et le personnel pourrait en être accru. On n'a pas d'abord tiré des géomètres attachés à cette administration tout le parti possible pour la constitution de la propriété privée parmi les indigènes. On les emploie maintenant avec plus d'efficacité.

On peut encore associer le service de la topographie à une autre réforme. Pour terminer cette réorganisation toute moderne de la propriété foncière en Algérie on a pensé que le type européen, notamment le type français, de transmission et de libération de la propriété était suranné. On a constitué, sous la direction du premier président de la Cour d'appel d'Alger, une commission ayant pour objet de coordonner un système foncier qui fût conçu d'après les idées générales et les méthodes dont s'est inspiré la célèbre législation australienne connue sous le nom d'*Act Torrens*.

Cette commission s'est arrêtée au projet dont voici l'analyse.

Il est institué un régime foncier spécial, auquel seront soumis : 1° tous les immeubles indigènes qui feront, à l'avenir, l'objet des opérations de constatation ou de constitution de propriété prescrites par la loi du 26 juillet 1873; 2° tous les immeubles qui seront aliénés par le domaine de l'État; 3° tous ceux pour lesquels seront accomplies les formalités de purge prévues par le projet de loi. Chaque immeuble fera l'objet d'un titre de propriété, sur type uniforme, avec plan annexé, en deux exemplaires, l'un restant aux mains de l'ayant droit, l'autre immatriculé à la conservation des hypothèques, sur un registre dit livre foncier. Les mutations de propriété, les charges, servitudes et hypothèques grevant l'immeuble seront inscrites, par mentions sommaires, sur les deux doubles du titre qui devront toujours être en concordance. Aucune hypothèque, même l'hypothèque légale, ne sera valable que si elle est inscrite sur le livre foncier. Il ne pourra être pris hypothèque que sur des immeubles et pour des sommes déterminés. Tout créancier inscrit pourra, avec le consentement du propriétaire, convertir sa créance en bons hypothécaires, transmissibles par voie d'endossement nominatif et à ordre, et ayant rang d'hypothèque dans l'ordre de leur inscription au livre foncier. Le propriétaire pourra émettre, également, des bons hypothécaires en prenant hypothèque sur lui-même.

Quand toutes ces réformes seront accomplies et graduellement appliquées en Algérie, le gros œuvre de la colonisation sera fait au point de vue de la propriété territoriale et de la libre disposition de la terre. On n'aura pas à regretter d'avoir consacré à cet énorme et délicat travail quelques dizaines d'années. Il ne restera plus qu'à faire autour de l'Algérie, par les livres, par les journaux, par les brochures, par les annonces une grande publicité pour amener dans notre colonie un grand nombre de paysans et d'ouvriers qui désirent avoir de la terre à bon compte.

La part de l'administration coloniale est large et sa responsabilité est grande : elle peut abandonner aux particuliers, aux communes, aux conseils généraux, la gérance sans entrave de leurs intérêts immédiats; elle peut, sans danger, leur laisser toute initiative dans la sphère où ils se meuvent. Elle a assez à contrôler ailleurs. Tous ces grands services collectifs, cet ensemble de travaux préparatoires et conservatoires, c'est pour nos hauts fonctionnaires un champ singulièrement vaste. Qu'ils y portent toute leur activité et toute leur prévoyance; dans ces limites, ces qualités seront utiles et fécondes; au lieu de se traduire en frottements et amoindrissement de forces, l'action administrative amènera à sa suite des résultats durables et positifs. La colonie sera mieux préparée à la réception d'une immigration nombreuse; elle présentera, d'un autre côté, un attrait plus vif à ces grandes masses européennes qui sont en quête de contrées nouvelles où s'établir; enfin l'initiative des colons trouvera pour s'exercer un terrain plus favorable. De cette triple transformation, que l'on prévoie les conséquences : il n'est pas téméraire de dire que notre colonie prendrait un essor auquel son passé ne l'a pas encore préparée.

CHAPITRE VI

LES TRAVAUX PUBLICS, LEUR IMPORTANCE, LA DIRECTION
A LEUR DONNER.

Étendue des routes en Algérie. — Les chemins. — Les dépenses pour travaux divers. — Les ports.
Les chemins de fer. — De la productivité des chemins de fer algériens. — Les travaux projetés. — De la nécessité de faire des lignes perpendiculaires à la mer et de les pousser jusqu'à l'extrême Sud. — De l'exploitation du désert. — Le Transsaharien. — Les chemins de fer doivent être construits en Algérie à beaucoup moins de frais et beaucoup plus rapidement qu'en France.
Les vices généraux du système français en matière de travaux publics. — Influence des travaux publics sur l'immigration.

Avec une administration impartiale, dévouée, compétente et libérale, ce qui contribuera le plus à développer l'Algérie, ce seront des travaux publics bien entendus qui exigeront de la métropole, au moins comme avances, des sommes assez considérables. Le gouvernement, les départements et l'initiative privée ont fait sans doute beaucoup d'efforts dans un pays d'une topographie difficile et où il n'y avait que des sentiers à mule. Il faudra encore dix ou quinze ans pour que l'Algérie soit, sous ce rapport, comparable aux pays les moins avancés de l'Europe centrale. Dès maintenant elle est dans des conditions à peu près semblables à celles du Portugal.

Il est superflu de s'étendre sur l'importance d'un réseau bien distribué de chemins; toute la civilisation moderne reposant sur la spécialisation des productions, la localisation des industries et l'échange des produits, une colonie sans routes ou avec peu de routes, ne peut voir croître rapidement ni sa population ni sa richesse. Dans un pays neuf les routes précèdent le trafic et en quelque sorte le peuplement.

Jusqu'en 1879, il n'y avait en Algérie que cinq routes nationales. La loi du 29 mars de cette année a porté ce nombre à dix, dont l'une d'Oran à Géryville par Mascara et Saïda, une autre de Relizane à la frontière du Maroc par Mascara, Sidi-Bel-Abbès et Tlemcen (1). Quand toutes ces routes seront achevées, ce qui ne sera guère avant quatre ou cinq ans, l'étendue de ces grandes voies sera de 2,940 kilomètres, ce qui, pour les 14 ou 15 millions d'hectares que comprend la région du Tell, donne la proportion de 2 décamètres 15 au kilomètre carré, ou de 2 hectomètres 15 au myriamètre. Encore doit-on dire qu'une faible partie de ces routes dépasse le Tell comme celle qui se dirige vers Laghouat et celle qui bientôt aboutira à Géryville (2). Voici quelles sont ces dix routes nationales, qui, jusqu'au classement supplémentaire, dont l'approbation ministérielle est attendue depuis trois ans, constituent tous les cadres de la grande viabilité en Algérie ; nous donnons pour chacune d'elles, à la date du dernier trimestre de 1886, les longueurs à l'état d'empierrement et les longueurs à l'état de lacunes.

(1) Comme nouvel exemple des lenteurs de l'administration métropolitaine quand il s'agit des intérêts algériens, on peut citer le fait suivant : à la fin de l'année 1883 un classement complémentaire du réseau des routes nationales algériennes a été envoyé au ministère des travaux publics à Paris pour l'approbation ministérielle, et, dans la session du Conseil supérieur du gouvernement de novembre 1886, le gouverneur général déclarait que le projet de classement complémentaire des routes nationales de l'Algérie, dont le ministre était saisi depuis trois ans, n'avait pu encore être approuvé, ni même examiné.

(2) Les routes qui pénètrent le plus loin dans l'intérieur sont celle d'Alger à Laghouat, qui a 449 kilomètres, et celle d'Oran à Géryville, qui en aura 338 ; vient ensuite Philippeville à Biskra, 335.

Désignation des routes.	Longueurs		totale.
	à l'état d'empierrement.	à l'état de lacune.	
	kilomètres.	kilomètres.	kilomètres
N° 1. — D'Alger à Laghouat, par Médéa....................	220.0	229.5	449.5
N° 2. — De Mers el Kébir à Tlemcen.....................	147.5	» »	147.5
N° 3. — De Stora à Biskra, par Constantine.................	280.0	49.0	329.0
N° 4. — D'Alger à Oran, par la vallée du Chélif (cette route s'embranche sur la route nationale n° 1, au point kilométrique 55.900)....................	410.9	» »	410.9
N° 5. — D'Alger à Constantine, par Sétif.....................	432.7	» »	432.7
N° 6. — D'Oran à Géryville, par Mascara...................	170.0	165.0	335.0
N° 7. — De Relizane au Maroc, par Mascara................	251.5	57.0	308.5
N° 8. — D'Alger à Bou-Saada, par Aumale....................	115.0	126.5	241.5
N° 9. — De Bougie à Sétif, par Chabet-el-Akra................	112.0	» »	112.0
N° 10. — Des Ouled-Rahmoun à Tébessa....................	159.3	16.0	175.3
Totaux...	2.298.9	643.0	2.941.9

Les parties à l'état de lacunes ne sont donc pas bien étendues. D'ici à très peu d'années tout ce réseau sera terminé, et l'on pourra aborder le réseau complémentaire, si toutefois le ministre des travaux publics se décide, après une demi-douzaine d'années de sommeil, à l'approuver. Il faut dire, d'ailleurs, que dans le réseau actuel, même les parties à l'état de lacunes, du moins dans la belle saison et sauf après les orages, peuvent être parcourues par les voitures. Ainsi les diligences font régulièrement le service jusqu'à Laghouat et Biskra, quoiqu'une partie de ces routes ne soient pas empierrées. On peut même aller à la rigueur en voiture jusqu'à Tougourt et peut-être plus au Sud.

Si la construction des routes est très active depuis quelques années, elle a été singulièrement lente au début. L'amiral de Gueydon, gouverneur géuéral, dans son rapport sur l'exercice 1872, faisait remarquer que la grande route d'Alger à Constantine n'était pas encore ouverte, qu'elle ne le serait que l'année suivante. Il a donc fallu 43 ans depuis notre débarquement en Afrique pour mettre en communication directe les chefs-lieux de nos deux principaux départements africains. Il est vrai que les relations pouvaient s'effectuer par mer, en allant chercher à Philippeville la route de ce port à Constantine.

En plus des routes nationales, on comptait en Algérie, au 31 décembre 1884, 744 kilomètres de routes départementales, soit, avec les routes nationales faites ou à faire, 3,680 kilomètres environ, la vingt-cinquième partie des voies de cette nature qui existent en France. Parmi les chemins vicinaux, ceux de grande communication et ceux d'intérêt commun se rapprochent assez des routes et peuvent rendre les mêmes services; les statistiques relèvent, au 31 décembre 1884, 7,010 kilomètres des premiers et 2,056 kilomètres des seconds. Additionnons ces quatre catégories de moyens de communication, nous arrivons à un total de 13,000 kilomètres environ, dont la moitié tout au plus peuvent être considérés comme étant actuellement en état de viabilité. Nous ne savons au juste de combien de kilomètres les chemins vicinaux ordinaires viennent accroître ce total. L'État a senti dans ces dernières années la nécessité de hâter l'exécution de toutes les voies en projet. La loi du 10 avril 1879, qui accordait une dotation nouvelle de 300 millions à la Caisse des chemins vicinaux, stipulait que 40 millions seraient affectés aux communes et aux départements de l'Algérie pour l'achèvement des chemins de grande communication ou d'intérêt commun et des chemins vicinaux ordinaires. Mais en 1885, par suite de la pénurie du Trésor, on voulut réduire cette dotation à 20 millions; la loi du 6 mai 1886 l'a définitivement fixée à 35 millions. Si l'on employait judicieusement et avec économie une centaine de millions en dix ans à la viabilité de l'Algérie, on pourrait aisément construire une vingtaine de mille kilomètres, au prix moyen de 5,000 francs par kilomètre. L'administration, surtout pour le réseau secondaire, devrait renoncer à toute idée de luxe et faire d'abord le simple nécessaire. Dans les pays neufs il s'agit surtout de rendre le pays accessible aux charrettes pendant la plus grande partie de l'année. Il n'est même pas toujours indispensable, sur les petits chemins du moins, de faire des travaux d'art comme des ponts ; si l'on est obligé de passer quelquefois un ruisseau à gué, ou si pendant quarante-huit heures la circulation est interrompue par un torrent, cela est regrettable sans doute, mais ne tire pas à conséquence grave. Les Américains s'accommodent de ces légers inconvénients. Mieux vaut avoir un beaucoup plus grand nombre de chemins de faible largeur et exposés même à être interrompus quelques jours par an, qu'une moindre étendue de voies magistrales.

L'État français depuis quelques années fait pour les travaux publics en Algérie des sacrifices intelligents qui, poussés encore avec plus d'activité, donneraient au pays beaucoup plus de sécurité et faciliteraient le développement de ses ressources. Les seules dépenses faites par le génie militaire et par le corps des ponts et chaussées (abstraction faite par conséquent des travaux départementaux et communaux), dans les douze années écoulées de 1873 à 1884 inclusivement, se sont élevées à 79,670,000 francs pour les travaux neufs non compris les travaux d'entretien. Ces travaux neufs se répartissaient ainsi : pour les routes et les ponts 16,641,550 francs ; pour les dessèchements et les irrigations 16,611,436 ; pour les ports, phares et fanaux, 21,629,726 ; 5,237,358 fr. pour les bâtiments civils, 1,727,498 pour les frais d'études, enfin 27,823,000 pour la colonisation, c'est-à-dire pour les *preparatory expenses*, ces dépenses préparatoires qui doivent précéder l'installation des colons dans les villages. C'est une moyenne de 6,500,000 francs environ employés en travaux neufs chaque année; le maximum a été de 9,486,000 francs en 1881. Depuis lors, la pénurie d'argent a obligé à une réduction.

L'œuvre principale, dans le domaine des travaux publics en Algérie, ce sont les chemins de fer. Longtemps notre colonie a été sous ce rapport très médiocrement dotée; depuis dix ans elle a regagné le temps perdu. L'Empire concéda à la grande compagnie métropolitaine de Paris-Lyon-Méditerranée une ligne parallèle à la mer allant d'Alger à Oran, et une autre perpendiculaire à la mer reliant Philippeville à Constantine. Ces deux lignes, dont la première a 426 kilomètres et la seconde 86, semblèrent pendant longtemps borner l'horizon algérien au point de vue des chemins de fer. Ce fut une faute que de ne pas construire plus tôt quelques lignes stratégiques d'un coût peu élevé : on serait arrivé beaucoup plus vite à la pacification du pays; l'on eût tout au moins rendu plus facile la répression des insurrections. Aujourd'hui l'on sait que la première œuvre d'un peuple qui colonise ou qui conquiert doit être d'exécuter quelques lignes ferrées, ce qui, avec de l'intelligence, peut se faire économiquement. Les Russes en donnent l'exemple dans l'Asie centrale. Après la guerre de 1870-71, les Conseils généraux de l'Algérie se mirent à concéder des lignes d'intérêt local en garantissant un intérêt pour le capital engagé, ou en accordant aux entrepreneurs des concessions d'alfa, cette plante qui pousse si abondamment sur les hauts plateaux algériens. C'est ainsi que se formèrent les sociétés de Bône à Guelma, d'Arzew à Saïda, de l'Ouest algérien. Plus tard, l'État voulut jouer de nouveau un rôle actif dans la constitution du réseau ferré de notre grande colonie. Il transforma en Compagnie d'intérêt général la

Compagnie d'intérêt local de Bône à Guelma ; il lui donna des concessions nouvelles dont l'une va jusqu'à Tunis et a été une des causes de notre entreprise militaire dans la Régence de ce nom. Il accorda une garantie d'intérêt à la compagnie de l'Est algérien, et enfin il projeta beaucoup de lignes nouvelles.

Le réseau des voies ferrées exploité en Algérie est aujourd'hui considérable et fortement constitué ; on y a commis des fautes ; mais tel quel, il ne laisse pas que de soutenir la comparaison avec celui des petits peuples de l'Europe. Il comprenait, à la fin de 1886, un ensemble de 2,063 kilomètres de lignes en exploitation, la plupart aujourd'hui reliées les unes aux autres. C'est presque autant que le réseau ferré de la Hollande à la fin de 1884, laquelle avait 2,189 kilomètres ferrés exploités pour une population supérieure d'environ un demi-million d'âmes à celle de l'Algérie, mais avec un territoire, il est vrai, infiniment plus restreint. C'est 20 p. 100 de plus que le réseau du Portugal qui, à la fin de 1885, ne possédait que 1,610 kilomètres de chemins de fer ; cependant, le Portugal a près d'un million d'habitants de plus que l'Algérie, et c'est une contrée aujourd'hui progressive et en voie de prospérité. Notre grande colonie d'Afrique n'a donc plus aujourd'hui à se plaindre d'être délaissée.

Les chemins de fer algériens se divisent en un assez grand nombre de Compagnies : celle de Paris-Lyon-Méditerranée qui possède 412 kilomètres en deux lignes importantes, la première par sa longueur, celle d'Alger à Oran (425 kilomètres 7), la seconde par son énorme trafic, celle de Philippeville à Constantine (86 kilomètres). La Compagnie de l'Est algérien exploite aujourd'hui le réseau le plus étendu, à savoir 592 kilomètres que des entreprises en cours vont encore prochainement accroître dans des proportions considérables ; ce sont la grande ligne de Constantine par Sétif à

Maison-Carrée et Alger, ouverte tout récemment dans ses parties centrales à la circulation, et ayant une longueur de 464 kilomètres; la ligne de Ménerville à Bordj-Menaill, qui n'est encore qu'une amorce de 15 kilomètres dans la Kabylie et qui doit se prolonger jusqu'à Tizi-Ouzou; la ligne de 113 kilomètres d'El-Guerra, à Aïn Touta, devant prochainement aboutir à Biskra. Une autre Compagnie importante est celle de Bône à Guelma qui exploite en Algérie les 88 kilomètres de Bône à Guelma, et les 219 kilomètres et demi de Guelma au Kroubs se rattachent à la ligne de Constantine et de Duvivier à Souk-Ahras et à Sidi-el-Hemessi sur la frontière tunisienne, soit en tout pour la Compagnie de Bône-Guelma et prolongements 307 kilomètres sur le territoire algérien, auxquels se rattachent environ 220 kilomètres sur le territoire tunisien, lesquels 220 kilomètres ne sont pas compris dans la longueur totale de 2,063 kilomètres que nous indiquons pour les chemins de fer algériens en exploitation à la fin de 1886. La dernière Compagnie importante de l'Algérie, du moins pour les chemins de fer à large voie, est celle de l'Ouest algérien qui, s'embranchant à deux points différents sur la ligne d'Alger à Oran, exploite les deux importants tronçons de Sainte-Barbe du Tlélat à Ras-el-Ma par Sidi-bel-Abbès (151 kilomètres et demi), et de la Sénia (près d'Oran) à Aïn Temouchent (76 kilomètres); c'est en tout 227 kilomètres pour le réseau en exploitation de l'Ouest algérien.

Nous ne rencontrons plus maintenant que des Compagnies possédant des chemins de fer à voie étroite; la Compagnie franco-algérienne dont le réseau est très important comme longueur, ayant 362 kilomètres et demi, dont 351 kilomètres 5 du port d'Arzew à Krafallah et Mecheria dans le Sud oranais et un petit embranchement de 11 kilomètres de Tizi à Mascara; cette Compagnie est celle dont les lignes s'enfoncent le plus vers le Sud; elle est en instance pour obtenir d'autres concessions qui porteraient nos rails jusqu'aux confins méridionaux de notre domination. Viennent ensuite quelques petits tronçons d'intérêt surtout industriel, les 33 kilomètres et demi qu'exploite, en les ouvrant à la circulation publique, la Compagnie minière de Mokta-el-Hadid de Bône à Aïn Mokra, et qui pourraient être facilement prolongés de manière à rejoindre la ligne de Constantine à Philippeville et former une communication assez directe entre les deux grands ports de l'Est algérien. Citons pour terminer les 8 kilomètres et demi d'Arzew aux Salines appartenant à la Compagnie des Salins de ce nom, et les 6 kilomètres 838 mètres de Kef-Oum-Theboul à la Messida qui est la propriété des mines de Kef-Oum-Theboul. Ces deux derniers tronçons ne sont pas ouverts au public et servent exclusivement aux compagnies qui les ont construites. Voilà la décomposition des 2,063 kilomètres de chemins de fer algériens en exploitation.

Ce réseau doit être complété par 890 kilomètres de chemins de fer aujourd'hui concédés et en construction, lesquels se répartissent ainsi : pour la Compagnie de l'Est algérien 36 kilomètres de Bordj Menaïel à Tizi Ouzou ; 88 kilomètres d'Aïn Touta à Biskra, achevant de rattacher cette ville à Constantine ; 88 kilomètres et demi de Beni-Mansour à Bougie, reliant ce port important à Constantine et à Alger ; 91 kilomètres d'Ouled Rahmoun à Aïn Beïda. La Compagnie de Bône à Guelma de son côté a en construction les 128 kilomètres de Souk-Ahras à Tébessa. La Compagnie de l'Ouest algérien exécute les 62 kilomètres 8 de Tabia à Tlemcen et les 82 kilomètres 7 de Blida à Berrouaghia et Médéa, amorce de la la ligne d'Alger à Laghouat. Enfin la Compagnie franco-algérienne construit les 200 kilomètres de Mostaganem à Tiaret et les 143 kilomètres de Mecheria à Aïn Sefra. Quand tous ces travaux seront terminés, c'est-à-dire dans trois ou quatre ans au plus, car les chemins de fer algériens s'exécutent avec beaucoup plus de rapidité que les chemins de fer français, l'Algérie possédera 2,954 kilomètres de voies ferrées, c'est-à-dire que, relativement à sa population, elle sera, pour l'étendue des chemins de fer, dans des conditions presque identiques à celles de la France continentale.

Si l'on jette les yeux sur la carte et que l'on examine ce réseau, on voit qu'il présente, au point de vue topographique, une suffisante cohésion. On va maintenant par voie ferrée de même section de Tunis jusqu'aux environs de Tlemcen, c'est-à-dire bien près du Maroc. Toutes les lignes sont reliées entre elles sauf les petits tronçons industriels de Bône à Aïn Mokra et de Kef-Oum-Theboul à la Messida. La plupart de ces voies perfectionnées se trouvent à peu de distance des côtes; toutefois on commence à posséder quelques lignes de pénétration, gravissant les hauts plateaux et même abordant la partie septentrionale du Sahara : celles d'Arzew à Mecheria qui maintenant s'enfonce à 70 ou 75 lieues environ de la mer, et celle qui va, à bref délai, aboutir à Biskra sont dans ce cas. Les lignes en construction de Tebessa, de Tiaret, d'Aïn Beïda, surtout d'Aïn Sefra, rendront plus accentuée et plus efficace cette pénétration du Sud algérien par la locomotive. Elle n'aura pas encore atteint, comme on le verra plus loin, les limites jusqu'où elle doit pousser.

A un autre point de vue le réseau algérien se montre défectueux. Nous approuvons fort qu'il soit construit et exploité par des Compagnies plutôt que par l'État : c'est un gage d'économie et de perfectibilité, surtout avec nos gouvernements parlementaires où les influences électorales, à la fois variables et toutes-puissantes, poussent au favoritisme et au gaspillage. Un État à administration stable et indépendante du Parlement, comme la Prusse, peut exploiter des lignes ferrées avec économie; un État parlementaire, mais sous le régime du cens, comme la Belgique, peut encore, quoique dans de moins bonnes conditions, réaliser cette tâche si délicate ; elle est impossible à un État de démocratie pure. La critique que l'on peut faire au réseau algérien porte seulement sur ce point que les Compagnies sont trop nombreuses et n'ont pas un réseau suffisamment compact.

On trouve quatre grandes Compagnies exploitant des lignes à large voie : celles de Lyon-Méditerranée, de l'Ouest algérien, de l'Est-Algérien et de Bône à Guelma. La première, qui n'a en Algérie qu'un intérêt tout à fait accessoire, et qui ne fera jamais de l'exploitation de lignes africaines sa grande affaire, devrait disparaître. La ligne d'Oran à Alger reviendrait à l'Ouest algérien qui posséderait ainsi un réseau compact, au lieu qu'il ne détient aujourd'hui qu'un réseau dispersé, des lignes sans soudure entre elles ; d'autre part la ligne de Philippeville à Constantine écherrait naturellement à la Compagnie de l'Est algérien à laquelle elle aboutit. Il n'y aurait rien à changer à la Compagnie de Bône à Guelma qui conserverait son territoire actuel. On aurait ainsi, dans nos possessions d'Algérie et de Tunisie, trois grandes Compagnies dont chacune détiendrait 800 à 1,000 kilomètres de voies ferrées environ, et dans dix ou quinze ans même une étendue moitié plus élevée, sinon parfois double. Cela suffit amplement pour une administration puissante et progressive. Quant à la Compagnie de chemins de fer à voie étroite, la Franco-algérienne, elle va posséder bientôt dans la partie occidentale de notre colonie 800 kilomètres à petite section et, avec les prolongements en vue, près d'un millier de kilomètres. On peut espérer que ce réseau lui permettra de se tirer avec le temps des embarras où elle est plongée. On pourrait encore constituer quelques Compagnies secondaires à voie étroite d'intérêt local, notamment dans la région du centre. Dans ces conditions le réseau algérien, déjà bien constitué au point de vue topographique, jouira des bénéfices d'une cohésion suffisante dans l'administration.

Une autre critique à adresser aux chemins de fer africains concerne la rareté et la lenteur de leurs trains. Il faut, sans doute, viser à l'économie d'exploitation ; d'autre part, le relief du sol et parfois l'instabilité des terrains ne permettent pas une marche à vitesse accélérée. Néanmoins, il semble que pour toutes les grandes lignes on devrait avoir toujours au moins trois trains dont un de nuit dans chaque direction, et que l'un de ces trains dit exprès pourrait marcher à une vitesse moyenne de 9 ou 10 lieues à l'heure arrêts compris. Quant aux petites lignes deux trains par jour dans chaque direction et une vitesse pour l'un d'eux de 26 à 28 kilomètres, y compris les arrêts, correspondraient à ce que l'on peut exiger dans les conditions économiques actuelles. Considérables relativement à l'état de choses présent, où la vitesse n'est souvent, même sur les grandes lignes, par les trains les plus rapides, que de 22 à 26 kilomètres à l'heure, ces améliorations rendraient l'Algérie beaucoup plus accessible dans toutes ses parties aux voyageurs et aux touristes.

Après les avoir créés, il faut s'appliquer à perfectionner graduellement ces instruments de pacification, de culture et de commerce. Les services que ces voies ferrées rendront au pays sont incalculables. On sait que l'on peut difficilement évaluer l'utilité d'un chemin de fer d'après ses seules recettes nettes. Une ligne ferrée vaut non seulement par les sommes qu'elle rapporte aux actionnaires, mais par celles qu'elle économise aux habitants sur leurs transports, le tarif d'une voie ferrée étant toujours au maximum la moitié ou le tiers, parfois même le cinquième et jusqu'au dixième des frais de transport par routes de terre.

Quand même les voies ferrées algériennes ne rapporteraient rien, il eût pu être avantageux de les construire, de même qu'on fait à grands frais des routes qui ne donnent aucune recette nette et qui ne payent même pas leur entretien. Mais les chemins de fer algériens, si l'on tient compte de la nouveauté de leur établissement, sont dans une situation financière qui est assez satisfaisante. L'ensemble de leurs recettes paye plus que les frais d'exploitation et donne même un léger excédent, un bénéfice appréciable qui est, cependant, et qui restera durant de longues années insuffisant pour rémunérer le capital engagé.

On peut évaluer à 6 ou 7,000 francs par kilomètre les frais d'exploitation d'un chemin de fer à grande section, mais à trafic rudimentaire, comme les chemins algériens. A en juger d'après les années écoulées de 1879 à 1886, le rendement moyen des lignes algériennes, quoiqu'elles ne fussent pas jusqu'au mois d'octobre 1886 rattachées les unes aux autres (1), peut être évalué à 10,000 ou 11,000 francs environ par kilomètre, ce qui laisse, en moyenne, une recette nette de 3,000 francs environ. Dans l'année 1881, en effet, le rendement kilométrique brut des chemins de fer algériens et tunisiens (ces derniers sont jusqu'ici beaucoup moins productifs) a atteint 10,524 francs pour 1,426 kilomètres en exploitation. En 1884 la moyenne des kilomètres exploités pendant l'année fut de 1,707, le produit brut atteignit 17,579,499 francs, soit 10,298 francs par kilomètre. En 1885, pour une étendue moyenne exploitée de 1,917 kilomètres, on obtint un ensemble de recettes brutes de 21,537,935 francs, soit une recette kilométrique moyenne de 11,235 francs. En 1886, par suite de diverses circonstances défavorables, coïncidant avec une considérable augmentation du réseau, le revenu kilométrique a fléchi,

---

(1) C'est au mois d'octobre 1886 que fut ouvert le dernier tronçon de la grande ligne d'Alger à Constantine ; il faudra naturellement deux ou trois ans au moins, peut-être même cinq à six, pour que le trafic sur cette voie si importante atteigne un chiffre considérable.

mais il dépasse encore notablement 10,000 francs par kilomètre. C'est beaucoup plus que le produit des lignes d'intérêt local en France. Sans doute, il faudrait que la recette brute des chemins algériens doublât au moins pour que les capitaux engagés fussent intégralement rémunérés, sans aucun recours à la garantie de l'État; il se passera vraisemblablement une quinzaine ou une vingtaine d'années avant qu'il en soit ainsi.

Dès maintenant il y a des lignes qui par elles-mêmes sont payantes, pour employer l'expression anglaise : celle de l'Ouest algérien par exemple (Sidi-bel-Abbès au Tlélat), qui, en 1884 et 1885, a produit 22 à 23,000 francs environ de recette brute par kilomètre. La ligne de Philippeville à Constantine a donné, en 1884, 25,702 francs, et en 1885 la recette énorme de 40,329 francs par kilomètre, plus que la moyenne du réseau de la France continentale. La ligne d'Oran à Alger a produit dans les mêmes années 14,964 et 15,493 francs par kilomètre. Aussi la compagnie de Paris-Lyon-Méditerranée ne recourt plus à la garantie d'intérêt pour ses lignes algériennes. La ligne de Bône à Guelma, dans son parcours entre ces deux villes, fournit en 1885 une recette brute de 11,868 francs. La ligne de Constantine à Sétif a produit dans la même année 14,783 francs par kilomètre.

De cette rapide analyse on peut conclure que la construction de chemins de fer dans notre Afrique est, même au point de vue financier, une opération recommandable. En général les travaux publics ne donnent aucun revenu direct et n'indemnisent pas de leurs frais d'entretien. Les recettes du réseau algérien, tel qu'il est constitué, non seulement payent ses frais d'exploitation et d'entretien, mais elles fournissent encore, en attendant mieux, un revenu net équivalent à 1 ou 1 1/2 p. 100 du capital engagé. Ce résultat est encourageant.

En dehors des lignes déjà concédées et qui, ainsi qu'on l'a vu, porteront pour l'Algérie seule (la Tunisie restant en dehors) le réseau ferré à environ 3,000 kilomètres dans trois ou quatre ans, nous ne devrons pas hésiter à construire deux ou trois autres lignes de pénétration beaucoup plus profondes jusqu'à la limite extrême de notre domination dans le désert. La plus importante de ces lignes est celle qui, partant de Biskra, aboutirait à El Goléah, en traversant les oasis de l'Oued-Rir et Tougourt, elle aurait une longueur de 320 à 330 kilomètres; elle serait à la fois stratégique et d'utilisation agricole pour les nombreuses oasis de cette région. La seconde ligne, déjà plus avancée, d'égale importance stratégique, mais de moindres avantages agricoles et commerciaux, serait poussée d'Ain Sefra à Egli dans l'extrême Sud oranais, détachant un rameau vers l'oasis marocaine de Figuig. La troisième ligne, qui peut attendre davantage, tant au point de vue stratégique qu'économique, aboutirait à Laghouat, ayant une longueur d'environ 400 kilomètres à partir des points déjà exécutés. Plus tard on pourrait établir une ligne transversale reliant Laghouat à Ouargla, mais la ligne directe de Ouargla à Biskra est beaucoup plus pressée. Enfin, ultérieurement encore, d'autres prolongements pourraient atteindre El Goléah au centre, les oasis du Touat à l'ouest, en attendant d'aller jusqu'au Niger. C'est là, toutefois, un vaste programme, dont certaines parties peuvent attendre.

Chacun de ces chemins de fer doit être fait vite et suivant la méthode américaine ou la méthode russe. On peut établir des chemins de fer dans le désert moyennant une dépense de 50 à 60,000 francs par kilomètre. Avec cent millions on pourrait donc faire en quatre ou cinq ans 2,000 kilomètres environ de voies ferrées de pénétration. Nous ne devons pas reculer en Algérie devant l'exploitation du désert, au moyen des puits artésiens, des plantations et des chemins de fer. Si notre administration des ponts et chaussées savait renoncer à ses idées par trop méticuleuses, si pour les chemins de fer à construire dans les régions médiocrement habitées elle abandonnait toute installation de luxe, si elle se contentait du strict nécessaire pour le trafic probable pendant les quinze ou vingt années suivantes, on augmenterait beaucoup plus, avec les mêmes dépenses de capital, le réseau et la productivité de nos lignes algériennes. Ç'a été, par exemple, une grande faute que de construire à voie large la ligne de El-Guerra à Batna et Biskra. Avec la somme employée à ces 201 kilomètres de voie inutile, mais magistrale, on eût pu construire une longueur double à petite voie, ce qui aurait mené la locomotive, sans plus de frais, jusqu'à Ouargla. Mieux vaut, dans un pays comme les régions peu cultivées de l'Algérie, construire 4 kilomètres de chemins de fer à 60,000 francs le kilomètre qu'un seul kilomètre de voie magistrale à 240,000 francs. Dût-on au bout de vingt ans, quand la colonisation se serait développée, reconstruire intégralement une partie de ces kilomètres de voies légères et à bon marché, on aurait encore fait une excellente affaire. Il convient d'imiter les Américains dans le Far-West, surtout les Russes dans l'Asie centrale ; ceux-ci ont fait dans ces derniers temps des merveilles comme efficacité, comme promptitude et comme bon marché. Sous la direction du général Annenkof, ils ont en une demi-douzaine d'années poussé leurs locomotives jusqu'à Merv. Un grand nombre de kilomètres de voies ferrées imparfaites et improvisées dans ces pays primitifs vaut infiniment mieux qu'un nombre restreint de kilomètres construits à loisir et à la perfection.

Les garanties d'intérêt pour les chemins de fer algériens et tunisiens forment encore une des principales charges du budget. Elles sont inscrites à celui de 1883 pour la somme de 13,700,000 francs. Elles ne figuraient au précédent que pour 12,522,000 francs (1). On peut prévoir que l'on arrivera dans trois ou quatre années à une charge de 17 ou 18 millions de francs quand le réseau sera accru de 7 à 800 kilomètres. Il est vraisemblable que l'on pourra s'en tenir à ce chiffre comme maximum ; ultérieurement la charge des nouveaux kilomètres à exécuter, au delà d'une étendue de 2,800 à 3,000 kilomètres que nous supposons construite, sera compensée sans doute par la plus-value des lignes les plus anciennes. Quant à prévoir le moment où les sacrifices budgétaires pour la construction de voies ferrées pourront complètement cesser et le moment plus éloigné encore où l'État recouvrera des compagnies toutes les avances qu'il leur aura faites à titre de garanties d'intérêt, c'est ce qui est assez malaisé. Il est probable que la garantie d'intérêt, après avoir été pour le budget algérien une charge croissante jusque vers 1894, deviendra à partir de cette époque une charge décroissante, mais que l'on en sentira encore le poids pendant quinze ou vingt années au delà de cette date. Il n'est toutefois pas impossible que dès le troisième ou le quatrième lustre du siècle prochain les remboursements des Compagnies ne commencent à dépasser les nouveaux sacrifices du Trésor pour les lignes ferrées et ne constituent par conséquent pour lui une recette nette. Quelques lignes, sans doute, pourront atteindre l'extrémité de la concession aux Compagnies, soit quatre-vingt-dix ans encore en moyenne, sans être libérées

---

(1) Ces chiffres sont les chiffres des budgets de prévision. En réalité, d'après le rapport général de M. Wilson sur le budget de 1887 (pages 98 et 99), il aurait été payé aux Compagnies algériennes en l'année 1885 pour l'exercice 1884, à titre d'avances pour garantie d'intérêts, une somme de 12,260,418 fr. 64; en l'année 1886, pour l'année 1885, les mêmes payements se seraient élevés à 10,390,801 fr. 61, dont 6,530,000 francs à la Compagnie de Bône à Guelma (lignes tunisiennes comprises), 2,310,000 fr. à la Compagnie de l'Est algérien, 1,236,487 fr. 12 à la Compagnie de l'Ouest algérien et 314,314 fr. 49 à la Compagnie franco-algérienne. La Compagnie de Lyon-Méditerranée pour son réseau algérien ne recourt plus à la garantie d'intérêts.

vis-à-vis de l'État des avances qu'il leur aura faites. Mais nous croyons que la plupart des Compagnies algériennes, dans un temps éloigné il est vrai, un demi-siècle ou trois quarts de siècle, pourront avoir désintéressé complètement l'État.

A la fin de 1884, d'après le *Bulletin de statistique* (du ministère des finances) dans la livraison de septembre 1886, le montant total des avances faites par l'État, à titre de garanties d'intérêts aux compagnies algériennes, s'élevait en capital à 67,096,959 francs; avec les intérêts à 4 p. 100, elles atteignaient le total de 76,861,936 francs; sur ce chiffre les compagnies, depuis l'origine, n'avaient remboursé que 366,211 fr. 06, de sorte que le capital restant dû atteignait, au 31 décembre 1884, la somme de 76,495,725 francs. On peut prévoir qu'avec les intérêts elle s'étendra jusqu'à la fin du siècle à 250 millions de francs au moins. Aussi ces sommes devraient-elles être fournies, du moins pour les trois quarts, par le budget ordinaire des dépenses, non par des emprunts, comme on procède depuis 1886.

On a mis vingt-six ans depuis 1860 à construire en Algérie environ 2,000 kilomètres de chemins de fer, ce qui représente 76 kilomètres en moyenne par année. Or, il n'a fallu que 53 jours dans l'été de 1881 pour établir les 34 kilomètres du chemin de fer du Kreider en plein désert. C'est assez dire qu'avec une dépense modique de capitaux on pourrait installer chaque année dans notre Afrique 250 ou 300 kilomètres. Dans ces dernières années les constructions ont été environ de 200 kilomètres par an. A nos 2,000 kilomètres de chemins algériens, on oppose les 20,000 kilomètres de voies ferrées de l'Inde, les 17,400 kilomètres du Canada, les 12,700 kilomètres de l'Australie (1). La comparaison sans

---

(1) Ces chiffres sont extraits du *Colonial Statistical Abstract* pour 1885 : les chiffres en milles anglais sont de 12,376 milles pour l'Inde, 10,733 milles pour le Canada, 7,859 milles pour l'Australie, la Tasmanie et la Nouvelle-Zélande.

doute n'est pas exacte, parce que dans tous ces pays la colonisation européenne est beaucoup plus ancienne qu'en Afrique et que la population s'y trouve infiniment plus nombreuse. Ces exemples, néanmoins, doivent nous stimuler; ils doivent surtout nous enseigner la méthode des travaux publics faits avec promptitude et bon marché. Ces œuvres sont la meilleure amorce à l'immigration. Les centres ou villages que crée l'administration française et les terres qu'elle distribue ne servent à l'établissement que de trois à quatre mille colons par année. Or, sait-on combien de personnes sont venues se fixer en Algérie dans la seule année 1879? Le nombre en est de 23,604. Ce chiffre ressort de l'excédent des arrivées des passagers civils sur les départs. On vient surtout en Algérie et l'on en sort par mer; le mouvement par les frontières de terre est insignifiant (1). En 1879, les arrivées et les départs par catégories de passagers se résument dans le tableau suivant:

Catégories.	Arrivées.	Départs.	Excédent des arrivées sur les départs.
Fonctionnaires ou agents........	3.817	3.495	322
Colons (immigrants).............	2.340	700	1.640
Passagers voyageant à leurs frais.	96.671	75.329	21.342
Totaux................	102.828	79.524	23.304

Si chaque année notre colonie s'enrichissait ainsi de 23,000 immigrants, en outre de l'excédent naturel des naissances sur les décès, on voit qu'il ne faudrait pas longtemps pour qu'il y eût un million d'Européens dans l'Afrique française (2).

Nous ne parlerons pas ici longuement des travaux de

---

(1) Cette remarque s'applique surtout à l'état de choses qui a précédé la jonction des chemins algériens et des chemins tunisiens, laquelle s'est effectuée en 1884. Néanmoins, même maintenant, sauf les touristes, c'est par mer qu'on va en général en Algérie ou qu'on en part.

(2) Il est fâcheux que les documents algériens, qui deviennent de plus en plus imparfaits, ne contiennent plus de renseignements sur les entrées et les sorties de voyageurs dans ces dernières années.

ports. L'Algérie, qui a une énorme étendue de côtes, offre peu de ports naturels; il s'en rencontre de loin en loin, comme ceux de Bougie et d'Arzew. Ce ne sont pas les principaux, de sorte que le travail à faire par l'homme est considérable. Néanmoins on est parvenu à Bône, à Philippeville, à Alger, à Oran, à posséder des places maritimes qui, sans approcher de la perfection, permettent cependant un grand commerce, dans des conditions relatives de sécurité et de facilité. Le principal écueil des travaux maritimes en Algérie plus qu'ailleurs, c'est la dissémination des dépenses sur un nombre considérable de lieux. Ainsi, en dehors des ports que nous venons de citer, on peut encore énumérer ceux de La Calle, Djidjelli, Collo, Dellys, Tipaza, Cherchell, Tenès, Mostaganem, Nemours. On pourrait y en joindre d'autres. Cette nomenclature indique qu'il y a une grande tentation de morceler les crédits. On doit y résister davantage aujourd'hui que les principaux points de la côte sont ou vont être reliés au réseau des voies ferrées. Constituer un ou deux bons ports dans chaque province algérienne doit être l'objectif des prochaines années en fait de travaux maritimes. Les propositions budgétaires de l'administration, en ce qui concerne l'année 1887, fixent à 2,750,000 francs le chiffre des dépenses à effectuer aux ports maritimes de l'Algérie; les seuls ports d'Arzew, Tenès, Dellys, Djidjelli, Bône, La Calle, figurent dans ces allocations. Mais, en réalité, la somme que nous venons d'indiquer doit être doublée parce que les dépenses relatives aux ports d'Oran, de Mostaganem, d'Alger, du cap Matifou et de Philippeville, font l'objet de conventions spéciales entre l'État, les Chambres de commerce et les communes, et qu'elles ne figurent pas dans les allocations budgétaires. Pour améliorer plus rapidement les ports, sans épuiser l'État, on devrait recourir au système anglais, qui pourvoit à l'intérêt et à l'amortissement des dépenses de ce genre par des droits de tonnage ou de quai portant sur tous les navires entrants ou sortants. Comme, d'ici à un temps très long, l'Algérie ne peut pas être un pays de transit, cette mesure n'a aucun inconvénient. Elle permettrait d'aller plus vite en besogne en faisant payer les frais à ceux qui en profitent.

Il ne faut pas, d'ailleurs, avoir la prétention avant longtemps de créer en Algérie des ports aussi bien dotés de tous les accessoires utiles que ceux de la métropole. Tous les travaux dans une colonie jeune doivent être conduits avec une stricte économie : le faste, le superflu, même les dépenses utiles qui ne sont pas absolument indispensables doivent être bannis. Leur heure viendra quand, par le développement intérieur, la colonie se rapprochera de la situation pécuniaire et commerciale des vieux pays. En voulant trop hâter ce jour, on ruinerait les finances coloniales ou, en chargeant outre mesure la métropole, on indisposerait l'opinion de celle-ci contre la colonie.

Les communications entre l'Algérie et la France sont devenues depuis peu de temps fort aisées, grâce en grande partie aux subventions que la métropole a largement accordées à la Compagnie Transatlantique qui, par une bizarrerie en opposition avec son nom, est chargée du service postal entre la France et sa colonie trans-méditerranéenne. A côté de cette compagnie subventionnée, il en est, d'ailleurs, d'autres qui librement, avec le fret que leur donnent soit les minerais, soit les transports du bétail et du blé, soit les vins, mettent en relations fréquentes les principaux ports algériens et Marseille ou Cette, ou Port-Vendres ou même Bordeaux et le Havre. En 1880 le port d'Alger était relié à Marseille par deux courriers hebdomadaires (c'était bien peu); ceux d'Oran, Philippeville et Bône par un seul courrier hebdomadaire. En 1886 un service quotidien rattachait l'Algérie à la métropole; même certains jours de la semaine les arrivées et les départs sont doubles ou triples. Néanmoins on n'était pas encore parvenu jusqu'à ces derniers temps à coordonner assez habilement ces départs et ces arrivées, de façon à assurer à notre colonie un courrier postal régulier chaque jour. Les distributions des lettres de la métropole n'étaient pas absolument journalières, ce qui présente de grands inconvénients auxquels on pourrait facilement obvier. C'est une affaire d'agencement. La moyenne du trajet de Marseille à Alger qui était autrefois de quarante-huit heures n'est plus que de vingt-sept; elle pourra tomber bientôt à vingt-trois ou vingt-quatre. Si l'on mettait des bateaux rapides sur la ligne de Port-Vendres à Alger, on pourrait effectuer la traversée en vingt ou vingt et une heures. Dès maintenant, ce qui est déjà un résultat satisfaisant, le voyage d'Alger à Paris ne prend que quarante-huit heures.

Sous le rapport des câbles télégraphiques l'Algérie est bien dotée et va l'être mieux encore l'an prochain.

Avec de l'ingéniosité d'esprit, du sens pratique, de la persévérance, le dédain du luxe et la recherche constante de l'utile obtenu par le minimum des dépenses, on parviendra à donner aux travaux publics en Algérie un emploi beaucoup plus efficace qu'on ne l'a fait dans la période 1860 à 1875. C'est à ce but que doit tendre l'administration algérienne : faire simplement, promptement et économiquement.

CHAPITRE VII

LE RÉGIME COMMERCIAL

Régime relativement libéral de 1861. — Le développement du commerce extérieur algérien de 1850 à 1864 et de 1864 à 1885. — Les principaux articles d'importation et d'exportation de l'Algérie. — Le commerce avec les différentes contrées. — Le mouvement de la navigation. — Assimilation de la France à l'Algérie pour le régime douanier. — L'octroi de mer. — Caractère de cet impôt ; les réformes dont il a été l'objet. — Son produit et celui des douanes. — Tendances protectionnistes de la part de la métropole. — Idée de la création de ports francs. — Utilité d'un régime douanier libéral.

Après les travaux publics et le régime administratif, ce qu'il y a de plus important pour une colonie, c'est le régime commercial. Selon que ce régime est restrictif ou libéral la colonie est soutenue ou arrêtée dans sa croissance. De ce côté, l'Algérie n'a pas trop à se plaindre. Il est vrai que jusqu'en 1851 elle fut sevrée de la liberté d'exportation: ses produits ne pouvaient entrer dans la métropole qu'en payant des droits ; mais le détriment qu'en éprouvaient les colons, sauf dans les dernières années, fut peu considérable. La colonie, en effet, était si peu peuplée que l'exploitation du sol sur une échelle un peu vaste n'avait pas encore commencé. Presque tous les colons étaient de petits trafiquants, suivant nos régiments et nos colonnes, et qui trouvaient dans l'alimentation des troupes la source principale, presque unique, de leurs profits. Quant à ceux qui se livraient au défrichement et à la culture, l'approvisionnement de notre armée d'Afrique suffisait amplement au placement rémunérateur de leurs produits.

Dans cette période d'enfance et dans les conditions spéciales où se trouvait l'Algérie jusqu'en 1850, la liberté d'exportation est de moindre nécessité que la liberté d'importation. Les colons algériens, en effet, n'avaient guère de produits à offrir au reste du monde pendant les vingt premières années de la conquête; ils avaient, au contraire, beaucoup à lui demander, particulièrement des ustensiles de culture et de production. Mais, après avoir traversé cette première époque de l'enfance, la liberté d'exportation, qui n'était qu'utile auparavant, devenait impérieusement nécessaire. La colonie, qui avait pu se former sans jouir du droit naturel de vendre ses produits en franchise à la métropole, ne pouvait grandir et faire des progrès considérables si ce droit lui était longtemps refusé. La loi du 11 janvier 1851, qui fut due aux efforts des députés algériens et dont M. Charles Dupin fut le rapporteur, vint à point pour favoriser l'essor de la colonie: la libre entrée des produits algériens en France fut dès lors un fait accompli. Depuis 1851, année où ce nouveau et bienfaisant régime commercial fut inauguré, les importations de l'Algérie ont presque doublé en treize ans et ses exportations ont plus que décuplé dans le même temps.

	1850 Francs.	1864 Francs.
Valeur des marchandises importées.	72.692.782	136.458.793
— — exportées.	10.262.383	108.067.354

« Les Etats-Unis, a dit avec raison M. Charles Dupin, en présentant le rapport de la loi sur la convention Fremy et Talabot (Sénat, 7 juillet 1865), les Etats-Unis, l'Australie et le Canada, dont on fait de si grands et si justes éloges, entre les années 1850 et 1864, sont bien loin de présenter un si merveilleux progrès. »

Le mouvement de la navigation a également augmenté avec rapidité et le progrès se soutient tous les ans. En 1864, l'Algérie recevait à l'entrée 3,561 vaisseaux tant français qu'étrangers, jaugeant 465,845 tonneaux et employant 45,808 marins : c'était sur l'année 1863 une augmentation de 621 navires, 66,149 tonneaux et 6,221 hommes. Sous le rapport du tonnage, la France entrait dans le mouvement de la navigation pour 78,76 p. 100, l'Espagne pour 7,28, l'Angleterre pour 5,03, l'Italie 4,84, l'Autriche 1,05.

De 1864 à 1885 le développement du commerce général de l'Algérie a été considérable, quoique, en ce qui concerne du moins l'exportation, un peu plus lent que pendant les quatorze années de la période antérieure. Voici, d'après les dernières statistiques officielles, quelles ont été les sommes du commerce général et du commerce spécial de cette colonie. On entend par commerce spécial celui qui comprend uniquement les marchandises importées consommées dans le pays et les marchandises exportées qui ont été produites dans le pays. Le commerce spécial exclut donc le mouvement des entrepôts que comprend, au contraire, le commerce dit général. Mais l'Algérie n'étant pas, comme l'Angleterre, la Hollande ou la Belgique, un pays d'entrepôt ou de transit, les chiffres du commerce spécial y suivent de très près ceux du commerce général.

Années.	Commerce général.		Commerce spécial.	
	Importation. Francs.	Exportation. Francs.	Importation. Francs.	Exportation. Francs.
1872....	197.044.977	164.603.634	»	»
1879....	272.126.102	151.918.421	263.957.593	142.651.850
1880....	303.434.641	168.835.136	293.187.016	156.971.145
1881....	342.252.660	143.584.603	330.905.172	132.409.192
1882....	411.929.315	150.032.678	404.889.009	141.964.130
1883....	320.376.248	144.178.160	311.770.923	131.199.909
1884....	289.810.891	175.897.889	286.051.400	146.948.755
1885....	237.957.903	195.369.668 (1)	»	»

(1) Nous avons bien des fois parlé de l'imperfection des statistiques algériennes ; c'est ainsi que nous n'avons pu donner pour plusieurs années ci-dessus les chiffres du commerce spécial qui, du reste, s'écartent fort peu de ceux du commerce général. Jusqu'à l'année 1884 inclusivement, nos chiffres sont extraits de la *Statistique générale de l'Algérie* (années 1882-1884).

Ce qui frappe dans ces chiffres, c'est qu'ils sont très variables; c'est le cas général pour les colonies, surtout jeunes, qui dépendent beaucoup des saisons, et qui sont affectées aussi par les écarts souvent très considérables dans les prix des matières brutes. Un jeune pays a, dans toute son activité, des allures moins régulières et moins constantes qu'une contrée vieille, riche en population et en capital.

De 1864 à 1882, en dix-huit années, l'importation a presque triplé; l'exportation, au contraire, ne s'est accrue que de 35 à 40 p. 100. La première a marché à pas de géants. A partir de 1884, l'exportation s'accroît et c'est l'importation qui diminue.

L'inégalité d'accroissement entre l'importation et l'exportation, depuis vingt ans, s'explique par différentes causes. Dans les années de 1880 à 1883 les récoltes algériennes ont

Pour l'année 1885, ils sont tirés de l'*Exposé de la situation générale de l'Algérie* en 1886, où l'on se contente de la note succincte que nous reproduisons intégralement : « Les marchandises de toute nature importées en
« Algérie pendant l'année 1885 ont été évaluées par l'administration des
« douanes à la somme de 237,957,903 francs. La valeur assignée par cette
« même administration au commerce d'exportation est de 195,369,668 fr.
« Pour la première fois, ces évaluations ont été faites d'après les taux
« fixés annuellement par la Commission permanente des valeurs siégeant
« au Ministère des finances, alors que le service des Douanes algériennes
« établissait auparavant ses calculs d'après des tarifs invariables déter-
« minés depuis longtemps déjà.
« Cette nouvelle manière d'opérer aura pour conséquence de faire dis-
« paraître la principale cause des différences, qui ont été relevées à plu-
« sieurs reprises, entre les résultats indiqués dans les tableaux de sta-
« tistique dressés par les Douanes algériennes et les chiffres donnés pour
« les mêmes quantités de produits par l'Administration des finances. Mais,
« par suite de ce changement dans les estimations, la comparaison des
« valeurs des marchandises entrées et sorties pendant les deux dernières
« années se trouve n'offrir, pour cette fois, qu'un intérêt tout à fait secon-
« daire. » Cette même note est textuellement reproduite dans le recueil intitulé : *Algérie, conseil supérieur de gouvernement, procès-verbaux des délibérations. Session de novembre* 1886. On néglige, d'ailleurs, de nous dire si ce chiffre de 237,957,903 francs à l'importation et de 195,369,668 à l'exportation représente le commerce spécial ou le commerce général, et en outre on ne donne dans ces deux publications officielles aucun détail sur les chiffres des principaux articles importés et exportés. Voilà une administration qui met bien peu de célérité dans ses informations.

été en général médiocres; le prix des minerais et de l'alfa, qui comptent parmi les principaux produits algériens, a baissé; mais il y a une raison plus générale. L'Algérie étant un pays neuf où la France entretient et paye une armée, où elle fait de grands travaux publics et où l'initiative privée apporte de nombreux capitaux, il est naturel que l'importation y dépasse de beaucoup l'exportation. Ce n'est nullement la preuve que le pays s'appauvrit; les Français, dans un laps d'un quart de siècle ou d'un demi-siècle, apporteront en Algérie et y immobiliseront plusieurs milliards de francs; l'excédent des importations sur les exportations représentera en grande partie cet afflux du capital de la mère patrie.

En Australie, même à l'heure actuelle, quoique ces colonies aient maintenant près d'un siècle d'existence, — c'est en 1787, que fut fondé l'établissement de Botany Bay, — l'importation dépasse de beaucoup l'exportation. En 1884, l'importation pour l'ensemble des colonies australasiennes montait à 64,001,120 livres sterling, 1,600 millions de francs, et l'exportation à 54,572,756 livres, soit 1,370 millions de francs seulement. Si l'on considère la plus jeune des colonies australasiennes, Queensland, on constate que l'importation y est de 35 p. 100 supérieure à l'exportation. A Queensland, l'importation en 1884 atteint 6,381,000 liv. sterl. (159 millions de francs), et l'exportation seulement 4,673,864 liv. sterl. (118 millions de francs). Il est naturel qu'il en soit ainsi: comme un enfant à la mamelle, une jeune colonie vit du lait de sa mère. Les vieilles colonies, au contraire, telles que l'Inde, ont des importations beaucoup plus faibles que leurs exportations: 68,157,512 liv. sterling, 1,705 millions de francs en 1884, contre 85,259,281 liv. sterling, 2 milliards 130 millions de francs.

Un commerce extérieur qui oscille autour de 500 millions de francs constitue déjà pour l'Algérie un mouvement de trafic très considérable. Les principales marchandises importées sont naturellement des objets manufacturés ; à défaut des chiffres de 1885, voici ceux de 1884 : les tissus de coton pour 76 millions de francs ; les effets dits à l'usage, probablement des confections, pour 5 millions et demi ; les peaux préparées et ouvrées pour 10 millions ; les tissus de laine pour 13,800,000 fr. ; ceux de chanvre pour 6 millions et quart ; le sucre raffiné pour 16 millions trois quarts ; la fonte, le fer, et l'acier, 15 millions de francs ; les ouvrages en métaux, 9 millions ; les bois sciés pour construire, 3 millions trois quarts ; les meubles, 1,800,000 francs ; les machines et mécaniques, 4 millions 800,000 francs ; le papier et le carton pour 10 millions (1). On trouve aussi dans la nomenclature des principales marchandises importées quelques denrées d'alimentation que l'Algérie finira par ne plus demander au reste du monde et qu'elle lui vendra, au contraire : cette remarque ne s'applique pas au café, dont l'Algérie importe pour 8 millions et demi de francs, mais bien au vin dont elle achetait encore à l'étranger pour 7,454,173 francs en 1884, et aux farines dont elle importait pour 6 millions et demi dans la même année.

L'exportation algérienne se compose principalement de denrées alimentaires et de matières brutes : du froment pour 19 millions et demi de francs en 1882, 11 millions en 1883, et 16 millions et demi en 1884 ; de l'orge pour 12 millions et demi, 6 millions et demi et 16 millions trois quarts pour chacune de ces trois années ; de l'avoine pour près de 4 millions, puis 2 millions un quart, et enfin 4 millions ; des bêtes à

(1) Ces importations sont, d'ailleurs, très variables, du moins pour certains chapitres ; ainsi en 1883 l'importation des tissus de coton s'était élevée à 91 millions, celle des effets à usage avait atteint 7,671,000 francs, cet article figurait même pour 20,410,000 francs dans les statistiques de l'importation en 1882 ; les meubles dont l'importation avait beaucoup décru en 1884 et en 1883 atteignaient à l'entrée en Algérie la valeur de 7,220,000 francs en 1882 ; les peaux préparées figuraient pour 16 millions et demi dans la statistique de la même année.

laine pour 11 millions, 11 millions et demi et 14 millions; des bêtes bovines pour plus de 6 millions en 1882 et pour 4 millions et demi pendant chacune des années suivantes; des bêtes de somme pour 500,000 francs à 1 million; puis 4 millions environ par année de peaux brutes; 3 à 4 millions de laines en masse; 2 à 4 millions de poisson sec, salé ou fumé; environ 4 à 5 millions par an de fruits soit frais, soit secs; 3 à 4 millions de tabac en feuille; 1 million et demi de tabac fabriqué; 1 à 2 millions de légumes secs ou verts; 1,500,000 francs à 3 millions de farine; 2 millions et demi à 3 millions et demi d'huile d'olive. Vient ensuite la catégorie des produits bruts destinés à l'industrie : près de 13 millions de francs d'alfa et de joncs ou roseaux en 1882 et 1883 et même 14 millions et demi en 1884; 6 millions par an en moyenne de liège brut; 3 millions d'écorces à tan; 2 millions et demi à 3 millions et demi de crin végétal; 2 millions de lin en graine. Enfin les produits minéraux forment aussi un fort chapitre du commerce d'exportation de l'Algérie : 9 millions et demi de francs de minerai de fer en 1882, 9 millions en 1883, et 7,400,000 francs en 1884; 1,800,000 fr. de minerai de cuivre en 1882, 3 millions en 1883 et 1,500,000 fr. en 1884; 1,300,000 fr. de minerai de plomb en 1882, 3 millions et demi en 1883 et 6 millions en 1884. Un autre article figure encore pour un chiffre assez élevé à l'exportation : c'est le corail, environ 2 millions de francs en 1882 et 500,000 fr. pour chacune des années suivantes. On est frappé de voir que les vins n'étaient pas jusqu'en 1883 classés parmi les principaux produits d'exportation de l'Algérie : cette contrée n'en a exporté que 18,092 hectolitres en 1882, valant 460,000 fr., mais dès 1883 elle en exporte 126,076 hectolitres, valant 2,622,221 francs, en 1884 l'exportation atteint 149,886 hectolitres pour une valeur de 2,906,803 francs; elle a bien dû s'élever à 500,000 hectolitres, valant 12 à 15 millions dans la campagne dernière (septembre 1886 à août 1887). L'Algérie est en train de devenir une grande contrée viticole. Dans une douzaine d'années probablement, malgré le phylloxera, elle vendra à l'Europe 2 à 3 millions d'hectolitres de vin, et l'on peut prévoir qu'avant quinze ans l'ensemble de son commerce d'exportation aura presque doublé.

Si l'on veut décomposer le commerce algérien par pays de provenance et de destination des marchandises, on arrive au tableau suivant qui s'applique à l'année 1884 et au commerce général : on y verra que la France est loin d'être maltraitée, comme le prétendent les protectionnistes français.

Commerce général de l'Algérie en 1884.

Contrées.	Importation. Francs.	Exportation. Francs.	Total. Francs.
France { consommation	217.079.332 }	116.555.429	367.307.655
{ entrepôts	33.722.894 }		
Angleterre	16.136.181	28.075.230	44.211.411
États barbaresques	5.512.767	10.252.958	15.765.725
Espagne	6.115.821	9.485.461	15.601.282
Belgique	2.209.326	2.912.676	5.122.004
Italie	1.458.007	2.810.834	4.268.841
Suède et Norvège	2.095.634	472.569	2.568.203
États-Unis	998.263	1.075.297	2.073.560
Russie	409.778	1.455.132	1.864.910
Pays-Bas	694.825	1.156.075	1.850.903
Turquie	810.130	627.336	1.437.466
Colonies françaises	1.055.450	»	1.055.450
Autriche	846.316	26.615	872.931
Allemagne	174.503	367.241	541.744
Portugal	242.324	193.195	435.519
Biskra	»	247.474	247.474
Côte orientale d'Afrique	»	180.074	180.074
Roumanie	110.000	»	110.000
Brésil	70.377	»	70.377
Origine non justifiée	40.945	»	40.945
Grèce	»	37.775	37.775
Égypte	5.956	15.398	21 354
Suisse	13.502	920	14.422
Mexique, Chili	8.384	»	8.384
Chine et Japon	100	»	100
Côte occidentale d'Afrique	13	»	13
	289.810.891	175.897.889	465.708.780

Comme on le voit, la France n'a pas à se plaindre, puisqu'à elle seule elle représente, si on y comprend les introductions en entrepôts, 86 p. 100 de l'importation et, en négligeant les entrepôts, 80 p. 100 environ de l'importation entrant dans la consommation et que, d'autre part, elle attire à elle 66 p. 100 de l'exportation algérienne. Dans l'ensemble du commerce extérieur de l'Algérie (y compris le mouvement des entrepôts), la France participe pour 79 p. 100 en chiffres ronds. On ne peut vraiment pas souhaiter une proportion plus forte. En 1884 sur un chiffre d'importation de 64,001,120 livres sterling dans l'ensemble des colonies australasiennes l'Angleterre n'entrait que pour 31,875,000 livres, c'est-à-dire moins de 50 p. 100; pour un chiffre total d'exportation des mêmes colonies de 54,572.000 livres sterling dans la même année, l'Angleterre ne figurait que pour 27,023,000 livres, moins de moitié. Même dans le commerce indien qu'elle a davantage monopolisé l'Angleterre tient une moindre place que ne le fait la France dans le commerce algérien. Sur les 68,157,312 livres sterling auxquelles s'élevaient en 1884 les importations totales de l'Inde l'Angleterre avait fourni 49,711,909 livres, soit 73 p. 100, et dans le chiffre de 89,186,357 livres sterling des exportations indiennes pour la même année l'Angleterre prend pour elle 37,057,340 livres sterling seulement, ou 41 p. 100 (1). C'est une proportion singulièrement inférieure à celle de la part de la France dans le commerce extérieur de l'Algérie. On trouverait difficilement une colonie importante où la métropole tînt une place aussi prédominante en ce qui concerne le commerce.

Il est possible que cette situation se modifie à la longue dans une certaine mesure par un développement des relations entre l'Algérie et les pays étrangers. Jusqu'ici il n'y a

---

(1) Voir le *Statistical Abstract for the several Colonial and other possessions of the United Kingdom*, 1885, pages 23 à 33.

de commerce un peu important de notre grande colonie africaine qu'avec la Grande-Bretagne (44 millions dont 28 à l'exportation) qui lui achète surtout des minerais et des alfas, puis avec l'Espagne (15 millions) et les États Barbaresques pour le même chiffre; aujourd'hui que la Tunisie est devenue une possession française, une partie du commerce de l'Algérie avec les États Barbaresques doit rentrer dans ce que les Anglais appellent le commerce *intercolonial*. Des relations de quelque importance commencent à se nouer avec la Belgique (5 millions de francs), l'Italie (4 millions), la Suède et la Norvège (2 millions et demi), les États-Unis (2 millions), les Pays-Bas et la Russie, chacune 1,800,000 fr. Il est probable que le développement de l'industrie minérale, de la production viticole et de l'exploitation des forêts de chênes-liège, sans compter les autres articles, accroîtra notablement avant la fin du siècle ce mouvement d'échanges.

Il ne faut pas se dissimuler que dans la part de trafic qui revient officiellement à la France une partie représente des importations ou des exportations qui ne font que transiter à travers notre pays; c'est aussi le cas de l'Angleterre dans ses relations coloniales. Néanmoins, on peut être assuré qu'en réalité la part de la France est de beaucoup prépondérante dans le commerce algérien, et il est vraisemblable qu'indépendamment même de toute protection douanière la métropole pourra conserver très longtemps cette suprématie.

Le développement de la navigation depuis 1864 a été plus considérable encore que celui du commerce. Elle a triplé en quatorze ans. Le mouvement maritime à l'entrée, en l'année 1878, consistait en 4,046 navires jaugeant 1,354,883 tonneaux. En 1884 on constatait un nouveau progrès, en ce qui concerne le tonnage : le mouvement de la navigation à l'entrée était représenté par 3,579 navires, jaugeant ensemble 1,661,786 tonneaux. Dans ce tonnage, les provenances de la

France étaient comprises pour 1,018,496 tonnes et celles de l'étranger pour 643,290. Les divers pavillons figuraient pour les chiffres suivants dans ce mouvement maritime à l'entrée : Français, 1,634 navires et 1,024,328 tonnes, soit 61,6 du tonnage total ; Anglais, 519 navires et 413,398 tonnes ou 24,9 p. 100 ; Espagnol, 679 navires et 72,120 tonnes ou 4,3 p. 100 ; Italien, 469 navires et 39,283 tonnes, soit 2,3 p. 100 ; Norvégien, 63 navires et 27,083 tonnes, soit 1,6 p. 100 ; Belge, 30 navires et 26,062 tonnes, soit 1,6 p. 100 ; Autrichien, 31 navires et 16,543 tonnes, soit 1 p. 100 ; Hollandais, 17 navires et 13,290 tonnes, soit 0,8 p. 100 ; Grec, 40 navires et 10,092 tonnes, soit 0,6 p. 100. On doit encore citer, pour être complet, le pavillon suédois avec 19 navires et 8,083 tonnes, l'allemand avec 7 navires et 5,156 tonnes ; le Russe avec 12 navires et 4,077 tonnes, 18 navires portugais jaugeant 1,294 tonnes, 35 barques des États Barbaresques ayant un tonnage de 791 tonnes, 1 navire américain de 121 tonnes, enfin 3 barques marocaines (le Maroc est ici mis à part des autres États Barbaresques) jaugeant 60 tonnes. On remarquera les relations de l'Algérie non seulement avec les contrées voisines, l'Italie et l'Espagne, et la grande contrée industrielle, l'Angleterre, mais aussi la Norvège, la Belgique, l'Autriche, la Hollande, la Grèce, la Russie. La grosse part dans le mouvement maritime de l'Algérie reste donc toujours au pavillon français, quoique depuis 1864 sa prépondérance ait diminué ; la part du pavillon anglais a sextuplé dans ces vingt dernières années ; celle des pavillons espagnol et italien s'est plutôt réduite. Si l'on considère que plusieurs matières premières algériennes, le fer, le plomb, l'alfa, se vendent principalement en Angleterre (1), on ne peut s'étonner de l'ac-

(1) Sur les 224,000 tonnes d'alfa exportées d'Algérie pendant les trois années 1879, 1880 et 1881, 169,862 l'ont été pour l'Angleterre, 39,092 pour l'Espagne, 8,243 seulement pour la France. Dans la période de 1882 à 1884 les exportations d'alfa ont atteint 266,336 tonnes, dont 217,402 pour l'Angleterre, 26,640 pour l'Espagne, 6,989 seulement pour la France. Cette

croissement de la part du pavillon anglais dans le mouvement maritime de notre colonie. Ce qui y aide encore, c'est que l'Algérie est un point de relâche sur la route de la Grande-Bretagne en Égypte et aux Indes (1). Rien n'est plus facile aux navires anglais que d'y faire escale. Il est donc probable que la part du pavillon britannique ira longtemps en croissant dans la navigation de concurrence. Quant au cabotage, il est réservé à la France. A la sortie, en 1884, on comptait 3,546 navires de toutes nationalités, jaugeant 1,626,741 tonnes, ce qui représentait pour le mouvement total de la navigation de concurrence 3,288,000 tonnes.

On a beaucoup discuté dans ces derniers temps sur le régime commercial de l'Algérie et notamment sur l'institution connue sous le nom d'octroi de mer. C'était là une taxe qui s'appliquait, sans distinction de nationalité ni de provenance, à certaines marchandises entrant en Algérie par les ports. Nous ne saurions, quant à nous, condamner cet impôt, tel qu'il était organisé avant des modifications récentes. Il n'avait aucun des caractères des taxes protectionnistes, il était simplement fiscal ; il servait à défrayer les budgets des communes et de la colonie qui, difficilement, eussent pu se procurer d'autres ressources aussi considérables ; il jouissait du double mérite d'être généralement proportionnel et modéré ; il ne s'élevait pas à plus de 15 ou 20 p. 100 du prix de la marchandise en gros ; il n'avait aucun des principaux inconvénients de l'octroi de terre ; il se percevait, en effet, directement sur les cargaisons ; payé en bloc

négligence de la part des fabricants français de papier est impardonnable.

(1) Ce n'est pas là un inconvénient pour l'Algérie. On peut considérer comme un avantage pour elle d'être située sur la grande route des Indes. Il ne faut pas oublier d'ailleurs que la plupart des navires anglais font simplement escale dans nos ports algériens, que par conséquent ils n'y apportent ou n'en emportent qu'une partie de leur chargement, tandis que la plupart des navires français entrant en Algérie ou en sortant ont tout leur chargement consacré au seul commerce de la colonie.

par les négociants importateurs, il se répartissait silencieusement sur le prix des marchandises; il n'y avait donc là, ni les formalités, ni les lenteurs, ni les abus et les vexations qui sont inhérents à nos octrois métropolitains; les frais de perception étaient aussi moins élevés; c'était d'ailleurs un impôt populaire. Quand on songe à l'énorme difficulté de lever des taxes dans les colonies, sans arrêter ou entraver la production, on ne peut vouloir supprimer un impôt d'une réalisation si facile et que les colons ressentent peu.

Cet octroi de mer, ainsi dénommé par analogie avec nos octrois municipaux, parce qu'il était surtout affecté aux besoins des communes de l'Algérie entre lesquelles on en répartissait le produit, n'empêchait pas l'existence de droits de douane qui figurent au budget de la colonie. La loi du 17 juillet 1867 a assimilé au point de vue douanier le territoire algérien au territoire français, de sorte que les produits étrangers subissent à l'entrée en Algérie les charges qu'ils payent d'après nos tarifs généraux ou conventionnels à l'entrée en France. Ainsi les marchandises françaises sont protégées dans notre grande colonie africaine; sous les inspirations réactionnaires qui dominent depuis dix ans tout le régime économique des peuples civilisés, cette protection n'est ni mince ni insignifiante. Néanmoins, elle n'a pas paru suffisante à certaines catégories d'habitants de la métropole : diverses administrations, celle du ministère du commerce entre autres, un certain nombre de membres du Parlement et nombre d'industriels et d'agriculteurs eussent voulu faire de l'Algérie un fief qui leur appartînt en propre, et d'où les marchandises étrangères seraient non seulement écartées par des droits différentiels, mais réellement, sinon nominalement, exclues par des droits prohibitifs. Ils s'attaquèrent pour cette raison, surtout à partir de 1884, à l'octroi de mer, prétendant qu'il ne portât que sur les denrées étrangères et non sur celles d'origine métropolitaine; ils en auraient fait ainsi un supplément important aux droits de douane protecteurs. Ils adressaient aussi à cette taxe une autre critique, celle-ci mieux fondée, c'est que l'octroi de mer constituait une protection pour les produits algériens à l'encontre des produits français, tandis que la France recevait gratuitement chez elle les produits de l'Algérie. Ces reproches ont déterminé l'administration et le gouvernement à préciser et dans une certaine mesure à modifier le caractère de cet impôt.

En 1884, le conseil d'État se refusa à sanctionner les propositions du conseil supérieur de l'Algérie pour un surcroît de taxation sur les olives salées, l'acide stéarique, le riz, les bois ouvrés et pour l'établissement d'un droit de 1 p. 100 sur les tissus de coton, de chanvre et de soie importés en Algérie. Le conseil d'État et le ministère du commerce déclaraient, non sans quelque raison, que l'introduction dans la nomenclature des tarifs de l'octroi de mer de certaines marchandises comme les fers, les fontes, les faïences, les verres, les cristaux et autres objets fabriqués, faisait prendre à l'octroi de mer un caractère de droit de douane spécialement algérien contre lequel protestait le commerce de la métropole et qui violait la réciprocité. Ces critiques étaient vraies et, à mesure que l'Algérie se serait développée davantage, elles auraient eu plus d'importance. On s'est donc résolu à transformer l'octroi de mer algérien pour lui donner exactement le même caractère qu'à nos octrois municipaux, qui ne peuvent s'appliquer qu'aux objets classés dans six grandes catégories excluant en général les objets manufacturés : l'une des règles qui résultent de cette nouvelle interprétation, c'est que les produits algériens similaires à ceux frappés de l'octroi de mer doivent être grevés des mêmes droits que ceux-ci. Un décret du 29 novembre 1884 a mis fin à toutes les contestations en décidant que l'octroi de mer sera régi par les règles qu'ont prescrites l'ordonnance du

9 décembre 1814 et le décret du 12 février 1870 en matière d'octrois municipaux.

Les nouveaux tarifs adoptés en 1885 comprennent d'une manière générale les denrées coloniales qui n'ont de similaire ni en France, ni en Algérie : on y a joint les alcools et les bières que l'on produit aussi dans notre colonie, ce qui a conduit à frapper d'un droit égal ces denrées algériennes. Toutefois, par une tolérance passagère, le droit de fabrication sur les alcools fabriqués en Algérie a été fixé seulement à 22 fr. 50 l'hectolitre jusqu'au 1er janvier 1887, au lieu de 45 francs qui est une taxe encore assez faible (1).

L'octroi de mer produisait une recette brute de 4 à 5 millions de francs dans la période de 1870 à 1879 inclusivement. Le chiffre de 5,238,000 francs fut atteint en 1880, puis celui de 7,289,000 en 1881 et de 7,601,000 en 1882. On sait que ce produit, sauf un prélèvement de 5 p. 100 opéré par l'État pour frais de régie, profite uniquement aux communes algériennes. Dans la même année 1882 les droits de douane perçus pour le Trésor et qui sont distincts de l'octroi de mer montaient presque exactement aux mêmes chiffres, soit 7,614,000 francs. En 1883 et 1884 il y a eu une légère décroissance du produit de l'octroi de mer, le rendement en fléchissant à 6,739,000 francs en 1884. A partir de ce moment s'applique la nouvelle législation dont nous avons parlé ci-dessus ; à l'octroi de mer se joignent désormais comme annexes les taxes intérieures sur les alcools algériens qui ont produit, au tarif réduit de 22 fr. 50, la somme de 567,000 fr. en 1885 et qui, au taux de 45 francs, donneront

(1) Le tarif de perception des droits de l'octroi de mer algérien en vertu du décret du 26 décembre 1884 est ainsi fixé : glucose, 10 fr. les 100 kilog., cafés et faux cafés, 30 fr. ; sucres bruts et vergeoises, 15 fr. ; sucres raffinés, 20 fr. ; chicorée moulue, 5 fr. ; thé, 25 fr. ; poivres et piments, 35 fr. ; marrons, châtaignes et leurs farines, 5 fr. ; cannelle, 45 fr. ; muscade et vanille, 100 fr. ; clous de girofle, 40 fr. ; huiles minérales, 5 fr. ; alcool pur, liqueurs, 45 fr. ; bière, 5 fr. ; les tarifs, on le voit, sont assez modérés.

naturellement un produit plus élevé ; il faut y ajouter aussi les droits sur les bières algériennes. On espère que dans ces conditions on regagnera en 1887 le rendement de 1884. La contribution dite octroi de mer ne correspond plus complètement à sa désignation, puisque des taxes intérieures y sont rattachées ; d'un autre côté elle n'a plus aucun caractère protectionniste ; on doit s'en applaudir, car il eût été fâcheux qu'une colonie où les capitaux peuvent pendant si longtemps s'appliquer avec succès à l'industrie agricole et minière se fût soumise au régime stérilisant de la protection.

La lettre impériale de 1863, entre autres réformes à l'étude, parlait de la création de ports francs en Algérie ; c'est là un expédient d'un autre âge et qui amène de nos jours plus d'inconvénients que d'avantages ; cette institution, en effet, multiplie les barrières au lieu de les enlever ; elle sépare les villes de leur banlieue et du reste du pays ; elle rétablit les douanes intérieures ; elle ne rachète par aucun profit bien constaté pour les ports les formalités qu'elle entraîne pour les campagnes. Au lieu d'établir la franchise sur quelques points, il eût mieux valu diminuer les droits élevés qui frappent les produits étrangers, à l'exclusion des produits français. Nous admettons que ceux-ci puissent être un peu favorisés ; mais dans l'intérêt de notre colonie, les produits de l'étranger ne devraient jamais être assujettis à une taxe supérieure à 10 ou 15 p. 100 de leur valeur. Avec un peu d'ingéniosité, d'équité et quelques efforts, les fabricants français pourraient, dans les circonstances actuelles, se rendre facilement maîtres du marché algérien.

CHAPITRE VIII

LE RÉGIME FINANCIER ET LES IMPÔTS.

Utilité d'un bon régime financier dans une colonie. — De l'établissement de l'impôt foncier. — Des inconvénients particuliers de hauts droits d'enregistrement dans une colonie. — Le budget colonial de l'Algérie. — Les budgets départementaux et communaux.

Données contradictoires qu'offrent les statistiques algériennes et les statistiques françaises relativement à l'équilibre des budgets algériens. — La France paie actuellement chaque année, sans y comprendre les dépenses militaires, une trentaine de millions de francs pour l'Algérie. — Les sacrifices faits par la France, depuis 1840, pour les services civils de la colonie.

Les impôts arabes. — Grande augmentation de leur rendement. — Détails sur leur organisation. — Accroissement du taux de la capitation des Kabiles en 1887. — Incident de la caravane parlementaire dans la même année.

Comparaison des charges des Français et des indigènes. — Réformes à introduire dans le budget algérien.

Au régime commercial se rattache d'une manière intime le régime financier sous sa double face, les impôts et le crédit. Rien n'est si délicat dans une colonie que la taxation. Un impôt mal établi peut arrêter pour toujours ou comprimer pour longtemps l'essor de la colonisation; le corps colonial dans son enfance est si susceptible, si impressionnable, si faible, qu'on ne saurait être trop prudent pour les charges qu'on lui impose; non seulement il importe qu'elles soient légères, il les faut encore bien placer. Dans les colonies comme partout, il n'y a que deux genres de taxes: les taxes directes et les taxes indirectes. Les unes et les autres sont de mise, si elles ne sont pas exagérées, si elles n'entraînent pas des formalités et des vexations inutiles. Voilà pourquoi nous nous sommes prononcé, dans le chapitre précédent, pour l'octroi de mer. De tous les impôts imaginables aux colonies, c'est celui dont la perception est la plus aisée et soumet le moins le contribuable à des dérangements et à des lenteurs funestes. La plupart des colonies anglo-saxonnes, et spécialement l'Australie, la Tasmanie, tirent une grande partie de leurs ressources des taxes sur les vins et les liqueurs. C'est là, à notre gré, une excellente matière imposable dans des colonies qui ne cultivent pas la vigne et où ces denrées, arrivant pas mer, payent sans frais accessoires et sans difficultés le montant des droits. Mais pour un pays producteur où la vigne a de l'avenir, ces taxes deviennent nuisibles à un double point de vue : d'abord elles frappent une culture qu'il importerait d'encourager ; puis elles deviennent d'une perception difficile, et entraînent toutes ces vexations qui sont si lourdes dans une métropole et qui seraient intolérables dans une colonie.

Les droits de douane, pourvu qu'ils n'atteignent que des taux de 10 à 12 p. 100 et qu'ils portent uniquement sur l'importation, non sur l'exportation, sont parmi les taxes les moins préjudiciables aux colonies, à cause surtout de leur facilité et de ce qu'elles excluent l'arbitraire. L'ensemble des colonies australiennes en 1884, sur un revenu total de 22,298,000 livres sterling (557,500,000 francs), puisait aux douanes 6,828,000 livres (171 millions de francs), soit plus de 30 p. 100 du revenu total. Quand ces colonies étaient moins développées, les douanes entraient pour une plus forte part encore dans leur revenu annuel : ainsi en 1872, pour 4,103,000 livres sterling sur 10,451,000, soit environ 40 p. 100. La prédilection de tous les pays neufs pour l'impôt des douanes a en partie son explication dans la très grande difficulté d'établir des impôts intérieurs au milieu de sociétés peu peuplées et peu riches.

On peut avoir recours aussi à l'impôt foncier, mais avec réserve ; car, si cet impôt est exagéré ou si la base n'en est pas aussi simple que possible, il en résultera un arrêt dans le défrichement. Il y a déjà plus de vingt ans que l'on pensait à l'établissement de l'impôt foncier en Algérie. La lettre impérial de 1865 s'était prononcée sans restriction pour l'impôt foncier, « qui doit être établi le plus tôt possible en territoire civil, en prenant pour base la qualité du sol, qu'il soit cultivé ou non, comme cela a lieu en France. Cette mesure réclamée par les colons eux-mêmes obligera les propriétaires à défricher ou à vendre. » Il y avait beaucoup à dire sur ces lignes. L'impôt foncier doit-il peser même sur les terres non défrichées, ainsi que la lettre impériale le pense ? Cela a été fort contesté avec quelques bons arguments par des publicistes et des colons expérimentés. Quant à nous, nous croyons que l'impôt foncier, s'il est très modéré, peut porter même sur les terres qui ne sont pas en culture, mais qui sont devenues propriété privée, si ce n'est immédiatement après l'acquisition, du moins au bout de quelques années, cinq ans par exemple. C'est ce qui se pratique aux États-Unis sous le nom de *taxes locales;* les *settlers* s'en trouvent à merveille, les communes aussi ; les économistes les plus experts en fait de colonisation, Merivale entre autres, louent ce mode d'imposition. Il est incontestable qu'une taxe qui est sensible, sans être exagérée, excite à la culture, empêche les riches propriétaires d'acheter des domaines pour les laisser en friche, attendant la plus-value de l'effet du temps et de la culture environnante.

Nous approuvons donc que toutes les terres devenues propriété privée soient soumises à l'impôt foncier quelques années après leur aliénation par l'État. Il est bon, en effet, d'accorder un peu de répit au colon; avant de mettre en culture, il a souvent de grandes dépenses préparatoires à faire ; puis les premières récoltes ne rapportent guère et le colon a besoin de toutes ses ressources ; les lui enlever sous forme d'impôts, aussitôt après l'acquisition de la terre inculte, c'est nuire à la culture, c'est amoindrir par conséquent la matière imposable. L'impôt foncier ne doit être dans une jeune colonie qu'un stimulant ; il y a une mesure fort délicate à trouver, car il peut facilement devenir un obstacle. Nous voudrions aussi que l'impôt foncier dans les colonies appartînt aux communes ou à la province, non à l'État; ce serait une précieuse ressource pour les travaux de viabilité, et le colon, voyant l'emploi auquel cet impôt est désigné, ne murmurerait pas en le payant; quand il s'agit d'impôts, on ne doit pas seulement considérer le résultat réel, il faut encore tenir compte de l'opinion qu'on en a ; la croyance générale qu'un impôt est mauvais et vexatoire produit souvent plus de mal que si l'impôt était réellement, et sans qu'on le sût, vexatoire et mauvais. Or, nulle part l'opinion n'a autant de force et d'influence que dans une colonie, nulle part il n'importe autant de la ménager.

La question de l'impôt foncier en Algérie est toujours à l'étude : dans sa session extraordinaire du mois de février 1884, le Conseil supérieur de l'Algérie a adopté un projet de loi pour l'établissement d'une taxe foncière ; cette taxe serait perçue en centimes additionnels, calculés sur un principal fictif. Les terres seraient divisées en quatre classes, d'après leur mode de culture : 1re classe, vignes, orangeries, jardins et vergers, etc. ; 2e classe, terrains irrigués, olivettes, prairies, cultures industrielles permanentes; 3e classe, terres labourables, chemins de fer et canaux ; 4e classe, pâtures, palmiers nains, landes et friches, terres vagues, bois, etc. On adoptait pour ces différentes classes le tarif suivant : 6 fr., 2 fr., 1 fr., 0 fr. 15. C'étaient là les chiffres qui devaient servir de base à l'impôt. Nous croyons que l'Algérie aurait tout intérêt à établir un impôt foncier qui, toutes charges additionnelles comprises, ne dépassât jamais les chiffres ci-dessus énoncés pour chaque classe de propriétés. On attend encore une loi sur ce point.

Quoique la population en général ne soit pas opposée à l'établissement de cet impôt, parce qu'elle sent le besoin de procurer des ressources aux pouvoirs publics, l'accueil qui a été fait à la proposition de l'établir a varié suivant les départements algériens. Ainsi, consultés en 1883, le Conseil général d'Alger, qui est le plus éclairé et le plus modéré, s'est montré favorable ; celui d'Oran, qui est le plus agité, aurait déclaré, sans se prononcer absolument contre le principe, qu'il repouserait l'intervention même nominale de l'État dans l'établissement des rôles, et celui de Constantine a simplement refusé de discuter le projet. Voyant les choses de plus haut, le Conseil supérieur a arrêté avec compétence et intelligence le plan qui précède.

En attendant un impôt foncier frappant les terres, une loi du 23 décembre 1884 a institué une taxe foncière sur les propriétés bâties ; elle donne aux pouvoirs locaux (départements et communes) la faculté d'établir des *centimes additionnels* à cette taxe sur un *principal* purement fictif, c'est-à-dire qui n'existe que nominalement. Cet impôt sur les propriétés bâties est, d'ailleurs, en Algérie un impôt de quotité, non de répartition comme en France ; l'impôt de quotité est en principe préférable si on ne le révise pas trop sévèrement et que les évaluations durent dix ou quinze ans afin de soustraire le contribuable à l'arbitraire. Appliqué à partir du 1ᵉʳ janvier 1885, cet impôt n'a soulevé aucune difficulté sérieuse. Dans les trois départements, plus de 150,000 propriétaires fonciers ont été imposés individuellement; il ne s'est formulé que 402 réclamations, soit 3 pour 1,000 articles : encore le tiers de ces réclamations était de pure forme pour des changements de nom (1). C'est là un excellent

(1) *Procès-verbaux des délibérations du Conseil supérieur*, session de novembre 1886, p. 382.

début et qui devrait faire adopter, sans plus de retard, la loi relative à l'établissement d'un impôt modéré sur les terres.

Si nous ne répugnons pas au fonctionnement de l'impôt foncier en Algérie, avec des modifications toutefois que nous venons d'indiquer, il est des taxes qui ne sauraient être trop modérées dans les colonies : ce sont les droits d'enregistrement et de mutation. Ces taxes en France sont beaucoup trop élevées ; elles tendent à consacrer l'immobilité et l'inaliénabilité des biens-fonds. En effet, sauf le cas exceptionnel où les terres ont acquis au bout de peu de temps une plus-value considérable, on est réduit à les vendre moins cher qu'elles n'ont coûté tous frais compris ; il en résulte qu'on ne les vend qu'à la dernière extrémité ; de même ce système de hauts droits empêche qu'on ne vende une terre pour en acheter une autre. Cette opération serait presque toujours mauvaise, puisqu'on devrait commencer par payer au trésor et aux officiers ministériels un droit qui ne monte pas à moins de 9 ou 10 p. 100. Répétée souvent, cette spéculation finirait par ruiner complètement celui qui s'y livrerait. Or, dans les colonies, il est parfois très utile que les terres changent souvent de main ; il y a des hommes qui sont de leur nature enclins à défricher et qui savent mieux que personne porter les terres incultes au premier degré de culture, mais qui, une fois arrivés à ce point, n'ont plus le goût ou la capacité des perfectionnements ultérieurs ; il est, au contraire, d'autres cultivateurs plus soigneux qui n'aiment ou ne s'entendent à prendre les terres qu'après ce premier travail de préparation, et qui savent alors admirablement les améliorer.

Dans le Far-West de l'Amérique les terres changent en général trois fois de propriétaires en un laps de temps de quelques années ; il est rare que celui qui a défriché le sol le possède au bout de dix ans ; il s'est formé ainsi aux États-Unis trois catégories très distinctes de cultivateurs qui se succèdent à quelques années d'intervalle sur les mêmes espaces. L'un habite une hutte (*loghouse*) et défriche; le second se construit une grande maison de bois et fait une culture extensive avec un peu de bétail, mais sans grand capital; le troisième se bâtit une maison en pierre et se livre à grands frais à une culture intensive; cette division du travail correspond à une division naturelle d'aptitudes et de goûts et à une division sociale de fortune et de capitaux. On peut dire que sans cette triple catégorie de cultivateurs les progrès du Far-West seraient infiniment plus lents et que la culture n'y serait ni aussi étendue ni aussi avancée. Il en est de même en Australie. Il est très rare que le *squatter* devienne *settler*.

Il est incontestable que dans une colonie la terre doit changer plus souvent de mains que dans une métropole; or, les droits d'enregistrement et de mutation par leur élévation empêchent les aliénations; nous pouvons dire qu'ils entravent du même coup les progrès de la culture. Combien n'est-il pas désirable de faciliter les échanges, mais comment cela serait-il possible avec des taxes considérables?

Les droits sur les transmissions d'immeubles entre-vifs ne devraient donc pas dépasser 1 p. 100 de la valeur, tous accessoires compris. Il est, au contraire, déraisonnable d'exempter l'Algérie, comme on l'a fait, des droits de succession: ceux-ci, quand ils sont modérés, se tenant dans la limite de 1 p. 100 en ligne directe et de 5 p. 100 au maximum entre collatéraux éloignés ou personnes non parentes, ne constituent pas un obstacle à la colonisation. Les droits de timbre aussi sont de mise, mais également avec des tarifs affaiblis qui ne devraient pas être de plus des deux tiers de ceux actuellement usités en France. Quant aux contributions indirectes intérieures, on ne peut les appliquer qu'à quelques articles importants et qui sont produits dans peu d'exploitations comme on vient de le faire pour la bière et l'alcool. La taxe sur cette dernière denrée pourrait même être accrue et portée à 70 ou 80 francs au lieu de 45. Cet accroissement des droits laisserait encore l'impôt sur l'alcool à un taux moitié moins élevé que dans la métropole. Toutes ces mesures jointes à un impôt foncier rural modéré pourraient produire 6 ou 7 millions de francs qui seraient les bienvenus, car le budget de la colonie est relativement pauvre pour les travaux utiles dont elle peut se charger dans l'intérêt de son développement rapide.

Une ressource naturelle à une colonie agricole, c'est la vente des terres domaniales. Que de recettes l'Australie du Sud s'est faite en battant monnaie avec ses terres ! Nous n'avons aucun doute que l'Algérie ne puisse tirer aussi des subsides de ce fonds commun. Mais il faudrait de premières dépenses intelligentes. Si l'Australie du Sud a beaucoup gagné avec son sol, elle a commencé par faire de grandes avances en *surveys* ou arpentages. Il faudrait de plus que le régime général de la colonie exerçât de l'attrait au dehors. Dans ces conditions, avec le double mode de vente à prix fixe et à bureau ouvert pour les terres ordinaires et de vente aux enchères publiques pour les terres exceptionnelles, on pourrait sans doute se procurer plusieurs millions par année.

Ces lignes que nous écrivions avant l'expérience des trois dernières années ont reçu des faits un commencement de confirmation. On a vu plus haut, en effet (page 107), que sur les 780,000 hectares d'immeubles non affectés à des services publics et n'appartenant pas au régime forestier, qui constituaient le domaine disponible de l'État en 1885, on en avait vendu, en 1886, 13,182 hectares pour 911,097 francs. Une nouvelle vente aux enchères devant porter sur 155 lots d'une superficie totale de 12,400 hectares était annoncée pour le mois d'avril 1887. Si le Parlement se décidait à voter le projet de loi, déposé depuis plusieurs années pour l'utilisation du domaine disponible, on pourrait aliéner 25 à 30,000 hectares par an, et l'on atteindrait probablement un rendement de 1,500,000 francs à 2 millions. Il est vrai que ces sommes devraient être employées, comme nous l'avons dit, à acheter aux Arabes de gré à gré dans la province d'Oran des terres qu'on pût livrer à la colonisation.

Cependant, il ne faudrait pas s'imaginer qu'une colonie comme l'Algérie pût, dans un avenir très prochain, soit couvrir ses dépenses totales, soit donner un revenu à la métropole. Elle ne subvient même pas actuellement à tous les frais de l'administration civile. Il est intéressant de suivre le mouvement des impôts depuis quelques années. Un colon compétent, M. le docteur Warnier, dans sa brochure *l'Algérie devant l'opinion publique*, donne les chiffres suivants comme produits des impôts en 1862 (1) :

2.761.848 indigènes ont payé. 19.292.817 fr. soit 7 fr. 70 par tête.
  204.877 Européens   — 17.450.311 fr. soit 85 fr. 15 —

Ces chiffres comprennent, bien entendu, les taxes provinciales et locales. Dans le budget de 1887, les recettes sont évaluées par le ministre des finances à 38,760,442 francs, mais les taxes départementales et communales en doublent à peu près le chiffre et le portent à 75 ou 80 millions (2). La meilleure manière d'arriver à accroître le produit de l'impôt, c'est d'attirer une immigration notable. Si l'Algérie avait 1,000,000 de colons européens, on peut dire sans exagérer qu'elle payerait largement ce qu'elle coûte, même les

(1) Si impartial que voulût être le Dr Warnier, on doit dire qu'à son insu, comme beaucoup de colons algériens, il exagérait les charges portant sur les colons seuls et rabaissait celles qui grèvent les indigènes.

(2) Pour les seules contributions diverses en 1885, les sommes portées au budget ordinaire de l'État montent à 13,009,100 fr., et celles au budget sur ressources spéciales à 4,287,000 fr., tandis que la totalité des encaissements, en y joignant les budgets locaux, atteint 31,617,355 fr. (Conseil supérieur, procès-verbaux, session de novembre 1886, p. 356).

dépenses de l'armée : si 400,000 colons payent 30 ou 40 millions de francs, 1,000,000 de colons payeraient facilement 100 millions de francs et plus encore, car la puissance contributive individuelle augmente avec la masse des individus ; une collection de 1,000,000 d'hommes civilisés et actifs sur une terre considérable et féconde ne produira pas seulement deux fois et demie plus que 400,000 individus dispersés sur une vaste étendue, elle produira probablement quatre ou cinq fois plus.

Les documents officiels récents sont loin de concorder d'une manière absolue dans les chiffres qu'ils donnent sur la situation financière de l'Algérie. Les publications qui sont rédigées à Alger font apparaître un excédent annuel des recettes, et les publications, au contraire, qui s'éditent à Paris font ressortir un déficit notable et permanent. D'après la *Statistique générale de l'Algérie* pour les années 1879 à 1881 (1), le budget du gouvernement général se divisait en deux parties : 1° le budget ordinaire qui, par une anomalie, est formé des recettes ordinaires et des recettes extraordinaires ; 2° le budget sur ressources spéciales. Les recettes ordinaires se composent des produits perçus par les services de l'enregistrement, timbre et domaine, des douanes, des contributions diverses, des postes et télégraphes et de recettes variées groupées sous le nom de produits divers. Les recettes dites extraordinaires et néanmoins incorporées au budget ordinaire proviennent du produit des contributions de guerre, quand on juge à propos d'en établir sur les Arabes pour faits de rébellion, de la part faite à l'Algérie pour exécution de travaux publics dans le produit de l'émission des rentes 3 p. 100 amortissable, etc. Les ressources dites spéciales comprennent : le produit des centimes additionnels extraordinaires, affectés à la constitution de la

---

(1) *Statistique générale de l'Algérie,* années 1879 à 1881, p. 18.

propriété indigène privée ; le remboursement des frais de contrôle et de surveillance des chemins de fer algériens; le dixième du principal des impôts arabes attribués aux chefs collecteurs, les produits enfin affectés au service de l'assistance hospitalière.

Composés de ces éléments si divers, les budgets du gouvernement général de l'Algérie dans les années 1878 à 1880 auraient donné, d'après la *Statistique générale* algérienne, les résultats suivants :

	Budget des recettes.				Budget des dépenses.
	Budget ordinaire.		Budget sur ressources spéciales.	Total général des recettes.	
Années.	Recettes ordinaires.	Recettes extraordinaires.			
	Francs.	Francs.	Francs.	Francs.	Francs.
1878	28.968.844	3.500.000	3.612.813	36.081.657	32.006.322
1879	30.037.694	3.500.000	3.644.178	37.181.872	35.630.590
1880	31.908.395	3.500.000	3.479.130	38.887.525	32.733.203

A en croire ces chiffres, le budget algérien se serait soldé pendant ces années par un excédent important des recettes. 4 millions de francs en 1878, 1,500,000 francs en 1879, et 6 millions en 1880. Il est vrai que, la métropole donnant chaque année 3 millions et demi de francs pour les travaux publics, on ne retrouverait guère pour l'ensemble de ces cinq années que le simple équilibre.

La statistique triennale suivante publiée par l'administration algérienne est, prise en bloc, non moins satisfaisante. Dans l'intervalle la législation budgétaire de l'Algérie a été modifiée ou plutôt bouleversée d'une façon, selon nous, très malencontreuse. Les décrets des 26 août, 20 et 21 septembre 1881 ont supprimé le budget du gouvernement général; les crédits qui constituaient ce budget ont été répartis sur les budgets des différents ministères analogues de la métropole. Comme on est convenu, dans le jargon politique courant, que tout changement doit s'appeler réforme, nous ne sachions pas de « réforme » plus absurde et plus préjudiciable à tous, aussi bien à la métropole qu'à la colonie. Cette concentration crée la confusion; elle conduit en outre à l'incompétence administrative.

Les nouveaux cadres budgétaires comprennent, comme auparavant, un budget ordinaire, un budget sur ressources extraordinaires et un budget sur ressources spéciales. Voici quelles ont été dans les trois années 1881-1883 les recettes perçues et les sommes dépensées :

Années.	Budget des recettes.				Budget des dépenses.
	Recettes ordinaires.	Recettes sur ressources extraordinaires.	Recettes sur ressources spéciales.	Total.	
	Francs.	Francs.	Francs.	Francs.	Francs.
1881......	32.249.760	3.500.000	5.155.490	40.905.250	43.709.960
18 2......	34.442.819	4.100.000	3.967.612	42.510.441	41.876.596
1883......	36.135.594	3.246.333	4.249.679	43.631.617	38.507.416

Sur ces trois années, dans une seule les dépenses n'auraient pas été couvertes par les recettes; si on considère seulement les dépenses des budgets ordinaires, elles auraient été respectivement de 33,700,997 francs, 33,397,654 francs, 31,669,123 francs, c'est-à-dire, sauf en 1881, régulièrement inférieures aux recettes ordinaires; mais le document officiel a soin de nous prévenir par une note que le budget des recettes ordinaires comprend « les fonds de concours, dont une partie appartient au budget extraordinaire » (1). On ne saurait mieux déclarer que tout ce groupement est fait au hasard.

Tous les documents officiels algériens s'expriment, d'ailleurs, avec un certain lyrisme sur la situation financière de la colonie. M. le gouverneur général Tirman, dans son discours à la séance d'ouverture du conseil supérieur de

(1) *Statistique générale de l'Algérie*, années 1882-1884, p. 21.

l'Algérie (session de novembre 1886), fait valoir que « de
« 1870 à 1884 les recettes se sont élevées de 14,542,000 francs
« à 35,944,000 francs, ce qui représente une augmentation
« de 21,402,000 francs, c'est-à-dire de 150 p. 100, et une
« plus-value moyenne de 1,516,000 francs par an. Si l'on
« considère que, pour les années 1879 à 1884, cette moyenne
« a atteint 1,606,000 francs et s'est même élevée pour les trois
« dernières années de cette période à 2,124,000 francs, on
« admettra qu'en ne prévoyant qu'une majoration annuelle
« de 1,200.000 fr., on ne s'exposera à aucun mécompte. »
Le gouverneur général en conclut à une vaste combinaison
fondée sur les plus-values pour effectuer rapidement des travaux publics. D'autre part, M. Étienne, député d'Oran, dans son
rapport sur le budget de 1887, écrit (page 33) : « Les recettes
sont évaluées par M. le ministre des finances à 38,760,442 fr.,
et nous avons la conviction qu'elles dépasseront 40 millions,
les dépenses s'élèveront environ à 41 millions. On peut
donc dire que les recettes égalent les dépenses. »

La situation réelle, toutefois, est moins favorable que
ces documents d'origine algérienne ne l'indiquent. Un
recueil officiel français a dressé le tableau des recettes et
des dépenses de l'Algérie de 1840 à 1882 (1), en rassemblant
non seulement les dépenses effectuées par le gouvernement
général lui-même, mais encore celles que défrayent sur le
sol algérien les divers ministères de la métropole, comme
ceux de la justice, des cultes, des travaux publics, l'administration des douanes, etc. Le ministère de la guerre n'entre
pas en ligne de compte, étant entendu que l'entretien de
l'armée d'Algérie est tout entier à la charge du budget
métropolitain. Le recueil officiel fait remarquer qu'il y a
quelques petites dépenses, concernant l'Algérie, qui se trouvent confondues dans les divers chapitres des ministères de

(1) *Bulletin de statistique et de législation comparée*, publié par le
ministère des finances, livraison de juin 1885, pages 662 et suivantes.

la métropole et qu'on n'a pu décomposer de manière à les faire entrer comme éléments dans le tableau dont il s'agit; mais il ajoute que ces dépenses ont peu d'importance. Le terrain circonscrit de cette façon, voici quelles auraient été les recettes et les dépenses de l'Algérie à différentes époques. Pour les années 1883 à 1886 nous complétons le tableau, par les chiffres de même nature que fournit le 1er volume du budget général de l'exercice 1886, pages 366 et 367 :

	Recettes (1).				Dépenses.	
	Produits et revenus de l'Algérie.	Fonds de concours.	Budget sur ressources spéciales.	Total général des recettes.	Total général des dépenses.	Excédent des recettes + ou déficit —
Années.	Francs.	Francs.	Francs.	Francs.	Francs.	Francs.
1840....	1.833.000	» »	» »	1.833.057	4.086.801	— 2.253.764
1847....	12.683.884	» »	» »	12.683.885	17.058.854	— 4.374.969
1851....	14.569.038	» »	» »	14.569.038	15.635.225	— 1.066.187
1857....	19.995.970	» »	» »	19.995.970	17.794.937	+ 2.201.333
1860....	19.717.317	» »	» »	19.717.317	21.377.021	— 1.659.704
1869....	15.023.822	18.475	131.482	15.173.779	37.279.146	—22.105.367
1876....	28.041.520	2.189.096	3.371.663	33.602.279	34.369.987	— 767.708
1877....	27.167.784	2.297.953	3.826.296	33.292.033	32.653.372	+ 638.661
1878....	26.309.349	1.983.135	3.876.013	31.168.497	34.424.653	— 2.256.156
1879....	28.382.138	1.737.126	3.917.735	34.036.999	35.264.814	— 1.227.815
1880....	29.266.401	2.021.264	3.633.802	34.921.467	32.126.920	+ 2.794.547
1881....	29.572.023	721.216	4.496.441	34.789.680	47.078.795	—12.289.115
1882....	28.413.503	355.837	4.280.950	33.050.290	47.453.389	—14.403.099
1883 (2).	34.519.824	297.609	3.049.092	37.866.525	42.101.602	— 4.235.077
1884....	39.170.203	583.153	2.935.335	42.688.711	52.738.894	—10.000.183
1885....	37.683.723	» »	3.093.945	40.777.688	51.651.769	—10.874.101
1886....	39.119.203	» »	3.718.425	42.837.628	52.738.473	— 9.900.845

(1) On remarquera que les chiffres ci-dessus ne concordent pas toujours exactement avec ceux des documents algériens cités plus haut.

(2) Pour les années 1883 et 1884 les chiffres expriment la situation provisoire des exercices, pour l'année 1885 ils représentent le budget voté et pour l'année 1886 le projet de budget. Il résulte des chiffres publiés comme annexes à l'*Exposé des motifs* du budget de 1886, et dont le tableau ci-dessus reproduit les principaux, que dans la période de 1840 à 1862 les excédents de dépenses de l'Algérie (armée non comprise) ont été, pour vingt et un exercices, de 77,924,042 francs; si l'on en déduit les excédents de recettes des deux années 1856 et 1857, on a un excédent total de dépenses de 74,949,893. Dans la période de 1863 à 1886, les excédents de dépenses pour vingt exercices montent à 197,536,289 francs; si l'on en déduit les 7,412,521 francs d'excédent de recettes de quatre exercices, on a un total d'excédents de dépenses pour la période de 1863-1886 de 190,123,768 francs; pour toute la période 1840 à 1886, l'excédent des dépenses civiles à la charge de la métropole s'élève à 265,073,661 francs.

Le budget de l'Algérie serait donc en déficit presque constant, et considérable pour les dernières années. Encore doit-on dire que le rédacteur de ces statistiques n'y a pas fait entrer les versements faits par la Société générale algérienne et dont le gouvernement français servait l'intérêt. Ces versements ont monté à 87 millions échelonnés de 1865 à 1878. Les recettes extraordinaires, dont nous avons indiqué l'origine et qui, dans les dernières années, pour une moyenne de 3 millions et demi de francs, sont fournies gratuitement par la métropole, viennent encore constater une nouvelle insuffisance des ressources propres à l'Algérie ; les fonds de concours aussi dissimulent souvent des subventions métropolitaines. En définitive, on peut évaluer à 15 ou 20 millions de francs par an, non compris l'entretien de l'armée, la charge que le gouvernement général de l'Algérie impose au budget métropolitain. Une de ces charges consiste dans les travaux publics extraordinaires notamment dans les garanties d'intérêt que l'État français accorde sur son propre budget aux diverses compagnies de chemins de fer algériens, celle de Lyon-Méditerranée pour les lignes d'Oran à Alger et de Philippeville à Constantine, celles de Bône à Guelma, de l'Est-Algérien, de l'Ouest-Algérien, etc. Ces charges montent à 14 ou 15 millions par année. Il est vrai qu'il est stipulé que ce ne sont que des avances remboursables ; mais il est fort douteux que des remboursements de quelque importance s'effectuent avant un quart de siècle.

La métropole fait encore pour l'Algérie quelques autres sacrifices. Elle verse des subsides aux budgets des départements algériens et des communes. Une loi du 10 avril 1879 a affecté à ces communes et à ces départements une somme de 40 millions, réduite ensuite à 35 millions, pour l'achèvement des chemins de grande communication, d'intérêt commun et des chemins vicinaux ordinaires. L'État français reste donc encore dans une mesure assez importante le donateur et le bailleur de fonds de la colonie.

Aux ressources proprement algériennes du budget général de l'Algérie, lesquelles, se composant des recettes dites ordinaires et des ressources spéciales, montent à 40 ou 41 millions de francs en chiffres ronds, il faut joindre les budgets des départements algériens et des communes. Pour l'année 1883 les recettes effectuées pour le compte des départements aux budgets départementaux montaient à 8,800,000 francs pour les recettes ordinaires et à 5,012,000 francs pour les recettes extraordinaires, soit ensemble 14 millions environ. En 1882 les communes algériennes avaient un budget de 21,000,000 francs de recettes ordinaires, et 24,916,000 francs de recettes extraordinaires, soit ensemble 46 millions de francs. La totalité des dépenses publiques, c'est-à-dire celles de la colonie (armée non comprise), des départements et des communes, monte ainsi approximativement à 100 millions de francs et même à 115 millions avec les garanties d'intérêts non portées au budget; sur cette somme totale on peut évaluer que 25 millions environ sont fournis en subsides divers par la métropole. Si l'on y comprenait l'armée, à laquelle est rattachée la gendarmerie, ce serait bien à 70 ou 80 millions de francs que monterait la subvention annuelle du budget métropolitain à notre colonie. Dans l'intérêt de l'exactitude et de la justice, il est bon de faire connaître ces chiffres.

Il n'est pas sans intérêt de jeter un coup d'œil sur quelques-uns des impôts propres à l'Algérie. Dans l'année 1883 les 35,133,595 francs de recettes ordinaires avaient pour origine : l'enregistrement, le domaine et le timbre, c'est-à-dire particulièrement des taxes sur les transactions, car les produits des domaines étaient alors très faibles, pour 11,537,768 francs; les douanes, 7,789,144 francs; les contributions directes pour 7,837,037 francs; les contributions dites diverses pour 4,234,370 francs; les postes et les télégraphes pour 3,139,038 francs; les produits divers enfin pour 1,578,238 francs. La recette totale de 36,135,595 francs, provenant des services précédents en 1883, représentait une augmentation de 85,41 p. 100 relativement à l'année 1872, où les mêmes revenus n'avaient fourni que 19,489,442 francs. La progression pendant ces douze années avait été ininterrompue, sauf un léger fléchissement en 1877. Cette plus-value totale de 85,41 p. 100 se divise ainsi pour les plus-values partielles : 73,39 p. 100 sur l'enregistrement, le domaine et le timbre, 114,11 p. 100 pour les douanes, 67,02 p. 100 pour les contributions directes et diverses, 67,86 p. 100 pour les postes et télégraphes; quant aux produits divers, dont l'importance est d'ailleurs secondaire, ils auraient presque vingtuplé dans cet intervalle. Les plus-values ont continué depuis lors, et l'ensemble des recettes, d'après le rapport de M. Étienne sur le budget de 1887, se serait élevé en 1886 à 40,988,000 francs. On a vu plus haut avec quel enthousiasme le gouverneur général parle de ces plus-values constantes dans le passé, qui pourront peut-être à l'avenir être de temps en temps interrompues, mais qui néanmoins sont naturelles dans un pays neuf, insuffisamment peuplé et cultivé.

Quant aux budgets départementaux ordinaires, en l'absence de tout impôt foncier régulier, sauf celui sur la propriété bâtie, établi en 1884, ils s'alimentent principalement aux sources suivantes : le prélèvement fait sur l'impôt arabe (cinq dixièmes), les produits éventuels, les subventions de l'État, les contingents communaux et les subventions des particuliers pour constructions de chemins vicinaux (grande communication et intérêt commun) et chemins de fer d'intérêt local. En définitive c'est l'impôt arabe qui forme la plus grande partie des ressources provenant d'impôts et affectées aux budgets ordinaires des départements; les budgets extraordinaires départementaux ne se composent que du produit des emprunts ou de ventes d'immeubles et d'objets mobiliers.

Les recettes ordinaires des communes sont constituées pour la moitié environ par l'octroi de mer, supplément à la douane dont nous avons parlé, puis par les centimes additionnels au principal fictif de l'impôt foncier sur la propriété bâtie, les taxes sur les loyers, les patentes du commerce, les droits de halles et de marchés, d'abattoirs, etc.

Dans cette nomenclature des recettes départementales et communales un seul chapitre mérite une attention particulière, c'est celui des impôts arabes. Ce genre de taxe contribue dans une proportion notable à alimenter le budget général et dans une plus forte encore les budgets départementaux, communaux et l'Assistance publique. Les impôts dits arabes sont établis, pour la plus grande part, d'après les résultats de la récolte et la richesse des troupeaux. Ils sont au nombre de quatre : le *Hockor*, l'*Achour*, le *Zekkat* et la *Lezma*. Le premier n'existe que dans la province de Constantine et ne frappe que les terres *arch* ou de propriété collective, se superposant pour elles à l'*Achour*. Celui-ci pèse sur les céréales. Il est, en général, à peu près proportionnel à l'étendue des terres cultivées et a pour base « la charrue ». Ce que l'on appelle, dans le langage fiscal, la charrue, ce n'est pas l'instrument même qui est connu sous ce nom, c'est la superficie que cet instrument peut labourer, superficie qui n'est pas uniforme et qui change suivant la nature du terrain. Cette surface est en moyenne de 10 hectares. Sous le régime turc on acquittait l'*achour* en nature : l'administration française l'a converti, dans les départements d'Alger et d'Oran, en une taxe pécuniaire qui est supputée chaque année d'après l'importance des moissons et le prix des denrées, et dans le département de Constantine en une taxe fixe de 25 francs qui, combinée avec le *Hockor*, porte

14

à 45 francs par charrue, c'est-à-dire par 10 hectares en moyenne, l'impôt perçu sur la terre en culture appartenant aux Arabes. C'est là un impôt fort lourd, à notre sens, car en France les terres arables de même qualité et de même produit ne payent certainement pas 4 fr. 50 par hectare en principal et en centimes additionnels réunis.

Les troupeaux appartenant aux indigènes payent, en outre, un droit que l'on appelle le *Zekkat*. Les tarifs en sont arrêtés chaque année par le gouverneur général, sans distinction de territoire civil ou militaire; le taux actuellement en usage est de 4 francs pour les chameaux, 3 francs pour les bœufs, 0 fr. 20 pour les moutons et 0 fr. 15 pour les chèvres. Quant à la *Lezma*, elle se présente sous deux formes différentes, tantôt celle d'une capitation graduée, comme dans la grande Kabylie, tantôt celle d'une taxe sur les palmiers. Quand elle est un impôt de capitation, on répartissait, avant 1887, les hommes capables de porter les armes en quatre catégories suivant leur fortune présumée : la catégorie la plus pauvre est exempte d'impôt; les autres, jusqu'en 1887, étaient taxées à 15 francs, 10 francs et 5 francs.

Un changement introduit à partir du 1ᵉʳ janvier 1887 dans l'assiette de l'impôt de capitation spécial à la grande Kabylie a considérablement accru cette capitation graduée. Aux quatre classes préexistantes on en a substitué six : 1° les indigents, qui ne payeront rien; 2° les individus ayant des ressources médiocres, qui payeront un impôt fixe annuel de 5 francs : 3° ceux ayant une fortune moyenne, qui seront taxés à 10 francs; 4° ceux ayant une réelle aisance qui payeront 15 francs; 5° les gens riches, auxquels on demandera 50 francs par an; 6° les gens très riches, qui devront payer 100 francs.

D'après les statistiques relatives à l'année 1885, on avait imposé à la capitation 85,969 Kabyles, dont 31,544 dans la première catégorie, c'est-à-dire assujettis à 15 francs de taxe individuelle, 22,843 Kabyles dans la seconde catégorie, celle qui paye 10 francs et 31,582 dans la troisième, celle qui doit acquitter 5 francs. Avec les modifications que l'on applique en 1887, on pense que, parmi les 31,544 Kabyles de l'ancienne première classe, il y en aura le dixième, soit environ 3,150, qui passeront dans les nouvelles classes supérieures créées, soit 2,100 Kabyles qui payeront 50 francs de capitation et 1,050 qui acquitteront 100 francs. Ce sont là des taxes très élevées, il est bien peu de paysans riches dans nos départements, qui les acquitteraient sans de vives récriminations, il est probable que si l'on voulait établir des droits de ce genre sur les colons, on trouverait une résistance opiniâtre (1).

L'impôt sur le bétail ou *zekkat* a été perçu, en 1885, sur 234,258 chameaux, 950,098 bœufs, 8,173,255 moutons, 4,698,435 chèvres, ensemble 14,056,046 animaux imposés.

Dans la période de 1874 à 1880, le produit de tous ces impôts arabes réunis a varié de 13 millions de francs à plus de 14 millions. Le maximum a été atteint en 1875, où la moitié de ces impôts versés au budget du gouvernement général montait à 7,093,000 francs; l'autre moitié, d'égale somme, figurait aux budgets départementaux. Dans les années suivantes, les récoltes ayant été en général mauvaises, les

---

(1) Dans la fameuse tournée ou caravane parlementaire, entreprise au printemps de 1887, par trois ministres et deux cents députés et journalistes dans l'Afrique française, les dithyrambes officiels furent troublés par un incident caractéristique. La voiture de M. Berthelot, ministre de l'instruction publique, traversant la grande Kabylie, fut littéralement assiégée par des milliers de Kabyles qui apportaient au représentant du gouvernement central leurs plaintes au sujet de l'augmentation par décret de la taxe de capitation en Kabylie. Cet incident a eu en France un très grand retentissement. Il est probable que, à la suite de l'émotion produite, on réduira les surtaxes énormes que l'on avait établies. Mais il ressort avec toute évidence de ces faits regrettables qu'il faut absolument renoncer à administrer l'Algérie par de simples décrets et qu'il convient, en outre, d'accorder des droits électoraux aux indigènes algériens pour qu'ils puissent faire entendre leurs plaintes dans le Parlement.

impôts arabes n'ont plus produit en tout que 12 millions et demi à 13 millions de francs, qui se répartissent ainsi : environ 1 million pour l'*hockor*, 5 millions pour l'*achour*, 5 millions pour le *zekkat*, 1 million et demi pour la *lezma*.

A partir de 1884 on a bénéficié d'une augmentation considérable. Dans cette année, les impôts arabes ont fourni 15,876,700 francs en principal, et avec les centimes additionnels 19,324,947 francs. En 1885, par suite des intempéries qui ont diminué les étendues consacrées aux cultures des céréales, le produit ne s'en est plus élevé qu'à 15,299,937 francs en principal et à 18,612,732 francs avec les centimes additionnels. Enfin en 1886, d'après le discours du gouverneur général à l'ouverture du Conseil supérieur, le montant des constatations pour ces impôts a monté à 16,316,000 francs en principal et, avec 3,506,000 francs de centimes additionnels, à un chiffre total d'environ 20 millions. Déduction faite des frais de perception et des non-valeurs, il reste 18 millions nets à répartir entre le Trésor, les départements, les communes mixtes et indigènes, l'Assistance publique et le service de la propriété. Cette énorme progression d'une catégorie d'impôts que l'on croyait destinée à disparaître n'a pas été sans étonner et exalter les administrateurs. Ce sont les impôts arabes qui ont fourni à la colonie sa ressource la plus assurée et la plus progressive.

Le gouverneur général, M. Tirman, le reconnaît dans le passage suivant du discours auquel nous faisions allusion :

« A la faveur de la progression qui s'est produite, depuis
« 1881, dans le rendement de ces impôts arabes, les dépar-
« tements algériens, dont ils constituent la principale res-
« source, ont vu leur situation financière se modifier de la
« manière la plus heureuse. Il y a trois ans, on considé-
« rait que l'allocation d'une subvention exceptionnelle de

« 1,500,000 francs était indispensable pour leur permettre
« de liquider leur arriéré. Aujourd'hui, Messieurs, la situa-
« tion est tout autre. Seul, le compte du département
« d'Oran, pour l'exercice 1885, s'est réglé avec un léger dé-
« ficit qui disparaîtra d'ailleurs en 1887. Le département
« d'Alger a pu, non seulement éteindre ses dettes, mais
« encore reporter sur l'exercice courant un excédent de
« recettes de 858,000 francs. Quant au département de Cons-
« tantine, dont la situation n'a jamais cessé d'être prospère,
« le montant des ressources rattachées à son budget ordi-
« naire de la présente année a dépassé 1 million.

« Grâce, également, à la plus-value des impôts arabes,
« qui l'alimentent par des centimes additionnels, le service
« de l'Assistance publique, naguère si obéré, fonctionne au-
« jourd'hui dans des conditions satisfaisantes. Nous avons
« pu, récemment, répartir entre les divers hôpitaux de l'Al-
« gérie une somme de près de 400,000 francs destinée à
« leur permettre de renouveler ou de compléter leur maté-
« riel. Des subventions importantes ont, en outre, été affec-
« tées à l'achèvement ou à la reconstruction de plusieurs
« hôpitaux, notamment de ceux de Mustapha, d'Oran, de
« Constantine et de Bône. »

On ne saurait mieux faire l'éloge des impôts arabes au point de vue des services qu'ils rendent aux colons. Il ne faut pas oublier cependant que ces taxes sont lourdes.

Ces impôts, en effet, sont supportés non pas par les 3,300,000 indigènes, mais simplement par la partie de ces indigènes qui cultivent les terres, sans être aux gages des propriétaires européens et sans habiter les villes. En estimant leur nombre à 2 millions on est plutôt au-dessus qu'au-dessous de la vérité. C'est donc 10 francs d'impôts par tête sur une population qui est en général pauvre et dont la production est médiocre. Si l'on réfléchit qu'en France l'impôt foncier, principal et centimes additionnels compris, ne représente guère que 10 francs par tête (1), on ne peut se dissimuler que les indigènes sont trop lourdement imposés. Bien loin d'aggraver, comme le proposent souvent les colons, le poids des taxes qui les grèvent, il conviendrait plutôt, au contraire, de l'alléger.

C'est en effet, parmi les représentants des Européens d'Algérie, une coutume de prétendre que les Arabes sont peu taxés. M. Warnier, député d'Alger, l'affirmait il y a vingt-cinq ans; M. Étienne fait de même dans son rapport général sur le budget de 1887 (page 35) : « L'indigène est loin d'être « durement frappé par le fisc, dit-il, la quotité de l'impôt « total qu'il paye à l'État, aux départements et aux com- « munes, ne dépasse pas 9 fr. 50 par tête, alors que l'Eu- « ropéen paye aujourd'hui près de 50 francs, puisque la loi « de 1884 a mis en vigueur l'impôt sur la propriété bâtie, à « partir du 1er janvier 1885. » Ce raisonnement est loin d'être rigoureux : on oublie, en effet que les indigènes payent leur part des droits de douane et de l'octroi de mer, qu'ils acquittent notamment les droits sur les tissus, sur le café, le tabac, le sucre, qu'ils supportent, au moins par répercussion, une partie des impôts des patentes et de timbre. On néglige de dire surtout que presque toutes les dépenses publiques sont faites pour les colons : le fait est frappant, comme on le verra plus loin, pour les écoles. L'indigène participe donc largement au budget des recettes et petitement au budget des dépenses.

Il est donc imprudent de chercher, comme en 1887, à augmenter les impôts arabes. Quant à les transformer, comme certaines personnes le proposent, ce serait une entreprise très délicate, d'un résultat incertain et qui n'est nullement urgente. Les populations primitives tiennent sur-

---

(1) Il figure au budget de 1885 pour un chiffre de 177,500,000 francs en principal et, avec les centimes additionnels, 366,500,000 francs; or, la population de la France dépasse 38 millions.

tout à la fixité et à la tradition; les taxes même lourdes qu'elles connaissent et qui ont le caractère coutumier leur paraissent moins pénibles que les nouvelles qui choquent leurs habitudes et auxquelles il leur faut des efforts d'esprit pour se plier. Ce n'est donc que dans un temps encore lointain et peu à peu que l'on pourra substituer des impôts d'une forme plus européenne à ceux qu'acquittent les indigènes algériens. Cette réforme ne devra s'introduire que par étapes, en commençant par les localités du Tell où la culture se rapprochera le plus de la nôtre : encore conviendrait-il de donner à l'indigène le choix entre la taxation s'appliquant aux Européens et la taxation qui jusqu'ici lui a été propre. Comme les impôts directs qui existent en France demanderaient à la généralité de la population indigène une somme beaucoup moins forte que celle qu'elle acquitte actuellement par les impôts arabes, on comprend que cette substitution puisse être longtemps différée.

De tout ce qui précède, il ressort que l'Algérie, au point de vue financier, s'est montrée jusqu'ici assez onéreuse pour la France : est-ce un motif de découragement?

Que, dans l'état présent, l'Algérie continue à coûter à la France des sommes assez notables (20 ou 30 millions par année, non compris l'entretien de l'armée), nous ne pouvons comprendre qu'on s'en étonne. La fondation d'une colonie est un placement à intérêt lointain et à compensations indirectes : les frais d'établissement sont très considérables et se continuent pendant des années, parfois pendant un siècle; mais au bout de ce temps, si l'affaire a été bien conduite, la colonie rend largement à la métropole tout ce qu'elle lui a coûté; elle le lui rend, non pas sous la forme d'excédent de revenu qu'elle verserait au trésor métropolitain, mais par l'activité qu'elle donne à l'industrie et au commerce de la mère-patrie, par les profits et les salaires qu'elle fournit aux fabricants et aux ouvriers métropolitains, par les produits nouveaux, meilleurs ou moins chers, qu'elle offre aux consommateurs de la métropole, par le champ d'emploi qu'elle ouvre aux capitaux et aux citoyens, par la propagation de la langue et des mœurs de la mère-patrie, par l'élargissement de l'horizon intellectuel de la nation. Il faut ignorer complètement l'histoire pour croire qu'après cinquante ans, sauf l'exception des colonies à mines, des établissements coloniaux puissent être productifs de revenu. La grande et belle île de Cuba, le joyau de l'Espagne, ne vivait qu'à force de subsides jusqu'à la fin du dernier siècle. La Virginie, le Maryland, la Pensylvanie et les autres belles provinces de l'Union américaine ont ruiné en général leurs fondateurs propriétaires. Il n'est donc pas étonnant que l'Algérie nous coûte encore les frais d'entretien de son armée et des avances pour les travaux publics. La première vertu colonisatrice est la longue persévérance (1).

Néanmoins, cinquante-sept ans après le débarquement de l'armée française à Sidi Ferruch, l'heure semble venue où

(1) Dans un *leading article* du numéro du 12 septembre 1884, le *Times* parlant de la publication du dernier volume des *Rolls Calendar of State Papers*, lequel concerne les affaires coloniales de 1625 à 1629, s'exprime ainsi : « Si le résultat final obtenu encourage à la persévérance dans les
« affaires coloniales, les commencements, tels qu'ils sont détaillés dans
« ce livre, de nos entreprises en Asie, destinées à une fin si triomphante,
« nous avertissent d'une manière plus significative encore de la patience
« infinie nécessaire pour le succès. Naufrages et mésaventures sur mer,
« collisions avec l'autorité métropolitaine, mécontentement parmi les
« agents et les collègues, luttes avec des princes barbares ou semi-bar-
« bares, furieuses jalousies avec les États européens commerciaux rivaux :
« voilà ce qui remplit toute cette énorme compilation de 800 pages.
« M. Noël Sainsbray, en dépouillant la multitude de rapports qui sont à
« la garde du *Master of the Rolls* (conservateur des Archives), et qui
« rendent compte de la pose des bases de notre empire de l'Hindoustan,
« a dû souvent répéter l'exclamation du poète romain sur l'immensité de
« l'œuvre qui consiste à établir une race sur un sol étranger (*Tantæ molis
« erat Romanum condere gentem!*). Pendant plus d'un siècle au delà des
« années qui sont comprises dans ce volume, il n'y avait aucune certitude
« apparente de l'établissement d'un empire britannique aux Indes. Sous
« le roi Charles Ier, l'Angleterre, bien loin d'être le plus puissant, pouvait
« être considérée comme le plus faible des trois compétiteurs apparents
« pour le commerce de l'Est. Politiquement, l'Espagne et le Portugal

il conviendrait d'alléger dans une certaine mesure les sacrifices de la France. On y parviendrait en introduisant en Algérie, avec modération d'ailleurs, la contribution foncière sur la propriété non bâtie, les droits sur les successions et en relevant quelques impôts indirects. Ces ressources fourniraient une demi-douzaine de millions d'abord et plus tard une dizaine.

M. le gouverneur général, dans son discours d'ouverture à la session du conseil supérieur de novembre 1886, traçait tout un vaste et séduisant programme. C'était une combinaison qui reposait sur la progression constante jusqu'ici observée dans les recettes algériennes. Il se plaignait de « la parcimonie avec laquelle les crédits sont mesurés à l'Algérie. » Le remède, selon lui et suivant le conseil supérieur, consistait en ce qu'une quote-part, à déterminer, des produits et des revenus de l'Algérie fût affectée aux dépenses intéressant la colonisation.

Cette formule a besoin d'explication, car il semblerait d'après ces mots que l'Algérie versât au trésor français une sorte de tribut dont celui-ci ferait profiter la métropole, ainsi que s'engraissaient naguère le trésor hollandais et le trésor espagnol aux dépens de Java et de Cuba. Or, nous avons vu, d'après les documents budgétaires français, qu'il est loin d'en être ainsi, et que, au contraire, c'est le trésor métropolitain qui, chaque année, paye en Algérie, en dehors des dépenses de l'armée, 20 à 30 millions de plus qu'il ne reçoit de cette contrée.

« conservaient un droit traditionnel à la suprématie. Commercialement, « l'Angleterre venait bien après la Hollande...... » Ces lignes sont bonnes à citer ; les sacrifices financiers et militaires pour l'établissement d'une colonie doivent s'étendre sur une très longue période. Quand il s'agit d'une terre vacante comme l'Australie, ils peuvent parfois cesser au bout d'un demi-siècle. Lorsque, au contraire, la terre à coloniser est peuplée de tribus à demi barbares, comme l'Algérie ou le sud de l'Afrique, trois quarts de siècle de sacrifices, de la part de la métropole, sont peu de chose ; il faut souvent aller jusqu'à un siècle.

La pensée du gouverneur général et du conseil supérieur s'explique par le paragraphe suivant : « Ainsi que vous le « savez, les dépenses civiles à la charge du Trésor, en Algé- « rie, se divisent en deux grandes catégories : celles qui « sont effectuées par les services anciennement rattachés, « et celles qui ressortissent au gouvernement général. « Parmi ces dernières, les unes s'appliquent à l'administra- « tion générale de la colonie ou au fonctionnement des « régies financières, les autres sont les dépenses *producti-* « *ves*, c'est-à-dire celles qui se traduisent par un accroisse- « ment du capital du pays (travaux de colonisation propre- « ment dite, voies de communication, ports, hydraulique « agricole, etc.). Ce sont les seules que vise le projet. Ces « dernières dépenses s'élèvent en chiffres ronds à 13 mil- « lions, somme qui représente sensiblement le tiers des « produits et revenus de l'Algérie. C'est donc au tiers des « recettes que je proposais de fixer la dotation des travaux « d'intérêt colonial. » Comptant sur ce tiers des recettes assuré, le gouvernement de l'Algérie contracterait des em- prunts et les ministères métropolitains, s'ils se trouvaient à l'étroit avec les deux autres tiers pour pourvoir aux services dont ils sont chargés dans notre colonie, puiseraient plus amplement pour combler le déficit des services algériens dans le budget français.

Cette combinaison, dans l'état des finances françaises, ne paraît pas acceptable. Elle est, du reste, factice et trom- peuse en faisant croire à des excédents qui n'existent pas dans les finances algériennes. La vraie méthode consisterait à faire cesser la confusion que l'on a établie depuis quelques années entre le budget de l'Algérie et le budget de la France. Les chapitres en recettes et en dépenses du budget de l'Algérie ne devraient pas être disséminés et perdus dans le budget des recettes et dans le budget des dépenses de la France. Ils devraient former des divisions spéciales, un budget spécial des recettes de l'Algérie et un budget spécial des dépenses de cette contrée, l'un et l'autre votés distinctement par le Parlement français. J'ajoute que ces deux budgets devraient s'équilibrer strictement, sans aucune subvention de la métropole, sauf celle pour les garanties d'intérêt et la subvention une fois votée pour les chemins vicinaux algériens. Les frais de l'armée resteraient à la charge de la métropole. On rentrerait ainsi dans la vérité. L'Algérie pourrait s'accommoder de ce système, avec les quelques taxes nouvelles et inoffensives que nous avons indiquées plus haut. Quant à la métropole, elle supporterait encore du chef de l'entretien de l'armée et des garanties d'intérêt aux chemins de fer une charge de 70 millions de francs environ.

CHAPITRE IX

LE CRÉDIT.

Importance de la question du crédit. — Exemple des États-Unis. — Taux élevé de l'intérêt dans les colonies. — Mesures qui peuvent tendre à l'abaisser. — La Banque de l'Algérie, son développement depuis un quart de siècle et ses opérations. — Ses lacunes et ses faiblesses. — Projets de fusion avec la Banque de France : inconvénients de cette solution. Les compagnies banquières diverses. — Les comptoirs d'escompte locaux. — Le Crédit foncier et agricole d'Algérie. — Énormité du taux des prêts agricoles. — Remèdes factices sollicités par les colons. — Utilité d'introduire en Algérie la liberté des banques d'émission. — Les comptoirs locaux pourraient, sous ce régime, se développer comme les banques d'Écosse. — La commandite agricole pourrait, en outre, fournir à bas intérêt aux colons une partie des capitaux permanents dont ils ont besoin. — En quoi consiste ce régime.

Le second aspect de la question financière, c'est le crédit. On sait quelle importance nos maîtres en colonisation, les Américains et les Anglais, attachent à un bon système de crédit. Dans chaque nouveau village, près de la maison d'école et de la maison de Dieu, se dresse la maison de dépôt et d'escompte, *house of deposite and discount* (1). Ainsi se trouvent groupés dans chaque centre embryonnaire de civilisation, au milieu des pionniers et des défrichements, les trois éléments indispensables de toute croissance et de toute prospérité : l'école qui donne à l'homme l'instruction, le temple où il puise l'éducation morale et religieuse, la banque qui féconde la production.

(1) Les célèbres lettres de M. Michel Chevalier sur l'Amérique du Nord font la description frappante de plusieurs de ces villages sur les confins de la civilisation où, au milieu de quelques huttes, on en voit une portant le nom pompeux de *Schuylkill Bank of Deposits and Discount*, Banque de dépôts et d'escompte de Schuylkill.

De toutes les nations civilisées la France est la plus pauvre en instruments de crédits : il est naturel que les colonies en soient encore plus dénuées que la métropole. La lettre impériale de 1865 indiquait comme l'un des grands fléaux de l'Algérie l'usure qui y était plus extrême et plus générale que partout ailleurs. C'est une loi de la nature que les capitaux soient plus chers partout où ils sont rares et où le champ d'emploi est à la fois très étendu et très rémunérateur ; c'est précisément le cas des colonies nouvelles, et surtout de celles qui possèdent en abondance des terres fertiles. Il est donc conforme à l'ordre des choses et aux lois économiques que l'intérêt, même à égalité de risque, y soit sensiblement plus élevé que dans la métropole ; prétendre abaisser le taux de l'intérêt au même niveau en Algérie qu'en France, c'est une puérilité. Mais l'infériorité des colonies ne consiste pas seulement en ce que les capitaux y sont plus rares, elle consiste encore en ce que cette branche de l'industrie, qui a pour objet de recueillir les capitaux momentanément oisifs pour les placer dans des mains productives, y est beaucoup moins développée que dans la mère patrie. Pendant les vingt premières années de la colonisation, il n'existait pas un seul important établissement de crédit dans toute notre province d'Afrique. La loi du 4 août 1851 créa la banque d'Algérie qui a fondé des succursales à Oran (1853), à Constantine (1856), à Bône (1868), à Philippeville (1875) et à Tlemcen (1875). Cette banque a rendu des services signalés, directement au commerce et à l'industrie, indirectement à l'agriculture.

Le taux ordinaire de ses escomptes était de 6 p. 100 à l'origine ; il s'est abaissé ensuite à 5 et à 4 p. 100, et il suit les fluctuations du marché des capitaux.

Son capital, primitivement de 3 millions, a été porté à 10 millions en 1859, puis à 20 millions en 1881. Elle émet des billets au porteur depuis 20 francs jusqu'à 1,000 francs.

Ces billets sont reçus comme monnaie légale par les caisses publiques. La limite pour les émissions de billets a été, par des étapes successives, portée de 18 millions à 48 millions en 1872.

Si l'on suit, depuis l'origine de cette banque, le mouvement de ses opérations, on constate le développement suivant :

Exercices.	Nombre d'effets escomptés.	Montant des sommes escomptées.
1851-52	11.906	8.755.664
1855-56	31.718	21.846.707
1860-61	88.169	61.983.728
1865-66	121.586	96.329.727
1869-70	178.757	153.151.647
1871-72	202.588	203.288.351
1875-76	256.694	175.361.547
1880-81	505.663	485.014.725
1881-82	540.868	515.730.936
1882-83	490.174	475.909.147
1883-84	505.769	484.780.778
1884-85	538.851	526.333.457

Le progrès est énorme : au début il fut bien lent, en 1860-61 le nombre des effets escomptés n'atteignant encore, dix ans après la fondation de la banque, que le chiffre modeste de 88,169 et la faible somme de 61,983,000 francs ; cependant, l'institution existait depuis dix ans ; en 1869-70 on n'en était encore qu'à 178,000 effets pour 153 millions. C'est à partir de 1870 qu'on peut considérer que l'Algérie sort de la période de l'enfance pour entrer dans celle de l'adolescence ; les progrès de l'escompte sont alors très rapides : en quinze ans le nombre des effets a triplé, et la somme des escomptes s'est accrue dans une proportion encore plus forte. Si l'on veut se rendre compte, par comparaison, des opérations de la banque d'Algérie, on peut rapprocher le nombre et l'importance des effets qu'elle a escomptés en 1884-85, soit 538,851 effets s'élevant à 526 millions de francs, du chiffre des opérations analogues de la

Banque de France en 1885, soit 11,660,509 effets escomptés pour une somme de 9,250,121,700 francs (1). Ainsi le nombre des effets de commerce escomptés par la Banque d'Algérie est avec celui des effets escomptés par la Banque de France dans le rapport approximatif près de 66 à 100, et le chiffre total en francs des escomptes de la Banque d'Algérie est à celui de la Banque de France comme 5 3/4 est à 100. Si l'on se souvient que l'Algérie possédait seulement, en 1885, 415 à 420,000 colons civils, ce qui ne représente que la quatre-vingt-dixième partie environ de la population de la métropole, on voit que la matière escomptable paraît être relativement à la population européenne plus considérable dans la colonie que dans la mère patrie. Cela s'explique par deux circonstances : l'esprit d'entreprise tient toujours plus de place dans une colonie adolescente que dans une vieille contrée, depuis longtemps assise ; puis les 3,200,000 indigènes contribuent, comme producteurs et comme consommateurs, au développement des échanges.

La Banque de l'Algérie est prospère : elle a pu distribuer en 1883, à chacune de ses 40,000 actions de 500 francs, un dividende de 103 francs, dépassant 20 p. 100 ; depuis lors, sous l'influence de circonstances économiques moins favorables et de la nécessité de fortifier les réserves, le dividende a diminué, tout en restant encore très respectable : pour l'exercice 1885-86, il était de 82 fr. 47 ou 16 p. 100 nets d'impôts.

La Banque de l'Algérie est, cependant, l'objet de nombreuses attaques. On lui reproche d'escompter à deux signatures, au lieu de trois signatures, comme le fait la Banque de France ; c'est là évidemment un avantage direct pour le commerce, mais on allègue que la concurrence devient

---

(1) Voir le *Compte rendu des opérations de la Banque de France et de ses succursales pendant l'année* 1886, dans le numéro de l'*Économiste français* du 4 septembre 1886.

impossible pour les banquiers privés, qui ne jouissent pas du droit d'émission des billets, et qui se trouvent réduits à escompter le papier mauvais ou douteux, celui dont la Banque d'Algérie ne veut pas. Il y a quelque chose de fondé dans ce grief; mais le remède n'en est pas dans le retour aux trois signatures obligatoires, système qu'ont abandonné la plupart des grandes banques récemment créées, notamment celle de l'empire allemand. Les mesures qu'il eût convenu de prendre pour faciliter le développement du crédit, c'eût été la liberté des banques, le droit pour elles, sous certaines conditions qu'on eût pu faire rigoureuses, d'émettre des billets payables au porteur et à vue. C'est ce régime qui a tant contribué au développement de l'Écosse et de l'Amérique. Quand une contrée est jeune, affranchie de tous antécédents et de tous liens tenant aux habitudes, aux préjugés ou aux droits acquis, il est déraisonnable de l'assujettir au formalisme et aux restrictions du vieux monde.

On critique aussi, dans la Banque d'Algérie, le solde considérable de sa dette envers le Trésor, ce qui la met à la discrétion de ce dernier ; les colons se plaignent, ce qui en soi n'a guère d'importance, de ce que les billets de la Banque de France et ceux de la Banque d'Algérie n'aient pas simultanément cours dans les deux pays. Il s'est ainsi formé depuis quelque temps un mouvement d'opinion pour la fusion de la Banque d'Algérie avec la Banque de France. Le courant centraliste qui domine aujourd'hui et la faveur dont jouit la formule de l'assimilation des institutions algériennes aux institutions métropolitaines donnent de grandes chances de prévaloir à cette idée de fusion. On la réalisera d'autant plus facilement que le privilège de la Banque de France et celui de la Banque d'Algérie expirent dans la même année 1897. La fusion de ces deux établissements ne serait, toutefois, qu'une solution boiteuse ; bien mieux aurait valu établir dans notre colonie la liberté réglementée et contrôlée des banques d'émission.

Le gouvernement, toutefois, ne s'est pas arrêté à cette seule banque dans cette création d'institutions destinées à fonder le crédit en Algérie; en mars 1860 un décret rendit applicable à cette contrée la loi du 21 mai 1858 sur les magasins généraux, dont le premier essai réussit complètement à Blidah. Presque en même temps un décret du 11 juillet 1860 étendait au territoire de l'Algérie le privilège accordé au Crédit foncier de France. Enfin, pour obvier au défaut de banques locales et pour faciliter dans toute la colonie la circulation des capitaux, le ministre des finances, au mois d'août 1865, a autorisé les trésoriers-payeurs des trois provinces à recevoir désormais les fonds des négociants et à délivrer en échange des mandats sur leurs préposés. Les entraves qui résultaient pour le commerce de la difficulté des transports de fonds entre les différentes places de l'Algérie sont ainsi considérablement atténuées. « On ne saurait trop louer, disions-nous dans la première édition de notre ouvrage sur la *Colonisation chez les peuples modernes* (1874), cette initiative heureuse; mais il serait désirable que le gouvernement fît quelques réformes dans ses propres règlements, lesquels contribuent à maintenir le taux élevé de l'intérêt dans la colonie. Il y a un exemple de modération vis-à-vis les débiteurs, qu'il serait du devoir de l'État de donner dès à présent : c'est la réduction, au-dessous du taux actuel de 10 p. 100, de l'intérêt légal, c'est-à-dire de l'intérêt qui court de plein droit dans des circonstances déterminées. En percevant 10 p. 100 d'intérêt, l'État encourage directement à l'usure; il est à regretter que la lettre impériale qui s'élève contre ce fléau n'ait pas vu que le gouvernement contribuait lui-même à l'entretenir. »

La réforme qui nous paraissait si urgente en 1874 et qui, d'ailleurs, était si facile, n'a été accomplie qu'en 1881. Le taux de l'intérêt légal a été réduit de 10 à 6 p. 100, heureuse mesure dont il est difficile de comprendre le trop long ajournement. Dans cette même année 1881, on a amélioré, comme on l'a vu plus haut, les dispositions relatives au crédit foncier en Algérie. Il faudrait encore aller plus loin dans cette voie, perfectionner le crédit agricole et soustraire, autant que possible, les Arabes à l'usure dévorante des juifs.

On a essayé de venir en aide au développement de l'Algérie par la constitution, avec l'appui du gouvernement, de grandes associations anonymes. Telle a été, en 1867, la Société générale algérienne fondée par MM. Frémy et Talabot.

On ne saurait trop dire si ce devait être une compagnie de crédit ou une compagnie foncière ; elle tenait de l'un et l'autre caractère. Quoi qu'on puisse alléguer, au point de vue théorique, contre ces grandes compagnies, il est incontestable, en pratique, qu'elles ont rendu dans certaines circonstances des services considérables. Dans le Nord-Amérique, ce sont les grandes compagnies foncières qui ont facilité la culture par leurs travaux préparatoires, routes, canaux, arpentage; et nous ne doutons pas qu'en Algérie la société nouvelle n'eût pu tirer un excellent parti des 100,000 hectares qui lui ont été concédés. Si elle eût consacré en six ans, selon la lettre de son traité, 30 millions aux routes, 20 millions aux ports, 30 millions aux barrages, canaux, dessèchements de marais, puits artésiens, 15 millions au reboisement des montagnes et 5 millions à des subsides aux colons qui végètent loin des côtes; si elle eût versé dans le pays 120 millions stipulés, sous forme d'opérations de crédit, il est évident que c'eût été pour l'Algérie un puissant ressort qui lui eût communiqué un rapide mouvement d'impulsion. Malheureusement cette compagnie ne s'est pas conformée à la lettre, ni surtout à l'esprit de sa charte ; aussi n'a-t-elle pas produit tout le bien qu'on en pouvait attendre.

Dans ces dernières années, particulièrement en 1881, il s'est constitué une foule de sociétés de crédits d'initiative privée qui ont pris l'Algérie pour champ d'exploitation. Telles sont la Société de Crédit Foncier et Agricole d'Algérie, le Crédit Algérien, la Compagnie Franco-Algérienne, la Foncière de France et d'Algérie (1), les Magasins généraux d'Algérie. On peut dire qu'il y a plutôt excès dans toutes ces créations. Toutes ensemble ces sociétés représentent un capital de plusieurs centaines de millions de francs. D'autres sociétés françaises, comme le Crédit Lyonnais, ont créé en Algérie des succursales. On ne peut sans doute espérer que toutes ces sociétés soient fidèles à leur titre et renferment dans l'Algérie et dans ses dépendances toutes leurs opérations. Quoi qu'il en soit, d'ailleurs, ces compagnies exercent, au point de vue moral et matériel, une excellente influence ; elles créent une foule d'intérêts nouveaux par le vaste mouvement d'affaires auquel elles se livrent, et, dans un pays qui a été jusqu'en 1870 aussi rigoureusement administré que notre province d'Afrique, elles formaient en face de l'administration des corps résistants dont le rôle fut, au moins pour un temps, salutaire.

Des institutions plus modestes, qui ne laissent pas que d'avoir un rôle utile, se sont multipliées à une date plus récente, ce sont les comptoirs d'escompte. Ils procèdent, d'ordinaire, de la société anonyme. Quelques-uns furent à l'origine des banques de prêts mutuels ; le capital, qui est restreint, appartient presque entièrement aux habitants des diverses localités ; ils ont une activité qui se resserre non pas

(1) Cette société, deux ans après sa naissance, a fini par réduire son titre aux mots : *La Foncière de France*; de même, les Magasins généraux d'Algérie ont fusionné avec les Entrepôts et les Magasins généraux de Paris.

dans une région, mais dans un district; en 1886 on comptait sept de ces établissements dans la province d'Alger, à Arba, Boufarik, Orléansville, Coléa, Marengo, Médéa, Tizi-Ouzou; huit dans la province d'Oran, à Tlemcen, Aïn-Temouchent, Relizane, Arzew, Mascara, Saint-Cloud, Bel-Abbès, Saint-Denis-du-Sig; trois dans la province de Constantine, à Guelma, Philippeville, Souk-Ahras. Le chiffre des sommes escomptées a varié pour chacun de 444,000 francs pour Coléa et 1,020,000 pour Orléansville, les deux Comptoirs les moins actifs, à 14,454,000 fr. pour Tlemcen, 16,257,000 fr. pour Philippeville et 17,217,000 francs pour Bel-Abbès, les trois établissements faisant le plus d'affaires. Comme ces comptoirs n'ont que peu de ressources propres et qu'ils sont obligés de s'appuyer sur les établissements de crédit supérieurs, le taux qu'ils prélèvent pour l'escompte est très élevé : les documents officiels nous le présentent comme étant de 7 p. 100 dans la plupart et même de 8 p. 100 à Marengo, Aïn-Témouchent et Relizane. Quelques-uns de ces comptoirs n'escomptent pas seulement du papier de commerce à court terme, au maximum de quatre-vingt-dix jours; mais, ce qui peut être imprudent, ils s'engagent pour neuf mois et parfois, comme celui d'Aïn-Temouchent, pour trois années. Le capital de ces petits établissements varie entre un minimum de 84,000 francs à Coléa et un maximum de 1 million à Tlemcen : le capital de la plupart est de 3 à 400,000 francs, dont la moitié seulement ou même le quart est versé. Sur les dix-huit que l'on nous énumère, on nous cite les chiffres du capital nominal, du capital versé et des réserves de quinze. Pour ces quinze comptoirs le capital nominal atteint 5,309,000 francs, le capital versé 1,371,000 fr., les réserves 770,289 francs : c'est donc 2,141,000 francs dont ils disposent : cette somme est peu considérable, mais la forte proportion de la réserve au capital versé est encourageante; elle semble indiquer une prudente gestion. Presque tous ces petits établissements font de légers bénéfices; celui d'Aïn-Temouchent distribue 6,60 p. 100, non compris les prélèvements pour la réserve. Les bénéfices du comptoir de Saint-Denis-du-Sig sont portés à 20,000 francs pour 200,000 francs versés et 160,000 francs de réserve; le comptoir de Relizane a réalisé 6,000 francs de bénéfices pour 75,000 francs versés et 68,900 francs de réserve: celui de Médéa gagne 6,000 francs avec un capital versé de 50,000 francs et une réserve de 30,000. Deux établissements, ceux du Chélif (Orléansville) et de Philippeville sont indiqués comme ne distribuant pas de dividendes. Ces institutions de crédit sont embryonnaires mais paraissent avoir des racines assez profondes dans la population : elles pourraient se développer avec un bon régime.

On ne peut que louer nos colons de s'associer ainsi, mais combien il est regrettable que la liberté des banques d'émission leur manque, et comme ce taux de 7 à 8 p. 100 d'escompte est peu propice aux entreprises agricoles!

Le Crédit foncier et agricole d'Algérie, depuis la demi-douzaine d'années qu'il a été fondé au capital de 60 millions dont le quart versé, ne consacre pas toute son activité aux affaires algériennes. Il fait des opérations de banque et concourt même à des entreprises immobilières dans la métropole. Comme son puissant parrain, le Crédit foncier de France, il fait en Algérie des prêts aux localités, communes, départements, établissements publics, syndicats d'irrigation, et, d'autre part, des prêts purement fonciers aux propriétaires territoriaux. Les prêts de la première catégorie, communaux, départementaux, etc., ont été consentis par lui en 1885 pour la faible somme de 2,272,201 francs à vingt-deux communes de plein exercice et cinq communes mixtes. Avec le report des exercices précédents, déduction faite des remboursements, on arrivait au 31 décembre 1885 au maigre total de 16,723,963 francs de prêts communaux, départementaux, ou d'une façon plus générale administratifs. Quant aux prêts fonciers, le Crédit foncier et agricole d'Algérie les effectue, soit avec le concours du Crédit foncier de France qui lui fait des avances à un taux d'intérêt restreint, soit avec son capital propre qui lui revient à plus cher. Les prêts fonciers réalisés ainsi avec le concours des deux Crédits fonciers dans l'exercice 1885 ont atteint 8,193,000 francs, consistant en 528 prêts à long terme, 3 à court terme et 29 ouvertures de crédit ; la moyenne des prêts se trouvait ainsi de 14,630 francs. Avec le report des exercices antérieurs, le total des prêts fonciers faits par le Crédit foncier et agricole d'Algérie, avec le concours du Crédit foncier de France, déduction faite des remboursements, atteignait au 31 décembre 1885 la somme nette de 50,383,490 francs. D'autre part, le Crédit foncier et agricole d'Algérie avait avec son capital propre prêté sur gages hypothécaires 5,829,744 fr. Il est probable que la propriété rurale figure tout au plus pour la moitié dans le chiffre des prêts de ces deux catégories. En définitive 16,723,000 francs d'avances aux communes, départements ou syndicats, et 56,173,000 francs de prêts hypothécaires, en tout un peu moins de 73 millions dus par les diverses catégories d'emprunteurs à cet établissement, voilà à quoi se résumait à la fin de 1885 le rôle du Crédit foncier et agricole d'Algérie.

Le taux de l'intérêt des prêts fonciers est élevé et atteint en général 7 p. 100 ; c'est, d'ailleurs, à peu près le taux des prêts effectués par le Crédit foncier Franco-Canadien. Les risques sont considérables : il résulte des annexes publiées à la suite du rapport à l'Assemblée générale annuelle que plusieurs des propriétés expropriées, pour insolvabilité du débiteur, n'ont pas trouvé preneur à la moitié ou même au quart de la somme prêtée. Il en est souvent ainsi dans les colonies, surtout pendant la première période de leur développement.

Le crédit revient donc exorbitamment cher aux colons, et

ceux d'Algérie en ont grand besoin. Il se rencontre à l'heure actuelle, dans ce pays, très peu de fortunes solidement assises; la plupart des grands et des moyens propriétaires entreprennent bien au delà de leurs forces : ils acquièrent des propriétés de 1,000 hectares, parfois de 2 à 3,000, quand leurs capitaux ne suffiraient pas à mettre en valeur 100 ou 200 hectares. Ils créent des vignobles avec les espérances les plus illimitées; souvent, ils les établissent d'une façon rudimentaire, sans défoncement, sans animaux pour l'entretien; il me tomba sous les yeux cet hiver un prospectus d'une compagnie marseillaise ayant créé une demi-douzaine de vignobles épars dans la vallée de la Seybouse et sollicitant des capitaux pour achever son œuvre : les naïfs ou insouciants rédacteurs de cet appel au crédit avouaient que, sur tel de leurs vignobles, ayant une centaine d'hectares plantés, il ne se trouvait pour tout cheptel qu'une demi-douzaine de bêtes de trait; on alléguait comme raison que la terre était tellement bonne qu'il avait été inutile de la défoncer et qu'après un labour superficiel on s'était contenté de faire des trous pour mettre les plants. D'autres, tout en défonçant, n'ont pas assez de capitaux pour construire les caves ou chaix et pour acheter la vaisselle vinaire. Si la vigne doit enrichir beaucoup de propriétaires algériens, il est à craindre qu'elle en ruine presque un égal nombre. Au moment où j'écris on peut presque dire que le tiers ou la moitié des propriétés importantes de l'Algérie est à vendre, parce que leurs propriétaires se sont lancés dans des entreprises lentes, tardivement rémunératrices, en les ébauchant seulement et, malgré leurs recours au crédit, en n'ayant pas la force de les mener jusqu'à terme.

Dans un recueil semi-officiel, l'*Algérie agricole* (livraison de la seconde quinzaine de janvier 1887), un colon expérimenté, M. le docteur Louis Gaucher, d'Aïn-Temouchent, écrit le passage suivant, qui est caractéristique :

« La question du crédit agricole a fait un pas en avant en ce sens que l'on admet aujourd'hui, sans constestation, que le taux de l'intérêt du capital prêté à l'agriculture est réellement trop élevé. Nous avons entendu parler d'un projet de prêt d'un capital considérable, à 3 p. 100, lequel serait transmis à l'agriculture, moyennant une augmentation de 2 p. 100. Eh bien, je regrette de le dire encore une fois, l'agriculteur d'Algérie ne peut payer 5 p. 100, taux encore trop élevé. Il a été question de trente millions à répartir entre les trois provinces. Cette combinaison, à notre avis, n'est pas bonne à cause de l'insuffisance du capital; la mise en culture du Tell algérien absorberait, à elle seule, plusieurs milliards. Tout projet qui peut, à un moment donné, mettre en péril les biens de l'exploitant sérieux du sol est dangereux et ne saurait être accepté. Il faut néanmoins accepter comme d'heureux augure ce mouvement dans les esprits des capitalistes. Nous arriverons au 3 p. 100 avec de la patience et de la persistance. On finira bien par comprendre un jour qu'il est absurde d'obliger un homme à vivre avec des ressources insuffisantes et à passer toute sa vie dans la peine et le travail, sans trêve ni merci, pour aboutir à mourir à l'hôpital, en laissant femme et enfants dans la misère. C'est pourtant ce que l'on fait des agriculteurs qui ont le malheur de consentir des prêts à 7, 8, 9 et même 10 p. 100, avec les frais en surplus qui sont très élevés. »

Il y a un mélange de bon sens et de naïveté dans ces paroles. Personne ne s'avisera de prêter à 3 p. 100, ni même à 4 p. 100, à l'agriculteur algérien, et l'État serait insensé de le faire. Le crédit doit être payé à son prix, c'est-à-dire au taux habituel de l'intérêt, plus la prime correspondant aux risques. Les colons qui n'ont pas de capitaux doivent se résoudre à demeurer ouvriers, non propriétaires, ou bien à se contenter de petites propriétés sans se charger des grandes.

Le crédit peut, toutefois, leur venir en aide, mais non pas pour leur fournir presque gratuitement des milliards. Bien organisé, il leur donnera moyennant un intérêt convenable un appoint. Si la liberté des banques d'émission, ce que nous considérons comme un des besoins les plus urgents de l'Algérie, était proclamée, ces dix-huit petits comptoirs dont nous avons parlé pourraient se multiplier et se développer, fournir des capitaux sur bonnes garanties à 5 ou 6 p. 100 d'intérêt; on ne peut guère à présent demander mieux.

Il est surtout un procédé auquel il faudrait recourir, c'est celui qui est en usage chez les Anglo-Saxons, nous voulons parler de la commandite agricole. Bien des particuliers en France seraient disposés à s'intéresser aux entreprises algériennes, si les capitaux qu'ils fournissaient comme participation à des propriétaires déjà maîtres de leurs terres devaient rapporter un intérêt fixe de 4 p. 100, prélevé avant tous les bénéfices, et en outre entrer dans la participation des bénéfices proportionnellement au capital avancé. Ainsi, je suppose qu'un propriétaire ait une terre de 100,000 francs et qu'il lui faille 60,000 francs pour la mettre en état : il trouverait aisément un prêteur métropolitain qui lui avancerait ces 60,000 francs sur première hypothèque, moyennant un intérêt privilégié de 4 p. 100 ou 2,400 francs; une fois cet intérêt payé, le propriétaire prélèverait l'intérêt à 4 p. 100 de son propre capital, soit 4,000 francs et l'excédent des bénéfices serait partagé proportionnellement entre le commanditaire et l'emprunteur; le premier ne serait donc privilégié que pour l'intérêt modique et pour le remboursement de son avance, en cas de vente ou d'insolvabilité. De pareils arrangements seraient moins lourds pour les colons que les taux actuels d'intérêt de 7, 8 ou 10 p. 100. La commandite agricole est le seul moyen de fournir aux cultivateurs sérieux et pour une longue période des capitaux dont les charges ne les écrasent pas. Ce prêt tenant à la fois de l'obligation et de l'action nous paraît la forme naturelle de concours que peuvent adopter les capitalistes métropolitains envers les propriétaires algériens. C'est par des arrangements de cette nature que les capitaux de la Grande-Bretagne ont développé l'agriculture et le commerce des colonies australasiennes. Liberté des banques (1) et commandite agricole, voilà donc les deux méthodes économiques perfectionnées qu'il conviendrait d'introduire en Algérie. La commandite agricole fournirait aux colons déjà possesseurs de la terre une partie des fonds destinés aux améliorations permanentes; la liberté des banques mettrait à leur portée les capitaux circulant et le fonds de roulement.

(1) On compte en Écosse environ un millier de comptoirs de banque, qui forment un réseau enserrant tout le pays. Ces comptoirs relèvent d'un certain nombre d'établissements libres, jouissant du droit d'émettre des billets, payables au porteur et à vue. Ils étaient au nombre de 18 en 1848, puis, par suite de fusions, se trouvaient être ramenés au chiffre de 12 en 1867 et à celui de 11 en 1872 avec 801 succursales. Ces banques libres d'Écosse avaient à cette époque un capital de 9,397,000 livres sterling (235 millions de francs), une réserve de 2,757,000 livres (environ 70 millions de francs), soit en tout un avoir de 12,154,000 livres ou 305 millions de francs. Les dépôts s'élevaient à 66,828,000 livres sterling (1,671 millions de francs); la somme des billets en circulation atteignait 6,038,000 liv. sterl. (151 millions de francs) et l'encaisse 6,241,000 liv. sterl. (156 millions de francs). Les petits comptoirs algériens que nous avons cités seraient d'excellents embryons de banques libres de dépôts et de circulation; avec le temps ils noueraient des relations les uns avec les autres et sous certains rapports, tout en gardant leur indépendance individuelle, se fédéreraient. Il est insensé de river l'Algérie à une banque unique. L'agriculture algérienne, comme l'agriculture écossaise, tirerait un grand parti des banques locales.

CHAPITRE X

DE LA POLITIQUE A SUIVRE A L'ÉGARD DES INDIGÈNES.

Situation sans précédent de notre colonie algérienne. — Les trois politiques que l'on peut suivre à l'égard des indigènes : le refoulement, le fusionnement, l'abstention. — Dangers de la première et de la dernière; nécessité de l'intermédiaire. — Oscillations de notre politique à ce sujet.

Des obstacles à la fusion de l'élément indigène et de l'élément européen. — Ces obstacles ne sont pas insurmontables avec le temps et la persévérance. — Les différents éléments de la population indigène. — La féodalité arabe est liée à la propriété collective. — De la désagrégation de la tribu. — De l'institution de la polygamie. — Raisons d'être de la polygamie chez les Arabes. — La division du travail et le développement des échanges devront singulièrement restreindre la polygamie. — Petit nombre actuel des polygames.

De l'instruction chez les indigènes. — Efforts modiques faits avant 1870 : les écoles arabes françaises d'alors. — Les collèges arabes français d'Alger et de Constantine. — Depuis 1870, réaction contre l'enseignement des indigènes. — Préjugés des colons. — Suppression des collèges arabes-français. — Petit nombre des écoles arabes-françaises. — Chiffre infime des indigènes qui reçoivent de l'instruction. — Dotation mesquine de ce service dans le budget colonial et dans les budgets locaux.

La justice et les indigènes. — Les procès portés librement par les indigènes devant nos tribunaux. — Nombre et situation des cadis ; ils ignorent presque tous la langue française. — Les juges de paix français jugeant les différends entre indigènes. — Grand nombre des actes faits entre musulmans devant les notaires français. — Organisation vicieuse de la justice criminelle à l'égard des indigènes. — De la suppression du Code de l'indigénat. — Nécessité de se concilier la classe moyenne indigène en lui faisant une place dans nos cadres administratifs et judiciaires.

Nous avons étudié jusqu'ici l'Algérie des colons ; nous avons examiné tour à tour les conditions administratives, commerciales, financières, qu'on leur a faites ou qu'ils se sont faites à eux-mêmes. Mais il est impossible d'avoir une idée exacte de la situation de la colonie européenne, si l'on n'examine avec quelques détails l'état de la population indigène. Nous avons, pour plus de clarté, scindé cette double recherche, qui ne doit faire pourtant qu'une même étude.

Ce qu'il y a d'exceptionnel, avons-nous dit, dans notre colonisation africaine, c'est la présence d'une population indigène considérable, ayant une civilisation relativement avancée et pleine de vitalité. C'est une situation sans précédent ; il en résulte des complications nombreuses qui rendent notre œuvre singulièrement délicate et difficile.

La population indigène n'est pas évaluée à moins de 3,275,000 âmes, et pour tout observateur attentif, il est certain que ce nombre, au lieu de diminuer, s'accroîtra rapidement (1). Que fallait-il faire de ces 3,275,000 individus? Trois partis se présentaient: ou repousser les indigènes au delà de l'Atlas, les rejeter même au fond du Sahara ; ou les fondre avec la population européenne en leur imposant soit par la contrainte, soit par la propagande, nos mœurs, nos lois et peut-être même notre religion ; ou respecter toutes leurs coutumes, rendre inviolables toutes leurs propriétés, et éloigner les Européens d'un contact fréquent avec eux; ces trois systèmes peuvent se définir en trois mots: le refoulement, le fusionnement, l'abstention.

On n'a adopté résolument aucun de ces trois régimes: on a flotté de l'un à l'autre; on les a mêlés et, par ce défaut de principes nets et conséquents, l'on est arrivé à une politique pleine d'irrésolution, de retours et d'incerti-

---

(1) Dans notre ouvrage sur la *Colonisation chez les peuples modernes*, dont la première édition date de treize ans, nous prévoyions déjà, contrairement à l'opinion de la plupart des écrivains algériens, que le nombre des indigènes devait rapidement augmenter. Dans le chapitre III du présent ouvrage nous indiquons les raisons de cet accroissement qui doit continuer et qui, sans doute, portera avant cinquante ans à cinq ou six millions d'âmes la population d'origine indigène de l'Algérie.

tude. Nous ne pouvons blâmer complètement les fluctuations du premier jour : pour tout esprit pratique, qui se rend compte des difficultés réelles, il est évident que l'on devait nécessairemeut passer par une période de tâtonnements. Mais le temps est venu d'en sortir : des expériences, qui ont duré plus de cinquante ans, ont fourni des éléments suffisants de décision ; cette décision, il importe de la prendre pour ne la plus changer.

Le régime hybride et provisoire dans lequel on a vécu jusqu'à ce jour a offert les inconvénients réunis de chacun des trois systèmes, sans présenter les avantages d'aucun d'eux. L'Algérie a continué d'être une conquête, sans devenir, à proprement parler, une colonie ni un état vassal. Les colons ont été cantonnés, et cependant dans une certaine mesure les Arabes ont été refoulés. Le système militaire a longtemps dominé l'Algérie tout entière, sans pouvoir procurer une sécurité absolue et éviter toutes les rébellions : des concessions ont été faites à l'élément civil, sans pouvoir constituer rapidement une population civile aussi considérable qu'elle eût pu l'être ; les colons ont été souvent entravés par une administration minutieuse, vexatoire, qui a empêché le développement de la colonisation ; les Arabes ont été inquiétés par une ingérence timide dans leurs affaires, par des demi-mesures qui les ont irrités sans les affaiblir, par des violations détournées de leurs droits de propriété ou de jouissance : ainsi l'on n'est arrivé à satisfaire aucun des deux éléments : on n'est pas parvenu surtout à les rapprocher, et ce qui est plus grave, c'est qu'au bout de cette route tortueuse et sans direction qu'a suivie la politique française, on ne peut apercevoir, même pour un avenir lointain, une solution définitive.

Des trois partis entre lesquels l'on a à choisir, le premier est injuste : il violerait le droit acquis aux populations indigènes soit par leur origine, soit par une prescription de plusieurs siècles, soit enfin par la capitulation d'Alger. Tous les esprits sérieux doivent d'ailleurs le considérer comme impraticable; il serait le point de départ d'une guerre séculaire dont on ne peut entrevoir l'issue, mais dont il est facile de prévoir les pertes et les calamités. Il nous paraît très utile pour la France continentale et pour les colons français qu'il y ait des Arabes en Algérie (1). Si l'Algérie était une terre absolument vacante, elle finirait par être entièrement peuplée d'Italiens et d'Espagnols. Le grand nombre des indigènes fait un utile contrepoids à ces deux éléments. En outre les Arabes, quand ils seront définitivement conquis à notre civilisation, serviront d'intermédiaires fort utiles pour les relations avec les peuples de l'Afrique du centre et pour la propagation de notre influence dans ces régions.

Le troisième parti, qui est le respect complet des coutumes, des traditions, des mœurs, de ce que l'on a appelé la nationalité arabe, s'il était appliqué avec logique, exigerait que notre armée et nos colons quittassent l'Afrique et,

(1) Cette vérité est si évidente, qu'il faut, pour la contester, un rare degré d'absurdité ou de parti pris. Les colons intelligents, d'ailleurs, commencent à s'y ranger. Ainsi, l'un d'eux, le docteur Louis Gaucher d'Aïn Temouchent, écrit dans l'*Algérie agricole* du 15 janvier 1887 les lignes suivantes qui sont caractéristiques :

« Il existe aujourd'hui, dans tout l'Ouest oranais, région cependant
« privilégiée à cause de la qualité de son sol, des étendues considérables
« qui forment comme un désert ; les Européens ont acquis des indigènes
« ces vastes étendues et les bras manquent pour les mettre en exploita-
« tion : c'est un mal. Les petits villages souffrent beaucoup de cette
« dépopulation ; le commerce est tombé, faute de transactions possibles.
« Lorsque les indigènes y existaient encore, il y avait au moins un certain
« mouvement, une apparence d'activité qui font défaut aujourd'hui, car
« il n'y existe plus rien que des fermes sans exploitants sérieux. Pour si
« peu que l'arabe produise, c'est toujours un habitant et un consommateur,
« voilà ce à quoi on ne songe guère, je devrais dire : pas assez. D'un
« autre côté, les habitants des grandes villes comme Oran, qui ont des
« créances sur les exploitants du sol aussi loin qu'ils puissent être dans
« l'intérieur, font de la mauvaise besogne en faisant vendre leurs débi-
« teurs dans les périodes de crise comme celle que nous traversons. Ils
« travaillent contre les intérêts bien compris de la grande cité, car la ruine
« de l'agriculture, dans un pays exclusivement agricole, entraîne celle des
« cités qui y sont fondées. »

s'il n'est appliqué qu'à demi, nous replonge dans les incertitudes et les indécisions dont nous voulons précisément sortir. Il ne reste donc que le second parti, la fusion de l'élément indigène avec l'élément européen : si grandes que soient les difficultés qu'il entraîne, si complexe que puisse être le problème, nous disons avec les colons les plus intelligents d'Algérie qu'il est le seul à offrir une solution pratique et définitive, et que, si l'on agit avec prudence, patience, mesure, mais avec persévérance et esprit de suite, on peut être sûr du succès.

Quand nous parlons de fusion de l'élément indigène avec l'élément européen, nous n'entendons pas dire une absorption complète du premier dans le second, de façon qu'il ne restât aucune différence dans les mœurs et dans les habitudes soit extérieures, soit intimes. Nous faisons seulement allusion à un état de choses où les deux populations d'origine différente seraient placées sous le même régime économique et social, obéiraient aux mêmes lois générales et suivraient dans l'ordre de la production une même impulsion : il resterait, bien entendu, longtemps encore et peut-être toujours, des distinctions de croyances et d'habitudes ; mais, au point de vue économique, politique et social, il y aurait identité de situation et d'intérêts ; à bien considérer, c'est la seule harmonie qui soit indispensable à la paix, à la prospérité et à la civilisation.

Nous ne nous dissimulons pas que les obstacles à la fusion, même entendue dans le sens restreint où nous la concevons, sont nombreux et énormes ; nous avons toutefois dès ce moment un point d'appui. En considérant les différentes parties de la population indigène comme des groupes divers, mais analogues, d'une nation unique, on commet une erreur que non seulement l'histoire, mais encore l'étude attentive des faits actuels, démentent de la manière la plus irréfragable. Il est une observation acquise et qui a un grand prix, c'est que la population que nous avons trouvée en Algérie manque d'homogénéité et qu'elle ne présente aucun des caractères communs qui constituent la nationalité. Il n'y a qu'un trait qui rapproche tous les groupes, c'est la religion ; mais cette religion est entendue et pratiquée d'une manière toute différente par les deux principales branches de la population algérienne : bien que les dogmes soient les mêmes, l'influence pratique qu'ils exercent, l'esprit dont ils animent les fidèles, sont différents chez les Kabyles et chez les Arabes. Il se trouve, on le sait, en Algérie, environ 1,000,000 de Kabyles ou Berbères purs, habitants primitifs de la contrée, selon l'opinion reçue : il y a, d'un autre côté, 500,000 ou 600,000 Arabes purs, descendants des conquérants, et 1,200,000 Berbères arabisants, c'est-à-dire ayant une autre origine que les Arabes, mais ayant pris leurs mœurs et leurs coutumes (1). Telle est la classification établie par un homme fort compétent, M. le docteur Warnier.

On peut dire que les Kabyles ne diffèrent essentiellement des Européens que par un point, la religion : et comme la religion n'influe pas sur leur organisation économique et sociale, qu'elle est tout entière renfermée dans le for intérieur des fidèles, il en résulte que les conditions de production et de développement sont presque les mêmes pour les Kabyles que pour les colons. Comme l'Européen, le Kabyle est monogame, sa femme a le visage découvert, elle est un peu en possession de la dignité de l'épouse légitime et unique ; comme l'Européen, le Kabyle ne connaît d'autre organisation économique que la propriété privée, entourée de

(1) Depuis lors, ces chiffres se sont modifiés, puisqu'au lieu de 2,800,000 indigènes, on en compte 3,275,000 ; il est vraisemblable que cette augmentation de près de 500,000 âmes provient surtout de l'élément berbère pur ou de l'élément berbère arabisant, lesquels occupent le Tell et la partie la plus septentrionale des hauts plateaux ; l'élément arabe, dont une grande partie vit dans le désert, a dû avoir jusqu'ici moins de moyens de multiplier.

toutes les garanties de sécurité dans le présent et dans l'avenir ; comme l'Européen encore, le Kabyle est démocrate, il n'admet pas d'aristocratie héréditaire, il a des conseils municipaux ou *djemmaas* qui sont électifs. Comme l'Européen, le Kabyle se gouverne par des lois civiles ou coutumes indépendantes des lois religieuses et qui admettent tous les perfectionnements que le temps peut apporter ; comme l'Européen, en dernier lieu, le Kabyle honore le travail, pratique l'épargne, croit aux progrès, fait des réformes dans toutes les branches où se répand son activité.

Par la constitution de la famille, de la propriété, de la commune, par l'origine des lois, par le goût et l'habitude du progrès, les Kabyles se rapprochent des colons d'Europe, au point de n'en différer par aucun caractère essentiel sous le rapport de l'organisation économique, domestique et sociale (1). Aussi ces deux éléments peuvent-ils vivre en parfaite conformité de tendance et d'intérêts : ils se prêtent mutuellement secours, ils sont animés d'un esprit analogue ; on a vu ces rapports s'accentuer de plus en plus. Les Kabyles ont introduit dans leurs coutumes séculaires plusieurs de nos dispositions légales ; ils ont porté dans leurs montagnes quelques-uns de nos procédés de fabrication, des moulins perfectionnés et beaucoup d'ustensiles d'invention récente. Aux derniers fléaux qui ont affligé l'Algérie, ils ont offert une résistance sérieuse et n'en ont que médiocrement souffert. Si tous les habitants non européens de l'Algérie étaient des Kabyles, on peut dire que la question algérienne serait facilement tranchée.

Est-il possible d'arriver à ce qu'un jour tous les indigènes-algériens adoptent une organisation domestique, économique et sociale analogue à celle des Kabyles et se rap-

(1) La seule différence vraiment notable, mais qui peut aller en s'atténuant, c'est la faculté de répudiation dont jouit l'époux Kabyle à l'égard de sa femme, et dont il use souvent.

prochant, par conséquent, sensiblement de celle des Européens? Il faudrait radicalement modifier le système de la tribu, de la propriété collective, de la famille polygame : ces trois points obtenus, il ne resterait plus que des détails dont on viendrait à bout avec le temps.

Les Arabes ont une constitution sociale que l'on a l'habitude de comparer à la féodalité du moyen âge ; il ne manque pas, en effet, d'analogies entre les deux systèmes, bien que l'on ne puisse y trouver une similitude complète. L'organisation arabe est infiniment plus simple et plus rudimentaire que le savant régime de la féodalité. C'est l'ancienne constitution de tous les peuples pasteurs. Toujours est-il qu'il existe chez les Arabes une aristocratie vivace, ennemie du travail qu'elle regarde volontiers comme une flétrissure, amie du luxe, des combats, des *fantasias* équestres, opprimant la foule qu'elle est censée protéger, habituée par de longs siècles d'anarchie aux abus de pouvoir et aux exactions ; au-dessous de cette aristocratie assez nombreuse, une énorme multitude ignorante, soumise à l'arbitraire, subissant la corvée et toutes sortes de prestations personnelles. Ce système aristocratique est lié au régime de la propriété collective ; la tribu n'admet en général que des jouissances individuelles à courte durée, pour le labour, les semailles et la récolte des céréales et de quelques légumes ou fruits ; la récolte levée, tout rentre dans la propriété commune.

Même dans les lieux où la propriété *melk* (privée) est constituée, l'indivision se perpétue en raison de la jurisprudence musulmane émanée du Coran, qui rend les biens indivis dans la même famille ; il en résulte, au point de vue économique, les conséquences les plus graves : personne ne veut défricher, fumer, labourer profondément, planter des arbres fruitiers, en un mot faire de grandes avances de travail ou d'argent. Les labours superficiels se succèdent les uns aux autres ; les dangers de la sécheresse, si fréquente et si terrible en Afrique, en sont accrus ; la récolte si mal préparée est excessivement aléatoire : elle est perdue dès que la pluie manque. Dans les années moyennes elle ne rend guère plus de 6 hectolitres par hectare (1).

Cette absence de propriété individuelle solidement organisée, cette vie patriarcale et nomade, cette domination absolue des chefs de la tribu, font l'économie rurale extraordinairement routinière. Les populations arabes ne savent pas tirer parti de leur laine; elles ont à peine appris à se servir de cisailles pour tondre leurs brebis qu'elles écorchent souvent avec des faucilles; elles ignorent ce que c'est que d'élever des bestiaux, elles n'ont jamais eu le sens de faire des provisions de fourrages secs pour l'hiver, elles ne savent pas encore se servir de la faux pour couper le foin ; elles ignorent la sélection pour la reproduction; elles n'ont jamais pris garde d'abriter le bétail contre les intempéries (2), aussi chaque hiver rigoureux décime-t-il les troupeaux, de même que chaque été un peu sec détruit les récoltes. Qu'il y a loin de loin de là aux progrès quotidiens des populations kabyles !

(1) Dans l'année 1882, qui est considérée comme ayant été bonne, 973,000 hectares cultivés en blé par les indigènes ont produit 4,458,000 quintaux métriques de grain, soit 458 kilos à l'hectare, ce qui est à peine l'équivalent de 6 hectolitres. Dans la même année, les 271,844 hectares ensemencés par les Européens ont produit 2,141,000 quintaux de blé, soit 790 kilogrammes à l'hectare, ce qui représente plus de 10 hectolitres, rendement encore modique. En 1883-84, il est vrai, le rendement des cultures indigènes s'éleva à 5 quintaux 70 de blé par hectare et celui des cultures européennes fut de 7 quintaux 73 ;- l'écart s'était réduit. Certaines sociétés, comme la *Société de Sétif*, d'origine génevoise, sont arrivées en commanditant et conseillant les fermiers ou les metayers indigènes à beaucoup accroître le rendement de leur exploitation ; mais là, règne la propriété privée.

(2) Dans une étude publiée par l'*Algérie agricole* du 1er février 1887, il est dit que le bétail algérien a perdu, en 1877, par les intempéries et la misère, 737,707 têtes; en 1878, la perte a été de 705,332 têtes; en 1879, de 1,432,301 têtes ; en 1880, de 1,178,418 têtes. L'auteur, suivant la coutume des colons algériens, s'en prend uniquement à l'administration. (L'*Algérie agricole*, 1er février 1887, page 5,306.)

Cette organisation de la tribu, cette propriété collective, sources de tant de maux et d'apathie, obstacles au rapprochement des deux races et au progrès de la colonisation, comment les faire disparaître ? Le sénatus-consulte du 22 avril 1863, qui assurait aux Arabes la propriété du territoire occupé par eux, semblait un premier pas vers cette désagrégation de la tribu et vers la constitution de la propriété individuelle. Pour appliquer ce sénatus-consulte, on commençait par bien fixer l'étendue du territoire qui revenait à chaque tribu, c'était ce que l'on appelait la *délimitation de la tribu*, opération délicate et longue ; la deuxième opération, capitale par le but auquel elle tendait et l'influence qu'elle devait avoir, consistait à distribuer entre un certain nombre de douars le territoire que la première opération avait délimité. Rien dans la tribu primitive ne répondait au douar que l'on voulait constituer ; c'était là une création tout à fait nouvelle de localités qui, pour la superficie, la population et les ressources, devaient ressembler à nos communes de France. Cette répartition du territoire de la tribu entre les douars a la plus haute portée sociale. Chacun de ces douars devait être parfaitement déterminé dans ses contours, et toutes les terres qu'il contiendrait nettement classées dans une des catégories suivantes :

1º Terres domaniales ;
2º Terres *melk* ou de propriété privée ;
3º Terres collectives de culture ;
4º Terres de parcours communal.

Le douar a reçu une organisation municipale ; il a sa *djemmaa* ou conseil ; malheureusement, elle n'est pas élective, comme chez les Kabyles. On ne peut nier que cette constitution du douar-commune ne fut le commencement de la désagrégation de la tribu. Un décret impérial, précédé d'un rapport du ministre de la guerre, en date du 9 mai 1868, a confirmé, en la développant, cette institution du douar et ce morcellement de la tribu. Il reste à constituer la propriété privée. L'œuvre a été singulièrement facilitée par la répartition du territoire de la tribu entre les douars ; on a acquis une foule de renseignements indispensables ; on sait parfaitement de quelle façon la terre est détenue chez les indigènes, si chaque habitant est dans l'habitude de labourer toujours les mêmes parcelles, ou si chaque année amène un remaniement territorial et une distribution nouvelle. On a des aperçus beaucoup plus complets sur l'état de la population sur les principales familles, sur les droits de chaque individu ; on voit que beaucoup d'éléments du travail sont déjà acquis et que la tâche est bien facilitée. Il ne faut qu'un peu de méthode et d'esprit de suite pour achever, dans un laps de temps de 15 ou 20 années, l'établissement de la propriété privée chez les indigènes, au moins dans la partie de l'Algérie qui constitue le Tell. Les progrès accomplis dans les années 1881 à 1886 permettent d'espérer que vers la fin du siècle cette entreprise considérable sera terminée ou qu'il ne s'en faudra guère (1).

Une réforme qui demandera plus de temps et de tact, et à laquelle cependant l'on doit tendre, c'est la suppression de la polygamie et, d'une façon plus générale, l'amélioration de la condition des femmes. Nul doute qu'ici les procédés de contrainte ne soient pas de mise ; ce n'est pas aux règlements et à la législation qu'il faut avoir recours ; la marche doit être plus lente et plus habile ; mais que le système de la monogamie soit parfaitement conciliable avec les croyances et les traditions musulmanes, c'est ce dont les Kabyles donnent la preuve.

La polygamie, outre qu'elle constitue entre les Européens et les Indigènes une différence radicale et un obstacle au rapprochement, a sur la production les conséquences les plus funestes. On ne saurait exagérer l'influence de la posi-

(1) Sur le degré d'avancement de ce travail nous avons donné plus haut les chiffres officiels (voir page 124).

tion de la femme sur les conditions économiques des sociétés. La femme monogame et à l'abri de la répudiation ou d'un trop facile divorce est la clef de voûte de toute l'économie domestique chez les peulpes civilisés. C'est d'elle que dépendent et l'ordre, et la propreté de la demeure, et la bonne administration des revenus, et l'épargne. Le ménage est essentiellement le domaine de la femme unique, l'égale du mari. Sans elle, l'âme de la famille manque et le ressort de la prospérité de la maison est absent. C'est là une des grandes causes de la stagnation où se trouve la société arabe, de la misère permanente qui l'afflige, du peu de résistance qu'elle offre aux fléaux naturels qui la frappent. Mais peut-on triompher de la polygamie? Pour qui réfléchit sur les causes de cette pluralité des femmes, il est évident que si la suppression de la polygamie est difficile, impossible même par la voie de contrainte, elle devient exécutable à la longue par une conduite prudente et judicieuse. Un fait qui doit rassurer et porter à l'espoir, c'est que la polygamie est actuellement restreinte aux familles riches et que d'année en année elle perd du terrain (1) : les classes pauvres ne la connaissent pas.

Il ne faudrait pas croire que la polygamie ait généralement son origine dans la sensualité des Arabes, c'est là l'exception; elle provient de leur situation économique passée et actuelle et de leur vanité. Un ancien chef de bureau arabe, qui s'est acquis beaucoup de faveur auprès des colons par ses intelligentes publications, s'exprime ainsi dans une remarquable étude sur la famille arabe : « L'Arabe prend plusieurs femmes parce qu'il y trouve un avantage matériel, un confort qu'elles seules peuvent donner au sein de la société mal faite où il

(1) D'une communication faite par un Arabe en juillet 1884 à la *Société pour la protection des indigènes*, il résulte que, dans le territoire civil du moins, la polygamie n'est pratiquée que par un nombre tout à fait infime de Musulmans. Le recensement de 1881 accuse l'existence de 43,003 époux polygames, sur un nombre total de 512,145 Algériens mariés, musulmans ou chrétiens.

vit... La femme arabe remplace, dans la tente de son mari, les arts manuels qui manquent autour de lui et dont l'usage est indispensable à son existence, quelle qu'en soit la simplicité. Elle tient lieu : 1° du meunier : c'est elle qui, toute la journée, lui moud son grain entre les deux meules d'un moulin à bras, dont le bruit monotone frappe le voyageur ; 2° du boulanger : après avoir fait la farine, elle pétrit la pâte, prépare le pain et le fait cuire dans un grand plat de poterie grossière ; 3° du restaurateur et cuisinier. Elle tire de la farine, à l'aide d'une opération assez délicate de la main aidée de quelques gouttes d'eau, le célèbre *couscoussou ;* 4° du pâtissier confiseur : c'est là une branche importante des services qu'elle rend et qui rehausse beaucoup sa valeur auprès des hommes riches ; 5° du tisserand : c'est encore elle qui prépare les tissus qui doivent vêtir l'homme, haïks et burnous, principaux éléments de son habillement et chez certaines tribus à peu près les seuls ; 6° du tailleur ; 7° du maçon : elle tisse cette étoffe épaisse et solide, formée de laine et de barbe de palmier nain, qui constitue la tente, c'est-à-dire la maison mobile de la famille... En résumé, et sans compter les détails accessoires qu'on peut appeler d'agrément, la femme assure à l'homme les trois choses essentielles de la vie matérielle : aliment, vêtement, abri ; comprenez-vous maintenant qu'il y tienne ?... L'Arabe se marie, d'abord pour s'assurer la nourriture ; ce premier besoin satisfait, et si la fortune le permet, il songe aux autres et prend alors successivement autant de femmes qu'il lui en faut pour se permettre un grand train de maison et le confort intérieur auquel il peut prétendre. S'il n'a qu'une femme c'est un pauvre homme ; il lui est interdit de représenter et de faire honorablement l'hospitalité, à laquelle les enfants d'Ismaël tiennent autant par tradition que par gloriole (1). »

(1) *De l'émancipation de la femme arabe*, par le commandant Charles Richard, ancien chef des affaires arabes à Orléansville.

Ainsi expliquée, il est évident que la polygamie arabe ne constitue plus un obstacle insurmontable et qu'au contact de notre civilisation matérielle elle doit tendre à disparaître. C'est simplement l'organisation économique défectueuse de la société arabe, le défaut d'échanges qui la soutient parfois encore. « Il suffit de mettre à la portée de l'Arabe, dit le commandant Richard, ces divers arts manuels dont la femme lui procure les bienfaits. Donnez-lui le meunier, le boulanger, le tisserand, le tailleur, le maçon, etc., et tous ces ouvriers vous tueront la polygamie roide morte. Quand vous aurez transformé le milieu où vit l'Arabe, au point d'annuler la femme comme unique artisan de sa vie matérielle, vous aurez transfiguré celle-ci et lui aurez assuré la place qu'elle doit occuper à côté de l'homme. En la rendant moins indispensable aux soins grossiers, vous la rendrez plus noble et plus chère. On la prenait pour moudre du blé et faire cuire du pain, on la recherchera pour l'aimer, pour satisfaire au plus impérieux besoin du cœur, quand avec la plus modique somme on pourra remplacer chez le boulanger voisin son travail de deux jours. Machine avant, femme après. »

Ces réflexions sont d'une grande justesse de raisonnement et d'une parfaite conformité avec l'histoire. C'est la division du travail, c'est le développement des échanges au dehors, qui ont tué l'esclavage domestique de l'antiquité : ce sont les mêmes puissances qui doivent triompher de la polygamie arabe, servitude domestique déguisée. Pour tous ces changements sociaux, qui exercent une si grande influence sur les mœurs, les faits économiques ont une force bien plus irrésistible que toute propagande morale. Le moulin mécanique, plus que toutes les prédications, bat en brèche la polygamie. Mais pour la terrasser complètement, il faut d'autres progrès simultanés. Il convient que l'entrée du territoire des tribus soit rendue aisée aux Européens, qui seuls peuvent porter aux Arabes ces arts perfectionnés auxquels, par l'industrie de la tente, ils suppléent si imparfaitement et avec tant de labeur; il faut que la propriété privée ait été constituée, que l'acquisition même des territoires *Arch* ou collectifs soit rendue facile, ce qui permettra l'établissement des colons au milieu des tribus. Quand la polygamie ne sera plus indispensable aux Arabes pour le confort de leur intérieur, on pourra prendre des mesures de pression morale qui en hâteront la disparition.

L'écart entre les mœurs arabes et les mœurs européennes tend, par la force des choses, à s'atténuer. Interrogé devant la *Société Française protectrice des indigènes* sur les causes qui empêchent nos sujets musulmans de faire comme les juifs qui ont pris à la fois la nationalité française et notre statut personnel, un Arabe de grande distinction, parlant admirablement notre langue, déclarait devant moi qu'il n'y a que deux obstacles : le mariage indissoluble et l'égalité de droits des filles et des garçons pour la succession paternelle. La loi française qui, en 1884, a établi le divorce, abaisse singulièrement le premier de ces obstacles. Certes le divorce n'est pas la répudiation, droit unilatéral et plus ou moins absolu. Il place sur un terrain d'égalité complète la femme et l'homme; mais il enlève au mariage ce caractère de rigueur implacable qui était de nature à effrayer les musulmans. Quant à l'égalité successorale des garçons et des filles, une plus grande liberté introduite dans nos lois de succession et une augmentation de la quotité disponible rendraient aussi le droit français plus acceptable aux indigènes.

Une des mesures à prendre pour faire sortir les indigènes de la demi-civilisation où ils se trouvent, c'est la constitution de leur état civil. Il convient que l'autonomie de leur personne civique et morale soit consacrée par la personnalité même de leurs noms. Ils sont aujourd'hui comme étaient autrefois les membres des clans dans les diverses contrées de l'Europe, comme se trouvaient les juifs au commencement même de ce siècle. Leur constituer des noms patronymiques et des prénoms qui fassent à chaque homme une individualité distincte et nette, c'est une des premières tâches qui s'imposent désormais à l'administration française. Les résultats de cette réforme seront considérables. Le Parlement a voté une loi à ce sujet en 1882; mais par une singulière contradiction, trop habituelle chez nous, dès la première année, nos Chambres, se voyant, par leurs propres fautes, dans de grands embarras financiers, ne trouvent rien de mieux que de réduire dans une proportion considérable le crédit alloué pour une œuvre aussi importante (1).

Dès aujourd'hui le gouvernement a sur les Arabes plusieurs moyens d'action, qui peuvent les mettre dans la voie où nous désirons les voir marcher. Les deux principaux sont l'éducation et le service de la justice. Pour relever le niveau de la société indigène, ce sont là les deux leviers qui ont le plus de force. Malheureusement, en ce qui concerne l'instruction publique indigène, comme dans toutes les autres questions, l'administration française a singulièrement varié. Après quelques louables efforts sous l'Empire, elle s'est presque complètement désintéressée de ce domaine de 1870 jusqu'en 1883.

Les établissements d'instruction publique destinés aux

---

(1) Il est malheureux que la commission du budget de 1885, ayant à faire des économies pour compenser l'énorme gaspillage qui, depuis 1877, est la plaie des finances françaises, se soit avisée de réduire de 280,000 francs les frais de constitution de l'état civil en Algérie. En 1886, on a été un peu plus généreux et on a alloué 100,000 francs pour ce service, au lieu de 20,000 francs en 1885. Mais il faudrait une somme de 2 ou 300,000 francs par an pour arriver à un résultat un peu rapide. On a calculé qu'avec 100,000 francs on ne peut guère constituer l'état civil que de 250,000 indigènes par année (Rapport de M. Étienne sur le budget de 1887, page 21).

Arabes sont de deux sortes : ce sont d'abord les écoles des douars et les *zaouias* ou *medersas*, qui n'offrent qu'un enseignement purement arabe; ce sont, d'un autre côté, les écoles arabes-françaises et les collèges arabes-français. Il n'est pas inutile, ne serait-ce que pour blâmer dans le passé notre négligence et pour encourager nos efforts dans l'avenir, de jeter un coup d'œil sur le faible développement du service de l'instruction publique parmi les indigènes algériens. Les écoles des douars correspondent à nos écoles primaires : on en comptait, vers 1878, près de 2,000 qui recevaient environ 28,000 enfants, auxquels des maîtres appelés *tolbas*, presque tous fort ignorants, munis d'une autorisation délivrée par le commandant du territoire, apprennent à lire et à écrire ; les *zaouias*, qui ressemblent à nos établissements d'instruction secondaire, reçoivent un certain nombre de jeunes gens sachant déjà lire et écrire : on étudie dans ces écoles le Coran et ses commentateurs, Sidi Khélil principalement. Tous les cadis et magistrats indigènes sortaient autrefois de ces *zaouias*, mais il n'en est plus ainsi : on a créé à Alger, à Tlemcen et à Constantine trois écoles supérieures ou *medersas*, qui préparent les jeunes Arabes aux emplois de la magistrature indigène.

Tout cet enseignement arabe à ses trois degrés est maigre et pauvre : peut-être ne serait-il pas prudent de lui donner un plus grand développement; il vaut mieux élever à côté et en face de lui des écoles arabes-françaises, bien dotées, bien dirigées; le moyen de dominer un peuple et de se l'assimiler, c'est de s'emparer de l'enfance et de la jeunesse : on ne peut le faire par contrainte, mais les moyens moraux sont nombreux et efficaces. La lettre impériale de 1865 émettait l'idée de développer dans de grandes proportions le haut enseignement musulman et spécialement l'étude du Coran et de la législation indigène. On a fait remarquer avec raison que ce serait là un acte d'imprudence. La connaissance du Coran se perd en Algérie; il ne faut pas la raviver : c'est un livre plein d'exhortations guerrières contre les infidèles et qui prête mille textes que l'on peut tourner contre nous.

L'objet de nos efforts, ce doit être l'extension de l'enseignement arabe-français : c'est par lui que nous prenons presque au berceau possession des générations nouvelles. Ces écoles avaient fait, avant 1870, quelques progrès. En 1864, on en comptait 18 ainsi réparties :

Province d'Alger.	Élèves indigènes.	Élèves européens.	*Province de Constantine.*	Élèves indigènes.	Élèves européens.
École de Tizi Ouzou..	77	»	École de Tébessa......	46	10
— Fort Napoléon.	43	3	— Collo............	15	9
— Beni Mansour.	24	»	— Ain Beïda......	54	12
— Laghouat.....	30	3	— Takitount.......	17	5
— Djelfa........	15	»	— Bordj-bou Areridj..........	21	13
— Astafs........	25	»	— Bou Saada......	60	7
— Djendels.....	42	»	— Batna..........	36	14
— Beni Zoug-Zoug......	33	»	— Biskra.........	44	9
— Toukria......	42	»			
— Hemnis......	22	5			

C'était un total de 658 élèves indigènes contre 90 Européens. En 1865, on créa plusieurs écoles arabes-françaises dans la province d'Oran, qui jusque-là n'en avait pas, à Ammi-Moussa, Nedromah, Feudah, Zennorah et Saïda. On peut calculer que vers 1870 le nombre des élèves indigènes dans tous ces établissements était de 1,000 au moins. Mais c'était encore bien peu pour une population de 2,800,000 Arabes ou Kabyles. Il faudrait que chaque centre important de colonisation eût une bonne école arabe-française, c'est-à-dire que le nombre de ces écoles doit être plus que décuplé. En usant de tous les moyens moraux légitimes pour leur donner une nombreuse clientèle indigène, on arriverait à avoir bientôt 20,000, puis 40,000 enfants arabes dans ces établissements d'instruction. Quand on serait parvenu à ce chiffre, on exercerait une influence sérieuse sur la formation des générations nouvelles et l'on contribuerait dans une large mesure à les initier à nos coutumes et à notre mode de penser.

Le *Tableau officiel pour 1864 des établissements français en Algérie* reconnaissait avec raison que ces écoles arabes-françaises sont le plus puissant moyen d'action dont dispose le gouvernement pour pousser les indigènes dans la voie du progrès et de la civilisation. Il est difficile de comprendre comment avec cette conviction l'on a si peu fait pour répandre cette utile institution. On a nommé, en 1863, un inspecteur spécial des écoles arabes-françaises, des écoles de douars, des *zaouias* et *medersas*. On créa à Alger une école normale primaire destinée à fournir des instituteurs à l'Algérie et qui devait avoir pour élèves des Européens et des indigènes : c'était une heureuse fondation ; il importe, en effet, que le personnel enseignant dans les écoles des douars soit élevé dans notre esprit et nous serve d'auxiliaire dans notre œuvre.

On ne saurait trop mettre à l'étude les mesures qui peuvent étendre et propager les écoles imbues de l'enseignement et des idées européennes ; il les faut doter sans parcimonie, multiplier le nombre de nos instituteurs, leur livrer avec générosité tout le matériel dont ils peuvent avoir besoin. Ce sera là une somme largement productive : ce qui jusqu'ici a pu entraver le progrès de ces établissements, c'est la difficulté de trouver des Européens possédant la langue arabe : il faut pousser les Français à cette étude par une rémunération séduisante de façon à avoir à notre service une légion d'instituteurs intelligents : dans les sociétés primitives, plus encore que dans les sociétés adultes, l'école est le berceau de la civilisation, et l'instruction est le ressort initial de tout progrès.

Au-dessus des écoles arabes-françaises se trouvait le collège arabe-français fondé à Alger en 1857 : le nombre de ses élèves internes s'était élevé progressivement à plus de 100; son enseignement comprenait la langue française, l'histoire, la géographie, l'arithmétique, la géométrie, le dessin linéaire et d'imitation, l'arabe, la gymnastique et le chant. Cette tentative avait parfaitement réussi, ce qui nous eût autorisés à faire des essais analogues dans les autres provinces; on en fonda un, en effet, à Constantine; mais on eût pu en établir sept ou huit autres.

Après 1870 on s'est malencontreusement avisé de supprimer ces établissements. Il y a d'autres écoles plus utiles encore peut-être, ce sont les écoles d'arts et métiers, comme celle qu'on fonda à Fort National. Les établissements de charité et de répression peuvent aussi aider, comme les écoles, à l'assimilation ou plutôt au rapprochement des deux races: par une pensée généreuse, mais que nous croyons mal entendue, la lettre impériale de 1865 proposait que dans les orphelinats, hôpitaux, maisons de correction, les indigènes fussent séparés des Européens; nous voudrions tout le contraire. Puisque la bienfaisance publique ou la répression ne les distingue pas, il les faut laisser côte à côte : la charité bien comprise est une institutrice dont les enseignements ont quelquefois plus d'influence et de portée que tous les autres moyens d'action.

C'est une chose triste à dire, depuis 1870 jusqu'en 1883, on s'est presque complètement arrêté dans l'œuvre de l'éducation et de l'instruction des indigènes. On a fait beaucoup moins qu'auparavant, quand il eût fallu faire dix fois plus. Les préjugés anti-arabes, qui ont prévalu d'une manière exclusive entre les deux insurrections de 1871 et de 1881, faisaient oublier qu'il y a en Algérie un autre élément que l'élément européen. On ne voulait voir que les colons. Il semblait que l'on considérât que la langue arabe pût être proscrite, tandis qu'il est très utile, au contraire, de l'entretenir, parce qu'elle nous aidera singulièrement dans la pénétration et dans la domination de l'Afrique. Il serait désirable au moins pendant quelques dizaines d'années et jusqu'à ce que notre Afrique soit plus francisée que beaucoup des habitants de l'Algérie, tant les Français que les indigènes, fussent bilingues et qu'ils se servissent des deux idiomes, le français et l'arabe : c'était la condition des Alsaciens, c'est encore celle des Flamands, des Basques et de beaucoup d'autres populations.

Ce fut un acte absurde de fanatisme ou de chauvinisme que la suppression en 1871 des collèges arabes-français d'Alger et de Constantine ; on annexa le premier de ces établissements au lycée d'Alger et l'on crut faire merveille. Un administrateur bien intentionné, mais sur ce point imprévoyant, M. l'amiral de Gueydon, gouverneur général civil, dans son rapport de 1873, se félicitait de ces mesures destructives :

« Le succès, disait-il, a été jusqu'à présent complet. Les familles musulmanes ne semblent montrer aucune répugnance à placer leurs enfants dans un établissement (le lycée) où elles savent que leur religion sera respectée ; les jeux de la camaraderie ont, dès le premier jour, rapproché les élèves des deux races, et les résultats du concours pour les prix de l'année scolaire 1871-1872 témoignent de la plus féconde émulation dans les études. »

Cette satisfaction était fort exagérée. Que les Arabes riches ou aisés envoient leurs enfants dans les lycées européens, c'est fort bien ; il n'en résultait pas qu'il fallût supprimer les collèges arabes-français. Ces établissements, qui correspondaient à des écoles d'enseignement primaire supérieur, étaient destinés à une clientèle beaucoup plus vaste que celle des lycées. En créant un de ces collèges arabes-français dans chacune des vingt ou trente villes de l'Algérie, on y eût bientôt attiré plusieurs milliers de jeunes gens indigènes sur lesquels on eût pu exercer une considérable influence intellectuelle et morale. La langue arabe doit être en honneur en Algérie ; nous voudrions que même dans les lycées de notre colonie on l'y enseignât. Il convient que le colon d'Alger puisse, sans se trouver trop dépaysé, voyager au Maroc, dans les oasis du Sahara et jusque dans le Soudan. Tous les hommes cultivés en Algérie devraient savoir l'arabe (1).

Le dédain où l'on a tenu depuis 1870 l'instruction indigène se manifeste dans presque tous les documents officiels postérieurs à cette époque. C'est à peine si l'on y trouve quelques lignes consacrées à ce service qui est si important. Le volume intitulé : *État de l'Algérie au 31 décembre* 1879 *et au 1er octobre* 1880, publié par ordre de M. le gouverneur général Albert Grévy, ne contient que quelques pages à ce sujet. Le document officiel publié en 1883 par M. le gouverneur général Tirman, sous la désignation d'*État de l'Algérie au 31 novembre* 1882, s'étend davantage sur l'instruction des indigènes, mais il contient surtout des projets et des circulaires. Les progrès accomplis sont à peu près nuls. Le document publié en 1884 indique bien quelques efforts, mais qui sont encore loin de suffire, et il en est de même pour les publications officielles postérieures.

Les établissements d'enseignement secondaire en Algérie comprennent trois lycées, ceux d'Alger, de Constantine et Ben Aknoun (petit lycée, annexe du lycée d'Alger), neuf collèges communaux, deux établissements libres et quatre

(1) Nous n'ignorons pas qu'on nous objectera peut-être que, en enseignant la langue arabe en Algérie, nous travaillons au maintien des mœurs et des idées indigènes : aussi ne considérons-nous pas cet enseignement de l'arabe comme devant être universel ; dans les écoles primaires on peut s'en passer, sur le territoire du Tell, ou lui faire la part congrue ; plus tard aussi on pourra peut-être l'abandonner, sauf dans quelques rares établissements ; mais il est évident qu'à l'heure actuelle, il est nécessaire que les deux races puissent communiquer entre elles par la parole.

petits séminaires. Le nombre, on le voit, n'en est pas grand. Il devra être augmenté; toutefois, dans une colonie aussi jeune, on comprend que les familles pensent à autre chose qu'à faire de leurs enfants des lettrés ou des savants. Les écoles secondaires d'enseignement supérieur, ce que les Allemands appellent les *Realschulen*, les institutions comme les écoles Turgot, Lavoisier, Jean-Baptiste Say et autres qui existent à Paris, feraient à merveille l'affaire des Algériens. Dans les dix-huit établissements d'enseignement secondaire de notre colonie, en 1885-86, on comptait 3,352 élèves, ce qui est assez considérable, en moyenne 200 élèves par collège ou lycée; le tiers de ces élèves à peu près suit l'enseignement spécial. Or, sait-on combien parmi ces 3,352 élèves il y avait de musulmans? 115, et 228 européens étrangers. C'est assez dire que ce n'est pas notre enseignement secondaire qui attire les indigènes. Peut-être le prix en est-il trop élevé pour eux; plus probablement leur esprit est médiocrement touché des beautés des littératures classiques ou même des avantages de l'étude approfondie des sciences.

Notre enseignement secondaire est donc très regrettablement constitué en Algérie, puisqu'il n'attire que les seuls Français. Il ne remplit pas son office qui serait de franciser un très grand nombre des étrangers européens domiciliés dans notre colonie et un nombre notable aussi de musulmans! 228 élèves européens étrangers sur 210,000 âmes qui composent la population civile européenne étrangère, 115 élèves indigènes sur 3,275,000 âmes qui forment la population musulmane, voilà des chiffres dérisoires et qui condamnent d'une façon saisissante notre politique scolaire. Nos lycées et collèges paraissent si peu convenir à notre Afrique que même, du chef des colons, le nombre de leurs élèves diminue. En 1882 on comptait dans nos établissements d'enseignement secondaire, sans y comprendre les petits séminaires, 3,771 élèves, soit 419 de plus qu'en

1885-86; on dit, il est vrai, que le collège de Miliana servait alors à la fois à l'enseignement secondaire et à l'enseignement primaire, et que, la séparation entre ces deux enseignements ayant été pratiquée en 1885, l'effectif du collège de Miliana diminua de ce chef de 103 élèves; cette explication ne rend compte que d'une faible partie de la réduction du nombre des collégiens depuis quatre ans dans un pays où la population s'accroît. Ce qui frappe encore plus, c'est la diminution continue du nombre des élèves musulmans : on en comptait 263 en 1879, puis 198 en 1882 et seulement 115 en 1885-86.

Nos collèges ne poussent pas leurs racines assez profondément dans les couches des populations étrangères et musulmanes; par leur structure et le peu de vitalité de leur sève, c'est à peine s'ils en effleurent la surface. Nous regrettons le type des collèges arabes-français; il convient d'y revenir ou de créer quelque chose d'analogue, simple, pratique, facile d'accès et peu coûteux.

Les écoles primaires supérieures sont presque toutes à créer en Algérie où elles répondraient si bien aux besoins des colons et de la partie supérieure de nos sujets arabes. En 1885-86 on ne comptait que quatre établissements de cette nature, dont trois dans la province de Constantine; il y avait en outre huit cours complémentaires qui venaient relever le niveau assez modique de quelques rares écoles primaires.

L'enseignement primaire pur et simple serait plus à la portée de la généralité des indigènes, et pourrait leur rendre plus de services. On recensait en Algérie pour l'année 1882, dans le territoire civil, en dehors des écoles purement arabes ou privées, 718 écoles primaires, dont 21 écoles arabes-françaises, 19 de garçons et 2 de filles. Le nombre des élèves dans tous ces établissements publics ou libres était, dans la même année, de 53,666. C'est un assez beau chiffre, ou plutôt un fort beau chiffre pour la population européenne;

mais sait-on combien il y avait d'Arabes parmi ces 53,666 enfants? Il s'en rencontrait seulement 3,172, dont 2,814 garçons et 358 filles. Voilà, au bout de cinquante années d'occupation de l'Algérie, le contingent d'élèves indigènes du territoire civil que nous avons réussi à amener dans nos écoles publiques : 1 élève à peu près sur 700 indigènes; c'est vraiment infiniment peu. Ce petit nombre des élèves musulmans doit tenir surtout au petit nombre des écoles arabes-françaises. Il n'y a dans tout le territoire civil que 21 de ces établissements quand il devrait y en avoir plusieurs centaines; on ne peut même dire que ce nombre augmente, car il s'en trouvait 22 en 1879.

Dans le territoire militaire il existait, en 1882, 9 écoles arabes-françaises ayant 19 instituteurs et institutrices et 474 élèves dont 196 musulmans. Les écoles purement musulmanes du territoire militaire comptaient 369 instituteurs et 4,426 élèves sur plus de 700,000 habitants, c'est un élève pour 150 habitants. Tout cela est assez misérable.

Les documents les plus récents n'indiquent qu'une bien légère amélioration dans cette situation déplorable : ils ne donnent pas, d'ailleurs, autant de détails que les publications antérieures; ils ne distinguent plus le territoire civil du territoire militaire, ni les écoles arabes-françaises des autres. En 1885-86 on comptait en Algérie 809 écoles primaires publiques et 131 écoles primaires libres, ensemble 940; le nombre des élèves des premières atteignait le chiffre de 55,831 et celui des secondes montait à 10,109, soit en tout 66,940 élèves. Dans cette population scolaire assez considérable les indigènes ne figuraient que pour 5,695 enfants des deux sexes, dont 2,064 dans le département de Constantine, 1,595 dans celui d'Oran et 1,996 dans celui d'Alger (1). Ces 5,695 indigènes élevés dans nos écoles, si

(1) *Exposé sur la situation générale de l'Algérie*, 1886, pages 105-107.

l'on tient compte de ce que nous avons en Algérie 3,275,000 sujets musulmans, représentent seulement 1 élève sur 575 âmes. Ce n'est pas ainsi que l'on civilisera et surtout que l'on francisera l'Afrique du Nord.

Quant aux zaouias, ou écoles purement arabes, qui n'ont jamais été soumises à la surveillance de l'autorité scolaire, le rapport du gouverneur général déclare qu'on en ignore le nombre et la fréquentation. Il indique seulement que dans la ville d'Alger on compte 7 zaouias, recevant 390 élèves, dont les familles versent une cotisation mensuelle de 1 franc ou 1 fr. 50 au cheïk ou mieux au directeur de l'École ; celui-ci jouit, en outre, d'un traitement de 300 francs prélevés sur les biens dits « habbous », c'est-à-dire de mainmorte musulmane.

Les sacrifices pécuniaires que nous avons faits pour l'instruction des indigènes sont médiocrement dignes d'un grand pays comme la France. Les sommes allouées en 1879 et demandées pour 1880 et 1881 à l'article 3 pour l'instruction publique musulmane s'élevaient à 33,000 francs. En voici la décomposition : 3 directeurs, 1 à 3,000 francs, 2 à 2,400; 8 professeurs à 1,500 francs, 3 professeurs à 1,200 francs, 1 professeur de français à 400 francs, 3 chaouchs dont 2 à 1,000 francs et 1 à 800 francs, soit ensemble 26,900 francs pour le personnel, et 6,100 francs pour le matériel, dont 2,600 pour location d'immeubles, 1,500 francs pour achats de livres et 2,000 francs de dépenses diverses. A l'article 4, sous la rubrique *Développement de l'instruction chez les indigènes*, on proposait pour 1881 une somme de 11,500 fr. Au projet de budget de 1880 on avait inscrit pour le même objet une somme de 30,000 francs que la Chambre avait repoussée. Ce crédit avait pour objet de « récompenser les instituteurs qui, par leur dévouement et leur zèle, auraient su attirer et retenir auprès d'eux les jeunes musulmans et d'amener dans nos écoles publiques, par des encouragements de nature diverse, un plus grand nombre d'élèves indigènes ». Enfin à l'article 5 figurait une somme de 16,000 francs, destinée à doter les élèves du territoire civil de bourses au lycée d'Alger et dans les divers collèges. Le Conseil supérieur du gouvernement de l'Algérie a porté ce crédit à 30,000 francs.

Voilà tout ce que faisait le budget colonial pour l'instruction chez les indigènes : il y affectait 74,000 francs sur un ensemble de dépenses de 37 à 38 millions. Les localités ne semblaient guère disposées à faire beaucoup plus : car le département et la ville d'Alger ont refusé l'un et l'autre, dans ces dernières années, le crédit de 8,200 francs nécessaire pour l'entretien de l'école arabe-française d'Alger, et il a fallu que l'autorité supérieure inscrivît d'office ce crédit au budget du département (1).

Depuis 1881, l'administration française ne s'est guère montrée plus libérale. Le chapitre 58 du ministère de l'Instruction publique, portant pour rubrique : *Instruction publique musulmane*, figure au projet de budget de 1885 pour le chiffre infime de 49,000 francs; à savoir : 26,900 francs pour le personnel, 6,100 pour le matériel et 16,000 pour les bourses aux élèves indigènes dans le lycée d'Alger et les divers collèges. Ce sont juste les mêmes chiffres qu'en 1879, et cependant depuis lors le ministère de l'Instruction publique en général a plus que doublé. On trouve en outre dans le même projet de budget de 1885 une somme de 45,000 francs sous la rubrique suivante : Subventions aux communes de l'Algérie et encouragements pour le développement de l'instruction primaire chez les indigènes. Ainsi on s'en tient toujours à moins de 100,000 francs pour l'enseignement des Arabes et, cependant, les sommes figurant

(1) Ces renseignements sont extraits des *Procès-verbaux des délibérations du Conseil supérieur du gouvernement* (Alger, 1880, pages 72 et suivantes).

au budget général de 1885, indépendamment des subventions générales ou départementales, pour le service de l'instruction primaire en Algérie, montent en chiffres ronds à 2 millions de francs. On n'en consacre pas le vingtième aux indigènes qui constituent les six septièmes de la population. On oublie qu'il serait singulièrement important de les rattacher à la France par la langue et par les idées. On annonçait à la fin de 1884 que le gouvernement franco-tunisien avait l'intention de créer dans l'ancienne régence de l'Est huit écoles arabes-françaises; or, l'on n'en compte que trente (1) dans les trois départements de l'Algérie, deux fois plus peuplés et que nous possédons depuis plus d'un demi-siècle. Le rapport de M. Étienne, député d'Oran, sur le budget général de l'Algérie en 1887, n'annonce aucune amélioration, car nous y voyons toujours figurer pour la somme infime de 49,000 francs l'article pour l'instruction publique musulmane.

Il faut le dire sans ambages : la France n'a pas rempli son devoir envers la population arabe. Depuis cinquante ans qu'elle la domine et qu'elle lui a enlevé le droit de se gouverner, elle n'a rien fait de sérieux pour son éducation. C'est 1 million au moins que le budget colonial devrait affecter au service de l'instruction parmi les musulmans; les départements et les villes devraient en faire autant. Il faudrait avoir des écoles normales d'instituteurs indigènes, une vingtaine de collèges arabes-français entourés d'écoles arabes-françaises, un certain nombre d'écoles d'arts et métiers et des milliers d'écoles indigènes pures et simples (2),

(1) 21 en territoire civil, 9 en territoire militaire.
(2) Ce qui peut faire maintenir, au moins pendant un certain temps, en dehors des villes surtout, des écoles spéciales pour les indigènes, c'est l'observation suivante que nous lisons dans le journal *La Vigie algérienne* : « Il y a d'autres raisons pour lesquelles la fréquentation de nos écoles par les jeunes Arabes soulève de graves difficultés : ce sont les grandes distances à franchir pour s'y rendre, surtout au travers des montagnes, et d'ennuis climatériques de toute sorte. Il y a aussi, il faut bien l'avouer,

en attendant que ces dernières puissent être transformées en écoles arabes-françaises, ce qui, du moins pour le territoire militaire, ne pourra guère se faire que dans quinze ou vingt ans au plus tôt (1).

On a promulgué, en 1883, une loi pour la réorganisation de l'instruction primaire en Algérie. On y rend obligatoire, pour toutes les communes de plein exercice ou mixtes, l'entretien d'écoles primaires publiques, ouvertes gratuitement aux enfants européens et indigènes. L'instruction primaire est, d'après la loi, obligatoire pour les Européens et les Israélites; elle ne le sera pour les musulmans que par des arrêtés spéciaux que le Gouverneur général sera libre de prendre pour les communes ou les fractions de communes qui lui paraîtront comporter cette obligation. Il est édicté qu'on devra établir, dans les divers départements algériens, des cours normaux destinés à préparer les indigènes aux fonctions de l'enseignement. On accorde une prime de 300 francs aux indigènes pour la connaissance de la langue française. On décide qu'il pourra être fondé des cours normaux spécialement destinés à l'étude de l'arabe ou du berbère par les instituteurs ou institutrices français. En territoire militaire, on donne au Gouverneur général, sur la proposition du général commandant la division ou à la

---

des détails relatifs au langage, et surtout à la saleté incurable de la plupart des enfants des tribus, qui rendent leur contact avec les fils de nos colons l'objet d'une répulsion réelle.... Il n'est pas agréable d'envoyer ses enfants sur les bancs d'une école, côte à côte avec de petits Bédouins sortis du gourbi, couverts de haillons, et possesseurs d'une vermine dont jamais personne ne songe à les débarrasser..... » Nous ne contestons pas que cette observation n'ait quelque portée. Mais un peuple civilisé surmonte à la longue des difficultés de cette nature. Beaucoup de petits Bas-Bretons, il y a dix ou vingt ans, n'étaient guère plus ragoûtants que les petits Kabyles.

(1) Un peuple colonisateur qui passe pour être peu dominé par la philanthrophie, le peuple hollandais, consacrait en 1882 la somme relativement énorme de 1,234,596 florins, soit 2,600,000 francs, aux dépenses de l'enseignement pour les indigènes des Indes néerlandaises (Voir notre ouvrage *De la colonisation chez les peuples modernes*, 3e édition, p. 298).

requête de l'inspecteur d'Académie et après avis du Conseil départemental, le droit de créer des écoles où l'enseignement serait donné en français et en arabe.

Bien incomplète encore, cette loi est théoriquement prévoyante ; mais il est à craindre qu'on n'en obtienne, en pratique, que des résultats fort modiques. Ce sont les ressources, en effet, qu'il faudrait répandre largement, par centaines de mille francs. Si l'on peut espérer que, dans les districts les plus avancés du territoire civil, les enfants des indigènes pourront fréquenter les écoles purement françaises, la généralité d'entre eux ne pourra aller, pendant longtemps encore, que dans les écoles où l'arabe sera enseigné en même temps que notre propre langue ; ce sont donc les écoles-arabes françaises qu'il faudrait multiplier dans la plus grande partie du pays. Des sommes notables devraient être affectées à cette œuvre civilisatrice. Il importerait aussi de rendre l'instruction de nos écoles, surtout de celles fréquentées par les musulmans, moins ambitieuse et plus efficace. On écrivait, en 1884, de Kabylie, que l'on enseignait aux rares enfants arabes qui fréquentaient nos écoles les détails de l'histoire romaine et de l'ancienne histoire de France, ainsi que les plus délicates minuties de la grammaire française. Ce sont là des niaiseries pour cette catégorie d'élèves.

Quant à l'instruction parmi les colons, chacun sait qu'elle est très florissante. L'Algérie européenne est au premier rang de tous les pays pour la fréquentation des écoles primaires. On multiplie les établissements d'instruction secondaire. Enfin, on a créé un centre complet d'instruction supérieure. Une loi du 21 décembre 1879 a fondé à Alger, à côté de l'école préparatoire de médecine et de pharmacie qui existait déjà, trois autres écoles préparatoires à l'enseignement supérieur, c'est-à-dire une école préparatoire à l'enseignement du droit, une école préparatoire à l'enseignement des sciences, une école préparatoire à l'enseignement supérieur des lettres. Il conviendrait de transformer ces écoles en véritables facultés. On aurait ainsi une université à Alger (1). Ce que nous voudrions également, c'est que dans cette université, dans tous les lycées, dans toutes les écoles européennes d'Algérie, on fît une place à l'enseignement de la langue arabe. Si l'Algérie doit exercer une influence considérable sur l'Afrique intérieure, il convient qu'elle cultive cette langue qui lui rendra tant de services pour les relations avec tous les Arabes de cette partie du monde. Les habitants de l'Algérie, tant ceux d'origine européenne que les indigènes, doivent être des hommes bilingues. La langue arabe est un instrument précieux qu'il faut se garder de détruire. On a institué des cours supérieurs d'arabe à Alger, à Oran et à Constantine. Ils sont restés d'abord peu en faveur : en 1878, les trois réunis ne comptaient que 78 auditeurs; en 1879, le nombre s'en élevait à 128, dont 56 à Alger, 45 à Oran et 27 seulement à Constantine. En 1882, le chiffre des auditeurs s'est élevé à 196, dont 143 à Alger, 24 à Oran et 29 à Constantine. Il y a eu un nouveau progrès en 1886, car l'école des lettres d'Alger enregistrait 187 élèves pour le brevet d'arabe, 25 élèves pour le diplôme d'arabe et 17 élèves pour le brevet de kabyle. Toutes les écoles publiques, même les élémentaires, devraient, en Algérie, avoir un cours arabe, au moins facultatif.

(1) En 1882, le nombre des étudiants à ces écoles était de 69 pour la médecine et la pharmacie, 332 pour le droit, 123 pour les lettres, 28 pour les sciences; les étudiants indigènes n'étaient qu'au nombre de 35, dont 8 pour la médecine et la pharmacie, 23 pour le droit, 4 pour les lettres, et pas un seul pour les sciences. Ce dernier fait est regrettable, peut-être est-il passager, étant donnée l'excellence à laquelle les Arabes ont atteint autrefois dans les sciences. En 1886 le nombre des étudiants à l'École de médecine n'était plus que de 67, sans compter 48 auditeurs bénévoles ou élèves sages-femmes; on ne comptait plus que 280 étudiants en droit, 26 élèves, à l'École des sciences; on ne donne pas le chiffre pour l'École des lettres, non plus que la proportion des élèves indigènes et des Européens (*Situation générale de l'Algérie* pour 1886, pp. 68 à 76).

Après les écoles, la plus puissante ressource de la civilisation est dans l'organisation judiciaire. Assurément, on a bien fait de laisser en général les indigènes soumis à leurs lois et même souvent à leurs juges (1) : les y soustraire entièrement eût été un acte aussi empreint d'injustice que d'imprudence ; mais, tout en respectant les droits et la législation des Arabes, il est bien des moyens moraux dont l'influence peut être pénétrante.

En vertu du décret du 21 avril 1866 et conformément au sénatus-consulte du 14 juillet 1865, l'indigène peut déclarer qu'il entend être régi par les lois civiles et politiques de la France. De telles déclarations sont rares. Il faudrait étudier les mesures propres à les rendre plus nombreuses. Les Arabes commencent déjà à s'apercevoir que leurs juges ne valent pas les nôtres.

Jusqu'à une réforme qui date de 1886, les tribunaux français connaissaient des contestations entre indigènes dans les deux cas suivants : quand, dans l'acte attaqué, les contractants avaient déclaré se soumettre à la loi française ou qu'ils se présentaient d'un commun accord devant les tribunaux français ; en second lieu, les indigènes pouvaient toujours appeler des jugements de leurs cadis devant nos tribunaux de première instance, si l'objet du litige excédait 200 francs et n'en dépassait pas 1,500 ; devant la cour d'appel, s'il excédait 1,500 francs. Ces dispositions étaient justes et sages. Cependant, un décret du 1er octobre 1854, inspiré par ce fâcheux respect de la nationalité arabe, dont a été empreinte la politique du gouvernement impérial, avait livré la justice entre musulmans aux seuls magistrats de leur religion : il en résulta les plus criants abus ; il fallut revenir au bout de cinq ans sur cette marque de confiance et rétablir la ju-

---

(1) Il y a cependant, comme on va le voir, à cette règle quelques exceptions que l'on a une tendance à étendre, comme on le verra plus loin dans le texte.

ridiction facultative de nos tribunaux pour les contestations entre indigènes. Aux termes d'un rapport du ministre de l'Algérie et des colonies, en 1859, l'iniquité et l'ignorance des magistrats arabes délivrés de tout contrôle et de tout contrepoids avaient pris des proportions scandaleuses et les indigènes réclamaient comme un bienfait le droit de recourir à nos magistrats. Si nos tribunaux étaient plus nombreux, si l'usage de la langue arabe était plus répandu parmi les Européens et celui de la langue française parmi les Arabes, on ne peut douter qu'un très grand nombre de contestations entre indigènes ne vînt se soumettre librement à notre juridiction. Ce serait un progrès essentiel au point de vue du rapprochement des deux peuples.

L'amélioration, sur ce point, fut sensible et rapide. Alors qu'elle n'était jamais obligatoire, notre justice gagnait et se substituait graduellement à la justice indigène. En 1879, la cour d'appel d'Alger avait jugé 725 affaires, dont 192 entre Français, 41 entre Français et autres Européens, 23 entre Français et Musulmans, 10 entre Européens non français de nationalités diverses, 4 entre Européens non français et indigènes, enfin 455 entre indigènes, soit, pour cette dernière catégorie, les trois cinquièmes du tout. La proportion était moins forte pour les affaires portées devant les tribunaux civils et de commerce, mais les démêlés entre indigènes y tenaient encore une grande place. Dans cette même année 1879, sur 13,893 affaires dont étaient saisis les tribunaux civils et les tribunaux de commerce, 6,308 concernaient des litiges entre Français, 2,026 entre Français et autres Européens, 1,788 entre Français et Musulmans, 788 entre Européens non français, 306 entre Européens non français et indigènes, enfin, 2,677 étaient des affaires entre Musulmans. La justice française serait encore bien plus recherchée par les indigènes si elle n'était à la fois coûteuse et lente. La rendre moins dispendieuse et plus rapide, c'est une tâche à laquelle on ne saurait trop s'appliquer.

Par des raisons que nous ignorons, le nombre des procès entre indigènes jugés par nos tribunaux a, toutefois, diminué depuis 1879. Ainsi en 1884 sur 1,161 affaires jugées par la Cour d'Alger, 346 étaient des litiges entre Français, 246 entre Français et Européens étrangers, 157 entre Français et musulmans, 190 concernaient des procès entre Européens étrangers, 101 entre Européens étrangers et musulmans, enfin 121 seulement entre musulmans. Ce n'est guère que le quart du nombre des affaires entre indigènes sur lesquelles se prononçait la Cour en 1879. De même pour les tribunaux de première instance et de commerce; là aussi il y a eu décroissance. Sur 24,517 affaires qu'ils ont tranchées en 1884, 11,057 concernaient des litiges entre Français, 5,321 des litiges entre Français et Européens, 3,381 entre Français et musulmans, 2,195 entre Européens étrangers, 1,680 entre Européens étrangers et musulmans, 933 enfin entre musulmans. C'est infiniment moins qu'en 1879. Tout en admettant que ce recul puisse avoir une cause particulière qui nous échappe, nous devons signaler comme une nécessité la simplification des formalités et des charges de la justice française et la réduction de ses lenteurs. Dans une colonie tout doit être prompt et bon marché, la justice surtout.

Au sein du Conseil supérieur de l'Algérie, en 1879, on s'est occupé des moyens d'amener encore plus promptement et plus complètement la prépondérance de la justice française sur la justice musulmane. Il est bien entendu que lorsque nos tribunaux jugent des procès entre musulmans, ils appliquent la loi musulmane, non la loi française; c'est le juge qui est français, non la législation. On a proposé dans le Conseil supérieur que, dans tout litige entre Musulmans et en matière musulmane, l'une des parties fût autorisée à déférer à elle seule la cause à la juridiction française, sans avoir besoin de l'assentiment de son adversaire.

Cette mesure n'aurait rien d'excessif. Le même Conseil a également émis le vœu que toutes les questions se rattachant à la propriété du sol, même en matière de succession, soient portées devant les tribunaux français qui, d'ailleurs, appliqueraient entre Musulmans la loi musulmane, tout en respectant la loi de 1873 sur la constitution et le maintien de la propriété privée. Cette proposition a pour objet d'éviter qu'à chaque succession l'indivision renaisse et que les intérêts des copartageants s'enchevêtrent d'une manière inextricable. Comme on va le voir, il lui a été donné en grande partie satisfaction.

Les juges entre Musulmans, sauf les cas qui viennent d'être spécifiés et ceux que nous allons indiquer en vertu d'une réforme récente, sont les cadis constituant des tribunaux appelés *mahakmas*. Le nombre de ces cadis, qui sont à la fois des magistrats et des notaires, a toujours été en diminuant par la voie de suppression d'emploi. Dans l'espace de quinze ans, d'après le général Cérez, on aurait aboli 200 fonctions de cadi. Dans la seule année 1880 on en a supprimé 13, si bien qu'il n'en restait plus alors que 120. Cette justice musulmane est, d'ailleurs, bien peu coûteuse. Elle figurait au budget de 1880 pour une somme de 147,950 francs, dont 139,900 pour le personnel et 8,050 pour le mobilier. Les 120 cadis conservés avaient des traitements assez minimes : 1,500 francs pour les 22 cadis de la première classe, 1,200 francs pour les 22 de la deuxième classe et 1,000 francs pour les 76 de la troisième classe. On trouvé le moyen, au budget de 1885, de réduire encore la dotation pour la justice musulmane; elle n'est plus que de 95,000 francs pour le personnel et 8,050 pour le matériel. C'est encore ce chiffre qui figure au budget de 1887. Le nombre des cadis n'est plus que de 80. On alloue une prime de 200 francs aux cadis qui connaissent la langue française, mais il y a trois ans trois cadis seulement avaient pu passer à ce sujet des examens qui leur valussent cette prime. Les émoluments de ces magistrats sont sans doute trop peu élevés pour attirer les hommes intègres et instruits. Il serait à désirer que tous ces fonctionnaires indigènes connussent bien le français. Le Conseil supérieur a émis le vœu que l'étude de la loi française (et sans doute aussi de la langue française) fût rendue obligatoire dans toutes les medersas et autres écoles où se forment les jeunes gens qui se destinent à la profession de cadi.

Un décret du 10 septembre 1886 a réorganisé la justice musulmane de façon à lui substituer obligatoirement dans différents cas, non plus facultativement, la justice française. Voici en quels termes le gouverneur général, dans son *Exposé sur la situation de l'Algérie* en 1886, analyse et commente ces dispositions nouvelles :

« Les indigènes musulmans non naturalisés seront régis par la loi française, si ce n'est pour leur statut personnel, leurs successions et ceux de leurs immeubles dont la propriété n'aura pas été établie conformément à la loi du 26 juillet 1873, ou par un titre français administratif, notarié ou judiciaire. Le cadi ne sera plus le juge de droit commun qu'en matière de statut personnel et de successions, et encore les parties auront-elles la faculté de se présenter d'accord devant le juge français. Les attributions des magistrats musulmans se trouvant considérablement réduites, il sera possible de supprimer certaines mahakmas qui seront réunies aux circonscriptions voisines. La création de mahakmas annexes et l'établissement d'audiences foraines pareront ensuite aux inconvénients que présenteraient des circonscriptions trop étendues.

« La compétence des juges de paix s'est accrue de ce que le décret a enlevé à la connaissance des cadis conformément aux principes posés par les juridictions françaises; l'appel des décisions rendues par le cadi ou par le juge de paix sera toujours porté, quel que soit le taux du procès, devant le tribunal civil de l'arrondissement, sauf pour l'arrondissement d'Alger où la Cour, au moins provisoirement, connaîtra des appels. Le décret consacre l'abandon de l'institution des assesseurs qui auront seulement voix consultative et ne seront pas remplacés.

« Les attributions des cadis, en leur qualité de notaires, ont été aussi diminuées. Ils ne pourront procéder aux opérations de compte, liquidation et partage des successions musulmanes, que dans le cas où elles seront purement mobilières. Le droit qu'ils possédaient de partager les successions immobilières, même celles dans lesquelles étaient compris des immeubles soumis à la loi de 1873, leur a été enlevé, et désormais toute succession comprenant des immeubles devra être liquidée par un notaire français. Comme conséquence la propriété reposera bientôt partout en Algérie sur des titres sérieux et incontestables, ce qui facilitera la pénétration du pays arabe par l'élément européen. »

Nous ne jugeons pas que le fond de ces dispositions soit mauvais; mais elles peuvent entraîner à des mesures qui, par leur radicalisme, auraient une mauvaise influence sur l'avenir du pays et sur la fusion des races. Il semble que l'on ait une tendance à éliminer du service de la justice tout élément indigène; la suppression des assesseurs paraît nettement l'indiquer. Cette exclusion, pour quelques bons effets momentanés, aurait des conséquences graves qui semblent échapper aux colons.

Beaucoup de gens pensent que la fonction de cadi doit être un jour supprimée et qu'il y aurait avantage à ne pas trop tarder. Il est possible que l'avenir amène cette solution, mais ce doit être un avenir assez lointain et il faudra trouver quelque compensation pour que l'élément indigène ne soit pas exclu du service de la justice. Si, en effet, le recours au cadi diminue en Kabylie et dans le Tell, il devra s'accroître dans les régions plus méridionales au fur et à mesure que nous aurons introduit dans la tribu des institutions démocratiques. Il n'est d'ailleurs ni bon ni utile de fermer toute fonction libérale aux indigènes. Les bons observateurs ont souvent remarqué, en Algérie, que l'une des classes les plus mécontentes et les plus portées à soupirer après l'indépendance, c'était la petite classe moyenne, qui remplissait autrefois les fonctions judiciaires ou ecclésiastiques, et que le développement de l'administration française a éliminée. Il y aurait tout avantage à conserver un certain nombre d'emplois subalternes, dans toutes les administrations, pour les Arabes instruits, connaissant notre langue et disposés à accepter notre civilisation. On devrait leur faire une situation convenable : ce serait un grand moyen d'influence dont il serait imprudent de se priver. C'est sottise et imprévoyance de vouloir remplacer partout l'Arabe par l'Européen. Qu'on y prenne garde, d'ailleurs : en tout pays c'est la classe moyenne qui forme l'opinion ; celle-ci commence à se constituer en Algérie par l'éducation des lycées et des écoles et par l'aisance matérielle. C'est l'hostilité des créoles et des classes moyennes des colonies espagnoles qui a enlevé à l'Espagne ses magnifiques dépendances. Si nous ne savons pas offrir des débouchés et des situations honorables à la classe moyenne arabe, les difficultés de notre domination en Algérie iront en augmentant.

Il n'est pas besoin d'user de contrainte pour rapprocher de nous l'Arabe. Il nous donne sa confiance toutes les fois que nous la méritons. C'est ainsi que le notariat français, auquel les indigènes n'étaient nullement tenus, jusqu'à ces derniers temps, de s'adresser (1), se fait rechercher par eux de plus en plus chaque année pour les contrats de quelque importance.

(1) On a vu qu'un décret de 1886 a réduit les fonctions notariales des cadis.

Le compte rendu de la justice civile et commerciale pour 1863 constatait que, dans le cours de cette année, les notaires français avaient reçu 782 actes entre musulmans. Le progrès a été énorme depuis lors. En 1877, les notaires français faisaient 2,135 actes concernant uniquement les musulmans ; en 1878 le nombre des actes notariés entre indigènes montait à 2,175, et en 1879 il s'élevait à 3,218, ce qui est considérable. Il y avait, en outre, dans la même année, 10,445 actes notariés entre Français et musulmans, et 1,499 entre musulmans et Européens non français, si bien que l'ensemble des actes notariés où les musulmans étaient parties atteignait le chiffre de 15,162 sur un total de 42,152 actes notariés, soit plus du tiers. En 1884, sur 57,083 actes passés par les notaires français, 25,907 étaient conclus entre Français, 5,068 entre Français et Européens étrangers, 15,401 entre Français et musulmans, 5,436 entre Européens étrangers, 2,262 entre Européens et musulmans, 3,009 entre musulmans : c'était donc 20,672 actes où les musulmans étaient partie.

Tous ces faits démontrent de la manière la plus incontestable que le rapprochement est plus facile qu'on ne l'a cru jusqu'ici : mettre toutes les institutions européennes, écoles, tribunaux, offices ministériels, à la portée des Arabes, leur en faciliter l'accès, leur en faire comprendre les avantages, les amener progressivement à y avoir recours, c'est là une œuvre utile et relativement aisée ; il faut répandre partout ces institutions malgré la dépense, et, dussent-elles chômer quelques années, on doit supprimer tous les obstacles artificiels à ce rapprochement nécessaire et spécialement les bureaux militaires dits bureaux arabes.

Pour la justice criminelle, il est une observation importante à faire. On a introduit en Algérie le jury. Il en résulte que les accusés musulmans devant les assises sont jugés par un jury exclusivement européen. Dans certains cas, comme dans les temps qui précèdent ou qui suivent les insurrections, ces jurys sont dominés par la passion et se montrent d'une rigueur exagérée. C'est violer le principe de l'institution que de faire juger les indigènes par les colons qui sont, non leurs pairs, mais souvent leurs ennemis. Dans la session des assises de Constantine, en juillet 1881, sept indigènes ont été condamnés à mort pour des crimes qui auparavant obtenaient toujours des circonstances atténuantes. Dans les années qui ont suivi, les jurys européens, surtout dans la province de l'Est, se sont montrés d'une très grande rigueur. Si l'on veut soumettre les indigènes au jury, il faudrait que le jury fût mixte. Mais il est plus raisonnable et plus humain de faire juger les indigènes par des magistrats et non par des jurés. En tout cas, si l'on ne veut pas fomenter indéfiniment les haines de race, une réforme de la législation pénale, en ce qui concerne les indigènes, est indispensable. De même, il importe de reviser à leur égard, ou plutôt de complètement abolir, un ensemble de règlements ou de coutumes vexatoires, ridicules parfois, qui est connu sous le nom de *Code de l'Indigénat* (1).

La nation qui a proclamé, sinon inventé, « les Droits de l'homme », a bien des réformes à accomplir dans ses rapports avec les indigènes algériens. Ce n'est pas, en effet, des « Droits des Français » que parlaient nos pères ; c'est en appliquant « les Droits de l'homme », avant même qu'on les eût définis, qu'ils sont arrivés si facilement à se concilier et les Bretons, et les Flamands et les Alsaciens, et les Corses ; leur conduite avec les noirs des Antilles a été tout aussi exempte de préjugés de race. Il faut en Algérie reprendre cette noble et utile tradition que nous y avons un peu abandonnée. Si nous voulons vraiment fusionner,

---

(1) Parmi les clauses aussi absurdes que vexatoires de ce prétendu code se trouve la condamnation à la prison pour réclamations non fondées et plusieurs fois répétées.

autant que les circonstances le permettent, avec la race française, la race kabyle et la race arabe, si nous ne voulons pas préparer à date prochaine un réveil de la nationalité vaincue, comme le réveil de l'Irlande, le réveil des Tchèques, nous n'avons pas une heure à perdre. Instruisons les indigènes algériens, donnons-leur notre langue, émancipons-les graduellement de la situation de sujets asservis et sans droits; faisons-leur une place dans l'organisation de notre patrie et de nos services administratifs. Suivons un peu ce que font depuis dix ans les Anglais aux Indes. N'oublions pas surtout qu'il ne suffit pas d'améliorer l'état matériel et physique de la généralité de la race vaincue. Il faut encore donner des satisfactions, soit réelles, soit d'amour-propre, à la classe moyenne indigène ; on doit lui faire une place dans nos cadres. Un peuple conquérant qui n'a pas su faire un sort et ouvrir des horizons à la classe moyenne de la race vaincue se prépare, au bout de deux ou trois générations, des difficultés insurmontables.

CHAPITRE XI

DU RÉGIME POLITIQUE DE L'ALGÉRIE

Phases diverses par lesquelles ont passé les institutions algériennes. — Alternatives du régime libéral et du régime restrictif. — Division de l'Algérie en territoire civil et en territoire militaire. — Étendue et population de chacune de ces deux régions. — Raisons d'être de cette division.
Organisation municipale : les communes de plein exercice, les communes mixtes et les communes indigènes. — Difficultés spéciales de la vie municipale algérienne. — Les électeurs indigènes et les anciens électeurs européens non Français.
Des droits des indigènes. — Les assesseurs musulmans dans les conseils généraux. — De la représentation des indigènes dans le parlement métropolitain.
L'Algérie doit être régie par des lois, non par des décrets ou des arrêtés. — La politique de l'assimilation et la politique de l'autonomie. — De la création en Algérie d'un personnel administratif spécial à l'abri des fluctuations politiques.

Nous abordons maintenant une question singulièrement importante et délicate. Quel doit être le régime politique de l'Algérie ? Comment concilier les intérêts militaires et les intérêts civils, les droits des musulmans, ceux des Européens non Français et ceux des colons d'origine française ? A cette contrée, qui est bien conquise, mais où l'insurrection peut encore fermenter, comment donner à la fois la liberté et la sécurité ?

L'Algérie a traversé déjà plusieurs phases : celle de la conquête qui a duré jusque vers 1845 ; celle du développement, lent mais continu, de la colonisation, de 1845 à 1870 ; enfin, depuis 1870, celle d'un accroissement beaucoup plus rapide du nombre des immigrants, des travaux publics et du défrichement. Les institutions ont singulièrement varié dans ces trois périodes. Ces variations excessives, ces oscillations alternatives dans le sens de la liberté et dans le sens de la réglementation autoritaire étaient excusables, inévitables même, pendant les années de la conquête et celles qui l'ont suivie. Aujourd'hui, après plus d'un demi-siècle d'occupation, on doit enfin adopter un plan de gouvernement que l'on suive avec persévérance. Jetons un rapide coup d'œil sur l'histoire de nos changeantes institutions algériennes.

Du mois de juillet 1830 au mois de décembre 1831, le général commandant l'armée d'occupation fut investi de tous les pouvoirs. La population civile était considérée avec raison comme le cortège habituel de commerçants ou de trafiquants qui s'attache à une armée en campagne. Cependant le gouvernement, dès que les opérations militaires eurent un peu avancé, chercha une organisation qui offrît plus de garanties à l'élément civil. Une ordonnance fut rendue à cet effet le 1er décembre 1831 : « S'il a été nécessaire, y
« disait-on, dans les premiers mois qui ont suivi l'expédition
« d'Alger, de réunir en une seule main les pouvoirs civils et
« militaires, il importe maintenant au bien-être de cet éta-
« blissement que ces pouvoirs soient séparés, afin que la
« justice et l'administration civile et financière puissent
« dans ce pays prendre une marche régulière. » Le gouvernement entrait résolument, prématurément même, dans le système de l'administration civile. « La direction et la
« surveillance de tous les services civils en Algérie, disait
« la circulaire, celle de tous les services financiers, ainsi
« que l'administration de la justice, sont confiées à un inten-
« dant civil placé sous les ordres immédiats du président du
« Conseil des ministres et respectivement sous ceux des
« ministres de la justice, des affaires étrangères, de la
« guerre, de la marine, des cultes, du commerce et des
« finances. »

Ces idées étaient fort libérales; elles pouvaient difficilement s'appliquer en pleine période de combat, dans des circonstances où il est assez habituel, même dans les vieux pays civilisés, de décréter l'état de guerre. Des conflits surgirent entre l'administration civile et le chef militaire (1). Au bout de peu de mois on réunit le commandement militaire et l'intendance civile sous une même autorité, celle du ministre de la guerre. L'ordonnance du 22 mai 1832, qui organisa ce nouveau régime, plaça nettement l'intendant civil sous les ordres du commandement militaire, sans rien changer d'ailleurs aux attributions du premier, et sans confondre de nouveau l'administration civile et l'administration militaire qui désormais devaient rester distinctes. Cette organisation, qui fut bientôt et plusieurs fois modifiée, est restée cependant le type dont s'est toujours rapprochée l'administration algérienne pendant quarante années.

Une ordonnance du 22 juillet 1834 et un arrêté du 1er septembre de la même année altérèrent un peu ce régime, plutôt dans la forme que dans le fond. Le commandement et la haute administration des possessions françaises dans le nord de l'Afrique furent confiés à un gouverneur général. Plus tard, le 31 octobre 1838, l'intendance civile fut supprimée et remplacée par une direction de l'intérieur; c'était une subordination plus complète de l'élément civil à l'élément militaire.

Jusqu'en 1845, il ne fut guère fait d'altération à l'organisation que nous venons de décrire. Cette année marque la fin de la conquête proprement dite. A cette époque on divisa l'Algérie en trois provinces et chacune d'elles en trois

---

(1) Dans les articles de M. Camille Rousset, qu'a publiés en 1885 la *Revue des deux mondes*, sous ce titre : *Les commencements d'une conquête*, on peut voir un exposé rapide de ces dissentiments entre l'autorité militaire et l'intendant civil.

zones de territoire : civil, arabe et mixte. Dans le territoire civil, les services administratifs étaient complètement organisés; dans le territoire mixte, c'était l'autorité militaire qui remplissait les fonctions civiles; enfin le territoire arabe était exclusivement soumis au régime militaire. Comme organes d'administration, l'ordonnance de 1845 instituait une direction générale des affaires civiles, un conseil supérieur d'administration et un conseil de contentieux. Le gouvernement de Juillet, persistant avec esprit de suite dans cette voie, établissait, par une ordonnance du 1er septembre 1847, dans chaque province, un directeur des affaires civiles et un conseil de direction.

La république de 1848, conformément à son principe et aux idées du temps, devait procéder avec plus d'élan. Elle tenta d'assimiler complètement l'Algérie à la métropole, singulier essai à un moment où la conquête était à peine achevée, où une centaine de mille Européens seulement se trouvaient dispersés au milieu de 2 millions et demi d'Arabes. L'Algérie eut le droit d'envoyer des députés à l'Assemblée nationale. On rattacha aux ministères compétents les cultes, l'instruction publique et la justice. On publia un rapport du général La Moricière qui affirmait que « le mo-« ment lui paraissait enfin venu de réaliser d'une manière « décisive le vœu, si souvent manifesté, d'une assimilation « largement progressive ». S'inspirant de ces observations, un décret du 9 décembre 1848 supprima la direction générale des affaires civiles et créa dans chaque province un département avec un préfet et un conseil de préfecture. On donna au territoire civil un peu plus d'extension. Le gouverneur général fut maintenu; l'autorité militaire fut représentée à Alger par un gouverneur militaire, et à Paris par le ministre de la guerre. Cette organisation fut naturellement modifiée par l'empire. Le Sénat fut chargé du soin de régler la constitution de l'Algérie; les départements algériens furent maintenus, mais l'essai d'assimilation de l'Algérie à la métropole fut abandonné.

L'empire fit, cependant, une tentative originale qui, avec quelques modifications, aurait pu et dû être heureuse, mais dans laquelle il ne persévéra pas. En 1858 il créa un ministère de l'Algérie et des colonies. Le gouvernement général était remplacé par un ministre résidant à Paris; on supprimait le Conseil de gouvernement; on instituait des Conseils généraux non électifs; les préfets en territoire civil, les généraux en territoire militaire obtenaient une extension de leurs attributions administratives; on agrandissait le territoire civil, on créait de nouvelles sous-préfectures. Le chef de l'armée d'Afrique, dépourvu d'attributions civiles, prenait le titre de commandant des troupes de terre et de mer.

Cet état de choses dura deux ans; il eût pu et dû persister davantage. Les habitudes d'instabilité l'emportèrent. En 1860, le ministère spécial de l'Algérie et des colonies disparut. On reconstitua le gouvernement général. Sous l'autorité du gouverneur général, deux hauts fonctionnaires, un sous-gouverneur et un directeur des affaires civiles, indépendants l'un de l'autre, se partagèrent l'administration. Le sous-gouverneur n'était pas seulement chef d'état-major de l'armée d'Afrique; il avait encore l'administration du territoire militaire par l'intermédiaire des trois généraux de division et des bureaux arabes placés sous leur autorité. Le directeur des affaires civiles administrait par l'entremise des préfets le territoire civil. Un Conseil supérieur de gouvernement, composé de fonctionnaires et de délégués des Conseils généraux, préparait le projet de budget colonial. L'autorité civile et l'autorité militaire étaient, dans cette organisation, indépendantes l'une de l'autre. Un décret du 7 juillet 1864 changea cet état de choses et subordonna partout la première autorité à la seconde. Les généraux commandant les divisions furent investis du titre de commandants de provinces ; on plaça sous leurs ordres les préfets qui durent leur adresser des rapports et recevoir leurs instructions. On retombait ainsi plus que jamais dans le régime militaire, dont l'ombre seule suffit pour exaspérer les colons et éloigner les émigrants. Une colonie vit autant de réputation que de réalité ; la fâcheuse renommée du régime militaire suffisait pour arrêter le développement de l'Algérie.

Les événements de 1870, l'esprit républicain qui pénétra de nouveau les institutions de la France, la réaction contre les doctrines de l'administration impériale, firent éprouver à l'Algérie une transformation. Le principe électif s'étendit à tout. Les Conseils généraux furent électifs ; les Algériens français envoyèrent des députés et des sénateurs au Parlement. Le gouverneur général prit le titre de civil, quoiqu'il continuât d'abord à être un militaire, comme l'amiral de Gueydon et le général Chanzy. La direction des affaires civiles fut rattachée au ministère de l'intérieur. Les préfets furent soustraits à l'autorité des généraux ; le territoire civil fut étendu ; les bureaux arabes furent réduits en nombre et en attributions ; des commissaires civils les remplacèrent dans tout le Tell.

En principe, tous ces changements étaient bons ; dans l'application ils le furent moins. Le système militaire avait les plus grands inconvénients. Tous les intérêts civils étaient systématiquement sacrifiés à l'intérêt, parfois problématique ou mal entendu, de l'armée. C'est ainsi que, jusqu'à ces derniers temps, les meilleurs terrains, les territoires les plus aptes à la culture étaient souvent réservés pour les champs d'exercice et de manœuvres ; les fortifications des villes, les prohibitions de bâtir arrêtaient le développement des centres. La lettre impériale de 1865 en témoigne naïvement : « On doit, partout où cela est possibble, dit-elle,

« et sans nuire aux intérêts de la défense, restreindre les
« servitudes, livrer à la colonisation les terrains que l'ad-
« ministration s'est réservés et qui ont déjà acquis une
« grande valeur, en échange d'autres terrains où les établis-
« sements des administrations pourraient être installés à
« bien meilleur marché. » C'était faire une critique très
juste des inconvénients matériels du régime militaire, qui
n'étaient rien auprès de ses inconvénients moraux.

Si le régime civil est celui qui convient à l'Algérie, du
moins à la plus grande partie de l'Algérie, il n'en résulte pas
que l'on ne puisse avoir de temps à autre, comme gouverneur général civil, un militaire éclairé, tel que le général
Chanzy par exemple ; mais ce ne doit pas être la règle. On
a cherché à rendre le gouvernement général civil respon-
sable de l'insurrection de 1881 ; le gouverneur général de ce
temps peut avoir commis des fautes, mais il y a une singulière exagération à prétendre qu'il soit la cause unique
ou principale des troubles de cette époque. En serait-il ainsi
qu'on n'en devrait rien conclure ; car les erreurs d'un
homme ne peuvent à elles seules faire juger des mérites
d'une institution.

Le territoire de l'Algérie est encore divisé en territoire
civil et en territoire militaire. Il n'y a pas d'inconvénient à
maintenir, pendant quelques années, cette distinction, surtout le territoire militaire n'étant plus fermé aux colons.
Il a, d'ailleurs, singulièrement diminué d'étendue.

Ce n'est plus seulement la région de collines ou de vallées, voisine de la mer et appelée le Tell, ce sont les hauts
plateaux qui, en partie du moins, sont occupés aujourd'hui
par le territoire civil. Voici quelles ont été les variations
de ce territoire depuis 1878 en étendue et en population
approximative (1).

(1) Ce tableau est extrait du rapport de M. Étienne, député d'Oran, sur
le budget du *gouvernement général civil de l'Algérie pour* 1887 (p. 30).

Années.	Hectares.	Habitants.
1878	4,865,450	1,183,036
1879	5,349,616	1,417,879
1880		
1881	9,887,100	2,307,130
1882	10,056,575	2,314,651
1883	10,159,175	2,405,672
1884	10,762,347	2,458,137
1885	11,842,762	2,469,001
1886	11,920,292	2,472,322

On voit combien restreint était le territoire civil en 1878; il n'atteignait guère que la superficie de sept départements français; en 1886 il égale la surface d'une vingtaine de départements moyens et représente près du quart de celle de la France. On continue à l'augmenter chaque année de 60,000 à 100,000 hectares environ. La population de cette région doit être de 3 ou 400,000 âmes plus élevée que celle qui est indiquée dans le tableau ci-dessus, parce que ces chiffres précédaient le recensement de 1886, qui a fait ressortir pour l'Algérie un chiffre d'habitants plus considérable qu'on ne le pensait. Si nombreuses et continues que doivent être dans l'avenir les nouvelles extensions de territoire civil, la superficie du territoire dit de *commandement* (c'est à dessein que nous préférons cette formule à celle de territoire militaire) restera longtemps encore deux ou trois fois plus vaste; mais elle se composera pour la grande partie de steppes ou de déserts et elle ne comprendra que 7 à 800,000 habitants.

L'administration communale en Algérie ne pouvait et ne pourra de longtemps être homogène; elle sera plus complètement et plus libéralement constituée là où l'élément européen est assez concentré que là où il est très disséminé. De même que la Grande-Union américaine distingue les États et les Territoires, ces derniers qui ne jouissent pas de la plénitude de la vie politique, de même et à plus forte raison encore sommes-nous obligés en Algérie de classer en divers ordres les circonscriptions territoriales. Les localités où il n'y a presque que des indigènes, surtout des Arabes nomades, ne peuvent être régies par la même méthode que celles où il n'y a presque que des Européens. On a donc trois ordres de communes : les communes de plein exercice, qui sont assimilées aux communes de France et jouissent des mêmes droits municipaux, les communes mixtes, qui n'ont qu'une vie municipale embryonnaire, enfin les communes indigènes qui sont administrées par des agents de l'autorité centrale et qui n'ont, pour ainsi dire, pas de vie municipale, sauf chez les Kabyles, où existent traditionnellement des Djemmaas, assemblées électives. Le progrès consiste à faire passer des communes de la troisième catégorie dans la seconde, et d'autres de la seconde catégorie dans la première.

Au 31 décembre 1884, il existait en Algérie dans le territoire civil 210 communes de plein exercice et 79 communes mixtes; dans le territoire autrefois appelé militaire, dénommé aujourd'hui territoire de commandement, il n'y avait pas de communes de plein exercice; on y trouvait 5 communes mixtes et 16 communes indigènes. On continue à augmenter le nombre de ces créations. Ainsi dans l'année qui a commencé au mois d'octobre 1885, douze nouvelles communes de plein exercice ont été créées, dont sept dans le département d'Alger, quatre dans celui d'Oran et une dans celui de Constantine. Douze autres communes de plein exercice ont été agrandies. Par suite de ces changements, dans le courant de cette seule année, 129,000 hectares ont passé du territoire de commandement dans le territoire civil, et 115,000 hectares du territoire des communes mixtes dans celui des communes de plein exercice. De nombreux projets de création et d'agrandissement de communes sont encore en cours d'exécution. On ne saurait qu'applaudir à ce développement progressif. Les libertés municipales agréent singulièrement à tous les hommes, encore plus aux colons, qui d'ordinaire ont particulièrement développé le goût de l'indépendance.

Il y a cependant des difficultés spéciales dans la vie municipale algérienne. Les communes de plein exercice ne sont pas habitées uniquement par des Français; quelquefois ceux-ci sont en petite minorité. Quatre ou cinq dizaines de nos nationaux peuvent-ils administrer souverainement quatre ou cinq centaines d'étrangers ou d'Arabes? La raison proteste contre les injustices et l'oppression qui en pourraient résulter. D'autre part, si l'on donnait aux indigènes les mêmes droits électoraux qu'aux Européens, ils écraseraient ceux-ci par leur nombre. Il semble que l'on n'ait donc à choisir qu'entre l'oppression des Européens par les indigènes ou celle des indigènes par les Européens. C'est là une situation qui durera tant que la fusion des races et des intérêts ne sera pas très avancée, c'est-à-dire sans doute pendant au moins un demi-siècle, sinon davantage.

On a cherché à associer les indigènes, de même que d'ailleurs au début les étrangers, à l'administration communale. On a admis à l'électorat municipal les indigènes âgés de vingt-cinq ans, domiciliés depuis deux ans dans la commune et ayant l'une des qualités suivantes : propriétaire foncier ou fermier d'une propriété rurale, patenté, employé de l'État, du département ou de la commune, membre de la Légion d'honneur ou décoré de la médaille militaire. Le nombre des conseillers municipaux que ces électeurs étaient appelés à nommer ne pouvait être, en y comprenant les conseillers étrangers, inférieur à trois, ni supérieur au tiers du nombre total des conseillers à élire. Un assez grand nombre d'indigènes pouvaient ainsi prendre part aux élections municipales, et un petit nombre aux délibérations des conseils municipaux. Sur les listes électorales arrêtées au

31 mars 1879, on comptait 42,459 électeurs municipaux français pour toute l'Algérie, 30,326 électeurs indigènes musulmans, 6,086 électeurs étrangers. Dans le chiffre des électeurs français sont compris les Israélites indigènes qu'un décret du gouvernement de la Défense nationale a naturalisés en bloc. Il y a des arrondissements où le nombre des électeurs indigènes est plus considérable que celui des électeurs français. Dans l'arrondissement de Constantine il y avait 4,654 électeurs indigènes contre 4,108 électeurs Français. Dans celui de Tizi-Ouzou on comptait 3,100 électeurs indigènes contre 1,064 électeurs Français. Néanmoins, ce sont toujours ces derniers qui dans chaque conseil municipal ont, d'après la loi, une forte majorité. Il en résulte parfois quelques abus assez malaisés à éviter.

Les dispositions administratives, en général très équitables, qui avaient régi pendant près d'un demi-siècle le droit municipal en Algérie (1), ont très malencontreusement été modifiées en 1884 par une loi et un décret empreints de l'esprit le plus rétrograde. La loi municipale votée en 1884 pour toute la France et qui, avec quelques modifications, s'appliquait à l'Algérie, contient un article ainsi conçu : « Sous la réserve des dispositions concernant la représentation des musulmans algériens. » La même loi avait aboli, et sur ce point avec raison, le droit électoral des étrangers européens qui n'est justifié en rien, puisque ceux-ci peuvent se faire naturaliser sans rien changer à leurs coutumes et à leur manière de vivre (2). Un décret du 7 avril 1884

---

(1) Dans le *Bulletin de la Société française pour la protection des indigènes des colonies*, on trouve (livraisons de mars et de juin 1884), un excellent exposé de la question. Depuis 1830, toujours l'élément indigène a été représenté dans les conseils municipaux.

(2) On a vu plus haut (page 45) que, d'après un rapport du gouverneur général de l'Algérie, l'abolition du droit de représentation aux conseils municipaux pour l'élément européen étranger a été une des causes de l'augmentation des naturalisations dans ces dernières années. Cette mesure est donc bonne.

a réduit au quart, au lieu du tiers, le nombre des conseillers municipaux que pourraient élire les musulmans pour chaque conseil, et a stipulé en outre que jamais les membres musulmans ne pourraient dépasser le nombre de six, même pour la ville d'Alger qui a quarante conseillers.

Le même décret exige pour les électeurs indigènes deux ans de résidence au lieu d'un, et semble refuser, au moins par prétérition, l'électorat aux patentés musulmans, jusqu'ici investis de ce droit. Enfin, ce décret absurde et inique a enlevé aux conseillers musulmans, déjà réduits en nombre, le droit de participer à l'élection des maires. Ces mesures restrictives sont au plus haut degré anticivilisatrices; elles sont de nature à froisser de plus en plus les Arabes, au fur et à mesure qu'ils deviennent plus instruits et plus semblables aux colons. Si l'on veut rendre éternel le dissentiment entre les indigènes et les hommes de race européenne, ce sont des décisions de ce genre qu'il convient de prendre. Asservis aux députés des colons, le Parlement et le gouvernement français sont, depuis 1870, d'une lamentable, d'une coupable imprévoyance, en ce qui concerne le traitement des Arabes.

On a proposé d'appliquer un système analogue d'élections pour les conseils généraux. Chacune de ces assemblées départementales se compose d'Européens élus et de six indigènes désignés dans chaque département par le gouvernement général. Les colons ont toujours impatiemment supporté cette présence des « assesseurs musulmans » dans les assemblées départementales. Elle est cependant légitime et indispensable. Seulement ces conseillers généraux musulmans, qui ont les mêmes droits et les mêmes prérogatives que leurs collègues français, devraient être élus par leurs coreligionnaires. Le Conseil général d'Alger a émis en 1881 le vœu que cette réforme fût réalisée.

Étendre la représentation des indigènes est une mesure

de politique prévoyante. Jusqu'ici on a beaucoup trop négligé les Arabes et les Kabyles ; même au temps où on leur accordait des faveurs verbales, où l'on inventait la formule du royaume arabe, où l'on promulguait le sénatus-consulte de 1863 reconnaissant les tribus indigènes propriétaires de tous leurs territoires de parcours respectifs, même à cette époque on ne faisait rien pour rendre l'état social des indigènes plus semblable au nôtre et pour assurer aux Arabes plus de bien-être, plus d'instruction, plus de droits politiques.

Nous venons de prononcer un mot qui est grave. Les indigènes doivent avoir des droits politiques; il convient de les leur octroyer, avec mesure sans doute, pour que la colonisation ne soit pas étouffée et puisse, au contraire, largement se développer; mais on doit les leur concéder, pour que leur voix puisse être entendue, pour qu'ils soient en état de prévenir les abus criants comme ceux qui ont pu se produire dans les expropriations de terres, dans les concessions de terrains à alfa sans indemnité pour les tribus, dans le recours à la responsabilité collective des tribus ou des douars, dans l'application du prétendu « code de l'indigénat », dans le remaniement de l'impôt de capitation en Kabylie. Si l'on veut mettre fin aux insurrections et préparer un avenir paisible à l'Algérie, il importe que les indigènes aient une représentation élective dans toutes les assemblées qui auront à prononcer sur leurs intérêts.

Ce principe s'applique non seulement aux conseils généraux, aux conseils municipaux, mais encore au Conseil supérieur de gouvernement et même au Parlement français. Le Conseil supérieur de gouvernement, dont la principale attribution est la préparation du budget de l'Algérie et l'examen des projets de loi que le gouvernement se propose de présenter aux Chambres, est composé de hauts fonctionnaires de la colonie et de dix-huit conseillers généraux élus par leurs collègues d'Alger, d'Oran et de Constantine. Pourquoi n'y ferait-on pas entrer six indigènes élus à raison de deux dans chaque département par leurs coreligionnaires ? Y aurait-il aussi un grand mal à ce que la Chambre des députés et le Sénat de France fissent une part à la représentation des indigènes d'Algérie ? Les noirs de la Martinique et de la Guadeloupe sont bien représentés dans nos deux Chambres, pourquoi les Arabes et les Kabyles d'Algérie ne le seraient-ils pas ?

Il est d'autant plus indispensable d'assurer aux Arabes une représentation dans notre parlement métropolitain, que l'entrée dans ce grand corps, depuis 1871, des députés des colons a singulièrement nui à la situation de la population indigène d'Afrique. Depuis que les Algériens français ont des députés, l'administration française est devenue et devient chaque jour pour nos sujets musulmans moins tutélaire et moins impartiale. Il est incontestable que les dispositions gouvernementales sont aujourd'hui, par cette seule cause, beaucoup plus contraires aux Arabes qu'avant 1870. C'est là un véritable danger national.

Tôt ou tard, et dans un avenir beaucoup plus prochain qu'on ne le croit, dans cette question de la représentation des Arabes au Parlement, la métropole et les colons, s'ils n'agissent pas de bonne grâce, auront la main forcée. Ce qu'ont obtenu les Irlandais dans l'Empire britannique, les Hongrois dans la monarchie autrichienne, les Tchèques dans le même pays, il est inévitable que les Arabes d'Algérie l'obtiennent un jour. Chaque année qui nous éloigne de la conquête, chaque progrès que fait la population indigène en éducation et en aisance, nous rapprochent de la date où il faudra donner aux indigènes exactement les mêmes droits qu'aux colons.

Déjà les trois quarts, si ce n'est les quatre cinquièmes, des musulmans d'Algérie ont vu le jour sous le régime français.

Plusieurs dizaines de milliers d'entre eux parlent la langue française; si parcimonieusement qu'on ait distribué l'instruction parmi eux, plusieurs milliers d'Arabes sont déjà sortis de nos lycées, de nos collèges ou de nos écoles primaires supérieures ; dans dix ans ce nombre aura quintuplé, et dans vingt ans vingtuplé peut-être. A ce dernier moment, c'est-à-dire au levant du siècle prochain, on comptera sans doute 20,000 ou 30,000 indigènes ayant reçu une instruction européenne assez développée, et 300,000 ou 400,000, autant que de colons français alors, parlant à peu près notre langue. Le nombre des Arabes et Kabyles ayant servi sous notre drapeau se sera, en outre, considérablement accru. Nous faisons de plus en plus appel, notamment pour la constitution de nos troupes coloniales, à leur courage et à leur dévouement.

Est-il un esprit assez étroit pour, en réfléchissant à la marche des événements, s'imaginer qu'il soit possible à la France de refuser aux Arabes instruits, parlant notre langue, défendant notre patrie, des droits qu'elle accorde au plus ignorant, au plus infime des colons français? Est-ce la nation d'où est sortie la théorie des droits de l'homme qui pourrait vouloir maintenir une aussi absurde contradiction? Quels seraient, d'ailleurs, les moyens de le faire?

La conquête n'a qu'un temps, et quatre-vingts ans, cent ans après le débarquement de nos troupes à Sidi-Ferruch, il est clair qu'Arabes et Français devront être, sous le rapport des droits, presque complètement assimilés. Vouloir s'y opposer, ce serait s'exposer à perdre l'Afrique. Est-il dans la puissance des Etats modernes de refuser un droit électoral à un homme, qui n'est pas un sauvage, sous le simple prétexte de sa religion, de sa race, ou d'une couleur de peau plus cuivrée que la nôtre? L'affaiblissement même des croyances religieuses, ou du moins la constitution de l'état absolument laïque enlève un des obstacles qui auraient pu séparer, au point de vue du droit politique, les Arabes des colons.

S'il est donc inévitable que, dans un avenir qui ne saurait être éloigné de plus de vingt ou vingt-cinq années, on doive accorder, de gré ou de force, des droits politiques aux Arabes, mieux vaut les y préparer de longue main. Sans aller jusqu'au suffrage universel qui serait impraticable, on devrait créer parmi les indigènes des catégories, reposant sur l'éducation, l'exercice des industries, la propriété foncière, le service militaire, et donner à ces catégories le droit électoral. On a le choix entre deux moyens pour accorder aux Arabes une représentation à notre Parlement : d'après le premier, les électeurs indigènes, constituant des collèges spéciaux, pourraient élire au Parlement français un nombre de députés et de sénateurs strictement égal au nombre des sénateurs et des députés qui seraient élus par les colons. Ce procédé aurait certains inconvénients : il introduirait dans nos Chambres des représentants ayant d'autres idées, d'autres vues, un autre statut personnel que le nôtre et légiférant, néanmoins, sur tous les intérêts, aussi bien sociaux que moraux, des Français. On pourrait échapper en partie à ces conséquences, en décidant que les collèges électoraux arabes ne pourraient élire à notre Parlement que des citoyens français. Un autre moyen plus simple et qui rendrait la transition aisée, ce serait de joindre en Algérie aux électeurs politiques actuels, qui ne sont que les colons français, tous les indigènes qui jouissent aujourd'hui de l'électorat municipal (voir plus haut page 285). Le corps électoral algérien se composerait en 1888 ou 1889 d'une centaine de mille électeurs dont 30,000 ou 35,000 indigènes. Peu à peu, l'on étendrait le droit électoral dans la population arabe au fur et à mesure que l'instruction et l'aisance se répandraient parmi les indigènes. Tel est le moyen d'éviter à la colonie et même à la métropole des secousses profondes (1).

(1) Nous ne donnons ici que les grandes lignes du projet de représentation des indigènes. Il est évident que les députés algériens ne pourraient

Appliquons le plus possible chez les Arabes le principe électif, c'est d'ailleurs désagréger la masse compacte de chaque tribu, c'est préparer à nos idées et à nos lois un terrain meuble où elles pourront plus facilement germer et prendre racine.

Cette nouvelle politique indigène, dont nous sollicitons l'intrônisation, entraîne avec soi comme conséquence l'abolition de certaines mesures qui ont pu se justifier dans la période de transition, mais qui cinquante-cinq ans après la conquête sont difficilement excusables. L'ensemble de pratiques extra-légales qui composent ce que l'on a bizarrement appelé « le Code de l'indigénat » devrait être aboli sans le moindre retard. Des peines y sont édictées contre des actes qui n'ont rien de criminel ni de délictueux. C'est ainsi que des réclamations renouvelées auprès de l'autorité après un

---

toujours être que des Français ou des indigènes naturalisés, c'est-à-dire ayant adopté notre statut personnel. Le nombre de ceux-ci n'est pas grand, mais on a vu plus haut que de 1865 à 1885 les naturalisations de musulmans se sont élevées à 667. Il est très vraisemblable que les députés élus seraient toujours des Français d'origine, d'autant plus qu'on devrait s'efforcer, jusqu'à ce que l'assimilation des deux races eût fait de grands progrès, de maintenir dans le corps électoral la prédominance à l'élément européen. Il serait aisé d'y arriver en n'étendant qu'avec circonspection le droit électoral à de nouvelles couches d'indigènes. Quoique les représentants dussent, suivant toutes les probabilités, rester des français d'origine, la représentation des indigènes aurait néanmoins pour ceux-ci de très grands avantages : elle forcerait les députés à tenir beaucoup plus de compte des intérêts de l'élément arabe et à ne pas le sacrifier systématiquement, je ne dis pas aux intérêts permanents des colons, mais aux préjugés, aux cupidités, aux rancunes, aux appétits, souvent aveugles et dangereux, de la masse électorale française. Le développement pacifique et continu de l'Algérie en serait beaucoup mieux assuré.

On ne saurait élever contre notre projet aucune objection sérieuse, car on pratique déjà notre système pour l'élection à notre Parlement des représentants de l'Inde française et du Sénégal. On prétendait aux Indes n'admettre comme électeurs aux élections législatives pour le Parlement français que les Hindous dits « renonçants », c'est-à-dire ayant renoncé à leurs lois nationales et à leur statut personnel ; mais à la suite de vives polémiques on maintint le droit électoral aux Hindous ayant conservé leur statut personnel propre ; en étendant ce droit à certaines catégories d'indigènes algériens dans les mêmes conditions, on n'innoverait donc pas ; ou erait en Afrique ce que nous faisons en Asie.

premier rejet peuvent, d'après ce prétendu Code, faire condamner un indigène à la prison. Il ne manque pas d'autres cas d'une pénalité aussi arbitraire et absurde.

Le principe de la responsabilité collective des tribus, qui est cher aux colons, ne se soutient pas davantage, sauf peut-être dans le cas d'insurrection à main armée. L'observation fait justice des préjugés qui veulent que les Arabes se rendent coupables de beaucoup plus de méfaits que les Européens. Un des premiers généraux algériens, le maréchal Vallée, était, d'après M. Camille Rousset, très opposé à la responsabilité collective. Parmi les magistrats algériens, il s'est trouvé aussi des hommes qui ont eu le courage de proclamer que cette mesure offre beaucoup plus d'inconvénients que d'avantages. On lira avec intérêt à ce sujet le discours prononcé en 1884 au Conseil supérieur de l'Algérie par M. Pompéi, procureur général d'Alger. Le premier président de la même cour, M. Santayra, a conclu dans le même sens (1).

(1) Le passage suivant du discours de M. le procureur général Pompéi mérite particulièrement d'être cité : « Le nombre des criminels qui échappent à l'action de la justice est bien moins considérable en Algérie qu'en France. Cette affirmation, je ne l'émets pas au hasard, je vais l'appuyer sur des chiffres. J'ai recherché quel était en France le nombre des attentats restés impunis parce que les auteurs n'avaient pu être découverts. J'ai pris comme champ d'observation trois zones bien distinctes : le ressort de la Cour de Douai, dans le Nord; le ressort de la Cour de Lyon, dans le centre, et le ressort de la Cour d'Aix, dans le Midi. Voici le résultat des statistiques fournies par le ministère de la Justice : La population du ressort de la Cour de Douai est de 2,422,000 habitants ; elle est moins considérable que la population algérienne ; or, le nombre des attentats dont les auteurs n'ont pas été châtiés a été, pour l'année 1881, de 2,875. La population de la Cour de Lyon s'élève à 1,700,000 habitants, c'est-à-dire à peu près à la moitié de la population de l'Algérie ; le nombre des attentats restés impunis, pendant l'année 1881, a été de 3,283. La criminalité s'accentue à mesure qu'on descend dans le Midi. La population du ressort de la Cour d'Aix est de 1,236,000 habitants, et le nombre des délinquants demeurés impunis pendant l'année 1881 est de 3,516. En Algérie, où la population est supérieure à 3,000,000 d'habitants, le chiffre des attentats dont les auteurs sont restés inconnus est de 3,975, un peu plus de 400 que dans le ressort de la Cour d'Aix, où la population est moitié moindre. » Nous pouvons ajouter que les Espagnols commettent proportionnellement plus de crimes, notamment contre les personnes, que les indigènes.

Le principe de la responsabilité collective est, d'ailleurs, en contradiction avec l'œuvre entière du gouvernement français en Algérie. Puisque l'on veut dissoudre la tribu en substituant à la propriété collective la propriété individuelle, en donnant aux indigènes des noms patronymiques et en constituant à chacun d'eux un état civil distinct, par quelle aberration voudrait-on maintenir, en dehors des cas de révolte générale à main armée, le principe de la responsabilité collective en matière pénale?

Une des occasions où les colons réclament le plus l'exercice de la responsabilité collective, c'est le cas d'incendie de forêts. Or, si l'on se reporte au chapitre spécial que nous avons consacré plus haut à l'administration forestière, on verra que ces incendies ont beaucoup diminué, et on trouvera (page 137) l'aveu du gouverneur général que les indigènes contribuent souvent avec zèle à les éteindre, tandis que c'est parfois l'imprudence des colons qui les allume et leur incurie qui les laisse se développer.

Ce qui est encore nécessaire, c'est de soustraire l'administration de l'Algérie au Régime des Décrets : rien ne lui a été plus défavorable. Outre le préjudice matériel qu'il lui porte, ce régime a pour notre colonie quelque chose d'humiliant. « C'est par décrets, quand ce n'était pas par de simples arrêtés, disait il y a huit ans un gouverneur général (1), que ce grand pays était non seulement administré, mais gouverné. N'est-ce point un décret qui régit encore tout ce qui touche à la colonisation : — le système des concessions, l'attribution des terres domaniales, voire même la constitution de privilèges en contradiction avec les dispositions du Code civil? Et dans un autre ordre d'idées, qui touche à l'une des matières les plus graves de notre ordre public, la législation des Conseils généraux, n'est-ce point

---

(1) Discours de M. Albert Grévy, gouverneur général civil, le 3 décembre 1879, à l'ouverture de la session du Conseil supérieur du gouvernement.

un simple décret qui est venu se substituer, en Algérie, à la grande loi votée pour la France par l'Assemblée nationale? » On a vu que c'est aussi un décret qui a, en 1884, changé les droits électoraux des musulmans et un décret qui a remanié la capitation en Kabylie. Il est temps qu'une loi organique vienne fixer la constitution algérienne et fasse la part du domaine de la loi, du domaine des décrets et du domaine de l'arrêté ministériel.

Les discussions sont âpres entre les colons sur le caractère que doit avoir la Constitution de l'Algérie. Est-ce l'autonomie que l'on doit chercher, est-ce l'assimilation à la métropole? Si aucun de ces deux régimes ne peut être atteint dès maintenant, vers lequel doit-on tendre? Ni l'un ni l'autre, à notre gré, ne sont d'ici à fort longtemps applicables. Toutefois, l'autonomie est encore plus éloignée. Comparer l'Algérie au Canada ou à l'Australie, c'est faire une grossière confusion. S'il n'y avait en Algérie que des Européens, si du moins Européens et indigènes y vivaient parfaitement d'accord, si la France n'avait jamais à intervenir pour fournir des subventions ou des garanties d'intérêts aux travaux publics algériens; si surtout l'Algérie entretenait elle-même son armée; si enfin elle voulait se passer des 70 ou 80 millions de francs que pour tous ces divers services la métropole paye annuellement sans aucune compensation directe, on pourrait peut-être parler d'autonomie; mais ces conditions ne se rencontreront certainement pas avant un siècle, peut-être avant plusieurs siècles. Même alors, nous croyons que la grande tâche que la nation française doit accomplir, non seulement en Algérie, mais dans tout le nord de l'Afrique, s'accommoderait mal de l'autonomie.

Dans les circonstances présentes, le mot d'autonomie que beaucoup de colons ont à la bouche est un propos ridicule, une vraie gasconnade, puisque ou bien les colons devraient entretenir et payer l'armée, solder les garanties d'intérêts et les subventions aux chemins vicinaux, se passer en toute occasion de l'appui du Crédit de la mère patrie, ce qui constituerait des sacrifices incommensurables qui ruineraient de fond en comble la colonie adolescente; ou bien si les colons étaient obligés de renoncer à une grande armée, ils seraient tous, en moins d'un mois, jetés à la mer par les Arabes. Que les Algériens cessent donc d'user de formules qui sont des enfantillages.

Il vaut mieux tendre vers l'assimilation ; mais celle-ci non plus ne saurait être complète; c'est graduellement, par des étapes assez longues et fort espacées, qu'on peut s'y acheminer. Tant que les divers éléments de sa population ne se seront pas fondus les uns avec les autres, tant qu'ils ne se seront pas tous européanisés, l'Algérie ne pourra être entièrement assimilée à la France. Elle aura longtemps besoin d'une administration distincte non seulement par le personnel, mais par le caractère, par la nature des études, par la préparation générale. C'est pour cette raison que nous ne saurions approuver ce que l'on a appelé les « rattachements » des principaux services coloniaux aux services analogues de la métropole, constituant le gouverneur général délégué des neuf ministres qui forment notre cabinet. Cette mesure est opposée aux nécessités présentes. Cette dissémination des services algériens ne peut aboutir qu'à la confusion. Il est vrai que le décret du 5 septembre 1881 qui a créé cet ordre de choses avait été sollicité par le Conseil général de Constantine; mais un conseil général peut être mal inspiré.

Un des projets les plus préjudiciables que caressent les partisans de l'assimilation, c'est la suppression du poste de gouverneur général et du Conseil supérieur de l'Algérie. Quelques démocrates ou radicaux rêvent ce bouleversement. Les trois départements de l'Algérie seraient isolés, deviendraient des unités tout comme chacun des 86 départements métropolitains. Entre eux il n'y aurait plus de lien, et chacun suivrait son penchant ; car, dès maintenant, il y a des traits distincts qui différencient les uns des autres les trois départements algériens. Constantine, par exemple, se montre au plus haut degré arabophobe ; Oran est dépensier et prodigue ; Alger, comme il convient à la capitale et à son entourage, témoigne d'un sens plus rassis, d'un esprit plus modéré, la société y est mieux constituée et plus tempérée. La suppression du gouvernement général et du Conseil supérieur, ce serait la confusion et la dissolution prompte de la colonisation algérienne. Il faut, dans toute la contrée, un plan d'administration qui offre une certaine uniformité et de l'esprit de suite ; il est besoin de vues d'ensemble tant à l'égard des indigènes que des obstacles naturels ; on doit s'élever au-dessus des idées fragmentaires auxquelles sont en proie les députés, les conseillers généraux, les préfets eux-mêmes. Les divers départements algériens doivent être contenus et soutenus l'un par l'autre. L'importance de l'élément espagnol dans la province d'Oran trouve, par exemple, un contrepoids dans l'absolue prédominance de l'élément français à Constantine. Avec les fonds qui proviennent des ventes de terres domaniales à Constantine et à Alger on peut acheter aux indigènes des terres pour la colonisation dans la province d'Oran. Tous les problèmes qui concernent chacune des provinces lui sont communs avec les deux autres. Une révolte dans l'Aurès ou dans le Sud-Oranais émeut et ébranle la colonie tout entière. Les questions de douanes et d'impôts doivent recevoir la même solution sur tous les points de l'Algérie, sous peine de frais énormes et de fraudes illimitées. Comment, par exemple, organiser l'octroi de mer différemment pour chacune des trois provinces? L'Algérie ne pourra, d'ici à bien longtemps, si même elle le peut jamais, se passer d'une certaine centralisation à Alger, d'un pouvoir supérieur qui puisse, dans une juste mesure, contrôler les coteries locales. Il est étrange qu'au moment où les colonies australasiennes, dont le développement rencontre beaucoup moins d'obstacles intérieurs que ceux qui existent en Algérie, cherchent à se fédérer, quelques étourdis veuillent rompre le lien qui unit entre eux nos départements algériens.

Loin d'assimiler complètement l'administration algérienne à l'administration métropolitaine, on devrait se préoccuper de créer pour l'Algérie un personnel administratif spécial qui eût à la fois de la durée et de la compétence. Tout change trop souvent en Algérie, et les institutions et les hommes. Un écrivain russe, très sympathique à notre colonie, M. de Tchihatchef, dans un livre publié en 1880 (1), constate que de 1830 à 1877 l'Algérie a eu 22 gouverneurs généraux, ce qui ne donne guère que deux ans de durée à chaque gouverneur général. Pour que son observation restât vraie, de 1877 à 1881, il y a eu deux gouverneurs généraux nouveaux. La durée d'une fonction aussi importante, demandant autant de connaissance du pays, ne devrait pas être moindre de cinq à six ans (2). Les préfets, eux aussi, manquent trop de stabilité.

Il est rare qu'ils restent en place plus de dix-huit mois ou deux ans. On les prend à la Rochelle, à Cherbourg, à Dunkerque, à Dieppe, où ils étaient soit préfets, soit sous-préfets, et on leur donne la préfecture d'Alger, de Constantine, ou d'Oran. Les fonctions administratives sont cependant tout autres qu'en France dans ce pays neuf et beaucoup

---

(1) Espagne, Algérie et Tunisie, Lettres à Michel Chevalier, par P. de Tchihatchef.

(2) Nous devons dire que le gouverneur général actuel, M. Tirman, est en possession de son poste depuis déjà cinq ans; aussi l'administration a-t-elle offert depuis lors beaucoup plus de régularité et de continuité.

Une des plus fâcheuses idées que l'on pourrait avoir et que l'on a déjà timidement émise, ce serait de confier le gouvernement général de l'Algérie à un personnage d'apparat, député ou sénateur. Ce serait sacrifier notre colonie que d'en faire un objet de jouissance ou une récompense pour nos médiocrités politiques en disponibilité.

plus délicates. Jusqu'à ces derniers temps la plupart des sous-préfets de l'Algérie remplissaient encore la charge d'administrateurs des communes mixtes chefs-lieux, « cu-« mulant ainsi, au grand détriment de la chose publique et des intérêts municipaux, les attributions contradictoires d'exécuter et de contrôler (1). » D'autre part, les commissaires civils, les administrateurs des communes mixtes, ont dû recevoir, à l'égard des populations indigènes, des pouvoirs disciplinaires considérables pour que l'administration civile ne fonctionnât « pas dans des conditions certaines d'infériorité vis-à-vis de l'administration militaire. »

Ils sont armés de pouvoirs disciplinaires mal définis et très étendus en ce qui concerne « les infractions spéciales à l'indigénat. » Ils peuvent prononcer seuls des amendes et de la prison, par mesures de police, et ils ne se font pas faute de recourir à ces moyens. En 1883, par 1,000 habitants indigènes non naturalisés, les administrateurs des communes mixtes avaient prononcé 16.85 peines; en 1884 le nombre des peines disciplinaires n'avait plus été que de 14.67 par 1,000 indigènes et il était tombé à 13,29 en 1885. Le gouverneur général se loue de cette décroissance qu'il dit avoir continuée dans le premier semestre de 1886. « Ce résultat, dit-il, est très satisfaisant. Il prouve que les indigènes se plient peu à peu aux exigences de notre administration. Mais, si les conseils des administrateurs suffisent à maintenir le plus grand nombre dans le respect des règlements, il est quelquefois besoin de frapper certains autres, plus réfractaires, de légères peines disciplinaires. Ce régime exceptionnel semble donc encore nécessaire pour une assez longue période de temps. L'abandonner brusquement serait compromettre les excellents résultats déjà

(1) Discours du gouverneur général civil à l'ouverture de la session du Conseil supérieur de Gouvernement en décembre 1879.

obtenus (1). Voilà donc des hommes qui sont investis, sur des populations de 20,000, 50,000 ou 80,000 indigènes, de pouvoirs sans contrôle. Il importerait singulièrement que des fonctionnaires ayant des droits aussi redoutables fussent choisis avec le plus grand soin. Pendant longtemps, cependant, on distribuait ces places sur de simples recommandations de députés. Le moindre clerc d'avoué ou un négociant en déconfiture était installé dans ces positions : c'est à lui que le gouvernement français confiait les propriétés des Arabes et l'honneur de la France. On a cité le cas d'un acteur, sifflé sur le théâtre d'Alger, que pour compensation on avait nommé commissaire civil avec la tâche délicate de régir 15,000 ou 20,000 Arabes (2). Notre personnel administratif civil en Algérie était, en partie du moins, d'une qualité fort médiocre : légèreté, incompétence, présomption, voilà le bagage que du fond des départements les plus éloignés de la France continentale beaucoup de nouveaux administrateurs apportaient dans notre colonie.

Nous devons dire que depuis trois ou quatre années, sous l'administration de M. le Gouverneur général Tirman, on a eu à cœur de faire cesser ces abus. On s'est appliqué à exiger quelques qualités personnelles de la part des candidats aux postes relativement avantageux d'administrateurs de communes mixtes; on a mis quelques conditions de capacité ou d'expérience à leur entrée dans le service, et l'on s'est préoccupé d'arriver à un recrutement offrant plus de garanties. On a aussi changé la situation des adjoints indigènes pour les sections indigènes des communes mixtes. Les adjoints étaient souvent des étrangers au pays, des sortes de « rouleurs » qui n'avaient aucun intérêt à ménager leurs administrés et à servir d'intermédiaires éclairés et bienveillants entre eux et l'administration française. Dans telle commune mixte, pendant

---

(1) *Exposé de la situation générale de l'Algérie* en 1886, page 31.
(2) Ce fait étrange est tout à fait authentique.

une période de trois années, on avait prononcé vingt-deux révocations d'adjoints indigènes. On a adopté depuis quelque temps la règle que ces adjoints indigènes devaient être pris dans le pays même parmi les notables des tribus et il semble que l'on ait beaucoup à se louer de ce système.

Soit indigène, soit européen, le personnel administratif s'est donc sensiblement amélioré en Algérie sous la direction de M. le Gouverneur général Tirman, et c'est là peut-être un des meilleurs effets de la longue durée de ce haut dignitaire au siège du gouvernement. Néanmoins, il importe de consolider, par des règles fixes, ces résultats temporairement acquis.

Nous avons examiné toutes les mesures propres à faire de l'Algérie une colonie florissante : attirer une nombreuse immigration, non pas par des passages gratuits et par des primes, mais par l'appât de terres fertiles, d'une facile et peu dispendieuse appropriation, par la jouissance de toutes les libertés civiles et municipales, par les bienfaits d'un bon régime administratif, tourné tout entier vers la mise en rapport du pays et laissant aux colons la plénitude de leur initiative ; préparer les races indigènes à une nouvelle organisation économique et sociale par la constitution de la propriété individuelle et de l'état civil, par le développement d'une instruction saine, virile et imbue des idées européennes, par le contact de nos colons auxquels aucun territoire ne serait plus interdit, enfin par l'octroi de certains droits électoraux ; voilà la double ligne de conduite qu'il importe de suivre sans incertitude comme sans précipitation, avec patience et esprit de suite ; enfin au faîte de l'administration algérienne, rendre au pouvoir civil toutes ses attributions naturelles, constituer un personnel administratif colonial à l'abri des influences politiques, créer une armée coloniale ; voilà les mesures qui mettront le sceau aux réformes nécessaires dans l'organisation de l'Algérie et qui assureront à cette colonie un rapide et sérieux développement. Malgré les incertitudes et les variations de notre politique, malgré des dispositions habituelles peu favorables à la colonisation, l'Algérie a fait des progrès incontestables et qu'il est puéril de dédaigner.

Quand on réfléchit qu'il n'y a que 57 ans que le premier soldat français est descendu dans la Régence d'Alger, qu'il a fallu environ 17 ans pour soumettre en gros le pays, que depuis lors il y a eu des insurrections fréquentes, et que néanmoins environ 440,000 Européens sont établis sur cette terre, il y a lieu de beaucoup espérer. Seulement il faut que la période des tâtonnements soit désormais close. Aujourd'hui l'on ne doit plus avoir qu'un but : faire pénétrer notre droit civil et notre langue dans toute l'étendue du pays. Il faut sans doute user de patience, de modération, de prudence, en poursuivant cette fin ; mais en procédant par gradation, en appliquant nos lois et notre enseignement de proche en proche à mesure que l'élément européen avance dans l'intérieur, on arrivera dans le premier quartier du prochain siècle à ce que tout le territoire algérien soit entièrement soumis à notre législation, les tribus désagrégées (1), la propriété privée nettement établie : alors nous pourrons entretenir un million d'Européens en Algérie et parmi les trois millions et demi ou quatre millions d'indigènes (nous supposons que la population arabe s'accroîtra), le plus grand nombre sera accessible à nos usages et à nos mœurs. Nous sommes de ceux qui croient que l'avenir de la France est en grande partie sur la terre d'Afrique et que, par l'Algérie jointe au Sénégal, nous arriverons un jour à dominer et à civiliser tout le nord-ouest de ce continent, c'est-à-dire

---

(1) Nous entendons parler du moins de la région du Tell et des hauts plateaux. Dans le Sahara même, il y a plus de raison pour que le régime des tribus puisse se maintenir encore, avec d'importantes modifications, toutefois.

toute la partie qui s'étend de la frontière de Tripoli à l'Atlantique, de la Méditerranée au nord à la Gambie au sud, en y comprenant tout le cours du Niger et de ses affluents et les contrées qui bordent le lac Tchad. Nous pourrons avoir là sous notre influence un territoire presque aussi grand que l'Europe et dont il est aujourd'hui démontré qu'une très vaste partie est non seulement susceptible de culture, mais déjà presque en plein rapport; ces derniers mots s'appliquent au Soudan. Nous devons nous assurer la domination du Soudan : pour y arriver, il n'y a pas une année à perdre.

L'expédition du général de Gallifet, au commencement de 1873, à El Goleah, qui est situé à deux cents lieues de la côte à vol d'oiseau, a été une première excursion utile qui malheureusement n'a pas été assez tôt suivie d'autres. Jusque-là nous n'avions guère dépassé Laghouat et Géryville. Seuls d'intrépides voyageurs, comme M. Bouderba, interprète de l'armée d'Afrique, et M. Duveyrier, avaient pénétré plus loin.

D'autres voyageurs particuliers, M. Largeau par exemple qui y a trouvé la mort, M. Louis Say, ont poussé aussi des pointes dans le désert. Aucun Français, néanmoins, n'a pénétré dans ces derniers temps jusqu'à Tombouctou qu'a visitée dans le premier quartier de ce siècle un de nos compatriotes, Caillié, et où un tout jeune Allemand, le Dr Lenz, vient d'entrer, faisant la route qu'il eût appartenu à un Français de parcourir. Depuis l'expédition du général de Gallifet jusqu'à celle du colonel Flatters en 1881, le gouvernement s'était beaucoup trop désintéressé de ces explorations. Il aurait dû presque chaque année envoyer au loin des reconnaissances pour rendre notre uniforme familier et respectable aux tribus du désert. Il eût fallu que quelques-uns de nos officiers se montrassent à Figuig, puis à Insalah. Si après l'heureuse excursion à El-Goleah, on eût chaque année fait des explorations du même genre, l'infortuné colonel Flatters n'eût sans doute pas été arrêté dans sa marche vers le Niger, ni assassiné à Asiou, c'est-à-dire à 400 lieues de la côte algérienne et presque aux portes de l'Aïr. Bien loin qu'il faille abandonner le projet du Transsaharien, il convient de le reprendre avec plus de fermeté, plus de réflexion, en faisant d'ici à quatre ou cinq ans pénétrer la locomotive jusqu'à 150 ou 200 lieues de la Méditerranée et en la poussant d'Alger au Niger dans un délai de quinze à vingt ans.

Il est indispensable de créer un corps spécial de fonctionnaires algériens, qui soit soustrait à toutes les fluctuations de la politique, qui ait été préparé par une éducation soignée au rôle important qu'il doit remplir. Ce personnel devrait connaître la société et la langue arabes, avoir fait un stage en Algérie, et avoir passé des examens. De même que les Anglais et les Hollandais ont un personnel spécial pour l'administration des Indes ou de Java, de même devons-nous faire pour notre Afrique ; nous l'avons bien essayé en Cochinchine, colonie qui est loin d'avoir la même importance. Avec ces mesures et cette politique, nous ferons de l'Algérie, non seulement une contrée populeuse et prospère, mais encore la tête de ligne de notre domination civilisatrice sur tout un quartier du continent africain.

LIVRE DEUXIÈME

LA TUNISIE

CHAPITRE PREMIER

ÉTAT GÉNÉRAL DES ESPRITS EN FRANCE ET A TUNIS RELATIVEMENT A NOTRE PROTECTORAT TUNISIEN

La France semble vouloir faire œuvre sérieuse de colonisation en Tunisie. Elle y prétend prendre sa revanche des lents tâtonnements et des échecs coloniaux d'autrefois. Depuis six ans que nous en sommes maîtres, cette contrée est devenue la favorite de l'opinion publique française. Le traité du Bardo, qui y a posé le germe, encore insuffisamment développé, de notre domination, date du mois de mai 1881 et déjà un grand nombre de capitalistes français ont acheté des terres dans l'ancienne régence et s'efforcent de les mettre en valeur.

La Tunisie a beaucoup d'attraits : une position superbe qui offre un développement de côtes tel qu'en possèdent peu de pays ; des golfes nombreux qui pénètrent dans les terres et qui peuvent former des ports excellents de guerre ou de commerce, une étendue de sol fertile dont la proportion à l'ensemble du territoire dépasse de beaucoup celle des autres contrées de l'Afrique du Nord, sauf peut-être le Maroc ; des montagnes médiocrement élevées qui abritent les vallées et les plaines sans constituer aux voies de communication des obstacles difficilement surmontables; la prédominance des vents du nord qui tempèrent la sécheresse de l'air et fournissent des pluies plus régulières et plus nombreuses que dans les autres parties de la Barbarie; le voisinage de notre Algérie, déjà assez avancée en colonisation, la proximité de la Sicile et de Malte, qui déversent à Tunis le superflu de leur population robuste, sobre et laborieuse; voilà, certes, des conditions physiques favorables.

Les conditions morales et sociales ne le sont pas moins; une race douce, pour la plus grande partie sédentaire, n'ayant aucun goût pour les armes, habituée à la vie des villes et au travail des champs, connaissant et pratiquant comme régime habituel la propriété individuelle; les hautes classes et les classes moyennes déjà affinées par une demi-culture, ayant du penchant pour les choses de l'esprit, se sentant attirées par nos écoles, toutes disposées, sous la réserve des opinions religieuses, à se faire nos disciples; un gouvernement indigène, naguère très corrompu, il est vrai, mais régulièrement obéi sur tout l'ensemble du territoire, ne se heurtant nulle part, comme l'ancien dey d'Alger, à des feudataires orgueilleux, jaloux ou récalcitrants; une administration française qui, sans prétention apparente, sans ostentation, sans bruit, s'insinue avec discrétion, mais avec fermeté et persévérance, étend une main souple et légère sur les divers services publics, les soumet peu à peu à son empreinte; une méthode excellemment éducatrice qui agit avec ménagement, faisant entrer le temps dans ses calculs, s'efforçant de modifier le caractère d'un peuple barbare et de former son esprit par les procédés dont un homme fait usage à l'endroit d'un enfant; comme résultat de toutes ces circonstances heureuses, une paix que rien ne trouble, une sécurité qui n'a guère à envier aux pays les plus policés, une cordialité de rapports entre les nouveaux-venus, les dominateurs européens, et la grande masse des habitants.

Voilà une colonie presque idéale à son début ; il semble qu'il soit possible de la constituer sans massacres, sans expropriations, sans confiscations d'aucune sorte, sans aucune de ces mesures artificielles qui consacrent l'oppression ou l'humiliation d'un peuple au profit d'un autre. Sauf la guerre, aussi débonnaire que courte, du 22 avril 1881 au 31 mai de la même année, et la révolte de Sfax du 28 juin au 16 juillet, aucune violence n'aura marqué l'établissement de la France en Tunisie. L'histoire si variée de la colonisation n'a pas présenté encore d'origines aussi pures.

Les colons français de Tunisie, cependant, ne sont pas tous dans le contentement. Il en est qui montrent quelque mauvaise humeur. Ils auraient été déçus ; le développement de la prospérité du pays ne serait pas aussi rapide qu'ils l'espéraient. Tous leurs rêves ne se seraient pas réalisés. Cette colonie, qui a aujourd'hui cinq ans et huit mois environ, ne jouirait pas de tous les avantages qu'ils se flattaient qu'elle posséderait bientôt. Le progrès y serait lent ; quelques-uns même prétendent qu'il serait complètement arrêté, et il en est qui vont jusqu'à dire que, au lieu d'avancer, la colonisation reculerait. Les terrains qui, à Tunis et auprès de Bizerte, avaient, au lendemain de l'occupation, décuplé de valeur, n'en gagneraient plus aujourd'hui ou même en perdraient. Les réformes jusqu'ici effectuées, la conversion de la dette tunisienne, la suppression des capitulations, seraient insuffisantes. La loi immobilière nouvelle, l'une des plus perfectionnées que connaisse le monde entier, ne serait encore qu'une vaine formule théorique, qui attendrait la consécration de l'application. Les impôts seraient mal assis, trop nombreux, trop touffus ; il les faudrait tous transformer. Le commerce extérieur serait entravé par des droits extravagants et absurdes. Les faillites augmenteraient en nombre; l'excédent de l'importation sur l'exportation deviendrait considérable et menacerait la colonie de ruine. L'administration française, embarrassée par sa timidité et son goût pour les ménagements, laisserait prédominer l'élément étranger. Bref, la colonisation serait dans une mauvaise voie.

Certains esprits absolus iraient jusqu'à jeter un œil d'envie sur l'Algérie et regretteraient presque le régime des commissaires civils ou des bureaux arabes, des expropriations de terres, des concessions, des créations officielles de centres ou de villages, du code de l'indigénat et de toutes ces belles institutions qui ont été mêlées à la croissance de l'Algérie comme, dans une terre mal cultivée, le chiendent et les mauvaises herbes s'attachent aux racines des plantes utiles. Il se forme, à Tunis, un petit parti de l'annexion à l'Algérie. Sans aller aussi loin, la chambre de commerce de Tunis a adressé au premier résident général français, M. Cambon, et à son successeur M. Massicault, diverses communications où elle demande des changements essentiels dans l'organisation commerciale et fiscale de la contrée. Elle publiait, il y a un an, un *Exposé de la situation économique de la régence de Tunis*, qui contient ses griefs et ses vœux.

Dans toutes les contrées, les colons sont impatients. Ceux qui s'expatrient ou qui placent au loin leurs capitaux ont, en général, un esprit d'aventure qui apprécie mal les obstacles et s'en irrite. Les colons ressemblent aux adolescents ou aux jeunes gens qui, connaissant encore imparfaitement le monde, croient qu'ils n'ont qu'à marcher droit devant eux pour arriver promptement au but. Qu'il convienne parfois de faire des détours, de s'arrêter même et de réfléchir, cela n'entre ni dans leurs idées ni dans leurs plans. La moindre déconvenue leur paraît venir du mauvais vouloir d'autrui. Il y a, dans les plaintes des Français résidant à Tunis, les traces de cette disposition de caractère. Il s'y trouve néanmoins aussi quelque chose de fondé.

Sans prétendre inconsidérément qu'il faille tout réformer en Tunisie, le moment est venu où il importe de modifier l'organisation économique, du moins le régime commercial de l'ancienne régence. Nous jetterons un coup d'œil sur les circonstances qui ont amené notre établissement en Tunisie, puis sur le pays même, sur ses ressources, sur son organisation, sur les ébauches de la colonisation naissante, et nous pourrons distinctement nous rendre compte de l'avenir de la civilisation française à Tunis et des mesures qui en peuvent favoriser le développement.

CHAPITRE II

L'OCCUPATION DE LA TUNISIE PAR LA FRANCE

Anciennes relations diplomatiques de la France et de la Régence de Tunis. — Les divers traités passés au XIXe siècle. — Rôle prédominant de nos consuls en Tunisie. — Attitude ferme de M. Guizot à l'égard de la Porte qui voulait réoccuper la Régence. — Les travaux publics exécutés avec la garantie de la France en Tunisie : le chemin de fer de la Medjerda. — La Tunisie au congrès de Berlin.
Les relations pratiques de la Tunisie avec l'Algérie. — Les incursions fréquentes sur notre territoire des tribus montagneuses tunisiennes. — Opinion d'un voyageur russe, M. de Tchihatchef. — Intrigues anglaises et italiennes à Tunis. — Les griefs sérieux de la France contre le bey. — Entrée des troupes françaises dans la Régence. — Le traité du Bardo ou de Kasr-es Saïd. — Insuffisance de ces conventions. — La révolte de Sfax et les massacres d'Oued Zergua. — Occupation totale et définitive de toute la Régence.

L'année 1881, qui vit le massacre de la mission Flatters, fut témoin de l'occupation de la Tunisie et de l'installation de notre protectorat dans cette Régence. Nous tenons à honneur d'avoir été un des premiers qui ont demandé non seulement la prise de possession temporaire de Tunis, mais la conquête totale et définitive de cette contrée. Nous avons blâmé les lenteurs de notre gouvernement; nous n'avons cessé de l'engager à mettre des garnisons dans tous les lieux importants du pays, les plus centraux comme les plus méridionaux (1).

Les oppositions politiques n'ont voulu voir dans notre

---

(1) Voir la suite de nos articles dans l'*Économiste français* des mois de mars, avril, mai, juin 1881. Cette persistance à demander la prise de possession complète de la Régence de l'Est nous fut alors souvent reprochée par des esprits à courte vue, ou par des hommes engagés dans des partis politiques qui leur enlevaient toute indépendance de jugement.

expédition de Tunisie qu'une simple fantaisie ambitieuse, un acte de caprice et d'arbitraire qui ne se rattachait à aucun précédent et à aucun plan d'avenir. Les partis sont toujours injustes et sans prévoyance.

Il était indispensable en 1881 que nous missions la main sur la Régence de Tunis : tout nous y conviait ; tout depuis des années, sinon depuis des siècles, avait préparé notre installation, comme tuteurs, dans ce pays. Nos traités avec lui datent de loin et nous y assuraient une prépondérance de droit que la conquête de l'Algérie devait encore consolider. La marine française avait eu fréquemment à intervenir au XVII° et au XVIII° siècle soit devant Tunis, soit devant Bizerte et Sousse. Les noms du duc de Beaufort, du maréchal d'Estrées, de Duquesne, se rattachent à l'histoire de Tunis. Le XIX° siècle s'ouvre par un traité, celui du 23 février 1802, qui consacrait notre suprématie dans cette région : « La nation française, y est-il dit, sera maintenue « dans la jouissance des privilèges et exemptions dont elle « jouissait avant la guerre et, comme étant la plus distin- « guée et la plus utile des autres nations établies à Tunis, « elle sera aussi la plus favorisée. »

La conquête de l'Algérie nous fit rechercher une intimité particulière avec le Bey de Tunis. On trouve dans les curieuses études de M. Camille Rousset, les *Commencements d'une conquête*, des renseignements topiques sur le rôle que joua le Bey pendant les premières années de nos luttes algériennes. Depuis lors, nos consuls, et entre autres Mathieu de Lesseps, Roche, M. Roustan, furent en général les inspirateurs du gouvernement beylical et les initiateurs de tous les progrès de la Régence.

Le gouvernement pacifique, mais ferme, de Louis-Philippe, alors qu'il était encore en proie aux difficultés de la prise de possession de l'Algérie, ne redoutait pas de se poser, à l'égard de toutes les autres puissances, en protecteur de l'indépendance tunisienne. M. Guizot en donne la preuve quand il écrit dans ses mémoires : « Une escadre turque sortait presque chaque année de la mer de Marmara pour aller faire sur la côte tunisienne une démonstration plus ou moins menaçante.... Mais nous voulions le maintien du *statu quo* et chaque fois qu'une escadre turque approchait ou menaçait d'approcher de Tunis, nos vaisseaux se portaient vers cette côte, avec ordre de protéger le Bey contre toute entreprise des Turcs. »

La Porte, qui en 1833 avait rétabli, les armes à la main, son autorité affaiblie et déchue à Tripoli, ne put donc en faire autant dans la Régence voisine. C'est ainsi qu'en 1836 une escadre turque fut arrêtée devant La Goulette, par l'escadre française de l'amiral Hugon. En 1837, le même sort échut au capitan pacha que l'amiral Lalande engagea sérieusement à rentrer dans les Dardanelles. Les intrigues ourdies à Tunis furent ainsi déjouées par notre fermeté, et le premier ministre du Bey, qui complotait pour rétablir l'occupation turque dans le pays, fut décapité. Les firmans d'investiture que la Porte décernait aux beys ne tiraient pas à conséquence grave ; interrogés par nous sur la question des firmans, les gouvernements turc et tunisien répondaient en déclarant qu'ils n'entendaient apporter aucune modification au *statu quo*. Nous saisissions ainsi chaque occasion de faire obstacle à l'établissement d'une souveraineté ou d'une suzeraineté étrangère quelconque sur le terrain de l'ancienne Carthage.

Nous intervenions en même temps au point de vue économique dans la Régence et nous essayions d'en faire une sorte de prolongement de l'Algérie. Les quelques routes, les ponts, les réparations d'acqueducs, ces embryons de travaux publics auxquels on se livra aux environs de Tunis à partir de la seconde moitié de ce siècle, furent en général des œuvres françaises. L'acte le plus décisif de l'entrée officielle de la France dans l'organisation économique de la Tunisie fut la série de conventions qui constitua avec la garantie du gouvernement français un réseau ferré tunisien. Au mois de mai 1876 le Bey concéda à des Français la ligne de Tunis à la frontière algérienne (Tunis à Dablet-Jandouba d'après l'acte de concession, aujourd'hui à Guardimaou) avec des prolongements divers. Cette ligne de 190 kilomètres, qui suit l'importante vallée de la Medjerda, devait être longtemps improductive; il fallait pour l'exécuter des subventions ou des garanties que ne pouvait fournir le trésor obéré du Bey. Une loi de mars 1877 approuva l'apport de cette concession tunisienne à la petite compagnie algérienne de Bone à Guelma, qui devait augmenter de 150 p. 100 son capital-actions, émettre plusieurs centaines de mille obligations et exécuter tout un réseau reliant à la fois Bone et Constantine à Tunis. En même temps la compagnie de Bone à Guelma cessait d'être une compagnie d'intérêt local, garantie par le département de Constantine, pour devenir une compagnie d'intérêt général garantie directement par le gouvernement français.

Le jour où la France consentait ainsi à un sacrifice qui lui a coûté jusqu'à présent et qui lui coûtera encore longtemps 2 millions de francs par an pour doter la Tunisie de chemins de fer, il était entendu implicitement que la Régence devenait une sorte de pays vassal qui, au lieu de payer un tribut, en recevait un.

Le congrès de Berlin, qui se réunit peu après, ne pouvait, dans le démantèlement de l'empire ottoman, rester indifférent au sort éventuel de la Tunisie. Ce n'est un mystère pour personne que le grand chancelier de l'empire d'Allemagne, M. de Bismarck, nous conviait alors à prendre possession de cette contrée. Si nous eussions été assez bien inspirés pour le faire, au moment où l'Angleterre venait de se saisir de Chypre et où l'Autriche-Hongrie annexait à son empire l'Herzégovine et la Bosnie, nous nous serions épargné bien des embarras et nous posséderions aujourd'hui en Tunisie une situation à certains égards encore plus nette et plus favorable que celle que nous y avons prise. Nous y serions beaucoup plus dégagés de tous les liens envers les puissances étrangères qui entravent dans une certaine mesure notre action.

M. Waddington, avec l'imprévoyant désintéressement qui a si souvent caractérisé la diplomatie française, préféra, suivant son expression, revenir de Berlin « les mains nettes ». On avait obtenu, il est vrai, certains engagements moraux de l'Angleterre. Comme l'écrivait le même M. Waddington au marquis d'Harcourt, dans sa dépêche officielle du 26 juillet 1878, le ministère britannique, par l'organe du marquis de Salisbury, avait déclaré « qu'il ne devait tenir qu'à nous seuls de régler, au gré de nos convenances, la nature et l'étendue de nos rapports avec le Bey, et le gouvernement de la Reine acceptait d'avance toutes les conséquences que pouvait impliquer, pour la destination ultérieure du territoire tunisien, le développement naturel de notre politique. »

Les propos de congrès furent bientôt oubliés. L'Angleterre et l'Italie à Tunis nouèrent des intrigues pour diminuer notre situation dans ce pays et nous discréditer auprès des indigènes. Les luttes du consul italien Maccio avec notre consul Roustan sont devenues légendaires. Une affaire de chemin de fer que le Bey allait concéder aux Italiens, en dépit de ses engagements solennels pris avec nous, les fourberies auxquelles on recourut pour rendre nulle l'acquisition faite par une compagnie française du vaste domaine de l'Enfida, que l'ancien ministre Khérédine avait vendu à des Marseillais et pour faire attribuer cette propriété à un petit juif indigène, protégé de l'Angleterre, enfin des invasions de la tribu tunisienne des Kroumir sur le sol algérien, coïncidant avec le massacre de notre mission Flatters dans le Sahara, cet ensemble de circonstances devait, si nous n'eussions agi énergiquement, avilir pour toujours le nom français à Tunis et dans un temps assez bref faire passer ce pays sous la domination italienne.

La prise de possession de Tunis par la France était depuis longtemps prévue : tous les amis sincères du progrès humain la désiraient. Un voyageur russe ayant une grande autorité scientifique, M. P. de Tchihatchef, dans un livre qui a précédé de plus d'un an l'entrée de nos soldats dans la Régence, appelait de tous ses vœux cet heureux événement. Faisant un tableau de l'aspect riant et florissant qu'offrent les campagnes algériennes avec la nudité des vallées et des plaines tunisiennes qui en sont voisines, M. de Tchihatchef écrivait que le temps ne pouvait manquer de faire justice de cette choquante anomalie et il ajoutait : « C'est une question d'humanité, mais c'est aussi une question d'intérêt français, car l'annexion de la Tunisie procurera à la France non seulement un territoire d'une fertilité proverbiale, mais encore le plus beau port de la Méditerranée, celui de Bizerta, puisque le lac et le canal qui le joignent à la mer n'attendent que quelques coups de pioche d'un ingénieur européen pour réaliser cette merveilleuse transformation. De plus la France se trouverait dans la proximité de ces golfes syrtiques, indiqués par la nature même pour servir de communication avec les régions les plus productives et les plus peuplées de l'Afrique centrale. »

Le voyageur russe, qui voyait dans son pays tant d'exemples de l'action utile qu'une nation civilisée peut exercer sur des peuples barbares en décomposition, ne pouvait assez s'étonner de la longanimité française qui tolérait de la part des Tunisiens toutes sortes d'affronts et de dénis de justice. « A une époque comme la nôtre, écrivait-il, où les annexions se pratiquent sous tous les prétextes possibles, il n'est point d'annexion qui réunisse en sa faveur plus de motifs légitimes que celle de la Tunisie, en sorte que, s'il n'y avait pas un parti arrêté de l'ajourner à quelque prix que ce soit, depuis longtemps déjà le gouvernement français eût cédé aux graves considérations que doit lui suggérer l'état fâcheux de la contrée attenante à la frontière tunisienne. En effet, les parages du cap Roux qui représente cette dernière, à environ 15 kilomètres à l'est de la petite ville de La Calle, sont habités par de nombreuses tribus arabes qui défient ouvertement l'autorité du bey de Tunis et ne cessent de se livrer, aux dépens du territoire français, à leurs habitudes déprédatrices, encouragées par la plus parfaite impunité. »

M. de Tchihatchef citait à se sujet « un acte de sauvage et cynique piraterie qui avait été commis (lors de son séjour à Alger en 1878) par ces Arabes à l'égard d'un bâtiment français, sans que les autorités algériennes aient pu obtenir une réparation quelconque. »

Après des détails sur cet incident, dont on eut tant de répétitions, le voyageur russe concluait ainsi : « L'humiliante impuissance du Bey ne laissait à la France d'autre moyen que l'emploi de mesures compulsives pour obtenir une prompte réparation, d'autant plus qu'on savait que le gouvernement tunisien était trop pauvre pour payer une indemnité pécuniaire. Malgré cela, l'affaire en resta là, et cette fois encore le gouvernement français avait consenti à attendre son heure pour agir. C'est cette heure décisive que tous les amis de l'humanité en général et de la France en particulier attendent avec impatience. C'est alors seulement que la mission providentielle de la France en Afrique sera réellement accomplie, et que ces splendides contrées redeviendront le grenier et le jardin de l'Europe sans avoir à regretter la protection du drapeau britannique ou italien (1). »

L'heure vint, en effet, trois ans après que le savant dis-

---

(1) *Espagne, Algérie et Tunisie*, Lettres à Michel Chevalier, par P. de Tchihatchef. Paris, 1880, pages 555 à 557.

tingué dont nous venons de citer l'impartial témoignage gourmandait la longanimité française. Notre gouvernement ne se résolut qu'après des atermoiements à agir contre le gouvernement tunisien, et pendant quelques mois il sembla qu'il voulût se borner à des demi-mesures. En avril 1881 nos troupes entrèrent dans la Régence : il fallut pousser beaucoup nos ministres, comme nous n'hésitâmes pas à le faire (1), pour les amener à occuper Bizerte et divers autres points de la Tunisie. On hésita à entrer à Tunis. Le 12 mai on fit accepter du Bey, auquel on n'avait pas, d'ailleurs, déclaré la guerre, le traité qui porte tantôt le nom de traité du Bardo, tantôt celui de Kasr-es-Saïd. C'était un ensemble de clauses assez vagues, qui nous donnaient des droits médiocrement définis. La République française garantissait contre l'étranger l'intégralité du territoire tunisien et assumait la responsabilité de la préservation de l'ordre à l'intérieur. Elle maintenait, ce qui fut une faute conduisant plus tard à de grands embarras dont certains subsistent encore, tous les traités qui unissaient les diverses puissances étrangères à la Tunisie. Les agents diplomatiques et consulaires français prenaient le soin de protéger à l'étranger les intérêts et les nationaux de la Régence. Les parties contractantes se réservaient enfin de procéder d'un commun accord à une réforme complète du système financier qui avait placé le gouvernement du Bey sous la tutelle d'une commission européenne, et qui suscitait depuis longtemps dans la Régence des plaintes unanimes.

Tels étaient les linéaments assez lâches et assez fragiles de cette organisation qui, par des additions et des consolidations successives, est devenue le protectorat français en Tunisie. Ce traité était médiocre. Il excita le désappointement de tous ceux qui avaient conscience du rôle que, dans

(1) Voir la série de nos articles dans l'*Économiste français* du 1er semestre de 1881.

l'intérêt de la civilisation, nous devions jouer à Tunis. M. de Tchihatchef, le voyageur russe que nous avons cité plus haut et avec lequel nous entretenions une correspondance, nous exprimait tous ses regrets de la pusillanimité française qui s'arrêtait ainsi à mi-chemin. Les arrangements nouveaux étaient d'autant plus défectueux que nous nous abstenions d'occuper militairement les principales villes de la régence, notamment Tunis et Khérouan. Les événements se chargèrent de les rendre meilleurs, en nous forçant à sortir de l'excessive modération où nous nous étions tenus. On crut, pour influencer les élections générales françaises qui devaient se faire au mois d'août 1881, pouvoir rappeler en France une dizaine de mille hommes du corps campé en Tunisie. Les indigènes attribuèrent ce rappel à une intervention du sultan et y virent un signe de pusillanimité. Le 28 juin la ville de Sfax entra en insurrection ; le quartier européen fut pillé et notre consul blessé. Il fallut renvoyer dans la Régence des renforts qui débarquèrent à Sfax le 16 juillet et en quelques heures vinrent à bout de la rébellion. On osa marcher jusqu'à Kairouan, la ville sainte, que l'on avait craint d'abord de paraître souiller par le contact européen. On y entra sans coup férir. La gare de l'Oued-Zargua, sur la ligne française du chemin de fer de la Medjerdah ayant été brûlée et les employés massacrés, des meurtres sur nos soldats et nos compatriotes se commettant journellement à Tunis ou dans les environs, on se résolut à une attitude plus énergique et à une occupation totale et définitive du pays tout entier, y compris la capitale. Ces émeutes opportunes, en fortifiant notre situation dans la Régence, nous firent parler plus en maîtres, et le traité informe du Bardo en prit un autre caractère. Mais avant d'étudier l'interprétation qu'on dut lui donner, pour faire de la France la protectrice réelle et la tutrice effective de la Tunisie, il est bon de jeter un coup d'œil sur le pays et ses ressources.

CHAPITRE III

GÉOGRAPHIE ET ETHNOGRAPHIE DE LA TUNISIE

Situation de la Tunisie. — Configuration et relief du sol. — Supériorité à ce point de vue du sol tunisien sur le sol algérien. — Large ouverture des vallées. — Les vents dominants et les pluies. — L'hydrographie tunisienne. — Bonnes conditions hygiéniques du pays.
Ethnographie. — Berbères, Arabes, Maures, Juifs. — Caractère de la population.

On n'est exactement fixé ni sur l'étendue, ni sur la population de la Tunisie. Il semble que nous ayons craint longtemps d'occuper toute la contrée : l'idée de laisser entre notre nouvelle possession et la Tripolitaine une sorte de zone neutre rencontrait à Paris beaucoup d'adhérents. On se flattait qu'une certaine surface de désert laissée à l'état vague, comme les anciennes marches, assurerait le mieux la tranquillité du pays. Le projet de mer intérieure du commandant Roudaire, si énergiquement appuyé par M. de Lesseps, entretenait cette illusion. Aussi les Chotts ou lacs salés du sud furent-ils considérés comme une frontière naturelle, et Gabès, qui en forme le seuil, malgré la mauvaise qualité de ses eaux qui en rend le séjour très malsain aux Européens, fut regardé, jusqu'à ces derniers jours, comme notre poste extrême.

Depuis quelque temps, on s'est avisé que nous perdions ainsi un territoire considérable, que la Tunisie s'étend bien au delà des Chotts, que le seul moyen de pacifier les tribus nomades est d'établir chez elles notre autorité qu'elles invoquent, de les soumettre à un contrôle qu'elles se déclarent prêtes à accepter et de transporter notre garnison la plus méridionale, de l'oasis insalubre de Gabès, à celle beaucoup mieux placée et mieux douée qui s'appelle Zarzis et qui se trouve à une quinzaine de lieues de Gabès, au sud-est, tout près de la Tripolitaine. L'habile premier résident général, M. Cambon, a mainte fois proposé au gouvernement cette extension de l'occupation française; il semble que de vieilles et tenaces rancunes du ministre de la guerre, le général Boulanger, dont on n'a pas oublié les démêlés avec notre résident tunisien, fissent seules obstacle à l'exécution d'un plan aussi judicieux. On sera obligé, toutefois, un jour ou l'autre, d'établir un poste militaire près de la frontière réelle, et de même que, en Algérie, nous tenons maintenant garnison à Aïn-Séfra, tout près de l'oasis marocaine de Figuig, nous devrons porter nos avant-postes tunisiens à Zarzis, qui se trouve, par rapport à la Tripolitaine, dans des conditions analogues, avec le double avantage d'une situation maritime et d'une grande supériorité de climat.

L'évaluation de l'étendue du sol de la Tunisie a beaucoup varié suivant les auteurs. Les uns allaient jusqu'à lui attribuer 15 ou 17 millions d'hectares, c'est-à-dire 150,000 à 170,000 kilomètres carrés et près de 2 millions d'habitants. Il semble que ces chiffres soient exagérés, que la superficie ne dépasse pas 116,000 à 118,000 kilomètres carrés ou un peu moins de 12 millions d'hectares et que le nombre des habitants soit inférieur à 1,500,000. Cela équivaudrait à moins du quart de la surface de l'Algérie et à 40 p. 100 de sa population. Or, comme il y a une supériorité de genre de vie des indigènes tunisiens relativement aux indigènes algériens, on voit par ce simple rapprochement combien les conditions de notre nouvelle possession africaine l'emportent sur celles de notre plus ancienne. Le nombre des habitants est de treize par kilomètre carré; en France, où l'on n'a guère à compter avec les lagunes et sebkhas qui couvrent une partie de la Tunisie du centre et du midi, on compte soixante et onze habitants par kilomètre carré.

Sans entrer dans de trop nombreux détails, qui pour notre sujet seraient superflus, sur la géographie et l'ethnographie tunisienne, rassemblons ici les traits principaux qui peuvent servir à donner une idée suffisante du pays. La Tunisie commence un peu au-dessus du 33° degré de latitude nord et s'étend 20 minutes au delà du 37° degré nord. Elle a donc cent lieues environ de longueur. Sa largeur est bien moindre. Elle n'occupe guère, en effet, du moins dans la partie septentrionale et centrale, que le territoire entre e 6° et le 9° degré de longitude est : encore touche-t-elle à peine, par sa pointe la plus avancée, Ras Kapoudiah, le 9° degré, tandis qu'une partie de sa côte orientale ne dépasse guère le 8° ou même, comme à la hauteur de Gabès, ne l'atteint pas. La Tunisie méridionale, il est vrai, fait dans la région des chotts une légère échancrure à l'Algérie, repoussant la frontière de celle-ci jusque vers le 5° degré ; mais comme cette partie du territoire est occupée principalement par des lacs salés ou des déserts, cette avance vers l'ouest dans cette partie méridionale n'enrichit guère l'ancienne régence tunisienne.

Cette étroitesse de son territoire, la Tunisie la rachète par des avantages naturels considérables. La Tunisie est une continuation très adoucie de l'Algérie. Les zones longitudinales de terrains que nous avons constatées dans notre possession algérienne et qui la divisent en trois contrées si différentes, le Tell, les hauts plateaux et le Sahara, se retrouvent dans notre nouvelle conquête, mais d'une façon moins accentuée et en présentant des contrastes moins aigus. La région du Tell est beaucoup plus profonde, les hauts plateaux ont bien moins d'élévation, enfin le désert du Sahara commence bien plus bas et le voisinage de la mer en modifie le caractère dans une certaine mesure.

« La large ouverture du golfe de Tunis, dit M. Élisée Reclus, permet de tourner la zone montueuse du littoral et de pénétrer au loin dans celle des plateaux par les vallées de la Medjerda et de l'oued Melleg. De même la côte orientale, au sud du golfe de Hammamet, ouvre toutes larges les issues de la région centrale en Algérie, et la grande route du désert commence au golfe de Gabès. C'est par ces brèches que s'est maintes fois constituée l'unité politique de l'Afrique du nord, qui semblait destinée à n'être habitée que par des tribus hostiles ou du moins étrangères les unes aux autres. Les golfes, les plaines de l'est ont livré passage aux Phéniciens, aux Romains, aux Byzantins, aux Arabes; l'influence de l'Asie, celle de l'Europe, ont pénétré par ces portes orientales de la Maurétanie (1). »

Plus accessible dans toutes ses parties, l'ancienne régence de Tunis offre une altitude moyenne bien moindre que sa voisine de l'ouest; les massifs les plus élevés n'y atteignent que 1,200 ou 1,500 mètres, encore d'ordinaire sont-ils épars, ne constituant pas de chaînes ininterrompues. Sauf la région tourmentée qui touche à l'Algérie au nord et qui est connue sous le nom de pays des Khroumir, les montagnes tunisiennes sont pour la plupart de longues rampes à pentes douces ou des pyramides isolées qui se détachent dans la plaine comme le Zaghouan, lequel dresse son sommet de 1,300 mètres au milieu de terres planes et excessivement fertiles. La région des hauts plateaux occupe ainsi sur le territoire tunisien une place infiniment moins importante que celle qu'elle détient en Algérie.

Les vallées sont partout plus larges (2) que dans la colonie

---

(1) Élisée Reclus, *Géographie universelle*, tome XI, page 146.
(2) C'est sur cette ouverture des vallées que se fonde le délégué ministériel, M. Gastine, dans son rapport sur la viticulture tunisienne en 1886, pour croire que les vignes en Tunisie pourront offrir une certaine résistance aux maladies cryptogamiques, notamment au *mildew* ou *péronospora*.

voisine. Étant des deux côtés baignée par la mer, la Tunisie offre une région de « Sahel » ou littoral, qui est beaucoup plus étendue, et qu'on peut utiliser pour la culture jusqu'au delà de Sfax. Tandis que le quart seulement de la superficie de l'Algérie ou tout au plus le tiers peut être exploité par une agriculture se rapprochant de celle de l'Europe, les trois cinquièmes de la Tunisie, sinon même les trois quarts, se prêtent à une exploitation régulière et perfectionnée du sol : il n'y a guère qui y soit impropre que la dépression méridionale formée par la région des chotts et le désert qui l'entoure. Aussi le territoire tunisien pourra-t-il offrir à nos capitalistes ou à nos cultivateurs une étendue utilisable qui égale les deux tiers de celle qu'ils peuvent féconder en Algérie ; et, comme les conditions de fertilité naturelle et celles des transports sont supérieures dans l'ancienne régence de l'est, il s'en faut de peu que, malgré la très grande infériorité de sa superficie, la Tunisie puisse être pour une métropole européenne ou des commanditaires européens aussi productive que la vaste Algérie.

L'hydrographie tunisienne présente l'un des plus grands cours d'eau du bassin de la Méditerranée, la Medjerda, l'ancien Bagrada des Romains, qui, avec des sinuosités nombreuses, traverse la Tunisie à partir de la frontière algérienne jusqu'au nord de Tunis où elle a son embouchure près de l'ancienne Utique. Dans le même bassin d'écoulement, formé par le quadrilatère qu'enserrent la France, l'Algérie, l'Espagne et l'Italie, deux fleuves seulement dépassent la Medjerda en longueur de cours, à savoir l'Ebre et le Rhône. Elle reçoit divers affluents, dont le principal, l'oued Melleg, venant du sud, a une longueur encore supérieure à la sienne. Tous les deux réunis arrosent la plaine de la Dakhla, immense bassin d'alluvion de 750 kilomètres carrés de superficie ; ayant toujours des eaux en quantité suffisante et grossissant rapidement à l'automne, l'oued Melleg et la

Medjerda se prêteraient à des irrigations fertilisantes. C'est à cet effet que des ingénieurs hollandais avaient construit en 1622 le barrage de Tébourba que depuis lors on a laissé tomber en ruine. L'estuaire de la Medjerda s'est rétréci par les alluvions successives qui, d'après Tissot, ont fait gagner, depuis vingt et un siècles, environ 250 kilomètres carrés de terrains sur la mer. Qu'une bonne culture survienne et ces espaces arrachés à la Méditerranée pourraient avoir la productivité des *polders* de Hollande et de Belgique, avec la supériorité en plus de leur soleil.

En dehors de la Medjerda et de l'oued Melleg, on ne trouve dans la région du nord, où la montagne serre de près la mer, que quelques cours d'eau de peu d'étendue, ayant tous, sauf l'Oued Amohr ou Oued el Kebir, moins de 100 kilomètres; quelques-uns, cependant, comme l'Oued-el-Tin, qui se jette dans un lac, dépendant de celui de Bizerte, a des eaux assez abondantes. Dans la partie méridionale les cours d'eau, de peu de longueur, n'ont pas toujours de permanence, mais ils sont nombreux et se déversent en général dans les lacs salés ou sebkhas. On trouve aussi beaucoup de nappes souterraines qu'atteignent aisément des forages peu profonds. L'ensemble de ces conditions hydrographiques est favorable pour une terre africaine.

Les conditions climatériques ne le sont pas moins. Baignée par deux mers, qui s'enfoncent dans les terres par plusieurs golfes ou lacs, offrant un système orographique dont le relief est bien moins accentué que celui de l'Algérie, ouvrant largement ses vallées aux brises marines, la Tunisie jouit d'une température plus régulière, plus douce et moins sèche que les autres contrées barbaresques. Les pluies y sont plus abondantes : elles se font sentir chaque année pendant 90 jours environ et quoique les mois d'octobre à mars soient ceux où elles prédominent, les autres saisons, même l'été, en sont rarement complètement privées. Les vents de la mer, qui sont chargés de vapeur d'eau et rafraîchissants, y ont la prédominance.

Ce n'est pas seulement la production, c'est la santé des hommes, surtout des Européens, qui se ressentent de ces circonstances propices. Les pays fiévreux sont bien plus rares dans l'ancienne régence de l'est que dans sa voisine occidentale ; les statistiques militaires du mois d'août 1883 au mois de mars 1884 ont établi que les entrées des soldats à l'hôpital, écrivait M. Bertholon, ont été moindres en Tunisie que dans l'une ou l'autre des provinces d'Algérie ou même qu'en France (1).

La flore de la Tunisie est celle de tout le bassin de la Méditerranée ; outre le blé et les plantes diverses qui forment les prairies, c'est le pays de l'olivier, du figuier, de l'oranger, de la vigne et, dans la partie tout à fait méridionale, du dattier. Les montagnes du nord, surtout celles des Khroumir, sont encore couvertes de bois touffus, notamment de chênes-liège ; dans le centre et le midi, au contraire, les montagnes sont déboisées. Les terres incultes sont généralement couvertes de lentisques, de romarins, parfois de jujubiers ; elles le sont beaucoup moins de palmiers nains qui font le désespoir des défricheurs en Algérie.

Par ses avantages et ses attraits naturels, par sa position si voisine de la Sicile, la Tunisie a servi de déversoir à presque toutes les races qui successivement ont dominé la Méditerranée. On suppose, d'après les dolmens et des monuments mégalithiques, que les aborigènes ont une origine commune avec les Bretons et les Andalous. Ce qui est plus certain, c'est que les Phéniciens, les Romains, les Vandales, les Byzantins et les Arabes conquérants s'y établirent et formèrent des couches superposées qui se retrouvent encore soit à l'état distinct, soit à l'état de mélange dans la

---

(1) Bertholon, *Revue de géographie*, octobre 1884.

population tunisienne. Quant aux Turcs, aux soldats français de Louis IX ou à ceux de Charles-Quint, aux commerçants et aux employés de Marseille et des autres ports méditerranéens, ils ne furent qu'un élément adventice et de peu d'importance ; mais dans le courant de ce siècle, des familles levantines vinrent fréquemment s'établir à Tunis et forment dans cette ville même une colonie qui lui donne un caractère beaucoup plus bigarré et plus oriental que celui de Bône, d'Alger ou d'Oran. Il en est ainsi à un moindre degré des principales villes de la côte entre Tunis et Gabès.

Des anciens et renommés conquérants, les Carthaginois et les Romains, surtout les derniers, il reste d'abondants vestiges, des ruines nombreuses, mais aucun débris ethnique qui ait gardé une individualité distincte. En dehors des nombreux juifs et des levantins ou des représentants de races européennes, il n'y a plus comme éléments constitués en groupes homogènes que les Berbères ou Kabyles et les Arabes. Encore doit-on dire que fréquemment les deux éléments se sont plus ou moins fusionnés, les Berbères s'étant arabisés dans le sud et les Arabes s'étant berbérisés dans le nord et le centre. La souche berbère, quoique mêlée et enchevêtrée à l'autre, est, cependant, de beaucoup la plus importante et la plus vivace. Toutes ces races diverses, les anciens aborigènes, les Phéniciens, les Romains, les Vandales, les Arabes, ont donc fini par faire un ensemble de population assez uniforme d'aspect, qui ne se distingue plus guère que par la diversité de genre de vie qu'imposent les différences d'occupations ou de nature du sol. La maison et la tente se partagent d'une façon à peu près égale la population tunisienne, les villes étant beaucoup plus nombreuses relativement et plus importantes en Tunisie qu'elles ne l'étaient en Algérie lors de notre débarquement. La population urbaine mêlée, connue sous le nom de

Maures, y tient une plus grande place. Dans le nord et le centre une notable partie des travailleurs ruraux a conservé l'habitude de vivre dans des villages et dans des maisons. Quoique divisée, comme toute race musulmane, en deux *sof* ou partis rivaux qui cherchaient à se renverser et à s'opprimer mutuellement, la population de l'ancienne régence avait perdu presque toutes ses habitudes guerrières. Plus d'habileté dans le travail industriel, plus de goût pour le commerce, même pour les choses de l'esprit, moins de rudesse, tels sont ses traits caractéristiques. On sait, d'ailleurs, que plus on avance de Tunis au Maroc, plus les Arabes perdent en ingéniosité et en souplesse d'esprit, et plus ils gagnent en vigueur physique et en énergie morale. Les Tunisiens sont considérés comme les plus affinés et les plus doux des habitants de l'ancienne Berbérie. Tunis était le grand marché de fabrication et d'approvisionnement pour les populations du Soudan, ce qui explique le très grand nombre de ses habitants. Les israélistes qui forment une beaucoup plus forte part de la population tunisienne que de la population algérienne contribuaient à cette expansion de la reine des Syrtes sur l'intérieur.

On suppose, que le nombre d'habitants de la Tunisie a été autrefois beaucoup plus considérable qu'aujourd'hui. Certains pensent qu'au dernier siècle elle comptait cinq millions d'habitants, ce qui nous paraît fort exagéré. Mais il est possible que cette densité de population fût atteinte ou même dépassée pendant la domination romaine. Dans presque tous les « enchir » ou domaines que les Européens ont acquis, le soc de la charrue en défonçant se heurte contre des ruines qui témoignent que les villages ou les fermes devaient être à grande proximité les uns des autres. Dans une propriété du nord, près de Tébourba, le domaine de Schuiggui, en plantant quelques centaines d'hectares de vignes, on a découvert des quantités de citernes et d'autres débris qui font penser à une très forte population et à une exploitation intense du temps des Romains : ce n'est pas là un fait isolé. Les mêmes traces de densité du nombre des habitants abondent presque partout. Le mot arabe *enchir* qui désigne aujourd'hui le domaine ou la grande propriété rurale signifie également ruine.

Toutes ces circonstances, excellentes conditions topographiques, climatériques, même hydrauliques, le caractère doux, relativement laborieux et l'esprit ouvert des habitants font penser qu'en quelques dizaines d'années, avec de la persévérance, des capitaux et une conduite habile, on pourra restaurer la prospérité de l'ancienne province romaine d'Afrique.

CHAPITRE IV

LES PROCÉDÉS DE COLONISATION

Les diverses classes de colonies. — La colonie doit être d'abord et pendant un certain temps une colonie d'exploitation ou de capitaux. — Le développement industriel doit y être précédé par le développement agricole.
Ressources variées de la Tunisie pour la culture. — Achats de terres par les Européens. — Grande quantité de terres disponibles.
L'élève du bétail. — La vigne. — Aptitude du sol tunisien pour la vigne. — Jugement des auteurs latins sur les vins de Tunisie.
La Tunisie ne se prête pas encore à la petite propriété européenne. — Les deux types d'exploitation européenne qui peuvent actuellement réussir : la très grande propriété par le mode d'association restreinte, et la moyenne propriété avec résidence du propriétaire. — Inconvénients des emprunts. — Difficulté de trouver des régisseurs.
La main-d'œuvre : Arabes ou Kabyles, Siciliens, Français.
Les cultures diverses. — L'olivier. — Les dattiers.
La culture des céréales. — Renseignements sur l'annone romaine et sur la part qu'y prenaient les provinces formées du territoire actuel de la Tunisie.
La production des céréales au moyen de fermiers ou de métayers arabes. — Un excellent exemple est fourni par une exploitation algérienne, celle de la Compagnie génevoise de Sétif. — Les conditions, les cadres, les résultats de cette exploitation. — Les calculs de M. Pascal : en quoi ils sont exagérés.
La production des céréales au moyen de métayers indigènes commandités et dirigés doit aller simultanément, sur un même domaine, avec les cultures perfectionnées faites directement par les Européens.
La nouvelle loi immobilière. — Grande exagération des frais d'arpentage et d'immatriculation. — Cette énormité des frais condamne la loi à la stérilité. — Projet de reviser les tarifs.

Quand on veut coloniser un pays, il faut se rendre compte avec exactitude du genre précis de colonisation qui convient à la fois à la contrée soumise et à la race colonisatrice.

Il y a, comme on l'a vu plus haut, bien des sortes de colonies ; mais on peut les ramener à trois types principaux dont les dénominations sont déjà devenues familières à tous ceux qui ont quelque connaissance de cet intéressant sujet : les simples colonies commerciales, les comptoirs, comme l'ancienne chaîne des postes portugais tout autour de l'Afrique et dans la mer des Indes, comme aujourd'hui encore Aden, Singapour et Hong-Kong; les colonies de peuplement telles que les anciennes provinces anglaises d'Amérique qui ont formé les États-Unis, et, dans le temps actuel, le Canada, l'Australie, la Nouvelle-Zélande; enfin, les colonies d'exploitation où la race supérieure dirige, élève, conduit la race inférieure, fournit les capitaux, met au jour les richesses naturelles, transforme par un état-major intelligent d'administrateurs, d'ingénieurs, de capitalistes, de commerçants, de professeurs, de contremaîtres, un pays resté longtemps pauvre faute d'initiative et de ressources matérielles accumulées chez les habitants en une contrée prospère et opulente. Les Indes, Java, les Antilles, avec des degrés différents de succès et l'application de méthodes tantôt bonnes et justes, tantôt défectueuses et iniques, offrent des exemples diversement heureux de ce genre de colonisation.

Ce mot de colonies d'exploitation a toutefois choqué un certain nombre d'esprits délicats. Ils y ont vu quelque chose de répréhensible et même d'odieux. Au lieu de prendre le terme dans le sens littéral et rigoureux qui ne soulève aucune idée blâmable, ils se sont laissé pénétrer des susceptibilités démagogiques. Ils ont paru comprendre que, dans une colonie de ce genre, il y avait, selon le jargon contemporain, « une exploitation de l'homme par l'homme, » ou plutôt d'un peuple par un autre. Ils n'ont pas réfléchi que l'on dit couramment, sans aucune pensée de critique, une exploitation industrielle, une exploitation agricole, l'exploitation des richesses naturelles, etc., et que c'est dans cette acception primitive et inoffensive du mot qu'on qualifie certaines colonies de colonies d'exploitation par opposition aux simples comptoirs commerciaux et aux colonies de peuplement (1). Certain auteur récent a cru faire merveille en remplaçant ce mot si naturel et si juste de colonies d'exploitation par celui de « colonies de roulement, » qui nous paraît singulièrement obscur. Quand un peuple avancé en civilisation et en richesse apporte chez un autre qui est à un degré inférieur ses capitaux et ses connaissances, il peut parfaitement mettre en exploitation les richesses naturelles du pays sans manquer en rien aux égards et à la justice qu'il doit au peuple indigène.

Les conditions de notre prise de possession de la Tunisie, l'exemple médiocrement encourageant du lent développement de l'Algérie, devaient nous induire à tenter, dans notre nouvelle dépendance africaine, une colonisation du genre de celle que nous venons d'indiquer. Nous nous établissions comme des protecteurs chez un peuple dont la soumission avait été prompte ; nous ne pouvions penser à le spolier. C'est par voie d'infiltration lente que nous pouvions introduire, au milieu de lui, un certain nombre de nos nationaux, non pas par une immigration officiellement encouragée et subventionnée, ni par la constitution arbitraire de groupes européens au milieu de la population indigène.

Nous avions pris, à l'endroit de l'Europe, des engagements moraux qui, sans nous lier pour les détails, devaient dominer notre méthode générale d'action dans l'ancienne régence. Les circulaires de M. Barthélemy Saint-Hilaire, alors ministre des affaires étrangères, avaient été trop précises pour que nous pussions, au lendemain d'une promenade militaire, en violer manifestement l'esprit. Qu'aurions-nous gagné, d'ailleurs, à un manque de foi, sinon de répéter en

(1) On nous permettra de renvoyer pour la théorie de la colonisation à notre ouvrage : *de la Colonisation chez les peuples modernes*, 3ᵉ édition ; Guillaumin, éditeur.

Tunisie l'expérience algérienne, de mettre un grand nombre d'années à atteindre un résultat médiocre, de dépenser sans profit des centaines de millions que la France, peu portée aux grands desseins lointains, n'eût payés qu'à contre-cœur et avec rancune? La raison, comme la loyauté, nous intimaient d'agir à Tunis tout autrement que nous n'avions agi à Alger.

Développer avec nos capitaux et nos forces morales et intellectuelles, à l'avantage des Tunisiens et de la France, les richesses du pays, c'était là tout notre programme. Il fallait plus d'un jour pour le remplir; l'on s'y mit avec entrain. Nombre de Français accoururent à Tunis; la plupart, comme toujours en pareil cas, étaient avides de rapides fortunes; on se précipita sur les terrains urbains, non seulement dans la capitale, mais à Bizerte et un peu tout le long de la côte.

En général, ces sortes de spéculations n'ont pas le prompt succès qu'on en attend. Ceux qui connaissent l'histoire de la colonisation se rappellent l'éclatant désastre de la compagnie de l'Australie du sud et des sociétés ou des particuliers qui, en 1839, avaient soudainement plus que centuplé le prix des terrains à Adélaïde. On est revenu, depuis lors, de cette fièvre enfantine : Adélaïde est une ville florissante de plus de 100,000 habitants, et l'Australie méridionale tient le premier rang, pour l'agriculture proprement dite, entre toutes les colonies australasiennes.

Si, même dans les pays tout à fait neufs, les spéculateurs en terrains éprouvent souvent des déceptions de ce genre, il est naturel qu'elles soient plus fréquentes dans de vieux pays que l'on veut ranimer et rajeunir. Le sang nouveau qu'on leur transfuse goutte à goutte n'agit qu'à la longue sur l'organisme; une ville ancienne de plus de 100,000 habitants, comme Tunis, ou de petites villes provinciales, comme Bizerte et Sousse, ne se doublent pas en quelques mois ni même en quatre ou cinq ans. Les acheteurs de terrains urbains sont, à l'heure actuelle, un certain nombre du moins, parmi les mécontents de la régence : ils ont tort, car l'avenir, pour peu qu'ils aient de la patience, pourra, sans réaliser leurs premiers rêves, rendre passables ou bonnes certaines de leurs spéculations.

Il est plus sérieux de créer des établissements industriels que d'acheter, dans la banlieue des villes, des lots de terre dont on attend une plus-value. La Tunisie possède des mines et offre de grandes étendues d'alfas : ces dernières ont sur leurs rivales d'Algérie l'avantage d'être plus près de la mer. Quelques capitalistes se sont occupés d'exploitations de ce genre dans notre nouvelle possession. La célèbre compagnie de Mokta-el-Hadid a obtenu la concession des mines de fer de Tabarka, qui, situées sur la frontière de la province de Constantine, sont assez voisines des splendides gisements qu'elle exploite depuis une vingtaine d'années. Elle s'est engagée à construire un petit chemin de fer local qu'elle ouvrira au public.

A l'autre extrémité, dans le sud, une compagnie anglaise qui jouit d'une concession d'alfa a accepté aussi l'obligation de livrer à la circulation une petite voie ferrée. Ce sont des modes peu coûteux de faire quelques travaux publics. On a établi encore quelques minoteries, quelques huileries. Mais ces entreprises industrielles, malgré l'importance de quelques-unes, sont assez restreintes en nombre, et il est naturel qu'elles le soient.

L'industrie n'est pas la première forme du développement économique d'une contrée : il faut que l'agriculture la précède. Quand la production des champs est abondante, qu'elle offre un excédent notable sur les besoins d'alimentation du pays, quand, en outre, la population est devenue assez dense, l'industrie peut apparaître avec ses usines, ses machines, toute sa mise en œuvre perfectionnée, exigeant tant de concours divers. Il est chimérique d'espérer en hâter artificiellement l'avènement. C'est donc par l'agriculture que, comme tout pays dont le territoire est fertile et très étendu relativement au nombre des habitants, la Tunisie doit commencer à renaître et à grandir. L'ancienne régence doit être d'abord une colonie agricole ; quand elle sera fort avancée sous ce rapport, dans une ou deux dizaines d'années, elle pourra devenir aussi une contrée industrielle.

Ce n'est pas qu'il faille décourager les colons de certaines opérations industrielles qui se rattachent de près à l'agriculture ou à l'exploitation du sol. Ainsi l'on a déjà créé avec des capitaux européens quelques huileries qui, en introduisant dans l'utilisation des olives, parfois même dans leur cueillette et dans les soins donnés à l'arbre, des procédés perfectionnés, peuvent rendre à la production tunisienne de très grands services. Les établissements de ce genre sont, en quelque sorte, des dépendances ou des prolongements de l'agriculture. Des commerçants français ont ainsi installé des usines qui commencent à exporter de l'huile, soit en Italie, soit chez nous. Elles sont, toutefois, entravées par les droits d'exportation dont nous parlerons plus loin et par les tarifs élevés sur les produits tunisiens à l'entrée dans la métropole. On ne saurait non plus absolument condamner, comme prématurées, les fabriques de semoules et celles qui, d'une façon générale, donnent un premier degré d'élaboration aux produits naturels du sol. Néanmoins, l'exemple même de l'Algérie, où jusqu'ici n'a pas pu encore se développer ce genre de fabrications et où ont échoué notamment les brasseries-malteries, témoigne qu'il ne faut pas trop se hâter de fonder ces entreprises dans un pays où la main-d'œuvre, surtout habile, est assez rare et où il peut y avoir de meilleurs emplois pour les capitaux.

On parle beaucoup aussi des marbres et des argiles qui, paraît-il, abondent dans l'ancienne régence. Les briqueteries, les poteries, les marbreries auront leur jour ; sans détourner complètement de ces travaux, on peut dire que le moment n'est pas encore venu de les généraliser. Ici également l'exemple de l'Algérie où les exploitations de ce genre n'ont guère réussi jusqu'à présent doit éclairer nos colons. L'industrie, dans notre nouvelle colonie, doit être quelque temps, si l'on ne veut éprouver des déboires, la simple servante et la suivante de l'agriculture.

Les ressources de la Tunisie pour la culture sont variées et abondantes ; les conditions sociales ne constituent aucun obstacle sérieux à leur mise en valeur. Il y faut, toutefois, du temps et des capitaux, de l'intelligence et de la persévérance. Le sol tunisien, dans les diverses parties de la régence, se prête à presque toutes les productions : les céréales, l'élève du bétail, la sylviculture, l'olivier, l'oranger, la vigne, voilà pour la région du nord et du centre. Dans le sud s'y ajoute une exploitation qui, confinée d'abord dans les mains des indigènes, commence en Afrique à passer dans celles des Européens, les plantations de palmiers.

Les capitalistes de la métropole ne sont pas restés insensibles à toutes ces séductions et ces promesses. Ils avaient, en quelque sorte, devancé l'occupation française. On sait, en effet, que l'un des griefs, peut-être même le principal, qu'invoqua notre diplomatie au moment de l'expédition, ce fut le criant déni de justice qu'opposait le gouvernement du bey à la Société marseillaise qui avait acheté de Khérédine-Pacha les 120,000 hectares composant l'immense domaine de l'Enfida. Un petit juif retors et déloyal, protégé de l'Angleterre, prétendait soustraire cette immense propriété à ses acquéreurs en exerçant le droit barbare de « cheffa » ou retrait vicinal, quoiqu'il ne se trouvât pas dans les conditions requises pour se prévaloir de cette coutume musulmane.

La société financière qui, moyennant quelques millions, s'était approprié cet immense territoire, avait sans doute plutôt pour objet la spéculation sur la plus-value que la culture proprement dite. Néanmoins, en dehors d'elle, quelques Français, de situation modeste, aimant le climat et le sol de l'Afrique, et se sentant plus libres dans la Tunisie indépendante que dans notre Algérie si strictement réglementée et administrée, avaient créé çà et là quelques domaines ruraux. Au lendemain de l'occupation, les capitalistes français affluèrent. Les achats de terres se firent avec entrain : dans la seule année 1884 nos compatriotes acquéraient 40,000 hectares, par des transactions libres avec les indigènes. Cette étendue égale celle que la colonisation officielle d'Algérie place en moyenne chaque année depuis dix ans dans les mains des colons. En 1885, les acquisitions ont dû être à peu près aussi considérables. Peut-être se sont-elles un peu ralenties en 1886; mais il est probable qu'au moment où nous écrivons environ 300,000 hectares de terres, soit la moitié de la surface d'un département de notre France, appartiennent déjà en Tunisie à des Français.

Les concessions gratuites n'entrent pour rien dans ce chiffre. Le gouvernement se les est avec raison interdites. Il n'a fait à cette règle qu'une exception, à l'extrême sud, dans le district de l'Oued-Mela, où, après le percement heureux de puits artésiens, une certaine étendue, encore indéterminée, sera concédée à la société qui avait pour inspirateur le commandant Roudaire et pour principal associé M. de Lesseps. Il s'agit là de territoires situés dans le désert et qui, par conséquent, pouvaient être presque considérés comme vacants et sans maîtres.

Dans les parties propres aux cultures ordinaires, le gouvernement beylical, en dehors de quelques palais et de fermes attenantes, ne possède comme propriété que des forêts qu'il n'a pas l'intention de céder gratuitement, et qu'il semble même se proposer d'exploiter en régie. Quant à exproprier les Arabes, suivant la méthode sauvage suivie quelque temps en Algérie, pour attribuer leurs biens à des

Européens, personne n'y pense à Tunis. Ce serait une barbarie inutile.

La constitution de la propriété et de la société tunisienne est telle, que le transfert de la plupart des terres n'est gêné par aucune prohibition générale ou aucune entrave de droit. C'est la propriété privée, en effet, individuelle ou familiale, qui, dans la partie septentrionale et centrale de l'ancienne régence, constitue le régime terrien habituel. On trouve un grand nombre d'immenses domaines dont les propriétaires ne demandent pas mieux que de se dessaisir à prix d'argent. Les princes et les ministres tunisiens faisaient naguère rapidement d'énormes fortunes; les dizaines de millions affluaient en quelques années dans les mains des favoris du bey. C'est ainsi que le général Ben-Ayed, dont la succession a si longtemps occupé et occupe peut-être encore le tribunal de la Seine et la cour de Paris, le pacha Khérédine, devenu grand vizir à Constantinople, après avoir été premier ministre de la régence, le général ou prince Mustapha qui fut notre adversaire et qui est devenu notre hôte, avaient réuni des richesses colossales dont une partie consistait en terres dans la contrée qu'ils avaient administrée.

La faveur du souverain est dans les pays musulmans aussi précaire que prodigue ; quand elle se retire, l'ancien favori n'a guère d'autre ressource que de s'exiler et de réaliser ses biens ; la comptabilité était si peu respectée, les ministres, jusqu'à ces derniers temps, en prenaient avec elle si à leur aise, qu'il était facile de prouver après leur chute que leurs biens étaient mal acquis. Une soudaine élévation, une faveur illimitée, une prompte et gigantesque fortune, une chute rapide, l'exil volontaire ou forcé, la reprise ou la confiscation des biens, telles étaient les habituelles et successives étapes des ministres dans un pays à gouvernement despotique et capricieux.

Aussi tous ces princes ou ces aventuriers heureux qui

avaient détenu le pouvoir ne se souciaient pas de conserver longtemps, après l'avoir perdu, de grands domaines dans la régence.

Ce fut ainsi que Khérédine vendit les 120,000 hectares de l'Enfida à la Société marseillaise. On sait que les tribunaux tunisiens ont donné tort à Ben-Ayed dans ses revendications contre le bey. Le général Mustapha lui-même a jugé expédient, il y a environ deux ans, de constituer, à Paris, une société anonyme à laquelle il a fait apport de tous ses domaines tunisiens, au nombre d'une douzaine, paraissant avoir ensemble, d'après les déclarations faites au fisc, une centaine de mille hectares d'étendue, peut-être davantage.

Toutes ces propriétés géantes, dont la plupart ne comprennent pas moins de 5,000, 8,000 ou 10,000 hectares, seraient volontiers cédées à des Européens. La terre disponible ne manque donc pas en Tunisie. On la trouve par lots énormes, mais généralement assez loin des centres et des voies de communication, qui sont peu nombreuses encore.

Dans la banlieue des villes, de Tunis notamment, on rencontre des domaines d'une étendue plus restreinte, 3, 4 ou 500 hectares, 1 millier d'hectares. Ce sont là les petites et les moyennes propriétés. Il y a trois ou quatre ans, on trouvait à les acquérir pour des sommes qui variaient entre 30 ou 40 francs et 100 francs l'hectare. Le premier prix était celui des très vastes domaines, situés loin des villes et des chemins, ayant souvent une partie montagneuse. Le prix de 100 francs répondait aux lots moins étendus et mieux situés.

Il s'agit d'ailleurs, dans l'un et l'autre cas, d'un sol en grande partie embroussaillé, sans bâtiments, qui n'a reçu qu'une culture arabe, encore sur une faible partie de sa surface; il faut donc de fortes dépenses de défrichement et de constructions pour le transformer en quelque chose qui ressemble à un domaine d'Europe. Le défrichement fait à forfait coûte 100 à 150 francs par hectare. Dans ces derniers temps, le prix de la terre s'est un peu accru. Les grands domaines incultes et mal situés ne se vendent guère moins de 50 à 60 francs l'hectare, et les lots convenablement assortis, placés près des voies de communication, peuvent prétendre à 100 ou 200 francs, sinon davantage.

Deux sortes d'exploitations surtout en Tunisie, comme en Algérie, ont attiré l'attention des capitalistes européens : l'élève du bétail et la culture de la vigne. Nous ne répéterons pas ici ce que nous avons dit plus haut (pages 110 à 118). Les colons résidant qui n'ont que des capitaux limités, qui redoutent de les aventurer et qui se contentent de perspectives bornées, se mettent à produire du bétail, surtout des moutons. On peut, dans ce cas, laisser presque toute la terre inculte, n'en défricher qu'une faible partie : l'on n'a besoin que de quelques hangars et de quelques surveillants. La mise de fonds et les frais d'entretien sont peu considérables : on dit que cette industrie a rapporté dernièrement 12 à 20 p. 100 des capitaux engagés. Cette exploitation purement extensive est un des modes rémunérateurs de l'occupation du sol.

Pour l'éleveur tunisien, en temps normal, les risques sont faibles et le profit est presque assuré. Dans la région montagneuse, notamment aux environs de Mateur et de Téboursouk, on affirme qu'il s'est fait ainsi dans les mains de Français ou d'Anglais des fortunes notables. La suppression des droits d'exportation faciliterait cette production.

C'est, toutefois, un autre genre d'entreprises agricoles qui séduit les capitalistes français et les porte vers la Tunisie. La plupart des acheteurs de grands domaines tunisiens se sont mis à planter la vigne. Il y avait, en 1886, 2,200 hectares de vignobles en Tunisie, sans compter 1,500 hectares environ de vignes indigènes; cela peut paraître bien peu de chose encore, auprès des 75,000 hectares environ du vignoble algérien, et des 2 millions d'hectares assez avariés du vignoble français. Les 2,200 hectares du vignoble tunisien appartiennent à une soixantaine de propriétaires différents. Un seul domaine a déjà 300 hectares de vignes, plusieurs en ont plus de 200. La culture de la vigne se constitue en Tunisie sous le régime de la très grande propriété, c'est ce qui la distingue de la métropole et de l'Algérie (1). Si le phylloxera ne survient pas trop tôt, il est probable qu'on verra en Tunisie dans dix ans un certain nombre de domaines ayant 4 ou 500 hectares de vignes.

Il se trouve de nombreux critiques pour blâmer cette hâte de nos capitalistes à créer au delà de la Méditerranée des vignobles gigantesques. Est-il bien prudent de confier des millions, sans préparation, sans expérience, à cet arbuste fragile et capricieux? Ne serait-il pas moins téméraire et plus généreux de perfectionner simplement la culture arabe ou d'introduire en Tunisie des paysans français pour y pratiquer le régime du métayage? Dans ces reproches et dans ces conseils il peut y avoir quelque chose de fondé : l'entreprise est, certes, aléatoire. Mais ce n'est pas à la prudence, c'est à la recherche des gros bénéfices, qu'est dû le premier essor des établissements coloniaux. Il faut avertir nos compatriotes des risques; il faut les détourner de placer tous leurs capitaux dans des créations de vastes domaines; on doit surtout les dissuader de recourir au crédit;

---

(1) Nous avons sous les yeux le rapport fait au mois d'août 1886 par le délégué ministériel, **M.** Gastine, sur le vignoble tunisien. Il se composait approximativement de 2,140 hectares de vignes européennes et 1,328 hectares de vignes indigènes. Parmi les vignes européennes, un seul propriétaire en possédait 300 hectares, un autre 241 hectares sur deux domaines, un troisième 204 hectares, un quatrième 120 hectares, un cinquième 100 hectares, huit autres propriétaires avaient chacun entre 50 et 100 hectares de vignes; si l'on tient compte de la date récente de l'occupation française de la Tunisie, on voit que c'est la grande propriété viticole qui s'installe dans cette contrée. Presque toutes ces exploitations, à l'exception du domaine de l'Enfida, sont situées aux environs immédiats de Tunis ou dans la vallée de la Medjerda. A Zaghouan, aux environs de Sfax et de Khairouan on trouve aussi quelques vignobles européens. Les voies de communication, si rares, les empêchent de se disperser.

mais ceux qui ont une ample fortune, qui ne dépensent pas tout leur revenu, ceux-là, ceux-là seuls, peuvent aller de l'avant, selon la méthode américaine *go ahead*. Nous ne cherchons nullement à les entretenir dans des illusions sur le rendement probable de la vigne dans ces contrées. Qu'ils se reportent aux passages que nous avons consacrés plus haut (pages 112 et suivantes) aux conditions générales qu'offre l'Afrique à la production viticole, ils verront qu'on exagère généralement et les rendements et le prix de vente. Telle quelle, ramenée à la réalité, et si aléatoire qu'elle soit, la plantation de la vigne de l'autre côté de la Méditerranée reste une affaire pleine de promesses; en admettant que, faite en grand, elle constitue une aventure, c'est du moins une aventure qui, bien conduite, présente des chances sérieuses de grand succès. Les hommes riches qui colonisent avec leurs capitaux ne peuvent guère demander davantage.

Sans revenir, ce qui serait superflu, sur les renseignements que nous avons donnés plus haut au sujet des vignes algériennes, il est bon d'entrer dans quelques détails sur les conditions spéciales à la Tunisie relativement à cette culture. Quelques personnes se sont avisées de prétendre que l'Ancienne Régence de l'Est y était peu propice. Les antécédents historiques du pays, aussi bien que les conditions topographiques et climatériques, démentent une assertion aussi superficielle.

La Tunisie serait plutôt plus favorable que l'Algérie à la production du vin. Les terres y sont, d'ordinaire, plus profondes, les vallées plus ouvertes, les pluies plus abondantes, les vents moins desséchants. Écoutons le délégué ministériel, M. Gastine, dans son rapport du mois d'août 1886 (1) :

« De cette revue rapide, dit-il, se dégage un double fait. D'abord l'extrême abondance des terres propres à la cul-

---

(1) *Journal officiel tunisien*, 16 septembre 1886.

ture des vignes dans les meilleures conditions d'économie. Partout la charrue peut être employée, tant pour la préparation des terrains, leur défonçage, que pour la culture proprement dite. Les terres en coteau offrent des pentes douces, développées dans de longues vallées larges et ouvertes ; elles équivalent comme facilité de travail aux terres de plaine. C'est donc à bon droit que l'on a dit que la Tunisie offrait un milieu presque partout favorable à la création des vignobles. Jusqu'ici la colonisation s'est principalement portée sur les sols défrichés qui permettaient, à moins de frais, l'établissement des plantations ; mais dans les parties boisées de lentisques ou parsemées de jujubiers sauvages, que de belles positions à prendre au prix d'un surcroît d'effort ! Or, le défrichement de ces dernières terres est infiniment moins coûteux que celui de bien des coteaux péniblement mis en valeur en Algérie. Le lentisque et même le jujubier sont d'autre part des obstacles faibles, si on les compare au palmier nain des terres si fertiles de l'Oranais.... »

« En réalité, ajoute M. Gastine dans un autre passage de son rapport, la fructification de la vigne est abondante et précoce en Tunisie. Quant au climat, il serait plutôt de nature à faire concevoir des espérances que des craintes. La caractéristique peut se résumer en ces termes : pluies abondantes et régulières l'hiver, chaleurs et sécheresse l'été.....

« Les vignes établies sur des défoncements profonds, qui permettent aux terres de s'imprégner d'eau, soumises ensuite à des labours et à des binages fréquents, qui maintiennent la fraîcheur du sol et détruisent les végétations parasitaires, n'ont rien à craindre de la sécheresse. Ce qui le démontre, c'est la tenue des jeunes vignes, même pendant la saison la plus sèche et la plus chaude.

« On pourrait à plus juste titre inférer de ce climat sec d'été une moins facile propagation des parasites cryptogamiques, et en particulier du Péronospora. J'incline à penser que cette maladie cryptogamique, que je n'ai pu rencontrer en Tunisie, trouvera dans les vallées largement ouvertes du pays et parcourues par des vents secs un développement plus difficile que dans beaucoup d'autres régions. »

Ce qui est beaucoup plus concluant encore que les observations du récent délégué ministériel, c'est toute l'histoire. On ignore en général que si l'ancienne province romaine d'Afrique, qui est précisément la Tunisie, a été dénommée le grenier de Rome, elle en était aussi en partie la cave ou le cellier. Nous trouvons sur ce point, dans le précieux ouvrage de M. Ch. Tissot sur la *Province romaine d'Afrique*, des renseignements tellement précis qu'il nous paraît bon de les reproduire en mettant en note les textes latins auxquels ils se réfèrent (1). On en tirera des lumières pour les procédés de viticulture à suivre.

M. Tissot fait remarquer que la culture de la vigne, en Afrique, comme celle de l'olivier, date vraisemblablement des premières migrations orientales. Pline, en parlant des anciennes colonies phéniciennes de la côte occidentale de la Maurétanie, fait remarquer que les seuls vestiges qu'elles aient laissés étaient des plantations de vignes et de palmiers (2). Le cap Spartel portait dans l'antiquité le nom d'*Ampelusia* (3), le promontoire des vignes, traduction grecque du mot lybien *Cotes* que Strabon nous a transmis. Les monnaies d'une des plus anciennes colonies phéniciennes de cette contrée, Lix, portaient pour emblème une grappe de raisin.

---

(1) *Exploration scientifique de la Tunisie. Géographie comparée de l'ancienne province d'Afrique*, par Charles Tissot, ancien ambassadeur, membre de l'Institut, t. Ier. Géographie physique, géographie historique, chorographie, pages 302-305.
(2) Pline, V, I, 13.
(3) Mela, V : « Caput atque exordium est promontorium quod græci Ampelusiam, Afri aliter, sed idem significante vocabulo, appellant. »

Dans les éloges des anciens pour la vigne africaine il y a, sans doute, quelque exagération. Ainsi, d'après une tradition recueillie par Pausanias, la vigne en Maurétanie produisait sans culture; ceps et grappes y atteignaient des dimensions extraordinaires. Les vignes, qui formaient la moitié des vergers du territoire de Carthage, étaient également cultivées sur le littoral voisin de la Cyrénaïque, particulièrement à Tacape, où elles donnaient une double récolte (1), et aussi à Tripoli dont on estimait les crus. Les vins de la région syrtique s'exportaient.

Columelle cite le raisin de Numidie comme très renommé à cause de son rendement considérable. Nulle autre variété n'était plus agréable par sa fermeté, d'où lui venait le nom de *duracina* (2). « Pline raconte que les raisins de cette espèce, séchés à la fumée des forges d'Afrique, étaient fort appréciés à Rome, où l'empereur Tibère les avait mis à la mode (3). » Séchés au soleil, ils donnaient un vin liquoreux, *passum*, qui avait une certaine réputation; on le plaçait au second rang, immédiatement après celui que fournissait la Grèce (4). Palladius nous en a conservé la recette. « Les raisins desséchés au soleil étaient placés dans une corbeille de jonc tressée lâche. On les battait vigoureusement avec des baguettes, et lorsque les grains étaient rompus, on soumettait la corbeille à l'action du pressoir (5). »

Si ce qui précède n'a plus qu'un intérêt de curiosité, il

---

(1) Pline, XVIII, LI : « Super omnia est, biferam vitem bis anno vindemiare. »
(2) Pline, XIV, III : « Uva non aliubi gratior callo, ut inde possit invenisse nomen duracina. »
(3) Pline, XIV, III : « Aliis gratiam, qui et vinis, fumus affert fabrilis; iisque gloriam præcipuam in fornacibus Africæ, Tiberii Cæsaris auctoritas fecit. »
(4) Pline, XIV, XI : « Passum a Cretico Cilicium probatur et Africum, et in Italia, finitimisque provinciis. »
(5) Pallad., XI, XIX : « Passum nunc fiet ante vindemiam, quod Africa suevit universa conficere pingue atque jucundum, et quod ad conditum, si utaris mellis vice, ab inflatione te vindices. Leguntur ergo uvæ passæ quam plurimæ, etc. »

nous semble que ce qui suit peut influer sur la pratique actuelle de la culture de la vigne en Tunisie. Pline et Columelle nous ont conservé les procédés de viticulture dans cette région. « On évitait avant tout d'exposer les ceps au Midi. Magon recommandait de les planter du côté du Nord. *Les vignes en général n'étaient pas maintenues debout comme dans d'autres contrées ;* la violence du vent avait fait adopter la méthode qu'on emploie encore aujourd'hui au Maroc, dit M. Tissot. On laissait les vignes *ramper sur le sol comme des herbes,* pour nous servir de l'expression de Pline, et c'est à ce procédé qu'on attribuait le *développement extraordinaire que prenaient les grappes* (1). »

Les détails qui suivent peuvent encore intéresser : « Dans la méthode punique adoptée par les Romains, les fosses des vignobles étaient protégées par des pierres d'une grosseur moyenne disposées contre les parois et destinées à défendre les racines de la vigne contre les eaux de la saison des pluies et les chaleurs de l'été. Magon recommandait également, comme engrais, le marc mélangé au fumier. Il conseillait enfin de ne combler qu'à moitié, dès la fin de la première année, la fosse qui avait reçu les plantes : ce n'était que dans le cours des deux années suivantes qu'on la remplissait graduellement. Le printemps était l'époque préférée pour la taille. *On adoucissait l'âpreté du vin avec du plâtre, et, dans certains cantons, avec de la chaux* (2). »

---

(1) Voici divers textes à ce sujet : Pline, XVII, 11 : « In Africa meridiem vineas spectare, viti inutile, colono insalubrile est, quoniam ipsæ meridionæ subjacet plagæ. »

Columelle, III, xii : « Democrito et Magone laudentibus cœli plagam septentrionalem, quia existimunt ei subjectas feracissimas fieri vineas, quæ tamen bonitate vini superentur. »

Columelle, XIV, iii : « Vetant hoc aliubi venti : ut in Africa..... Excrescere ultra suos pollices prohibitæ, semperque pastinatis similes, *herbarum modo vagantur per orva,* ac succum terræ passim uvis bibunt, quæ ob id magnitudinem infantium puerorum in interiore Africæ parte exsuperant. »

(2) Pline, XIV, xxiv : « Africa gypso mitigat asperitatem, necnon aliquibus sui partibus calce. »

Voilà ce que nous a légué l'expérience antique : elle est décisive sur l'aptitude de la Tunisie à la viticulture. Elle recommande aussi divers procédés qui ont été consacrés dans le bas Languedoc, comme l'habitude de laisser les vignes ramper à terre et celle de mettre du plâtre dans les vendanges. Il est important de ne pas perdre de vue tous ces détails historiques. Ils montrent que les méthodes de culture de la vigne dans la province romaine d'Afrique ne différaient guère de celles que l'on suit aujourd'hui dans les départements de l'Hérault, de l'Aude ou des Pyrénées-Orientales. Ces renseignements sont précieux pour confondre les légions d'étourdis qui, ignorant le passé, ou bien affirment que la vigne ne peut pas réussir en Tunisie, ou qu'il faut employer pour sa culture toutes sortes de procédés qu'ils inventent ou qu'ils empruntent à l'Asie Mineure et aux îles de la mer Égée. La pratique de l'école de Montpellier nous reproduit presque exactement la vraie tradition de la vigne sous les Romains dans le nord de l'Afrique.

Le phylloxera, quand il surviendrait, ne serait pas un obstacle insurmontable, ni surtout définitif, à ce que la Tunisie reprît, après une quinzaine de siècles, son rang de contrée viticole; il y a, en effet, des accommodements avec le phylloxéra : les insecticides, et au pis aller, mais seulement au pis aller, les vignes américaines (1).

La Tunisie, pendant un certain temps, doit être surtout une colonie de capitaux ; elle ne se prête pas, dans les circonstances présentes du moins, à l'installation de petits propriétaires français. Un jour viendra sans doute, par le morcellement des grands domaines, où, quand la culture sera plus développée, mieux assurée, il sera possible de

(1) On a beaucoup discuté en Tunisie la question de savoir s'il faut autoriser l'introduction de plants américains. A notre avis, on doit, dans l'état actuel, absolument l'interdire ; c'est seulement trois ou quatre ans après l'arrivée du phylloxera, s'il est démontré que les insecticides ne suffisent pas à arrêter ou à entraver l'insecte, qu'on pourra recourir à ce pis aller.

faire une part, peut-être même une large part, aux petits propriétaires ruraux européens. Aujourd'hui ceux qui y viendraient seraient absolument désorientés, perdus au milieu d'indigènes, sans aucun appui, sans voisins, sans débouchés ; ils languiraient et bientôt auraient disparu.

Il n'existe pas dans l'ancienne régence de l'Est de ces centres artificiels, comme ceux que la colonisation officielle a créés de toutes pièces et avec un succès d'ailleurs médiocre et lent en Algérie. Quelques-unes des grandes compagnies foncières, celle de l'Enfida notamment, peuvent établir quelques villages de ce genre; mais il y faudra beaucoup de dépenses, et les résultats obtenus en Algérie par ce procédé sont trop peu tentants.

Le petit cultivateur aujourd'hui ne peut avoir d'emploi en Tunisie que comme salarié ou contremaître ; il faudra dix ou quinze ans pour que la petite propriété européenne, en dehors du moins des potagers de la banlieue des villes, puisse naître à l'état viable. Il est vraisemblable que pendant une longue série d'années, peut-être un demi-siècle ou davantage, notre possession de l'Est offrira un caractère tout différent de celui de sa grande voisine algérienne. L'avenir prochain qu'elle peut rêver, au point de vue du régime agricole, nous ne disons pas à celui de la main-d'œuvre, se rapproche du brillant passé des Antilles ; il en différera heureusement sous bien des rapports, mais ce sont les grandes et les moyennes exploitations qui seront le lot de la Tunisie pendant toute son enfance et son adolescence. La démocratie rurale s'y constituera plus tard graduellement et librement. Aujourd'hui les conditions sociales et techniques ne lui sont pas propices.

Deux types de propriétés semblent convenir surtout aux Européens dans cette contrée et pendant un certain temps: la première est la moyenne, qui peut se composer de 2 ou 300 hectares jusqu'à 7 ou 800, suivant la fécondité du sol et sa situation. A un prix qui varie entre 80 francs et 2 ou 300 francs l'hectare, on acquiert un domaine de ce genre, ce qui représente 50 à 100,000 francs de prix d'achat. Mais cette terre est en général brute et nue ; il la faut défricher en partie, défoncer, y construire des bâtiments, attendre enfin les récoltes. Un capital de 160,000 à 200,000 francs paraît indispensable pour faire œuvre qui vaille, soit comme vigneron, soit comme éleveur de bétail. Le colon de cette catégorie doit résider sur les lieux ; une exploitation de cette modeste étendue ne pourrait payer des frais de régie.

De jeunes Français actifs, entreprenants, durs au travail, qui s'installeraient en Tunisie dans les conditions que nous venons de dire, seraient presque assurés d'y accroître singulièrement leur avoir en douze ou quinze années : l'espoir de le tripler ou de le quadrupler ne semble pas exagéré. Nous ne parlons pas ici, bien entendu, d'amateurs et d'oisifs, qui regardent faire leurs ouvriers et encore seulement pendant quelques heures chaque jour, et qui croient que la tâche d'un propriétaire consiste uniquement à donner quelques ordres, à chasser et à recevoir. Il faut des caractères bien trempés et énergiques, qui se considèrent comme les premiers des travailleurs du domaine. On assure que quelques jeunes gens, appartenant à des familles de la riche bourgeoisie parisienne, se sont déjà établis en Tunisie avec le ferme propos de mener cette vie sérieuse et à la longue lucrative.

Le second type de propriété tunisienne, c'est la très grande, celle qui s'étend sur au moins 1 millier d'hectares et le plus souvent sur 3, 4, 5, 8 ou 10,000 hectares. Il y faut d'énormes capitaux : 1 million, 12 ou 1,500,000 francs. Pendant plusieurs années, quatre ou cinq au moins, ces très grandes dépenses ne rapportent aucun revenu. L'heure de la récolte sonne plus tard, mais celle-ci peut être très abondante. Il est désirable, presque indispensable, que ces capitaux appartiennent en propre à ceux qui en disposent : faire intervenir le crédit, du moins avant d'avoir obtenu des revenus considérables, dans une œuvre de colonisation, c'est courir à une ruine presque assurée. Quelle folie, d'ailleurs, d'emprunter pour faire des vignes ! Quelle témérité à la fois de la part de l'emprunteur et du prêteur ! Celui qui prête sur une vigne le quart seulement de sa valeur présente peut perdre la moitié de son argent si les fléaux naturels s'acharnent prématurément sur le vignoble hypothéqué. Il ne faut pas imiter certains vignerons algériens dont un document cité plus haut décrit la précaire situation. On nous écrivait, il y a quelques jours à peine, qu'on pourrait acheter en Tunisie, moyennant 400,000 francs ou peu s'en faut, un immense domaine ayant coûté plus de 1 million, mais que les propriétaires avaient eu le tort de créer en partie avec des emprunts.

Les colons tunisiens demandent l'établissement d'une banque d'État : cela pourra servir au commerce, et, à un degré ultérieur de développement, à l'agriculture elle-même. Mais nous ne saurions trop dissuader ceux qui veulent constituer sérieusement des domaines en Tunisie de recourir à l'emprunt. Le procédé le meilleur semble le suivant : il faut former de petites sociétés amicales entre personnes sérieusement riches qui n'ont besoin ni de tous leurs capitaux ni de tous leurs revenus. On réunit ainsi le million ou les 1,500,000 francs nécessaires ; l'on proscrit toute rétribution, tous frais de déplacement pour les administrateurs, l'on n'a aucuns frais généraux dans la métropole, l'un des associés servant de secrétaire gratuit : l'on court l'aventure, et l'on a la perspective de gains considérables si le bonheur a voulu qu'on mît la main sur un bon régisseur.

C'est là qu'est l'écueil. La grande propriété en France est tellement rare que ni la théorie, ni la pratique, ni les écoles, ni les exploitations n'ont formé une pépinière de régisseurs capables, d'hommes qui aient des connaissances, de l'expérience et du caractère. Les Allemands, même les Suisses, nous ont devancés sur ce point. C'est par des Suisses que sont en général gérées les grandes sucreries de Cuba : les vignobles tunisiens sont analogues à celles-ci.

Ce n'est pas une mince trouvaille que celle d'un homme ayant de l'instruction générale et une compétence spéciale, s'entendant à la culture, au bâtiment, à la comptabilité, un peu au commerce et surtout au maniement des hommes ; qui ait un caractère ferme et souple, prévoyant et entreprenant, qui sache tenir en main et diriger, sans les froisser et les faire fuir, cent ouvriers de nationalités diverses et de tempéraments opposés, qui maintienne tout ce monde en haleine, qui voie à la fois le détail et l'ensemble, qui à la patience et à la persévérance joigne l'entrain. Tout cela est nécessaire pour la grande colonisation dans les pays neufs. Nous avons des écoles en France qui forment d'excellents directeurs et contremaîtres d'usines ; nos écoles d'agriculture ont bien des mérites ; mais il leur faudra beaucoup d'efforts encore pour qu'elles produisent de futurs et bons directeurs d'entreprises coloniales agricoles ; il ne s'agit pas seulement pour cet objet d'orner l'esprit de certaines connaissances, il faut encore façonner le caractère, apprendre aux jeunes gens à la fois à obéir, à surveiller et à commander. La difficulté de rencontrer de bons régisseurs est et restera longtemps l'une des entraves de la colonisation française (1).

Capital, talent et travail, telle était la formule assez exacte

(1) Cette carrière de régisseur agricole n'existe pour ainsi dire pas, jusqu'ici, en France. On en a la preuve dans le classement de sortie de l'École d'agriculture de Montpellier. La moitié, sinon les trois quarts, des élèves diplômés et presque tous ceux qui occupent les premiers rangs sont des étrangers, Italiens, Roumains, Grecs, Espagnols, Autrichiens ou Égyptiens. En outre, même dans cette école qui est bien dirigée, il est beaucoup de connaissances pratiques auxquelles il semble que l'on n'attache pas assez de prix, la comptabilité par exemple.

où une école du commencement du siècle renfermait les éléments nécessaires à une production perfectionnée. Les deux premiers étant trouvés, le troisième ne fera pas défaut. Sans être très abondante en Tunisie, la main-d'œuvre n'y manque pas. A la condition que les capitalistes dispersent leurs propriétés sur toute l'étendue cultivable du pays et ne concentrent pas leurs efforts sur une zone limitée, ils pourront se procurer dans des conditions acceptables des travailleurs.

Les indigènes, soit Arabes, soit Kabyles, soit, ce qui est le cas habituel, mélange des uns et des autres, feront volontiers, pourvu qu'on les traite avec égard, les labeurs grossiers. Ils n'ont pas toutes les vertus, mais ils ne sont pas non plus la proie de tous les vices, comme quelques arabophobes le voudraient faire croire. On ne peut pas compter absolument sur leur assiduité; comme l'ouvrier parisien, quand ils ont travaillé quatre ou cinq jours par semaine, ils sont parfois enclins à tirer une bordée et à laisser le chantier ou la charrue. Au demeurant, ils sont de bons laboureurs, d'humeur assez docile quand on ne les violente pas; il ne faut point leur donner d'instruments trop perfectionnés, mais ils se servent convenablement de notre araire méridionale. J'en ai vu pour 3 piastres environ par jour ou même 2 piastres 1/2, 1 fr. 80 et 1 fr. 50, labourer les vignes d'une façon satisfaisante. On doit renoncer à se servir d'eux pour les travaux plus délicats, la taille par exemple, les soufrages et les applications des insecticides ou cryptogamicides divers auxquels on est aujourd'hui obligé de recourir chaque jour.

Pour ces tâches, qui demandent plus d'intelligence et plus de soin, l'on a le choix entre les Italiens, d'ordinaire des Siciliens, et les Français. Les Maltais, qui sont, comme on les a heureusement appelés, des Arabes chrétiens, ne louent pas en général leur bras pour la grande culture. Ils s'adonnent aux mille métiers des villes, se font voituriers, portefaix, ou bien encore maçons, entrepreneurs de bâtisses ou même maraîchers dans les banlieues des centres importants. Le Sicilien, au contraire, le vrai voisin de la Tunisie, qui y afflue et y affluera de plus en plus, est, au-dessus de l'Arabe, le vigneron habituel. On le paye, d'ordinaire, 2 fr. 75 à 3 francs par jour; il est laborieux, apprend assez vite, quand il l'ignore, la bonne culture; parfois insoumis, mais plus rarement que le Piémontais, il rend de précieux services aux colons.

A l'étage supérieur se présente le Français, Languedocien le plus souvent, arrivant de l'Hérault, du Gard ou de l'Aude; c'est à lui qu'échoient les fonctions de contremaître ou de chef d'équipe : il y apporte sa grande entente de la culture de la vigne, son habileté, son entrain, sa confiance illimitée en lui-même, son optimisme imperturbable : il a des défauts aussi, contre-partie de ses qualités; enfant un peu gâté par la prospérité éblouissante dont a joui si longtemps le midi méditerranéen, par les idées et les mœurs démocratiques qui y règnent, il est susceptible, altier et capricieux, bon garçon d'ailleurs et pouvant être aisément conduit quand on connaît sa nature et qu'on use d'un peu de flatterie à l'endroit de son chatouilleux amour-propre plutôt que de menaces et de raideur.

Le malheur du Français en Tunisie, comme partout, c'est qu'il coûte trop cher. On paye l'Arabe 1 fr. 50 à 1 fr. 80, le Sicilien environ 3 francs par journée de travail effective, le Français ne revient guère, déduction faite des jours non ouvrables, à moins de 4 francs, 4 fr. 50 ou même 5 francs. Les contremaîtres, naturellement, et chefs vignerons reviennent à plus. Arabes et Siciliens se trouvent sous la main; les uns sont indigènes de la contrée, les autres y immigrent spontanément; il faut, au contraire, dans la plupart des cas, faire venir les Français aux frais du propriétaire qui, le plus souvent, ne les connaît pas personnellement et se trouve, moralement du moins, engagé à les garder pendant un certain temps.

Ces circonstances font que l'on réduit considérablement le nombre des Français dans une exploitation : on en occupe huit ou dix contre deux ou trois fois plus de Siciliens et quatre ou cinq fois plus d'Arabes. Il faut donc nous attendre à ce que l'élément italien conserve la supériorité numérique en Tunisie. Ce n'est pas là un signe avant-coureur de catastrophes : si nous nous y prenons avec habileté, il n'en résultera pour nous aucun danger sérieux. Nous nous sommes bien assimilé les Alsaciens d'origine germanique ; nous pourrons aussi, par l'éducation et la langue, peu à peu rapprocher de nous la population d'origine italienne, qui n'atteindra jamais en nombre la population indigène et qui, d'ailleurs, est indispensable à notre œuvre colonisatrice (1).

Après la vigne viendront l'oranger, le citronnier, les cultures maraîchères ; mais il y faut plus de temps ; ce ne sont plus là des cultures que l'on puisse en quelque sorte improviser. Les orangeries exigent beaucoup d'eau, beaucoup de capital et beaucoup de temps : ce n'est guère qu'au bout de huit à dix ans qu'elles sont en production ; et, tout compte fait, elles ont coûté alors entre 6 et 8,000 francs l'hectare si l'on tient compte de tous les intérêts et de tous

(1) Le gouvernement ne doit négliger aucun moyen d'influence sur la population italienne en Tunisie. Or, au moment où nous écrivons, la commission du budget vient de réduire les crédits pour l'entretien du clergé français dans nos possessions d'Afrique. On ne peut imaginer de plus antipatriotique ineptie. Le fanatisme de Louis XIV empêcha les protestants français de se porter vers nos colonies d'Amérique. Le fanatisme, tout aussi sectaire et beaucoup moins excusable de nos députés, compromet la prépondérance française dans nos colonies africaines. Si nous voulons — et c'est pour nous une question de conservation — nous assimiler les colons espagnols en Algérie et les colons italiens en Tunisie, il faut entretenir, dans ces deux contrées, un clergé français nombreux et actif.

les frais; il est vrai qu'elles peuvent rapporter annuellement 3,000 à 4,000 francs. Mais on voit que ce ne peut être là une culture principale; c'est un précieux et tardif accessoire.

Il n'en est pas de même de l'olivier, qui semble avoir en Tunisie son pays d'élection. On y trouve de ces arbres qui sont énormes et qui ont parfois une centaine d'années; partout il y pullule à l'état sauvage, souvent rabougri par la dent incessante des chèvres. Les Romains parlaient d'oliviers africains qui produisaient 1,000 litres d'huile et qui, par cette raison, avaient reçu le nom de milliaires. Cette affirmation est de l'écrivain ancien Magon, cité par Pline, que reproduit à son tour M. Tissot : « In Africa vero milliarias vocari multas narrant a pondere olei quod ferant annuo proventu (1). » Ces oliviers étaient, d'ailleurs, plantés à de grandes distances les uns des autres, 75 pieds en tout sens, ou du moins 45 dans les sols maigres. Un autre auteur latin raconte qu'un aqueduc portait à Zerzis, port de la ville de Zitha, l'énorme quantité d'huile que produisait la banlieue de cette cité.

L'olivier, il est vrai, ne donne pas de grands produits pécuniaires. Nos méridionaux français, fascinés par la prospérité dont les avait comblés la vigne, dédaignent cet arbre utile. En Tunisie, avec les énormes espaces dont on dispose pour les capitaux et la main-d'œuvre qu'on peut employer, avec aussi une dépense inférieure de cueillette, l'olivier peut tenir une place importante dans notre agriculture coloniale et lui constituer un auxiliaire qu'on aurait tort de mépriser; il en est de même de l'amandier.

Une exploitation qui débute avec de séduisantes promesses de succès, c'est celle des dattiers. Il faut pousser dans le désert aux environs de Gabès pour tenter cette branche de production. La compagnie de M. de Lesseps, en poursuivant cette

---

(1) Tissot, *La province romaine d'Afrique*, p. 285.

chimère de mer intérieure africaine, c'est-à-dire de la création de marais dans le genre de ceux qui infectent les départements de l'Aude et de l'Hérault, aura mis par hasard la main sur une véritable source de richesses : en fonçant des puits artésiens on a fait jaillir des eaux abondantes qui atteignent, dit-on, l'énorme débit de 300 mètres cubes à l'heure. Ce sera une des fois, moins rares qu'on ne croit, où en courant après l'ombre on aura trouvé et saisi la proie.

Il ne tient qu'à nous de reproduire dans le sud tunisien l'œuvre remarquable à laquelle nous nous sommes livrés avec succès dans le sud-est algérien. On a vu plus haut (page 147) quel nombre considérable de puits artésiens nous avons percés dans l'Oued Rhir. Un savant russe, M. de Tchihatchef, a rendu, il y a quatre ou cinq ans, un éclatant hommage au talent de nos ingénieurs qui ont ainsi fait jaillir les eaux souterraines sur presque tout le long parcours d'El-Kantara à Touggourt et même à Ouargla. Après avoir, au grand ébahissement et au grand profit des indigènes, multiplié les puits dans cette région, nous nous sommes avisés que nous pourrions en tirer quelques bénéfices pour nous-mêmes. L'idée de planter des dattiers est devenue familière aux colons algériens entreprenants. Le dattier n'a pas à l'heure actuelle d'ennemi connu, comme le phylloxéra. Il rapporte brut en moyenne 4 ou 5 francs par arbre, sur lesquels il semble que les deux tiers représentent un revenu net ; mais il faut s'armer d'une plus longue patience encore pour le palmier que pour la vigne, car il s'écoule huit à dix années avant la période de production.

Il est vrai que cette exploitation peut fournir autre chose que des dattes : on a souvent cité la description faite par Pline le Jeune de l'oasis de Tacape et citée par M. Tissot dans sa *Géographie comparée de la province romaine d'Afrique* : « Là, sous un palmier très élevé, croît un olivier, sous l'olivier un figuier, sous le figuier un grenadier, sous le grenadier la vigne ; sous la vigne on sème du blé, puis des légumes, puis des herbes potagères, tous dans la même année, tous s'élevant à l'ombre les uns des autres. » Il y a certes quelque redondance méridionale dans cette peinture de l'écrivain antique ; le palmier-dattier permet des cultures intercalaires qui viennent ajouter au produit ; mais il est assez difficile d'en découvrir qui soient très rémunératrices : les eaux des puits artésiens ne sont pas en général de très bonne qualité ; en outre le sol des oasis est ordinairement salé. On peut produire sous les dattiers du blé et de l'orge, de la luzerne aussi ; mais cela est d'un prix de vente modique ; on a essayé du poivre rouge ; il est encore incertain si les légumes cultivés comme primeurs y seraient assez tendres ; on pense aussi à la vigne, tout au moins pour les raisins secs ; on est donc encore loin de pouvoir réaliser les merveilles décrites par Pline ; toutefois, avec le temps et l'étude, il est probable que l'on trouvera pour les plantations de palmiers des cultures intercalaires qui ajouteront dans une proportion appréciable au revenu. Le sud tunisien pour les transports est, par la proximité de la mer, plus favorablement placé que le sud-est algérien.

A la vigne, à l'olivier, au palmier, à l'élève du bétail, aux plantes potagères, au chêne-liège, faut-il joindre ou préférer d'autres branches de production ? Ces cultures, — du moins plusieurs d'entre elles, les plus rémunératrices, — sont aléatoires sans doute ; mais, dans ce temps où les capitaux ne rapportent que 3 1/2 à 4 p. 100 en fonds d'Etat ou en obligations de premier ordre, ne peut-on se lancer dans des entreprises où les gains peuvent être considérables et où la perte, si l'on ne recourt pas au crédit, ne peut jamais être que partielle ? Quelques personnes, cependant, appréhendent ces aventures ; mais où en serait le monde si l'on n'avait jamais rien aventuré ?

Il faut, toutefois, se souvenir que la Tunisie a été dénommée le grenier de Rome et qu'il y aurait, par conséquent, un défaut de mémoire à n'attacher aucune importance, dans la production tunisienne, aux céréales. Si avilis que soient les prix des grains — et il n'est pas prouvé que cet avilissement doive être progressif ou même qu'il soit définitif, — la culture peut encore, du moins comme auxiliaire et sous un certain mode, en être rémunératrice dans les pays où les espaces sont énormes, la terre peu coûteuse et la main-d'œuvre rudimentaire à bon marché.

On nous permettra peut-être de donner ici quelques détails sur la vieille réputation de la Tunisie dans le monde antique. Sous la république romaine, il y avait trois provinces désignées sous le nom de « provinces frumentaires : » la Sicile, la Sardaigne et l'Afrique carthaginoise (Zeugitane et Byzacène). C'étaient elles trois qui fournissaient à l'*annone* tous ses approvisionnements. Sous Auguste, aux trois anciennes provinces frumentaires on adjoignit l'Égypte. L'*annone*, qui provenait de dîmes perçues sur les propriétaires de ces contrées, montait alors à 27,375,000 *modii*, ce que l'on traduit par 2,396,000 hectolitres, environ la moitié de l'approvisionnement total de Rome : la Sicile cessa, sous les successeurs d'Auguste, d'être soumise à l'annone, et l'on ne tira bientôt plus de la Sardaigne que de faibles ressources. L'Égypte et l'Afrique carthaginoise restèrent donc les deux provinces nourricières de Rome ; l'on évalue que sous les Flaviens l'Égypte fournissait un tiers de l'annone et l'Afrique les deux autres tiers (1). C'est la proportion indiquée par Josèphe, et qui ne paraît pas inadmissible, puisque les terres cultivables d'Égypte étaient évaluées à 2,750,000 hectares, et celles de la Zeugitane et de la Byzacène à près de 8 millions d'hectares.

(1) H. Pigeonneau, *L'annone romaine et les corps de naviculaires*, extrait de la *Revue de l'Afrique française*, pp. 6 et 7.

D'après le plus sérieux auteur romain, Varron, le blé donnait 100 pour 1 dans la province proconsulaire d'Afrique. Quelques écrivains anciens, Pline entre autres, disent même que dans la Byzacène, littoral de la Tunisie, le rendement atteignait 150 pour 1 et même au delà; il fait, il est vrai, cette prudente réserve : *vix credibile dictu*. Nous voulons admettre que ces assertions tiennent de la légende, mais ce qui est incontestable, c'est que les anciens plaçaient, pour la production du froment, la province romaine d'Afrique avant la Sicile, l'Égypte et la Bétique.

Cependant les procédés de culture paraissent correspondre presque exactement à ceux d'aujourd'hui. La charrue n'a pas changé. Cette expression de Varron : *in Africa ad Byzacium, item ex modio nasci centum*, ne semble pouvoir être prise que dans un sens approximatif, quoiqu'on trouve dans Pline et les autres écrivains latins des assertions concordantes ou même encore plus brillantes. La terre étant plus peuplée était, il est vrai, beaucoup plus fumée qu'actuellement (1).

On ne doit donc pas renoncer à la culture du blé et des autres céréales, l'orge, le seigle, le maïs, en Tunisie. Il est probable, cependant, que, pour en tirer un revenu rémunérateur, la meilleure organisation actuelle consiste à se servir des indigènes comme métayers. En leur faisant des avances, en leur donnant des instruments de travail un peu plus perfectionnés, la charrue en fer au lieu de celle en bois, en les éduquant graduellement, sans prétendre transformer complètement et immédiatement leurs cultures, il est probable que l'on obtiendra des résultats avantageux. Les indigènes louent déjà volontiers, moyennant 100 à 120 francs, l'étendue de terres appelée *mechia* qui correspond à ce qu'une charrue peut cultiver et qui, d'ordinaire, embrasse

---

(1) Tissot, *Géographie comparée de la province romaine d'Afrique*, pp. 305 et suivantes.

une dixaine d'hectares, mais il s'agit ici naturellement de terres défrichées. Le métayage, sous une attentive surveillance et une intelligente direction, paraît devoir donner des produits plus considérables.

Il suffit de citer un exemple algérien, celui de la *Compagnie génevoise des colonies suisses de Sétif*, dont nous avons sous les yeux le trente-sixième rapport annuel. Sur une surface de 15,677 hectares, dont 14,744 lui appartiennent en propre et 933 représentent sa part dans les terrains de parcours indivis, cette Compagnie entretenait une population européenne de 307 âmes au 31 décembre 1885 et une population indigène de 3,181 âmes, ce qui ne laisse pas que d'être assez considérable, représentant plus de 20 habitants par kilomètre carré ; or, il s'agit ici des hauts plateaux et d'une population toute rurale. On avait loué à prix d'argent aux indigènes près de la moitié du territoire, soit 7,875 hectares, pour un prix total de 111,737 francs, donnant une moyenne de 14 fr. 19 par hectare. Les prix les plus élevés atteignaient 41 fr. et 38 fr., le premier pour un groupe de 114 hectares près du village, le second pour un autre groupe de 262 hectares. Les prix de location les plus bas tombaient à 5 fr. 52. Mais les métayages fournissaient davantage : 6,606 hectares étaient sous ce mode d'exploitation en 1885 et avaient produit à la Compagnie 177,673 francs, soit 26 fr. 89 en moyenne par hectare. Le rendement le plus élevé des métayages était de 62 fr. 83 pour un lot de 6 hectares, et de 37 fr. 53 pour un lot de 474 hectares ; le rendement le plus bas ne descendait pas au-dessous de 16 fr. 04 par hectare.

Le montant des fermages et des métayages réunis atteignait ainsi 289,411 fr., ou une moyenne de 19 fr. 98 par hectare, représentant 5,79 p. 100 du capital de la Compagnie. Avec diverses autres ressources, notamment des gains sur marchandises en magasin, on arrivait à un total de bénéfice de 337,476 francs, dont il fallait défalquer 122,000 fr.

de frais généraux et d'impôts, ce qui fait ressortir le bénéfice vraiment net à 215,000 fr. ou 4,30 p. 100 du capital engagé. Cette rémunération est, sans doute, modique ; elle reste cependant supérieure à celle de la généralité des terres en France. On peut dire, en outre, qu'un capital de 5 millions de francs pour ces 15,000 hectares ne peut s'expliquer que par des majorations d'apport ou par des dépenses très exagérées au début de la Société qui, pendant sa période d'enfance, avait été très mal conduite. Au lieu de 5 millions, le capital aurait dû ne s'élever qu'à 2 millions et demi ou 3 millions, de sorte que le revenu aurait atteint 7 à 8 p. 100. En second lieu, l'année 1885 était une mauvaise année. Si l'on prend la moyenne du revenu annuel pour la période 1876 à 1885, on voit qu'il atteint 377,093 fr. 69, soit plus de 22 fr. l'hectare et qu'il dépasse de 88,000 fr. celui du dernier exercice. Ainsi, même avec son capital surabondant de 5 millions de francs, la Compagnie genevoise de Sétif a recueilli, dans les dix dernières années, un revenu de 5 1/2 à 6 p. 100 environ. Si son capital était resté dans les limites où il eût dû se tenir, le revenu moyen n'eût pas dû être inférieur à 8 ou 10 p. 100.

C'est surtout avec le concours des indigènes que la Société obtient ces résultats ; car pour toute la période qui s'écoule de 1854 à 1885, les fermiers et les métayers européens lui ont versé 1,374,000 francs seulement, tandis que les fermiers et les métayers indigènes lui ont payé 6,763,000 francs.

Les frais généraux s'expliquent tant par les dépenses de bureau, d'entretien, de contribution, de fontaines, de plantations, etc., que par le personnel de contrôle et de surveillance qu'il faut maintenir. Ce personnel se compose de deux employés à Genève, un directeur, un caissier comptable, un secrétaire interprète en Algérie, trois intendants agricoles, au traitement de 6,000 fr. pour le directeur et de 3,000 fr. pour les cinq autres employés qui le suivent, un magasinier, un comptable adjoint, deux palefreniers, quatorze gardes champêtres européens, dont les émoluments varient, suivant leur ancienneté, de 1,230 francs à 1,470, enfin quinze gardes champêtres indigènes, dont les émoluments également suivent l'ancienneté de leurs services, et vont de 420 fr. à 480. Nous entrons dans ces détails précis, parce qu'ils peuvent servir de guides pour la constitution d'une grande exploitation fondée sur l'affermage ou le métayage avec les indigènes.

Ce n'est pas qu'il nous paraisse désirable, dans une contrée comme la Tunisie qui offre bien plus de ressources que le plateau de Sétif, placé à 1,000 mètres d'élévation, de se borner purement et simplement à la direction et à la commandite d'une culture arabe; mais dans toute grande propriété de 2, 3 ou 4,000 hectares, il est bon qu'une partie du sol, celle que les propriétaires ne peuvent pas directement utiliser pour les cultures perfectionnées, soit placée sous un régime analogue à celui que la Société de Sétif est parvenue à si bien organiser. La combinaison dans un même vaste domaine de la culture directe européenne et de la culture indigène, sous la surveillance et avec la commandite des propriétaires européens, nous paraît le mode d'exploitation du sol qui, pendant longtemps, répondra le mieux aux conditions agricoles et sociales de la Tunisie.

Un écrivain original et à idées absolues, M. Pascal, dans de récentes et intéressantes études, a condamné très vivement toute culture par les procédés européens et a fait un tableau des résultats de la culture arabe, beaucoup plus séduisant encore que celui qui résulte de l'expérience de la Société de Sétif. D'après lui, sur une terre de 2,000 hectares, dont la valeur serait de 100,000 francs tout au plus, avec un capital d'exploitation de 120,000 francs au maximum, un propriétaire européen, commanditant des métayers indigènes, est assuré au minimum d'obtenir 15,000 francs de revenu net par les céréales et 10,000 francs par le croît du bétail, ce qui lui ferait plus de 11 p. 100 de revenu net régulier. Il va même jusqu'à parler de revenus beaucoup plus considérables, atteignant 20 ou 30 p. 100. L'entreprise, dans ces conditions, serait tentante. M. Pascal entre dans de grands détails pour justifier ses conclusions; nous n'avons pas le loisir de l'y suivre. Il est loin de notre pensée de détourner qui que ce soit de se faire simple directeur et commanditaire de culture indigène. Cependant, les calculs de M. Pascal nous paraissent exagérés, et le succès que l'on pourra atteindre dans certains cas ne nous semble pas universellement assuré.

En premier lieu, on ne trouve plus guère à acheter à 50 fr. l'hectare de terre dans une situation convenable, près des routes et des marchés; il faut au moins augmenter ce chiffre de moitié, ou le doubler, sinon même aller encore au delà. Puis, un lot de 2,000 hectares de terres ne peut pas être tout entier utilisé, même par la culture arabe; la moitié au moins, souvent les trois quarts, sont couverts de lentisques, de jujubiers, de romarins, et il les faut défricher, ce qui coûte cher. Il y a plus de constructions à élever que M. Pascal n'en suppose. Ensuite les travailleurs indigènes, colons partiaires, que l'on appelle des khammès, et qui abandonnent au propriétaire les quatre cinquièmes de la récolte, sont des débiteurs insolvables dont il a fallu acheter la dette, en général 3 ou 400 francs par tête. Il faut être sur les lieux, ou avoir un représentant sûr, pour faire le partage des récoltes. En outre, ces métayers se livrent souvent à la maraude, et il est bon de les surveiller, mais alors parfois ils se froissent et quittent le domaine en se faisant racheter par un propriétaire moins vigilant. Quand on a un grand nombre de ces khammès, une centaine par exemple — et il est difficile d'en rassembler autant — il faut un nombreux personnel de contrôle dans le genre de celui qu'emploie la Société de Sétif. La

culture arabe est certainement susceptible d'être améliorée
et dirigée par des Européens ; les indications de M. Pascal
sont utiles et pourront parfois être suivies; mais ici, comme
ailleurs, le succès sera variable et dependra de la valeur du
gérant ou du propriétaire dirigeant. Il nous paraît, en définitive, toujours préférable de pratiquer à la fois sur un grand
domaine la culture européenne sur la partie la plus petite,
mais la meilleure des terres, et la culture indigène sur le
restant.

Les modes d'emploi des terres sont donc variés en
Tunisie. L'achat en était jusqu'ici difficile, soumis à de
grandes incertitudes. La propriété privée, soit individuelle,
soit familiale, est fréquente ; mais il est fort malaisé, dans
beaucoup de cas, de connaître le vrai propriétaire, ainsi
que les limites exactes des domaines. Il arrivait que plusieurs personnes étaient possesseurs de titres pour une
même propriété. Il fallait passer par l'intermédiaire de notaires arabes, dont quelques-uns, non tous, sont honnêtes
et habiles ; puis on restait justiciable des tribunaux musulmans, ayant un caractère religieux et jugeant sans publicité.
Il résultait de ces circonstances fâcheuses que la propriété
avait un caractère précaire, que l'Européen était exposé à
des évictions, tout au moins à de fréquentes contestations.

M. Cambon a eu le mérite, entre beaucoup d'autres, de
faire rédiger une loi immobilière très perfectionnée, imitée
du célèbre *act Torrens* australien. Il est remarquable que les
principaux personnages religieux, le cheik ul-islam, le cadi
hanefi et le bach mufti-maleki aient collaboré à cette
réforme, ce qui n'est pas une des moindres preuves de
l'esprit progressif des Arabes tunisiens. On crée une méthode
sommaire et simple de constatation, d'enregistrement et
de conservation de la propriété. Un délai est donné à ceux
qui prétendent des droits pour les faire valoir, et, passé ce
délai, aucune revendication réelle ne peut être soulevée.

C'est la création d'un grand livre terrien que la France enviera à la Tunisie. Les divers droits de préemption, nombreux dans la loi musulmane, sont abolis. En outre, on peut acquérir en jouissance perpétuelle, moyennant une redevance appelée *enzel*, les biens *habous* ou de mainmorte, qui sont nombreux dans la régence et qui appartiennent à des mosquées, à des écoles ou à des fondations philanthropiques.

Cette transformation des biens de main-morte en simples rentes foncières perpétuelles livrera graduellement des espaces énormes aux Européens. Avec 3, 4 ou 5,000 fr. de redevance annuelle on peut, dans beaucoup de cas, avoir la disposition de domaines de 1,000, 2,000 ou 3,000 hectares, généralement, il est vrai, embroussaillés et aux neuf dixièmes incultes. Pendant que la terre manque aux colons en Algérie, elle foisonne pour les capitalistes en Tunisie.

La loi immobilière vient d'être promulguée ; elle entre en application ; elle mettra les Européens à même d'acheter en toute sécurité des terres dans l'ancienne régence. Cependant, jusqu'ici il lui reste un grand défaut, c'est qu'elle entraîne pour celui qui veut y recourir des frais considérables. Il est à notre connaissance que pour un domaine d'environ 3,000 hectares, acheté 250,000 francs, et dont les propriétaires demandaient l'immatriculation, l'administration a commencé par faire verser comme simple acompte plus de 7,500 piastres ou de 4,500 francs. On retombe ainsi d'une façon détournée dans les énormes droits d'enregistrement français. Aussi au mois d'avril 1887, le nombre des propriétaires européens qui ont recouru à la loi immobilière est-il tout à fait infime. On s'occupe de diminuer les tarifs, c'est indispensable. Quand on les aura réduits de moitié ou des trois quarts, la loi sera devenue pratique, et rien ne s'opposera plus à l'achat de nombreuses propriétés par des Européens en Tunisie.

CHAPITRE V

L'ADMINISTRATION ET LE RÉGIME DU PROTECTORAT

Rôle de l'administration en Tunisie. — Sécurité complète du pays. — Faible effectif du corps d'occupation.
   Le régime du protectorat. — Excellente et prudente conduite du premier résident français, M. Cambon. — Les obstacles à notre action en Tunisie.
   Insuffisance du traité du Bardo : il ne définit aucunement les pouvoirs de l'administration française. — Situation équivoque de nos représentants au début de l'occupation. — Double vasselage de la Tunisie vis-à-vis des puissances étrangères.
   La Commission financière internationale. — Heureuse conversion de la dette tunisienne. — Recouvrement de la liberté fiscale.
   Les capitulations. — La juridiction consulaire. — La Réforme judiciaire.
   Rattachement de la Tunisie au ministère des affaires étrangères. — Fixation des pouvoirs du résident général. — Le bey et les hauts fonctionnaires tunisiens. — Les linéaments du protectorat ne sont fixés qu'en 1884.
   Les contrôleurs civils. — Leurs attributions. — Les caïds et leurs khalifats.
   La magistrature nouvelle. — La justice indigène : le *chara*, l'*ouchara*. — Nécessité d'une grande prudence pour l'application de nos lois à la population musulmane. — Utilité de tribunaux mixtes. — Des nouveaux tribunaux et des nouvelles justices de paix.
   Les municipalités. — Leur organisation et leur fonctionnement. — Leurs ressources. — Danger de les trop étendre. — Circonspection à apporter dans les essais de règlementation administrative. — Les budgets municipaux.
   Utilité d'une subordination très sévère des pouvoirs des diverses autorités françaises. — Exemples d'indiscipline de la part des chefs de l'armée et de la justice.
   L'instruction publique en Tunisie. — Heureux essor de l'enseignement français. — La Tunisie est, sous ce rapport, dans une meilleure voie que l'Algérie. — Les collèges Sadiki et Allaoui.
   Les travaux publics. — La topographie rend ces œuvres plus faciles dans notre nouvelle possession africaine que dans la plus ancienne. — Les anciennes pistes arabes tenant lieu de routes. — Les chemins de fer. — Les routes. — Les ports. — Ceux de la Goulette, Tunis et Bizerte. — Inconvénient d'éparpiller les crédits. — Les dépenses d'eaux et d'égouts. — Effectif du personnel des ponts et chaussées en Tunisie.

Pour que se développent les nombreux éléments de richesse de notre nouvelle possession africaine, il est nécessaire que l'administration y collabore. Il ne peut s'agir ici d'une intrusion dans les affaires de l'agriculture et de l'industrie ; les faveurs, les subventions, la direction administrative, dont nous avons tant usé ailleurs, seraient des aides décevantes. L'administration doit à une colonie naissante un concours plus limité, mieux défini, mais cependant effectif.

La première et la plus essentielle de ses attributions, c'est de garantir la sécurité. Sur ce point, on ne lui peut adresser aucun reproche. On est plus à l'abri d'attaques contre les personnes ou contre les biens dans les rues et dans la banlieue de Tunis que dans la banlieue et dans les rues de Paris. Même dans les campagnes éloignées, un Européen ne court aucun danger.

Cette situation satisfaisante ne tient pas au nombre de troupes que nous entretenons dans l'ancienne régence : nous nous sommes un peu trop pressés de le réduire ; les garnisons sont faibles et très espacées ; l'extrême sud n'est pas garni. Les dix ou douze mille hommes du corps d'occupation forment un effectif bien restreint. On entretiendrait 3 ou 4,000 hommes de plus dans notre colonie, que ce serait une mesure de prudence, non pas pour les nécessités de la période de paix, mais pour les éventualités que peut comporter l'état incertain de l'Europe.

La profonde sécurité dont on jouit actuellement en Tunisie vient de ce que la population indigène ne se sent pas froissée dans ses habitudes ni dans ses droits. Le régime du protectorat est plus souple et plus acceptable à tous que celui de l'annexion tel qu'on l'entend en France. Le maintien du bey et de nombreux fonctionnaires musulmans, qui sont nos intermédiaires, satisfait à la fois l'amour-propre des Arabes, et le besoin de places qu'éprouvent en tout pays la classe élevée et la classe moyenne. En Algérie, nous avons nécessairement indisposé ces deux classes parce que nous ne leur faisons, du moins en territoire civil, aucune part dans l'administration. Il faudra avec le temps changer ce système. A Tunis, nous sommes plus habiles.

Les administrateurs français, un peu comme les résidents hollandais à Java, sont des tuteurs discrets, des conseillers pleins d'autorité, mais qui ne se montrent pas jaloux de l'apparence du pouvoir. Nous avons eu la fortune, qui nous est rarement échue en ce siècle, de mettre la main, pour fonder notre protectorat en Tunisie, sur un homme qui unit les qualités les plus précieuses : *instruction et intelligence, tact et fermeté, entrain et persévérance.* On l'a attaqué et calomnié. Les esprits superficiels se livrent à des critiques sans portée ou à des impatiences enfantines. Il faut défendre notre premier résident général, M. Cambon; l'histoire lui rendra justice.

Notre ancienne administration coloniale a compté des administrateurs d'un haut mérite dont le gouvernement métropolitain n'a pas su seconder les grandes qualités : Dupleix, Malouet, l'intendant Poivre, d'autres encore. Les petits esprits, qui croient qu'un empire ou un État s'établit en une demi-douzaine d'années, se sont toujours ligués contre ces administrateurs aux vastes pensées et aux longs desseins. N'est-ce donc rien que d'avoir maintenu depuis 1881 une paix inaltérée en Tunisie, d'avoir permis à l'élément français de s'y infiltrer, d'avoir placé les finances dans une situation telle qu'il n'est pas un seul État européen, notamment la France, qui ne pût les envier; d'avoir substitué aux capitulations une justice française, d'avoir inauguré et conduit à un certain degré de développement ce que, à notre honte, nous n'avons pas encore fait, après plus d'un demi-siècle de possession de l'Algérie : l'enseignement français parmi les indigènes ? Tout cela n'est-il rien en cinq années ?

Devant les misérables chicanes que l'on adresse à l'administration française en Tunisie, on est saisi de pitié pour la légèreté de ceux qui s'y livrent. En vérité, M. Cambon, pour sa défense, n'aurait qu'à rappeler les cinquante années de guerre presque ininterrompue en Algérie, les révoltes ou les frémissements fréquents dans le sud oranais et dans l'Aurès, l'énorme effectif militaire des trois départements franco-africains en face du chiffre réduit de nos troupes en Tunisie; il pourrait mettre en comparaison les milliards dépensés dans notre première possession africaine et l'absence presque complète de tout sacrifice du budget français dans la seconde. Il lui serait loisible encore de faire passer devant ses piètres accusateurs et le Tonkin, et l'Annam, et le Cambodge; il y pourrait joindre, s'il le voulait, les combats incessants ou les alertes que les Anglais sont obligés de subir soit en Égypte, soit en Birmanie; les efforts que la Hollande renouvelle depuis dix années sur la terre d'Atchin; l'état précaire des Italiens à Massouah : alors il n'aurait plus qu'à montrer la Tunisie paisible, s'imprégnant, graduellement il est vrai, mais sensiblement, de l'esprit français, se pénétrant, jusqu'au fond de ses tribus, de plus en plus de notre influence ; et quel serait l'étourdi qui oserait encore l'accuser soit de tiédeur, soit de maladresse, soit d'insuccès? L'habile premier résident général, qui a été appelé trop tôt à l'ambassade de Madrid, a bien mérité de son pays; il a fait une œuvre; son successeur n'a qu'à la développer avec la même prudence et dans le même esprit.

Une colonie qui ne fait pas trop parler d'elle et qui ne coûte quasi rien, c'est déjà, dans ce temps d'aventures maussades, un spectacle réconfortant.

Comme l'a excellemment écrit un auteur anonyme qui paraît avoir été un des collaborateurs du premier résident général pendant les premières années de son administration : « Quand M. Cambon arriva à Tunis, le 2 avril 1882, à bord de l'*Hirondelle*, accompagné pour tout personnel de deux secrétaires d'ambassade, il n'apportait aucun plan arrêté, dicté de Paris à l'avance, imposé ou préconçu, mais il comptait à juste titre sur lui-même et sur l'entière confiance du gouvernement » (1). Le traité du Bardo était tout à fait informe; il ne contenait rien de net et de précis. On ne savait quels étaient nos droits : c'était à nous de les définir et de les fixer. La Tunisie restait garrottée dans des liens nombreux que tenaient et que serraient les puissances étrangères; elle n'avait ni des finances à elle ni une justice à elle. La Commission financière internationale, où des représentants italiens et des représentants anglais se rencontraient avec les représentants de la France, était seule maîtresse de tous les revenus un peu liquides et facilement recouvrables, ceux des douanes notamment. Les capitulations, la justice des consuls, ne laissaient au bey et à son associé ou son protecteur, la France, aucune influence positive sur les jugements, soit en matière civile, soit en matière pénale où des Européens étaient engagés. Le régime commercial de la Régence était asservi, il l'est malheureusement encore, aux traités conclus sans détermination de durée avec les puissances qui sont nos rivales politiques. La Tunisie était donc une terre où nous tenions garnison, mais dont toute l'Europe, et surtout l'Angleterre et l'Italie, au même titre que nous, conservait la tutelle légale.

Le traité du Bardo nous faisait dans l'ancienne Régence une position beaucoup plus ambiguë et équivoque que celle qu'avaient prise hautement l'Autriche-Hongrie en Bosnie et en Herzégovine et l'Angleterre à Chypre. Nous avions eu le tort, dans les circulaires ministérielles, au moment de l'occupation, de trop nous engager à respecter l'état de choses existant. Nos chambres, en outre, étaient médiocrement fa-

(1) *Revue des Deux Mondes*, du 17 février 1887.

vorables à notre nouvelle conquête ; une partie de l'opinion publique s'y montrait même très hostile : la France était déterminée à ne rien dépenser et à ne risquer aucune querelle pour l'organisation de sa nouvelle possession.

Il fallait une main singulièrement ferme et souple pour délier tous les nœuds qui entravaient notre action dans la Régence, et pour transformer en une véritable colonie ce qui n'était encore et menaçait de rester toujours une simple dépendance.

On devait d'abord faire cesser le vasselage à l'égard de l'étranger qui pesait sur notre conquête. Deux réformes s'imposaient et demandaient du temps, puisqu'on redoutait les complications européennes : la suppression de la Commission financière internationale et l'abolition des tribunaux consulaires ; ces deux institutions sur une terre où flottait notre drapeau étaient pour lui des affronts.

La Commission financière internationale était le châtiment que l'Europe avait imposé à la Tunisie pour les dépenses imprudentes ou folles des beys Achmet et Mohammet et Saddock. Ces prodigues et ces naïfs, car chez tous ces Orientaux tentés incessamment par les spéculateurs et les hommes d'affaires européens, la naïveté et l'inexpérience se mêlent à la prodigalité, avaient eu la maladresse de contracter pour environ 350 millions de francs de dettes soit réelles soit nominales. Ils ne pouvaient ni en payer le capital ni en rembourser l'intérêt. Ces sommes, immenses pour un si petit pays, avaient été dépensées en gaspillages, et la plus grande partie même en était restée dans les mains des prêteurs. Après un contrôle impartial, on réduisit cette dette à 125 millions et l'intérêt à 5 p. 100 : ce fut ce que l'on appela la dette générale du gouvernement tunisien. A partir du 23 mars 1870, certains revenus, les plus clairs, les plus faciles à percevoir, furent affectés au service de cette dette et furent confiés à une administration internationale où se trouvaient un délégué français, un délégué anglais, un délégué italien. Les revenus dits réservés atteignaient rarement les 6,250,000 francs nécessaires pour payer les intérêts de la dette générale. Le bey devait alors, par un prélèvement sur ses autres revenus restés libres, parfaire le déficit. Mais comme ces revenus dits libres étaient insuffisants pour les dépenses de l'administration intérieure, les créanciers recevaient ordinairement un intérêt de 3, 3 1/2 ou 4 p. 100, au lieu de celui de 5 p. 100 qui leur avait été promis. Quand, dans une année exceptionnelle, les revenus réservés dépassaient l'intérêt de la dette, l'excédent n'était pas versé au trésor beylical; on l'affectait à l'amortissement.

Sous ce régime, les créanciers, ceux qui avaient été de bonne foi, du moins, les souscripteurs aux emprunts contractés en Europe, étaient donc malheureux, puisqu'ils ne touchaient qu'une partie de l'intérêt qui leur avait été promis. Le bey ou du moins son gouvernement n'était pas moins à plaindre, parce qu'il n'avait que des ressources insuffisantes et il empruntait de nouveau à 10 ou 12 p. 100, sinon plus, sur gages de propriétés ou de bijoux, sur promesse de concessions ou de monopoles, et il s'appauvrissait davantage. Des améliorations reconnues indispensables étaient impossibles dans l'organisation des impôts, parce qu'on ne pouvait toucher à un seul de ceux qui étaient réservés sans l'agrément de la Commission internationale financière. Celle-ci semblait donc destinée à durer longtemps et à entraver notre prise de possession réelle de l'administration de la Régence. Le délégué anglais et le délégué italien bravaient impunément l'autorité française.

Un moyen simple existait de délivrer la Tunisie de cette servitude : c'était de garantir au nom de la France la dette tunisienne et de la convertir. Dès la première heure, dans notre journal l'*Economiste français*, nous nous mîmes à demander avec persévérance cette mesure de sauve-garde, toute patriotique et inoffensive pour notre budget. Le parlement français y avait peu d'inclination. Les partis politiques, surtout dans les questions qui ne leur paraissent pas d'importance vitale, voient leur intérêt particulier d'abord et ne mettent la patrie qu'au second rang. Les journaux d'opposition répandaient toutes sortes de bruits de spéculations illicites et de « tripotages » qui effrayaient les ministres pusillanimes et les députés crédules. Il fallut près de trois années pour obtenir que la France garantît la dette tunisienne, quoique des circonstances heureuses, la faveur des saisons et l'amélioration des moyens de recouvrer l'impôt, eussent mis les finances beylicales plus au large et vinssent donner l'assurance que la garantie ne serait pas effective et constituerait seulement un précieux appui moral.

Enfin, en 1884, on triompha, non sans peine, des scrupules du Parlement. La loi de conversion et de garantie des finances tunisiennes fut votée. La dette du gouvernement beylical, depuis l'origine de la Commission financière internationale en 1870, s'était accrue de 17 millions, de sorte que le montant s'en élevait à 142 millions. On offrit aux porteurs de titres 5 p. 100 de nouvelles obligations 4 p. 100 garanties par la France et émises au cours de 462, ce qui leur faisait rapporter environ 4 1/2 p. 100 nets de tout impôt. L'avantage pour les créanciers était évident : l'échange des titres s'opéra avec la plus parfaite aisance; du mois de juin au mois d'octobre, les opérations, soit de conversion soit de remboursement, furent terminées. La nouvelle dette ne faisait peser sur la Régence qu'une charge annuelle de 6,307,000 francs qui ne dépassait pas ses forces et qui représentait une économie de 1 million et demi sur les sommes que le trésor payait auparavant pour la dette générale et la dette flottante. Le 13 octobre 1884 la nouvelle organisation financière de la Régence fut inaugurée. L'ancienne Commission internationale et, avec elle, l'une des formes du vasselage de la Tunisie vis-à-vis des puissances étrangères avait disparu ; il y avait juste trois ans et demi que nos troupes étaient entrées dans la Régence.

Un autre fait prouve combien nous avons été lents à prendre l'habitude de considérer la Tunisie comme une colonie française ; pendant près d'un an, à partir de cette émancipation que sanctionnait l'abolition de la Commission financière, les documents officiels, notamment le *Bulletin de statistique et de législation comparée*, publié par notre ministère des finances, ont continué à classer les renseignements relatifs à la Tunisie sous la rubrique de *Pays étrangers*. Au mois de mai 1885, c'est encore sous ce titre que figurent dans cette publication les recettes budgétaires de la Tunisie ; après que, à différentes reprises, nous eûmes attaqué dans la presse cette sorte d'indécence de ranger la Tunisie parmi les pays étrangers à la France, on s'est décidé, dans la livraison de juillet 1885 pour la première fois, à classer dans le *Bulletin officiel de statistique* les informations relatives à la Tunisie sous la rubrique France, colonies et pays de protectorat. Mais, même encore au moment où nous écrivons (juin 1887), six ans après que nous avons pris possession du sol tunisien, la cote officielle de la Bourse de Paris classe les obligations tunisiennes parmi les titres des gouvernements étrangers.

Quand notre pays a mis tant d'années à avoir conscience que la Tunisie était pour la France autre chose qu'une terre étrangère, il n'est pas étonnant que l'on n'ait pu aisément débroussailler le sol de toutes les ronces exotiques qui l'encombraient. La seconde institution qui constituait pour l'ancienne Régence une sorte de vasselage à l'égard des diverses puissances européennes, c'était la juridiction consulaire.

En cette matière, le traité du Bardo n'avait rien réformé. Sous la protection des baïonnettes françaises, le régime turc, c'est-à-dire le syndicat de toutes les puissances dont les principales étaient nos adversaires ou nos rivales, continuait à dominer la justice.

Gardes, janissaires, prisons particulières, droits d'asile, les consuls européens conservaient tous ces instruments de puissance ou de perturbation. La justice du bey et celle de la France expiraient au seuil de leurs demeures. Au milieu du faible État tunisien, vingt États jaloux et arrogants se disputaient la protection des gens d'affaires véreux, des vagabonds de toute nature, même des voleurs et des bandits. Les consuls généraux étrangers avaient à côté d'eux, parfois plus ou moins indociles à leur action, les consuls-juges, dont la spécialité, quand ils avaient de l'ambition et qu'ils n'étaient pas des gens d'humeur très droite et très pacifique, consistait à multiplier le nombre de leurs protégés parmi les races sans nationalité définie et à susciter des affaires au gouvernement du bey.

En dehors de cette justice consulaire, pour les débats en matière immobilière, les tribunaux indigènes, jugeant d'après le droit musulman, étaient seuls compétents. Quelques observateurs bienveillants accordent des éloges à la loyauté de certains de leurs membres; mais il était permis de se défier de leurs lumières, de leur impartialité et de la source même où ils puisaient leurs décisions, le Coran.

Il est inutile de faire ici une revue rétrospective de tous les abus qui résultaient de ces justices bigarrées et concurrentes, des affronts impunis dont fut parfois l'objet le drapeau français et des voies de fait dont nos soldats attaqués ne pouvaient obtenir une suffisante réparation.

La réforme judiciaire, encore incomplète, devança de quelques mois l'abolition de la Commission financière internationale. Il n'est que juste de dire que l'Allemagne était la première entrée dans la voie d'une entente à ce sujet avec la France; dès le mois d'avril 1882, un an juste après notre établissement en Tunisie, elle avait envoyé dans ce pays, comme consul général, un célèbre voyageur africain, Nachtigall, en lui donnant pour instruction formelle de se concerter avec le représentant de la France. Les autres États, sauf deux, se déclarèrent, dès la première heure, disposés à renoncer à leur organisation judiciaire le jour où nous aurions institué des tribunaux français. Il restait deux puissances à gagner, l'Angleterre et l'Italie; il y fallut plus de temps. M. Waddington, dans un moment où nos relations avec la Grande-Bretagne étaient moins tendues qu'aujourd'hui, obtint la suppression du tribunal consulaire anglais. Le lendemain du jour où fut publiée la décision du cabinet britannique, le 31 décembre 1883, le cabinet italien fit le même abandon. Il fallut, toutefois, acheter cette renonciation par des garanties et des privilèges; il fallut notamment promettre de n'appliquer la peine de mort à aucun Italien.

Devançant l'acquiescement de l'Angleterre et de l'Italie, une loi du 27 mars 1883 avait institué à Tunis un tribunal français de première instance et six justices de paix : à Tunis, la Goulette, Bizerte, Sousse, Sfax et le Khef; dix-huit mois environ après cette création, au 1er août 1884, tous les tribunaux consulaires avaient cessé d'exister.

Les deux formes de la suzeraineté collective de l'Europe sur la Tunisie avaient disparu. Il fallait y organiser la suzeraineté française. Notre représentant était resté jusque-là sans attribution bien fixe et sans titre officiel qui indiquât d'une façon générale l'étendue de ses pouvoirs. C'est un décret du 23 juin 1885 seulement qui lui conféra le titre de résident général, en stipulant qu'il continuerait à dépendre du ministère des affaires étrangères où une direction spéciale, celle des protectorats, avait été créée. Quoiqu'il puisse sembler étrange qu'une colonie soit rattachée à un département ministériel dont la formule n'embrasse que les affaires étrangères, il nous paraît que cette combinaison, paradoxale en apparence, a de bons effets au fond et qu'il est désirable qu'elle dure au moins un certain temps. Le ministère du quai d'Orsay est le seul, en effet, qui soit presque soustrait à l'action dissolvante et corruptrice des députés et des politiciens de la métropole. Pour la fondation d'un établissement colonial qui demande de l'esprit de vérité, une certaine hauteur de vue, l'intervention des politiciens de métier et de leurs deux catégories de protégés, les fonctionnaires faméliques et les hommes d'affaires avides, constituent un danger redoutable. On est parvenu à l'éviter.

Après divers tâtonnements, les pouvoirs du résident général ont été mieux délimités qu'au début. Il a seul le droit de correspondre avec le gouvernement français à l'exception des questions qui peuvent avoir, comme pour la guerre, les travaux publics ou l'instruction publique, un caractère technique. Cette exception, qui est, en soi, nécessaire, ne laisse pas que de risquer de conduire à des conflits entre nos principaux fonctionnaires dans la Régence; il faut veiller à ce qu'aucune tendance de ce genre ne se manifeste. C'est le résident général qui est nominalement et qui doit rester effectivement le dépositaire des pouvoirs de la France. Il a sous ses ordres les commandants des troupes de terre et de mer et tous les services administratifs. Cette concentration est indispensable pour le bon ordre; on ne saurait la laisser compromettre.

En même temps que nous émancipions la Tunisie à l'égard de l'étranger, il fallait que nous prissions, à l'égard du bey, une autorité dont les lignes et les limites n'avaient même pas été vaguement indiquées par le traité du Bardo. L'armée tunisienne et la maison du bey appelaient d'abord l'attention. On ne devait pas tout supprimer, et réduire le bey à un état d'absolu isolement qui ne lui eût même plus permis de demeurer un personnage de parade. On devait élaguer résolument tout ce qui pouvait nuire à notre action et à notre contrôle ; d'autre part, il fallait éviter tout reproche de lésinerie.

On laissa subsister, par courtoisie, le ministère de la guerre tunisien, mais il n'eut plus à payer de solde qu'à onze officiers d'infanterie indigène, un commandant de la garde, cinq officiers de cavalerie, six officiers d'artillerie pour les salves honorifiques, et trois chefs de musique. Soldats et cadres coûtent 120,000 francs par an et maintiennent au bey un commandement qui le console de la réduction de ses pouvoirs.

La maison beylicale dut être réduite ; la mort de Mohammet et Saddok nous donna l'occasion de faire accepter par son successeur des conditions plus précises. Le 8 juin 1883, un nouvel acte solennel vint étendre les clauses du traité du Bardo. La cour fut réduite à quelques généraux qui n'ont jamais manié ni le fusil ni l'épée, à des colonels et des commandants de même acabit. La liste civile d'Ali-Bey fut ramenée de 1,200,000 francs à 900,000 ; on ne saurait descendre au-dessous sans risquer de compromettre non seulement les bonnes intentions du bey à notre égard, mais sa dignité même et son influence sur ses sujets. Sa présence, sa soumission, sa signature sont à bas prix pour 900,000 francs par année, et nous économisent une somme bien plus importante en garnisons, en fonctionnaires, en répression d'émeutes ou en prévention de troubles. Tous les princes et toutes les princesses de la famille du bey, c'est-à-dire non seulement son entourage dévoué, mais ses successeurs éventuels dont la compétition possible le maintient dans le devoir et dans la docilité, se partagent ensemble 700,000 francs par an. Pour des pays aux habitudes orientales tous ces chiffres sont très modestes. Il y aurait beaucoup d'imprudence à les vouloir réduire. Un peuple civilisé qui veut gouverner un peuple barbare doit savoir faire quelques sacrifices d'argent.

On comprend par ce qui précède que les années 1882, 1883 et 1884, marquées surtout par l'émancipation graduelle de la puissance française à l'égard des divers peuples européens et du bey lui-même, furent des années de tâtonnements. On fixa les premiers linéaments qui peu à peu se sont développés. On créa la méthode que maintenant l'on applique. Entrons dans l'examen rapide de ce procédé de gouvernement qu'on appelle le protectorat.

Rien de plus simple et de plus pratique que notre organisation tunisienne. Notre résident général, comme un maire du palais sous les mérovingiens, gouverne auprès et sous le nom du bey, auquel on laisse la pompe extérieure. Deux ministres indigènes, l'un dit premier ministre, l'autre ministre de la justice et de la plume, assistent le bey et dirigent les caïds ou gouverneurs. Les ministères réels, effectifs, ceux dont part l'impulsion, sont dans des mains françaises. Le général commandant le corps de troupes est le vrai ministre de la guerre ; les directeurs des finances, des travaux publics, de l'enseignement, sont des Français expérimentés qui ont foi dans leur œuvre. Le secrétaire général du gouvernement beylical est un Français, secrétaire d'ambassade.

Dans les provinces, on a institué, par un décret présidentiel du 4 octobre 1884, des contrôleurs civils qui exercent auprès des autorités indigènes les mêmes fonctions de direction et de conseil dont est investi auprès du bey le résident général. Au lieu de procéder avec notre esprit géométrique, qui, d'ordinaire, nous a induits en tant d'erreurs, et de diviser immédiatement le pays en un grand nombre de circonscriptions administratives françaises, nous avons suivi la méthode expérimentale et graduelle. Nous n'avons eu d'abord que six fonctionnaires civils installés au Khef, à La Goulette, à Nebeul, à Sousse, à Sfax et à Gafsa. On en augmente peu à peu le nombre, suivant les ressources du budget et aussi les ressources en hommes. C'est ainsi qu'en

1886 et 1887 on a établi huit nouveaux contrôleurs civils à Tunis, Kairouan, Souk-el-Arba, Beja, Bizerte, Makter, Tozeur et Djerba. Par contre, on a supprimé le poste de Gafsa. La Tunisie ayant l'inappréciable avantage de ne pas posséder de représentants au parlement français, on n'est pas assujetti, pour les choix, aux recommandations parlementaires et au principe nouveau de l'épuration à outrance ou de la rotation des offices, maux qui sévissent dans la métropole et y auront bientôt tout désorganisé. On prend des hommes capables, connaissant bien l'arabe; on leur donne un rayon étendu. Quand la Tunisie possédera une ou deux douzaines de plus de bons contrôleurs civils, elle sera suffisamment gouvernée.

Il ne faut pas, en effet, qu'elle devienne une colonie de fonctionnaires. C'est dans les pays neufs qu'on doit essayer la simplicité des rouages administratifs.

Les attributions de ces contrôleurs civils ne sont pas encore bien définies, et il n'est pas très nécessaire qu'elles le soient rigoureusement. On doit s'écarter autant que possible de la bureaucratie paperassière qui sévit sur le continent. Il est bon de laisser à des agents de choix une certaine liberté avec une grande responsabilité.

Les contrôleurs sont en première ligne nos représentants auprès des autorités indigènes. Celles-ci se composent d'abord des *Caïds*, assistés de leurs lieutenants ou *Khalifats*. Ils ont la charge du maintien de l'ordre et de la perception de certains impôts. Naguère le recouvrement des taxes était la partie la plus active, la plus délicate en principe, parfois la plus indélicate en fait, de leurs fonctions. La taxation chez les peuples primitifs échappe difficilement à deux défauts, l'arbitraire et l'incertitude. Depuis que nous sommes les les maîtres de la Régence, nous avons peu à peu introduit dans le service des impôts intérieurs nos méthodes de régularité et de fixité. Les administrés ne sont plus exposés à payer deux fois, ni le gouvernement à voir s'échapper, dans le chemin entre le contribuable et le Trésor, la moitié ou les deux tiers des impositions. On a établi en Tunisie l'usage des registres à souche où les cotes sont inscrites ; les caïds doivent s'y tenir, y faire les mentions prescrites, délivrer aux indigènes les reçus. Les exactions deviennent ainsi presque impossibles.

La situation des caïds et de leurs khalifats n'est pas, cependant, fort aggravée par l'impossibilité de rapiner. Autrefois, il leur fallait, en fait sinon en principe, acheter leurs charges du gouvernement, c'est-à-dire des favoris : à ceux-ci revenait la grosse part des exactions. C'est ainsi qu'en une vingtaine d'années, trois ou quatre ministres ont pu, tout en vivant dans un prodigieux gaspillage, s'amasser chacun des fortunes de 15 ou 20 millions de francs, sinon davantage.

Les caïds et les khalifats, qui ne sont plus désignés que sur la proposition de notre résident, pillent moins ou même ne pillent plus, mais n'ayant à acheter la complicité d'aucun supérieur, s'ils perdent matériellement à cette transformation, c'est peu de chose ; avec des avantages matériels plus réduits ils jouissent de plus de considération et de sécurité.

Au-dessous des caïds et sous leur surveillance se trouvent les cheïcks, chefs de village ou de fractions de tribus : leurs fonctions variées, élastiques, déterminées souvent par la coutume, répondent à celles d'un maire patriarcal. On leur reproche de ne pas tenir de registres de l'état civil, et on cherche à introduire dans l'administration indigène cette coutume européenne. Pourvu qu'on y procède avec beaucoup de ménagements, par la voie de la persuasion, on y arrivera peut-être. On a ouvert dans les principaux centres de population des registres facultatifs; les hautes classes tunisiennes qui ont, en général, quelque goût pour notre civilisation, commencent à y venir faire inscrire spontanément les actes principaux de leur vie.

Dans une administration dont les contours sont si indécis et si ondoyants, nos contrôleurs civils ont une tâche médiocrement délimitée et dont l'heureux accomplissement dépend surtout de leur caractère. Ils ne doivent pas administrer par eux-mêmes, mais observer, renseigner, conseiller. Sur les services européens et à l'égard de la population européenne leurs attributions peuvent être mieux fixées. C'est ainsi qu'ils ont reçu, par délégation du président de la république, les fonctions consulaires ; ils remplissent donc le rôle d'officiers de l'état civil, même de notaires ; dans les cercles où le juge de paix est trop éloigné, ils jouissent des attributions de ce magistrat.

Nous ne cachons pas que nous trouvons excellents, surtout pendant la période d'enfance et d'adolescence de la colonie, ces procédés d'administration. Un système qui naît graduellement, avec peu d'organes, qui les étend peu à peu lentement, puis les subdivise, qui n'arrive qu'au bout d'assez longtemps à pratiquer la grande division des fonctions et leur étroite subordination nous paraît le système naturel. Il en est des peuples primitifs et des contrées nouvelles comme de ces animaux qui sont au terme inférieur ou au terme moyen de la série : ils n'ont pas besoin, pour leur vie un peu rudimentaire, pour leur croissance qui est spontanée, de toute cette diversité d'organes sans lesquels un vieux peuple ne peut vivre ou croirait ne pouvoir pas vivre.

En nous servant des cheïcks, des caïds et des cadis, en leur laissant une autorité réelle, en les entourant de considération, nous nous épargnons bien des embarras, et nous travaillerons plus efficacement que par des procédés violents à la *francisation* du pays.

La justice tend à se franciser de plus en plus. La loi du

27 mars 1883 a institué un tribunal de première instance à Tunis et six justices de paix, à Tunis, la Goulette, Bizerte, Sousse, Sfax et le Khef. Au mois d'avril 1883, le vaisseau de guerre *le Hussard* débarqua à la Goulette tout un lot de magistrats français, 60 à la fois, juges de toutes catégories et auxiliaires, venant pour la plupart d'Algérie. Cette organisation rudimentaire doit s'étendre avec le temps. Deux ou trois autres tribunaux civils pourront être établis quand la colonisation se sera plus développée, et les justices de paix pourront avec le temps être doublées ou triplées. Une loi de juillet 1886 a augmenté le nombre des postes; on a créé, par exemple, d'autres justices de paix à Aïn Draham, Gabès, Nebeul, Gafsa. Au printemps de 1887, le nouveau résident général se propose de demander, ce qui serait utile, la création d'une Cour d'appel à Tunis, pour faire briser le lien de dépendance qui unit le tribunal tunisien à la Cour d'Alger. L'éloignement de ces deux villes, situées à 200 lieues l'une de l'autre, rend d'ailleurs absurde que la seconde soit sous la juridiction de la première. Quant aux autres créations judiciaires, il n'est nul besoin d'agir avec emportement : c'est une maladie française de croire qu'une organisation doit surgir complète, tout armée, définitive, du cerveau du législateur. Au point de vue de la compétence, les tribunaux français prononcent sur toutes les affaires qui concernent les Français ou les étrangers, et ont juridiction même sur les indigènes en matière mobilière ou commerciale lorsqu'un Européen est en cause. Malheureusement les transactions immobilières leur échappaient, et les Européens attaqués par des musulmans pour des actions réelles devaient aller devant des tribunaux indigènes : cet état de choses était intolérable; la nouvelle loi immobilière va l'améliorer.

Comme dans tous les pays musulmans, la loi civile n'est qu'une application, une traduction plus ou moins exacte de la loi religieuse, le Coran. Mais en Tunisie il y a deux rites, l'un qui vient des Turcs et qui est connu sous le nom de *hanefi*, l'autre qui est indigène et que l'on appelle *maleki*. C'est celui-ci le plus répandu; on l'applique seul dans les provinces. Les deux rites ne semblent pas avoir l'un pour l'autre l'hostilité irrémédiable qui anime entre elles les différentes confessions chrétiennes. Un témoin officiel et oculaire raconte qu'il a été par faveur admis à une séance des deux tribunaux, l'*hanefi* et le *maleki*, siégeant dans la même pièce, simplement en se tournant le dos. Les juges lui firent une impression favorable (1). Les Arabes tunisiens ont si peu de fanatisme et tant de cordialité !

Le *chara* est le tribunal suprême ; les principales villes de province ont aussi leur *chara* qui peut être regardé comme subordonné par un lien mal défini au *chara* de Tunis. Les tribus n'ont que des cadis. A côté du *chara* qui est le tribunal de la loi religieuse dans toute sa rigueur, l'ingéniosité administrative a constitué graduellement une autre juridiction, l'*ouzara*, qui n'est autre que le ministère, du mot *ouzir* (ministre), et qui remplit un rôle analogue à celui de la justice prétorienne sous les Romains, corrigeant par la coutume ce que la loi religieuse peut avoir de trop inflexible ou de trop inapplicable.

Le ministère public, l'acusation et la poursuite faites au nom de la société, n'existent pas chez les indigènes. C'est la famille qui se charge de dénoncer l'offenseur, de lui faire même la chasse, et de le punir soit dans sa personne, soit dans celle de ses descendants. La *vendetta*, renforcée et relevée d'une ténacité et d'une férocité africaines, règne chez les Arabes comme chez tous les peuples primitifs. Notre juridiction n'est pas parvenue à supprimer ces abus; elle n'y a pas encore complètement réussi en Corse après 118 ans de domination chez un peuple européen et chrétien. L'observateur officiel dont nous citions plus haut quelques remarques raconte le fait curieux d'un ancien notaire indigène qui, en 1870, s'était emparé des biens d'un de ses collègues après l'avoir tué. Il parvint à se réfugier dans un de ces asiles que la religion rend sacrés, il y resta seize ans sans en sortir. La famille de la victime monta la garde sans se relâcher pendant ces seize années ; enfin un jour le malheureux, ayant un instant mis le pied dans la rue, fut saisi par ceux qui l'épiaient, et le bey, malgré tous ses efforts, ne put éviter que les parents de l'assassiné d'il y avait seize ans ne l'exécutassent.

Ces coutumes sont tristes ; il serait téméraire de les heurter de front. Le temps seul, l'éducation, un changement de l'esprit public les feront complètement disparaître. L'idée de détruire par décret la justice arabe, les lois ou les coutumes arabes, serait une des plus malencontreuses que l'on pût avoir. Tout au plus pourrons-nous, comme nous l'avons déjà fait en Algérie, mais avec plus de prudence encore, étendre par la persuasion l'action de nos juges et de nos tribunaux en rendant leur juridiction facultative aux indigènes, quand toutes les parties sont d'accord pour s'y soumettre.

Il serait bon, d'ailleurs, que notre organisation judiciaire française, en se transportant en Tunisie laissât quelque chose du bagage encombrant qui l'alourdit dans la métropole. Nos tribunaux, à plus forte raison, notre Cour, doivent y compter moins de magistrats. On a demandé que l'on fît l'expérience du juge unique. Tout au moins convient-il de ne jamais avoir plus de trois magistrats dans chaque chambre. Les formalités doivent être élaguées et les délais amoindris. Au criminel, le tribunal juge avec l'aide d'assesseurs tirés au sort sur une liste de notables. Les cas de contravention et même les délits qui ne comportent pas plus de 500 francs d'amende et six mois de prison relèvent des juges de paix. On a sagement confié à ces magistrats du premier degré une compétence étendue, laquelle consiste à juger en dernier ressort en matière civile jusqu'à 500 francs et en premier ressort jusqu'à 1,000. Peut-être même cette limite est-elle encore trop bas.

Le dualisme coûteux des avocats et des avoués est remplacé par l'organisation unique des *défenseurs*, système que l'on a emprunté à l'Algérie, qui le tenait d'un décret de 1841. Les tribunaux appliquent la loi française, sauf à tenir compte, à l'égard des étrangers, des lois sous l'empire desquelles ont été contractées leurs diverses obligations : ils font respecter aussi les lois de police et de sûreté locales ainsi que les lois beylicales qui, conformément au décret présidentiel de novembre 1884, ont été, pour la promulgation et l'exécution, revêtues du visa de notre résident.

On ne peut rien reprocher à cette organisation assez simple : sauf l'augmentation du nombre des postes, elle suffit à l'état présent du pays. Le point le plus important était d'émanciper les Européens pour les transactions immobilières de la juridiction du « chara. » On semble y être parvenu en créant des précédents. A peine constitués, nos magistrats ont eu à se prononcer sur des différends entre le gouvernement ou l'administration des biens de mainmorte (*wakoufs*), et les anciens favoris des beys, Hamida ben Ayad, protégé anglais, neveu du général Mahmoud ben Ayad, et d'autre part Mustapha ben Ismaïl. Remarque triste à faire, les premiers personnages politiques français, notamment le président de la Chambre des députés, vinrent se faire les avocats à Tunis des revendications de ces intrigants corrompus et repus, ben Ayad et Mustapha, contre le gouvernement du bey qu'ils avaient dépouillé, c'est-à-dire en définitive contre la France qui en fait, sinon nominalement, est substituée au bey. Ces hautes influences politiques, mises ainsi par cupidité pécuniaire au service de favoris concessionnaires, empêchèrent, dans une certaine mesure, la justice de suivre librement son cours ; néanmoins, on procéda par voie de transaction, et dans des décisions prises d'un commun accord en mars 1887 entre le gouvernement du bey, l'administration des Wakoufs, Mustapha ben Ismaïl et une société immobilière française à laquelle celui-ci avait cédé ses droits, il fut reconnu en principe que les contestations immobilières où des Européens sont intéressés devront être portées désormais, non devant le *chara*, mais devant les tribunaux français. Ce précédent a la plus grande importance ; on peut se demander même si ainsi conçue la réforme n'irait pas trop loin.

Pour juger les différends entre indigènes et Français l'équité et la politique conseilleraient plutôt une juridiction mixte dont on a, d'ailleurs, déjà fait l'épreuve, mais sans une organisation suffisamment précise. Un Français qui, depuis trois ans, se trouve placé comme directeur à la tête d'une des principales exploitations agricoles de la Tunisie, nous écrit à ce sujet les lignes qui suivent : « On parle de
« modifications à l'organisation judiciaire, proposées par la
« Commission immobilière, et on assure qu'elle prône la
« suppression du tribunal mixte et la compétence du tribu-
« nal civil pour les affaires de délimitation de propriété.
« Cette mesure qui enthousiasme tous les colons me
« paraîtrait nuisible aussi bien à leurs intérêts propres qu'à
« ceux de la colonisation. En effet, le tribunal mixte, com-
« posé de trois Français et de deux indigènes et d'un minis-
« tère public français, donne des garanties suffisantes d'é-
« quité et, constitué dans son état actuel, il est déjà saisi de
« délimitations de propriétés appartenant à des indigènes.
« Que chaque race ait sa magistrature et ce commencement
« de fusion, si favorable à la colonisation, cessera ; les justi-
« ciables de la première instance, au lieu d'obtenir du tri-
« bunal mixte un jugement sans appel, seront toujours me-
« nacés par leurs adversaires arabes, pour lesquels le temps
« n'a pas de valeur, d'une course devant la Cour d'appel

« d'Alger, qui est plus inaccessible aux Tunisiens que Mar-
« seille. »

Ces paroles sont remarquablement judicieuses ; on créerait, comme il est désirable, une Cour d'appel à Tunis, qu'elles ne perdraient rien de leur portée. Entre Européens et indigènes la juridiction mixte est seule équitable, et en ayant soin que dans cette juridiction l'élément numérique prédominant soit l'élément français, on a aussi avantagé nos nationaux qu'il est possible de le faire sans injustice. La suppression des tribunaux mixtes serait une grosse faute : elle donnerait aux indigènes des griefs qu'un jour ou l'autre ils feraient valoir ; loin de servir la cause de la colonisation et de la pacification, elle l'entraverait.

Les magistrats français composant nos juridictions dans l'ancienne régence furent pendant les premières années payés sur le budget français. On a très sagement rejeté cette charge sur le budget tunisien à laquelle elle incombe naturellement. Je fus personnellement, en 1885, très vivement attaqué par l'organe du président du tribunal de Tunis, parce qu'on m'attribuait cette idée raisonnable de faire rétribuer par le budget tunisien nos magistrats établis dans notre nouvelle conquête. Le changement s'est effectué sans inconvénient, et sans porter aucune atteinte à la dignité et à l'autorité de ces fonctionnaires. Le traitement du personnel judiciaire pour l'exercice 1887 est porté au budget beylical pour la somme de 314,000 francs. Si nous développons, ce qui est naturel, cette organisation il y faudra mettre du temps et de la mesure. Les organes de la justice n'ont pas besoin d'être très multipliés dans un pays où les justiciables européens sont peu nombreux. Ils doivent suivre le peuplement européen, non le précéder.

L'administration centrale avec ses agents régionaux ou de districts, la magistrature, ces rouages parurent incomplets à notre libéralisme. On a voulu instituer dans les centres de quelque importance des administrations locales, des municipalités. Tunis, avant notre occupation, avait déjà un conseil urbain, mais qui ne se composait que de musulmans, au nombre de 25. Un décret d'octobre 1883 en a renouvelé les bases. Il comprend désormais un président, 2 adjoints, 8 membres tunisiens, 8 européens, 1 israélite. Bien entendu, le suffrage n'est pas le procédé de recrutement de ce conseil : c'est la désignation par l'autorité française. Dans un pays où les nationalités sont aussi bigarrées, ce serait une folie que de vouloir faire élire ces conseillers par les habitants. Quelques personnes même pensent que c'est une faute d'avoir installé si tôt des municipalités. Dans un pays occupé de si fraîche date, disent-elles, avec les nombreux groupes d'étrangers, le très petit nombre, dans certaines villes, de résidents français, l'impossibilité de faire un choix parmi eux à cause de la rareté des hommes capables de remplir des fonctions délicates, la création d'institutions municipales risque d'être une cause de discorde. On invoque à ce propos l'exemple des Hollandais qui n'auraient montré aucun goût à développer les municipalités à Java (1).

Dans ces objections il y a une part de vérité, mais aussi de l'exagération. La composition et le fonctionnement de ces institutions municipales sont certainement malaisés, c'est une raison pour ne pas trop répandre ces corps et pour les sérieusement contrôler. Un décret du 1er avril 1885 a réglé, d'une façon minutieuse, avec un grand luxe d'articles (il y en a plus de cent), l'organisation des communes de l'ancienne régence. Elles doivent être constituées par décret, ainsi que le corps municipal se composant d'un président, d'un vice-président, remplissant les fonctions de maire et d'adjoint, et de conseillers. Les conseils municipaux tiennent quatre sessions ordinaires par an et peuvent être con-

---

1) *Revue des Deux-Mondes* du 15 février 1887.

voqués en session extraordinaire. L'énumération de leurs attributions est presque indéfinie. On n'a d'abord constitué que quatre municipalités, celles de Tunis, la Goulette, le Khef et Sousse : on y a ajouté peu de temps après celles de Sfax et de Bizerte. Il est probable qu'on ne s'en tiendra pas là; mais ici encore il n'est nul besoin de se hâter et de devancer le développement européen. Il faut que le nombre des Français résidant soit suffisamment nombreux pour qu'on y puisse trouver plusieurs personnes capables d'exercer les fonctions de maire et d'adjoint; car il serait déplorable de confier ces postes à des Européens étrangers et, d'autre part, si le président est indigène, le vice-président devrait être Français et *vice-versa*. Le nombre des conseillers municipaux français doit toujours aussi dépasser de beaucoup, dans le groupe européen, le nombre des conseillers étrangers de toutes nationalités.

Les municipalités, en Afrique comme sur le Continent, sont exposées à trop incliner aux changements nombreux et aux grandes dépenses. C'est pour la vieille Tunisie qu'on veut rajeunir un grave danger. Il est utile de recommander ou d'imposer le balayage, l'arrosage, l'éclairage, l'observation des règles hygiéniques; mais on ne saurait se montrer, sous ce rapport, aussi rigoureux que sur le continent européen. La population doit être graduellement instruite, non soudainement transformée.

Des décisions qui, théoriquement, sont sages, peuvent provoquer des résistances qui les rendent dans la pratique fort malencontreuses. La défense de faire galoper les chevaux dans les rues étroites, d'étendre les étalages des boutiques presque sur la chaussée, l'injonction de museler les chiens, la prohibition de stationnement, sauf dans certaines conditions, pour les chameaux et les ânes, une foule de règlements du même genre ont amené dans certaines villes de la Tunisie, de la part des indigènes, des juifs, et même des

Européens, une opposition qu'il est difficile de surmonter (1).

Il convient donc de se montrer très mesuré et de ne prescrire que l'essentiel. Certes, on a eu raison d'exiger des fiacres à Tunis l'alignement, quoique cette prescription si simple ait exaspéré les cochers maltais, que l'intervention seule du directeur du couvent des capucins italiens a pu calmer. On faisait bien aussi de réformer le service des eaux et de faire placer dans chaque maison un compteur, quoique, au moment où cette transformation s'opérait, elle ait excité une agitation des plus vives dont j'ai été témoin pendant mon séjour à Tunis en 1886. De même l'interdiction de jeter des ordures, des eaux sales, des terres, des décombres devant les maisons est parfaitement justifiée. Mais il faut être sobre de règlements de ce genre. Nous sommes en Tunisie, non pour nous y imposer en maîtres absolus, mais pour faire patiemment la conquête morale du pays. S'il nous faut un quart de siècle pour amener la population des villes (un temps beaucoup plus long sera nécessaire dans les campagnes) à se rapprocher, sous les rapports administratif et hygiénique, de notre genre de vie, prenons ces vingt-cinq ans et considérons que c'est encore un délai fort court qu'il pourra être utile d'allonger.

L'autre péril des municipalités et d'une administration locale trop servilement copiée sur l'exemple de l'Europe, c'est le gaspillage financier. Presque toutes les villes en France sont, notamment depuis dix ans, lancées dans la voie de dépenses exagérées. Le mal a passé la Méditerranée, et il s'en faut de peu, comme on l'a vu plus haut, que la ville d'Oran, qui, par son extension continue, devrait être si floris-

(1) Ces lignes étaient écrites quand, au mois de mars 1887, un nouveau règlement appliqué aux inhumations a provoqué des manifestations bruyantes de la part des Israélites de Tunis. Plusieurs arrestations durent être faites et des condamnations prononcées. C'est encore là une preuve de l'importance qu'il y a à ne transformer que graduellement les habitudes de nos nouveaux sujets.

sante, soit en faillite. Il ne faut pas laisser ces mœurs administratives gagner la Tunisie : ce serait un immense péril. On ne doit pas d'ici à bien longtemps permettre aux villes de faire de gros emprunts pour des théâtres, des édifices municipaux, des percées de rues. Ceux de ces travaux, qui n'ont qu'une utilité de faste ou de sociabilité, doivent être absolument écartés et les autres contenus dans les limites d'une très stricte économie.

Le *Bulletin de statistique et de législation comparée* (du ministère des finances) a publié en 1885 l'analyse des budgets municipaux de la Tunisie (Tunis, la Goulette, Sfax, Sousse, Bizerte, le Khef). Les recettes ordinaires montaient à 1,185,000 piastres, soit approximativement 700,000 francs, les recettes extraordinaires à 1 million de piastres, soit environ 600,000 francs, et l'ensemble à 2,185,000 piastres, approximativement 1,300,000 francs. Le budget seul de Tunis forme près des trois quarts de ce total. Les dépenses, à quelques centaines de francs près, correspondent aux recettes; elles se répartissent ainsi : 232,000 piastres (140,000 fr. environ) pour les frais d'administration proprement dite, 107,000 piastres (65,000 fr.) pour la police municipale, 392,000 piastres (235,000 fr.) pour les travaux d'entretien, enfin 485,000 piastres (290,000 fr.) pour l'éclairage, le balayage et les dépenses diverses ordinaires; le reste correspond aux dépenses extraordinaires. Jusqu'ici tous ces chiffres sont encore modestes; mais la tendance à les accroître est évidente.

Le budget propre des recettes de la ville de Tunis se composait ainsi en 1884-85 : 150,000 piastres (90,000 fr.) de taxe de balayage, 45,000 piastres (27,000 fr.) de taxe sur les voitures, 4,290 piastres (2,500 fr.) de loyers et fermages, 10,281 piastres (6,200 fr.) d'*enzels* ou rentes foncières, 82,000 piastres (50,000 fr.) de redevances payées par l'administration des *Habbous* ou biens de mainmorte, 15,000 piastres (9,000 fr,) de droit de stationnement sur la voie publique, 4,000 piastres (2,400 fr.) de droits de voirie, 2,000 piastres (1,200 fr.) de produit des amendes, 600,000 piastres de caroube (impôt direct) sur les loyers ; on trouverait enfin aux recettes extraordinaires 640,000 piastres (384,000 fr.) de subvention de l'État et 3,000 piastres (1,800 fr.) d'aliénation de terrain.

La subvention de l'État joue donc un grand rôle dans le budget municipal de Tunis, et il en sera vraisemblablement ainsi pour les autres budgets municipaux. C'est conforme aux habitudes de l'administration française. Il y a dans ce système un grand danger, c'est de compromettre le budget de l'État ; nous ne sachions pas d'intérêt qui prime, dans l'ancienne régence, l'équilibre du budget général. Aussi engageons-nous le résident à se montrer sobre de subventions aux budgets locaux.

De ce qui précède il nous paraît ressortir qu'il ne faut pas trop se hâter de tout franciser ; rendre la francisation graduelle, c'est le seul moyen de la faire accepter et de la rendre définitive.

Pour que les municipalités n'aient pas d'inclination à sortir de leurs attributions et à constituer des oppositions à notre gouvernement central, il convient que celui-ci ne soit pas divisé contre lui-même. La méthode administrative que nous avons introduite en Tunisie est jusqu'ici satisfaisante, suffisamment souple et perfectible.

On ne pouvait lui faire qu'un reproche, c'est que différentes autorités françaises, celles de l'armée et la justice, ne fussent pas suffisamment subordonnées au résident général. On a eu, il y a deux ans, le scandale du commandant des troupes françaises et du président du tribunal de Tunis intriguant ouvertement contre l'homme éminent et judicieux qui était leur chef, et ces deux fonctionnaires, au lieu du châtiment que méritaient leur insubordination et leur légèreté, ont reçu l'un et l'autre de l'avancement. Il convient de ramener dans la main du résident général la haute influence sur tous les services sans exception. Il n'est pas un homme s'occupant des colonies qui ne sache l'incontestable supériorité du régime civil, quand les administrateurs sont choisis avec discernement, sur le régime militaire.

L'une des œuvres qui font à Tunis le plus d'honneur à notre jeune protectorat, c'est celle de l'instruction publique. En Algérie, on l'a vu, nous nous sommes bien occupés des colons, mais nous avons forfait à notre tâche à l'endroit des indigènes. Nous comprenons mieux notre mission et nos intérêts dans l'ancienne régence de l'est. Nous possédions déjà de nombreux établissements libres fondés et entretenus par les soins du cardinal Lavigerie, des frères de la doctrine chrétienne, des sœurs de Notre-Dame de Sion, etc. Les écoles israélites, qui sont nombreuses dans le pays, nous étaient aussi d'un certain secours pour la propagation de notre langue. L'administration publique, à côté de toutes ces fondations privées, a fait son devoir. Sans aucune idée de rivalité sectaire ou haineuse comme en France, simplement inspirée par le sentiment du rôle élevé qui lui incombe, elle a su tirer un excellent parti des institutions existantes et en fonder beaucoup d'autres nouvelles.

Une grande institution indigène, le collège Sadiki, qui compte environ deux cents élèves musulmans, a été réformée dans un sens français et scientifique. Le bey Mohammet et Saddock, son fondateur, sous l'inspiration de son premier ministre, le général Khaireddine, l'avait richement doté, en lui attribuant les biens confisqués de l'un de ses favoris déchus, Mustapha Khasnadar. Mais un autre Mustapha, le célèbre Mustapha ben Ismaïl, premier ministre, s'arrangea pour dilapider, par des conventions ruineuses, les 3 ou 400,000 francs de rentes qui appartenaient à cette fondation. Par une transaction en date de mars 1887, Mustapha ben Ismaïl restitua au collège Sadiki une très mince partie de ce qu'il lui avait enlevé. On a créé une école normale, ou collège Allaoui, dans lequel on forme des professeurs indigènes. J'ai visité ces établissements, j'ai lu les compositions françaises faites par de jeunes Arabes et j'ai été émerveillé de leur correction relative. Les hautes classes et les classes moyennes de la société indigène se précipitent vers l'instruction française.

Outre Tunis, des écoles où l'on enseigne notre langue sont ouvertes à La Goulette, au Khef, à Sousse, à Mehdia, à Monastir, à Sfax, à Djerbah, et l'on en crée sans cesse de nouvelles. L'administration alloue volontiers des instituteurs qu'elle rémunère aux grandes exploitations agricoles européennes qui font les frais des bâtiments scolaires, ce qui est peu coûteux. On calcule que, dès à présent, six mille indigènes environ apprennent le français.

Quand on songe que le budget algérien ne contient encore aujourd'hui qu'un crédit d'une cinquantaine de mille francs pour l'instruction parmi les musulmans, on se dit que, dans quinze ou vingt ans d'ici, on comptera peut-être plus d'Arabes parlant le français dans notre jeune possession tunisienne que chez sa sœur aînée, l'Algérie. Qu'on ne l'oublie pas, ce qui scelle la supériorité d'un peuple sur un autre, le cachet qui marque la soumission définitive, c'est la langue du vainqueur adoptée par le vaincu. Il serait injuste ici de ne pas nommer le directeur de l'instruction en Tunisie, M. Machuel, et de ne pas associer aux éloges qu'il mérite, ainsi que ses collaborateurs, la société de l'Alliance française. Le budget de l'instruction publique est encore fort modeste, il ne monte qu'à 285,000 francs pour l'année 1886-87, mais en matière scolaire, si l'on agit avec simplicité, on peut faire beaucoup avec peu d'argent. Il est possible, ce qui paraît un paradoxe, que, au point de vue de la langue, la Tunisie arrive à être française avant l'Algérie.

Les travaux publics en Tunisie n'ont pas été jusqu'ici très importants : cependant l'on s'en occupe. On les étudie surtout et on les prépare : il ne faut ni les négliger ni les faire prématurément et avec emportement. Les finances en souffriraient, ce qui serait un très grand mal. La Tunisie a relativement un moindre besoin de travaux publics que l'Algérie, le pays, au moins sur le littoral, offrant de grandes plaines, les vallées étant plus ouvertes et les collines moins abruptes. Dans toute la partie de la régence qui ne se compose pas de montagnes, et c'est celle qui par sa situation, de même que par la nature du sol, est la plus accessible aux cultures européennes, on trouve des pistes que les voitures légères peuvent suivre et que, avec très peu de travail, on améliorerait de façon à les rendre aisément carrossables. Depuis 1881 les postes militaires y ont déjà travaillé ; on sait toute l'ingéniosité et l'esprit de ressources du soldat français qui rappelle le soldat romain. Pour éviter à leurs troupes l'ennui, beaucoup de chefs militaires leur firent prendre la pelle ou la pioche et mettre en état facilement viable les tracés informes dont se servaient les indigènes. On peut, d'après un témoin oculaire, aller en voiture de Gabès à Gafsa, à la rigueur de Gafsa à Tébessa, c'est-à-dire traverser la Tunisie de part en part(1). On sait que les touristes se rendent constamment, par les véhicules habituels de la place de Tunis, à Zaghouan, à Sousse et à Kairouan. Nous-mêmes avons bien des fois cheminé en voiture sur ces chemins et d'autres encore. Cependant, ce ne sont là que des pistes à l'état fruste sur lesquelles jamais n'apparaît un cantonnier. Il faudra, certes, pour une production abondante, pour le transport de grosses récoltes, notamment de milliers d'hectolitres de vin, donner un tour plus européen à ces voies africaines. On doit, toutefois, reconnaître que dès maintenant et par le simple bienfait de la

---

(1) *Revue des Deux-Mondes* du 15 mars 1887.

nature elles sont très supérieures aux chemins de mulet que l'on trouvait seulement en Algérie à notre arrivée.

Ce que la coutume ni la nature ne font, ce sont les chemins de fer; il serait puéril de vouloir transporter à 60 ou 70 kilomètres par voie de terre d'énormes récoltes. Quand une gare ne se trouve pas dans un rayon de 35 à 40 kilomètres au plus, on doit renoncer à une culture intensive. Le chemin de fer de la Medjerda, qui, de la frontière algérienne, va jusqu'à Tunis (189 kilomètres) et comprend, en outre, le petit tronçon de Tunis à Hamman-el-Lif (16 kilomètres), avait précédé notre occupation; il jouit d'une garantie d'intérêt du gouvernement français et est exploité par la compagnie de Bône à Guelma. Le petit chemin de fer de Tunis à La Goulette, la Marsa et le Bardo (environ 25 kilomètres), est resté italien, ce qui est une anomalie; un jour ou l'autre, on devra le racheter, mais cela ne presse pas. Quand nous aurons nommé le chemin de fer Decauville de Sousse à Kairouan, fonctionnant irrégulièrement trois ou quatre fois par mois, puis les voies ferrées que doivent livrer au public les compagnies concessionnaires des mines de Tabarka, dans la région du Nord (1), et de terrains à alfa, dans celle du Sud, en y ajoutant les 10 ou 12 kilomètres de la voie de raccordement de Béja gare à Béja ville, nous aurons épuisé tout le réseau ferré existant ou concédé

---

(1) D'après une note que nous avons sous les yeux et qui émane de la Direction des travaux publics, l'exploitation des mines de fer de Tabarka, sur la côte septentrionale, outre qu'elle exige des concessionnaires la création de puissants moyens d'embarquement, est subordonnée, en vertu de l'acte de concession, à la construction d'une voie ferrée desservant toute la région minière. Une ligne de 75 kilomètres environ de longueur entre la baie du cap Serrat et Tabarka doit donc être exécutée par la compagnie de Mokta el Hadid et une autre société, sans subvention, ni garantie d'intérêts. La ligne sera immédiatement ouverte au public. Les projets ont été soumis à l'approbation du gouvernement.

En outre, comme on le verra plus loin, l'administration des forêts songerait à construire une ligne ferrée de 40 kilomètres dans la Khroumirie, pour exploiter les superbes massifs forestiers de cette région.

dans la régence. Cela représente environ 400 kilomètres, sur lesquels, dans un bref délai, 300 seront à la disposition du public, la Compagnie de Bône à Guelma venant de reprendre à l'administration militaire, pour le transformer, le petit chemin de fer Decauville de Sousse à Kairouan.

On devra d'ici à cinq à six ans ajouter quelques lignes aux précédentes : les deux plus pressées sont celles de Tunis à Sousse, ayant une longueur d'environ 160 kilomètres, et de Tunis à Bizerte, qui peut avoir 75 kilomètres à partir de la station actuelle de Djedeïda. Si on les construisait à voie étroite, un capital de 20 à 22 millions, au maximum, représentant une garantie d'intérêts de 1,000,000 à 1,200,000 francs pour le budget tunisien, suffirait amplement à l'œuvre. Plus tard, on pourra relier le Khef à la ligne de la Medjerda, et le chemin de fer algérien en construction de Tébessa pourra être prolongé à Gafsa et peut-être à Gabès ; mais il faudra attendre huit ou dix années, car ce serait une imitation tunisienne du plan Freycinet, qui est pour beaucoup dans les embarras financiers de la France.

Il serait dangereux de vouloir tout entreprendre à la fois. La Tunisie n'est pas une de ces contrées tout à fait neuves, impeuplées, s'offrant à la grande immigration, comme le *Far West* américain et canadien, la *pampa* argentine, où des chemins de fer de pénétration hardiment poussés portent avec eux le peuplement. C'est un pays où l'infiltration européenne doit être nécessairement plus lente et où les résultats des voies ferrées seront bien moins prompts et imposeront, par conséquent, à l'État des sacrifices plus prolongés. Quand à la grande ligne transversale de la vallée de la Medjerda sera jointe la ligne longitudinale de Bizerte à Kairouan par Sousse, les Européens pourront, dans le rayon de ces deux artères, acheter aux Arabes d'énormes surfaces de terres et les mettre en culture. Plus tard, quand, par suite de ce développement graduel, la garantie d'intérêts diminuera sur les lignes anciennes ou quand les ressources générales du budget se seront accrues, on pourra étendre le réseau en le poussant plus au sud et plus au centre. Il semble que l'on doive se déclarer satisfait si, dans les douze années qui nous séparent de la fin du siècle, on ajoute 8 ou 900 kilomètres de chemins de fer à voie étroite aux 250 qui sont aujourd'hui en exploitation et que l'on a eu le tort de construire à large voie.

Malgré les services que rendent actuellement comme voies de terre les pistes informes où les voitures légères peuvent circuler pendant la plus grande partie de l'année, il est nécessaire de les transformer successivement en routes, en procédant avec méthode et en s'attaquant d'abord à celles qui sont situées dans la zone la plus favorable à la colonisation actuelle ou prochaine. On doit commencer par les routes qui aboutissent aux gares des chemins de fer existants. Il convient, d'ailleurs, en cette matière, de dépouiller nos idées continentales, grandioses et esthétiques. Procédons à l'américaine : faisons simplement et vite. Avec 2 ou 3,000 francs par kilomètre on peut sérieusement améliorer la plupart de ces pistes sur une largeur de 4 à 5 mètres, qui est suffisante; là où existent des cours d'eau qui ne sont pas facilement guéables on fait des ponts; quand on ne se trouve qu'en présence de torrents, qui n'ont de l'eau que quelques jours dans l'année, on ajourne tout travail d'art. C'est ainsi que l'on agit dans le nouveau monde. Il vaut mieux améliorer ainsi 2 ou 300 kilomètres de pistes par année que de faire à grands frais annuellement 50 ou 60 kilomètres de voies magistrales. Avec un crédit annuel assez réduit on pourrait, par cette méthode américaine, ouvrir d'une façon très suffisante à la colonisation le meilleur tiers de la Tunisie. On a déjà construit plusieurs routes aux environs de Tunis; ou en a ouvert une en Khroumirie. On peut reprocher à ces travaux d'être trop luxueux, notamment de donner à ces voies trop de largeur.

Si notre nouvelle possession doit être rendue pénétrable, aussitôt que possible, dans ses parties les plus fécondes, il faut aussi que les côtes en soient plus accessibles à la navigation. La Tunisie offre une grande variété de ports, mais la plupart sont environnés de bas-fonds qui ne permettent pas aux gros navires d'accoster. Ils doivent se tenir au large, ce qui est une incommodité et une dépense ; le manque d'abris fait que par les mauvais temps les vaisseaux ne peuvent stationner. On a vu ainsi plus d'une fois des passagers partis de Tunis pour Sousse, être emmenés jusqu'à Gabès ou Tripoli, d'autres qui, étant à destination de ces deux dernières villes et étant descendus à terre pendant les quelques heures de l'escale devant le port intermédiaire, se trouver abandonnés au milieu de leur route, parce que le navire, menacé d'une tempête soudaine, avait levé l'ancre. L'accès même de la capitale est difficile. Le lac au fond duquel elle s'élève n'est navigable qu'aux chalands. Il faut faire 15 kilomètres de chemin de fer pour aller chercher le bateau à la Goulette : encore n'y aborde-t-il pas à quai et se tient-il à une distance de plusieurs centaines de mètres. Le transport des marchandises par chalands de Tunis à la Goulette ne laisse pas que de renchérir singulièrement les expéditions.

On s'est beaucoup occupé de ce sujet depuis notre prise de possession ; on a projeté de faire un chenal à travers le marécage de 36 kilomètres de circonférence sur lequel la ville de Tunis est placée ; on creuserait de vastes bassins à Tunis même, à l'extrémité du grand boulevard habité par les Européens et appelé la Marine. Les colons voient, pour la plupart, ce projet avec enthousiasme. D'autres font des objections, soit au point de vue technique, soit au point de vue de la salubrité ; ils craignent que ce lac remué n'empeste le pays et trouveraient plus prudent et plus pratique d'établir un vrai port tout moderne à la Goulette. On relierait le petit chemin de fer italien au chemin de fer français, ce qui donnerait l'occasion de racheter le premier et de lui enlever son caractère étranger qui n'est pas compatible avec notre domination. Entre ces deux plans, la compétence nous manque pour nous prononcer. On a pris des engagements moraux avec la population de Tunis ; quant à la concession qui avait été faite du port même, elle n'a plus qu'un caractère provisoire, celui de contrat d'entreprise. En tout cas, il importe de se presser ; les fonds sont en partie prêts, si l'on sait modérer les dépenses ; le budget de 1887 contient pour cet objet une allocation de 12 millions de piastres, soit 7 millions de francs en chiffres ronds, qui pourront être suivis d'autres crédits dans les années suivantes. Qu'on commence donc et qu'on pousse activement le port soit de Tunis soit de la Goulette. Ce pourra être aussi l'occasion de doubler le service rapide hebdomadaire entre Marseille et Tunis. Deux courriers par semaine, avec un trajet de 28 à 30 heures environ, seront bientôt nécessaires. Si nous insistons sur les travaux, soit à la Goulette, soit à Tunis, c'est qu'une opinion s'est formée dernièrement qui tendrait à se contenter pour l'ancienne régence d'un seul grand port, celui de Bizerte. Cette solution serait mauvaise et déshériterait trop la plus grande ville de nos possessions d'Afrique.

Certes, le port de Bizerte aura une bien plus grande importance pour notre situation dans la Méditerranée ; la magnifique position de cette place doit en faire pour nous un Toulon africain. Il conviendrait d'y transporter les installations soit de Lorient, soit de Rochefort, nos arsenaux sur l'Atlantique étant surabondants. Mais cela regarde le budget français ; nous ne pouvons pas plus faire supporter à la Tunisie les frais de nos établissements à Bizerte que les Anglais n'imposent à l'Arabie et à Malte les frais de création ou d'entretien de leurs places d'Aden et de la Valette.

Il ne faudrait pas que les Italiens s'imaginent que notre

port militaire de Bizerte sera dirigé contre eux : chaque nation prend ses précautions, sans menacer aucunement ses voisins. Ainsi les besoins maritimes actuels de la Tunisie consistent surtout dans un bon port de commerce, établi soit à Tunis, soit à la Goulette, et dans un important arsenal militaire à Bizerte. Quant à Sousse, Monastir, Mehdia, Sfax, Gabès, on pourra s'occuper d'améliorer leur accès ; mais il ne faut pas gaspiller les crédits en les éparpillant. N'imitons pas les folies qui se sont faites avec le budget français ; celui-ci était riche, néanmoins il en a été surchargé ; le budget tunisien est maigre et débile, il en serait écrasé. Dans un pays neuf qui ne peut supporter de lourds impôts et où le système financier a peu d'élasticité, il faut concentrer les travaux publics. Les ports de la côte méridionale peuvent bien attendre huit à dix ans des améliorations dispendieuses. Quand la Tunisie aura un ou deux accès aisés sur la Méditerranée, cela lui permettra de prendre patience.

On s'occupe aussi des phares et on les multiplie : cette dépense, du moins, est aussi utile que restreinte. Enfin l'administration des travaux publics en Tunisie surveille également certains travaux d'utilité locale, notamment ceux qui ont trait au service des eaux potables. Nous avons sous les yeux des quantités de rapports sur l'alimentation hydraulique de Tunis et de sa banlieue, sur les conduites d'eau de Kairouan, sur celles de Bizerte, sur une foule de travaux municipaux tant dans cette dernière ville qu'à la Goulette, le Khef, Sousse et Sfax : il s'agit de construction de chaussées, de pavage, d'égouts, de poissonneries, de bâtiments municipaux, de balayage, d'éclairage au pétrole (comme au Khef où il fonctionne), de puits artésiens même. Tout cela est très bien, pourvu qu'on y mette le temps.

Il n'est pas sans intérêt de jeter un coup d'œil sur l'organisation du personnel des travaux publics en Tunisie. C'est un décret du 25 juillet 1883 qui l'a institué. La Tunisie est divisée à ce point de vue en deux régions : à la tête de chacune est un ingénieur, l'un à Tunis, l'autre à Sousse. Les agents de ce service sont chargés, sans cumul de traitements, aussi bien des travaux des villes que de ceux de l'État. Un troisième ingénieur a l'entretien du fameux aqueduc de Zaghouan et Djouggar, ainsi que des palais nationaux et des bâtiments civils de Tunis et de sa banlieue : il remplit en même temps les fonctions de secrétaire général de la direction des travaux publics.

Pour l'exercice du 13 octobre 1885 au 12 octobre 1886 le personnel en sous-ordre se composait de quatre conducteurs des ponts et chaussées à Tunis, deux conducteurs au Khef, un à Souk el Arba, un à Tabarca, deux à Bizerte, un à Slouguia, un à Nébeul, un à la Goulette. Dans la région du Sud on trouvait deux conducteurs des ponts et chaussées à Sousse, deux à Kairouan, deux à Monastir, un à Mehedia, deux à Sfax, un à Gabès. Enfin le service spécial de l'aqueduc de Zaghouan et des palais nationaux comprend, outre l'ingénieur spécial qui le dirige, un conducteur et deux architectes.

Tout ce personnel paraît suffisant dans l'état actuel. On pourrait lui reprocher d'être trop dispersé ; on ne peut entreprendre des travaux à la fois sur tous ces points, et l'on peut être ainsi amené à négliger ceux de la contrée la plus immédiatement accessible à la colonisation. C'est ainsi que, parmi toutes les routes indiquées comme étant sous la surveillance de ces conducteurs, nous ne voyons pas figurer deux des plus importantes du Nord de la Régence, la route de Tunis à Béja et à Mateur. Malgré ces critiques, il faut rendre hommage à la direction générale jusqu'ici suivie.

On a évité, en fait de travaux publics, l'emportement qui a causé tant de ravages dans les budgets continentaux. On a voulu édifier solidement les finances ; c'était un plan judicieux qui a été jusqu'ici heureusement exécuté.

CHAPITRE VI

L'ADMINISTRATION FINANCIÈRE ET LE COMMERCE EXTÉRIEUR

Excédents continus du budget tunisien depuis l'administration française.

Organisation financière de la Tunisie. — Analyse du budget des recettes. — Les reports des exercices précédents et les ressources propres à l'exercice. — Importance de la distinction.

Les impôts directs. — Les droits de douane. — Les monopoles et les marchés affermés. — Le budget tunisien paraît plus lourd que le budget algérien.

Analyse du budget des dépenses. — La dotation du bey et de sa famille. — La seule direction générale des finances absorbe près des deux tiers des ressources ordinaires de la Tunisie. — L'administration générale. — Les dépenses militaires.

Décomposition du budget des travaux publics. — Il est, pour la plus grande partie, alimenté par des fonds de reports. — Inconvénients de l'éparpillement des crédits. — Circonspection à observer en matière de travaux publics.

L'administration des forêts. — Renseignements sur les forêts tunisiennes. — Espérances de revenus qu'on fonde sur elles.

Le budget tunisien, malgré ses apparences luxuriantes, est très à l'étroit. — Il manque d'élasticité. — Les excédents sont le produit d'une grande économie. — Danger de déficits en cas de mauvaises récoltes. —

La création d'une Banque privilégiée : les périls qu'elle offrirait pour le Trésor tunisien.

Le régime commercial. — L'importation. — Elle a plus que doublé sous le protectorat. — Régime des marchandises importées. — Inconvénients des traités avec les puissances étrangères. — Nature des principales marchandises importées. — Les pays de provenance. — La France tient la plus grande part dans les importations.

Les exportations tunisiennes. — Elles ont augmenté de moitié sous le protectorat. — Principales marchandises exportées. — Pays de destination. — L'exportation pour l'Italie est beaucoup plus considérable que pour la France. — L'une des causes en est dans les droits qui grèvent les produits tunisiens à l'entrée de la France continentale. — Absurdité de ces droits. — Elles font le jeu de l'Italie.

La navigation.

Les droits d'exportation. — Tarif sur les différentes marchandises. — Nécessité de diminuer, puis de supprimer ces droits. — Les dégrèvements déjà accomplis. — Du remplacement graduel des droits d'exportation par le relèvement des droits à l'importation. — De l'introduction en Tunisie de l'octroi de mer comme en Algérie.

Un des succès de l'administration française à Tunis, c'est le considérable excédent des recettes sur les dépenses. On sait combien était délabré le budget du bey ; il ne pouvait payer qu'irrégulièrement et partiellement les intérêts de sa dette. L'opération, fort bien conçue, de la conversion de l'antique dette en une dette nouvelle garantie par la France a sauvé les finances de la Tunisie sans coûter un centime à notre trésor. Le 4 pour 100 tunisien garanti est maintenant au pair. Tous les derniers budgets se sont soldés par des excédents de recettes de 3 à 4 millions de francs. L'excédent du dernier budget s'annonce même comme plus considérable. Cependant aucun impôt nouveau n'a été établi. Quelques impôts anciens ont même été ou allégés ou supprimés, notamment le droit d'exportation sur les céréales.

Ce n'est pas par d'importantes réformes, mais simplement par le développement de la sécurité et par l'introduction de nos méthodes de contrôle, qu'on est parvenu à ce magnifique résultat de procurer à l'ancienne régence un budget dont presque tous les peuples européens, aujourd'hui accablés par les déficits, pourraient à bon droit être jaloux.

La réorganisation des finances tunisiennes a été l'objet de différentes mesures successives dont les principales sont le décret du 23 hidje 1299 (12 octobre 1882) instituant la direction des finances et le décret du 2 octobre 1884 (13 hidje 1301). On a conservé jusqu'ici pour tous les actes de l'ancienne régence et notamment pour les exercices financiers l'ancienne numération arabe. D'après les décrets précités l'administration des finances perçoit tous les revenus de la Régence : les poursuites, s'il y a lieu, sont faites directement par le directeur des finances ou en son nom ; le directeur est nommé par le Bey sur la présentation du ministre résident de la République française. Sont nommés également par décret, sur la proposition cette fois du directeur des finances, le sous-directeur des finances, les directeurs des contributions diverses et des douanes, les chefs de division et de bureau de la division des finances, les inspecteurs de la direction des finances et des services financiers, le receveur général, l'interprète principal de la direction, le receveur principal des contributions diverses, le receveur principal des douanes, l'administrateur des douaniers, le directeur de la monnaie et ceux des administrations dites de la *ghaba* et de la *rabta*. Tous les autres employés dont les traitements sont d'au moins 3,000 piastres (1,800 fr.) sont nommés par simples arrêtés du directeur des finances, et les employés à traitement moindre de 3,000 piastres sont nommés par les directeurs des divers services.

Le directeur des finances et tous les autres principaux fonctionnaires sont Français : généralement ils sont détachés des corps administratifs de la métropole et continuent d'en faire partie avec faculté d'y rentrer. Aux degrés inférieurs on emploie un certain nombre d'indigènes ; mais on doit se faire une règle stricte de ne jamais introduire dans les corps administratifs, quels qu'ils soient, un européen étranger.

Nos méthodes administratives, nos procédés de comptabilité, nos registres à souche, ont été importés dans toutes les administrations financières. De là viennent, en même temps que des excellentes récoltes des dernières années, les plus-values de recettes. L'administration a été assez sage pour ne pas les dévorer.

Si l'on examine le budget en cours, celui de l'exercice 1304 (allant du 13 octobre 1886 au 12 octobre 1887), on voit qu'il s'offre en recettes avec un chiffre de 43,089,747 piastres, représentant 25,800,000 francs en chiffres ronds et en dépenses pour une somme analogue, soit 43,087,302 piastres. L'écart est insignifiant.

Ces chiffres, toutefois, si l'on n'allait pas plus loin, tromperaient le lecteur. Dans les recettes en effet figure une somme de 16,232,747 piastres, soit approximativement 10 millions de francs, qui représente les excédents accumulés des exercices antérieurs, et dans les dépenses on fait emploi de cette somme pour les travaux publics extraordinaires.

Les ressources propres à l'exercice 1304, d'après le budget de prévision, montent donc seulement à 26,857,000 piastres ou 16,114,000 francs et les dépenses ordinaires se ramènent à une somme équivalente. C'est environ 10 à 11 francs que paye en moyenne chaque Tunisien. Le budget de l'Algérie montant à une quarantaine de millions de francs, celui de la Tunisie est avec lui dans la proportion approximative de 2 à 5 ; c'est à peu près le même rapport que celui des populations des deux contrées. Mais on trouve en Algérie plus de 400,000 Européens civils, tandis qu'il est peu vraisemblable qu'il s'en rencontre plus de 60,000 en Tunisie et, d'autre part, la colonisation européenne est, à l'heure actuelle, bien plus développée dans le premier pays que dans le second. Si l'on considère, en outre, que les 3 millions d'indigènes de l'Algérie supportent des impôts dits arabes qui en principal et en centimes additionnels oscillent entre 18 et 20 millions de francs (voir plus haut page 212), tandis que, sur les 16 millions de francs du budget tunisien, 11 millions de francs environ sont des taxes intérieures portant presque exclusivement sur les 1,300,000 ou 1,400,000 indigènes, on doit tirer la conclusion que, pour ses forces contributives, la Tunisie est plus chargée que l'Algérie.

Examinons rapidement ce budget. Les 26 millions 850,000 piastres, déduction faite des reports des exercices précédents, proviennent des services suivants : 6 millions de piastres (4,200,000 fr.) de la *medjba*, sorte d'impôt de capitation ; 2,200,000 piastres (1,320,000 fr.) du *Kanoun* des oliviers et des dattiers, taxe portant sur chaque arbre ; 600,000 piastres (420,000 fr.) de la dîme sur les oliviers ; l'*achour*, impôt sur les récoltes, payable en nature, donne

1,300,000 piastres (780,000 fr.), enfin l'*achour* payable en argent rend au trésor 800,000 piastres (480,000 fr.); c'est là, avec un produit accessoire de 60,000 piastres, dit des Mradjas, ce qui constitue les contributions directes. Viennent ensuite les contributions indirectes : en tête figurent les droits de douane qui sont de deux catégories, à l'exportation et à l'importation; c'est la première qui est la plus productive. Les droits de douane à l'exportation figurent, en effet, au budget, malgré des dégrèvements divers assez nombreux, pour la somme de 2,300,000 piastres (1,380,000 fr.); ceux à l'importation et les droits assimilés n'atteignent que 1,300,000 piastres (780,000 fr.); les droits de douane sur les vins et les spiritueux, qui ne sont pas compris dans les chiffres ci-dessus, produisent 450,000 piastres (270,000 fr.). Le karroube sur la vente et les loyers des immeubles (les droits sur les transactions immobilières sont très élevés) donnent au trésor 400,000 piastres (240,000 fr.); les droits de timbre y ajoutent 550,000 piastres (330,000 fr.).

Une des branches les plus importantes du budget tunisien, ce sont les monopoles et les marchés affermés qui produisent 4,900,000 piastres (2,960,000 fr.) et les monopoles et marchés non affermés qui rapportent 1,500,000 piastres (900,000 fr.). Il faut y joindre aussi le produit des *Mahsoulats*, qui sont des droits de marché ne différant que par quelques caractères spéciaux des précédents; c'est encore 2 millions de piastres ou 1,200,000 fr. Voilà donc environ 5 millions de francs qui proviennent de taxes sur les marchés, c'est près de 30 p. 100 du total du budget.

Les droits sanitaires, de phare et de port, figurent pour la somme insignifiante de 20,000 piastres (12,000 fr.), les produits des domaines pour 250,000 piastres (150,000 fr.), et ceux des forêts, minimes aujourd'hui, mais devant devenir considérables dans quelques années, pour 60,000 piastres (36,000 fr.). Il nous reste à noter 392,000 piastres

(235,000 fr.) de revenus, taxes divers et d'amendes; une ressource exceptionnelle, 1,500,000 piastres (900,000 fr.), de certificats de coupons antérieurs à 1870 appartenant à l'État et sortis aux tirages; enfin 180,000 piastres (108,000 fr.) de contribution de l'administration des *Habbous*, biens de mainmorte, ayant pour la plupart un caractère religieux, et 95,000 piastres (57,000 fr.) des produits des Khodors, sorte de revenu dont nous ignorons la nature.

Telles sont, en dehors des reports des exercices antérieures, toutes les branches de revenu figurant au budget des recettes de l'an 1304 (octobre 1886 à octobre 1887). Nous aurions mauvaise grâce à prétendre que ce soit là un budget conforme aux pratiques françaises et aux idées européennes; des taxes de capitation, des dîmes, des impôts payés en nature, des droits d'exportation, des taxes considérables sur les marchés, des monopoles nombreux, tout homme habitué à nos budgets européens éprouvera à cette nomenclature soit de l'étonnement, soit des regrets, soit de l'indignation, suivant son tempérament et la portée de son esprit. Ce sont là les taxes traditionnelles dans le pays; l'administration française n'y a jusqu'ici presque rien changé. Nous examinerons tout à l'heure les réformes qu'on propose.

Passons auparavant à la contre-partie, le budget des dépenses. Le chapitre du ministère des finances prélève à lui seul 17,385,909 piastres (10,400,000 fr.) sur 26,800,000 (un peu plus de 16 millions de francs) qui constituent l'ensemble des dépenses, en dehors des sommes dotées avec les reports des excédents de recettes des exercices antérieurs.

C'est donc les deux tiers du budget réel qui sont ainsi immobilisés et indisponibles. On voit que le budget tunisien, malgré les excédents qu'il encaisse, est fort à l'étroit; il a peu de marge pour des dépenses nouvelles.

Ces 17,385,909 piastres des dépenses du ministère des finances se subdivisent ainsi : 1,500,000 piastres (900,000 fr.)

pour la dotation de Son Altesse le bey ; 1,200,000 piastres (720,000 fr.) pour la dotation des princes de la famille husseinite (beylicale) ; 200,000 piastres (120,000 fr.) pour le personnel et le service des palais : voilà une prélibation de 1,740,000 francs, soit de 11 p. 100 du budget pour le bey et sa famille. Un certain nombre de personnes se récrieront à cette vue, et ceux qui croient que toute suppression de liste civile est un gain pour une nation demanderont que l'on supprime ou que l'on réduise le bey. Il ne convient de faire ni l'un ni l'autre ; ce serait une faute contre l'équité et contre la politique. S'il coûte 1,740,000 francs avec sa famille, le bey, comme ancien souverain et comme auxiliaire soumis, dévoué, vaut bien cette somme annuelle. Les signatures qu'il nous donne chaque jour et qui assurent la sujétion de toute la régence ne sont pas trop payées à ce prix.

Les autres chapitres des crédits absorbés par le ministère des finances sont les suivants : 44,000 piastres (26,000 fr.) pour les décorations tunisiennes ; les hochets ont leur place naturelle dans tous les gouvernements, surtout dans ceux du Midi ou de l'Orient ; 342,500 piastres (205,000 fr.) pour les pensions civiles et militaires ; 3,417,865 piastres (2,045,000 fr.) pour la direction des finances et les régies financières ; ce sont les frais de perception qui représentent ainsi 12 p. 100 environ des recettes propres à l'exercice ; peut-être ce chiffre doit-il être considéré comme élevé, si l'on tient compte que beaucoup d'impôts sont affermés ; 19,800 piastres (moins de 12,000 fr.) pour une cour des comptes qui, on le voit, revient à bon marché ; 7,500 piastres (4,500 fr.) pour l'Hôtel des Monnaies qui vraisemblablement ne doit pas fonctionner et pourrait être supprimé ; 70,242 piastres (42,000 fr.) pour l'administration de la forêt des oliviers de Tunis ; 32,000 piastres (13,200 fr.) pour frais du service télégraphique à la charge du gouvernement tunisien; 5,350 piastres (3,209 fr.) de remboursement au gouvernement français de frais de médicaments fournis à des indigènes; enfin vient le plus gros article, 10,512,534 piastres (6,307,000 fr.) pour la rente tunisienne 4 p. 100, et 34,000 piastres (19,200 fr.) de commission pour le payement des coupons en France.

Nous avons jugé utile d'entrer dans ces détails pour le premier chapitre du budget tunisien, celui du ministère des finances, qui absorbe à lui seul près des deux tiers des ressources propres à l'exercice. Nous pourrons parler plus brièvement des autres qui se trouvent réduits à la portion congrue.

Le chapitre II concerne l'administration générale et s'élève à 4,254,366 piastres, soit environ 2,552,000 francs. Sur cette somme les traitements du premier ministre, du ministre de la plume et du personnel de l'administration centrale prélèvent 400,000 piastres (240,000 fr.), et le matériel de la même administration 449,000 (270,000 fr.). Le payement et les frais des contrôleurs civils coûtent 331,000 piastres (199,000 fr.); la gendarmerie indigène, 228,000 piastres (136,000 fr.); les prisons, 207,000 piastres (124,000 fr.); vient une des dépenses qui relativement à la situation du budget ont été le plus largement dotées : l'instruction publique qui reçoit 473,500 piastres (285,000 fr.), chiffre élevé pour un budget total si faible; la subvention au gouvernement français pour la magistrature française, c'est-à-dire en d'autres termes le payement de tous les magistrats que nous entretenons en Tunisie et de leurs frais divers, atteint 314,305 piastres (188,000 fr.); on projette d'augmenter cette dépense par la création d'une Cour d'appel à Tunis et d'un tribunal à Sousse; il convient de ne pas se laisser entraîner dans cette voie à des dépenses trop fortes ou prématurées. Le dernier article du chapitre de l'administration générale comporte, sous le titre de subventions aux communes, un crédit de

1,420,000 piastres (852,000 fr.). Ici également il faut se montrer circonspect et surtout ne pas éparpiller les crédits sur un grand nombre de points.

Le chapitre III qui s'applique au ministère de la guerre et qui est divisé en trois sections, personnel, matériel et secours, ne nous retiendra pas longtemps. Il absorbe en tout 813,027 piastres (486,000 fr.). Il ne s'agit là que de quelques troupes indigènes, car c'est le gouvernement français qui fait les frais de l'entretien du corps d'occupation de 12,000 hommes environ. Un temps viendra où la Tunisie pourra prendre à sa charge d'abord un quart, puis la moitié, enfin la totalité des dépenses de l'occupation ; mais ce serait écraser dans l'œuf notre colonie que de vouloir lui imposer prématurément ce fardeau. Si rien n'interrompt le développement de l'ancienne régence, dans dix ans elle pourra peut-être contribuer, pour le cinquième ou le quart, aux frais de l'occupation française, dans vingt ou vingt-cinq ans pour la moitié. Quant à payer la totalité des frais d'occupation, on ne saurait raisonnablement le lui demander avant un demi-siècle ; encore est-il certains établissements, comme le futur arsenal de Bizerte et les fortifications éventuelles à la Goulette, qui devront toujours rester à la charge du budget français. Comme une mère à sa fille, une métropole fait toujours quelques cadeaux à sa colonie même adulte.

Le quatrième chapitre, celui de la direction générale des travaux publics, est le plus richement doté de tous : il absorbe en l'an 1304 (octobre 1886 à octobre 1887) la somme très considérable de 20,234,000 piastres (12,140,000 fr.). Cette riche dotation peut, toutefois, induire en erreur : elle provient pour plus des trois quarts, à savoir pour 16 millions 232,747 piastres (9,740,000 fr.), des reports des excédents des exercices antérieurs, ressource qui ne se représentera pas, du moins avec cette importance. Sans ce précieux secours, la dotation de service des travaux publics ne monterait qu'à 4,001,253 piastres (2,400,000 fr.), maigre pitance pour les besoins si pressants et si variés de l'ancienne régence.

Il n'y a pas moins de six sections dans ce chapitre. La première comprend le personnel de la direction générale qui coûte 139,000 piastres (84,000 fr. environ) et le matériel, les frais généraux, les missions, qui se partagent la somme modique de 75,000 piastres (45,000 fr).

La deuxième section concerne le service si important des ponts et chaussées et absorbe, grâce toujours aux reports des recettes des exercices précédents, 18,691,000 piastres (11,214,000 fr.). Ils sont ainsi répartis : 620,000 piastres (372,000 fr.) pour le personnel des ponts-et-chaussées, 120,000 piastres (72,000 fr). pour le matériel. Viennent ensuite 2,131,000 piastres (1,278,000 fr.) pour les routes et les ponts. En procédant bien on pourrait avec cette somme construire trois ou quatre ponts et améliorer, rendre aisément viables 200 kilomètres de pistes qui seraient ainsi transformées en routes passables : le quart du crédit resterait encore disponible pour l'entretien. Le plus gros article des dépenses est formé par les 12,210,000 piastres (7,326,000 francs) pour le port de Tunis ; cette somme ne sera pas employée de quelque temps ; elle restera fort insuffisante. Il semble qu'il eût été préférable de l'affecter à des installations à la Goulette. On serait sans doute parvenu avec ce crédit ou avec une dépense qui ne l'eût pas considérablement excédé à rendre ce petit port, si voisin de Tunis, accessible en tout temps aux gros navires ; il est à craindre qu'il ne faille deux ou trois fois plus d'argent pour transformer Tunis en port de mer et que les ressources les plus liquides du pays soient absorbées pendant plusieurs années dans cette entreprise. Il faut, au début de la colonisation, ne faire que les travaux tout à fait urgents : le port de la Goulette est seul dans ce cas ;

celui de Tunis eût pu attendre quinze ou vingt ans. Les autres ports maritimes, phares et fanaux, doivent absorber dans le même exercice 1,630,000 piastres (978,0000 fr.); nous craignons que ce chiffre, ou trop élévé ou trop modique, ne s'applique à des travaux trop dispersés. Avant de s'occuper des ports de Sousse, de Monastir ou de Gabès, il faudrait avoir créé un bon port et quelques lignes ferrées dans l'ancienne régence. Les aménagements d'eaux sont inscrits au budget pour 900,000 piastres (540,000 fr.); les palais nationaux pour 60,000 (36,000 fr.); les bâtiments civils, qui comportent sans doute beaucoup de constructions nouvelles, pour 780,000 piastres (468,000 fr.); les bâtiments domaniaux, pour 40,000 piastres (24,000 fr.); les travaux des villes non érigées en communes viennent clore avec un chiffre de 200,000 piastres (120,000 fr.) cette dernière section, la plus absorbante, de la direction générale des travaux publics.

La troisième section, celle du service des mines, ne comporte qu'une dépense totale de 355,000 piastres (213,000 fr.), dont 150,000 piastres (90,000 fr.) pour les établissements thermaux et 100,000 piastres (60,000 fr.) pour des forages de puits artésiens.

Le service de la police des ports et de la navigation compose la quatrième section qui absorbe 80,000 piastres seulement (48,000 fr.), la plupart des dépenses concernant les ports étant portées à la deuxième section.

Presque aussi modeste est la section V, qui s'applique au service topographique et n'est inscrite que pour des crédits de 81,000 piastres (48,600 fr.).

L'administration des forêts se montre avec raison plus exigente, elle forme la sixième et dernière section et emploie 771,000 piastres (462,600 fr.) sur lesquels le personnel même figure pour 260,000 piastres (156,000 fr.), l'amélioration des forêts domaniales 383,000 piastres (230,000 fr), l'entretien des forêts domaniales 60,000 piastres (36,000 fr.), la fixation des dunes 50,000 piastres (30,000 fr.), les dépenses diverses 18,000 piastres (10,800 fr.) L'importance des crédits affectés à l'amélioration des forêts domaniales se justifie, non seulement par l'utilité des massifs forestiers au point de vue climatérique, mais encore par les revenus, sinon prochains, du moins futurs, qu'on en peut espérer.

Nous extrayons à ce sujet d'un rapport manuscrit de l'administration des forêts, dont M. Cambon a bien voulu nous donner communication, les intéressants renseignements qui suivent :

« Le démasclage est l'opération principale du service, car c'est d'elle que dépendent toutes les autres. Ce sont, en effet, les forêts de chênes-liège, qui constituent la principale richesse forestière de la Tunisie et qui sont destinées à donner au trésor les revenus les plus importants.

« La demande du liège sur les marchés suit une progression croissante, car l'industrie lui crée chaque jour de nouveaux emplois.

« Il y a donc lieu de mettre les massifs de cette essence en production dans le plus bref délai possible. Ce résultat s'obtient au moyen du démasclage qui consiste à enlever du chêne-liège sur tout son pourtour et sur une hauteur variant entre 1 et 2 mètres la première écorce subéreuse de l'arbre que l'on jette, car elle est impropre à tout emploi. A la suite de cette opération l'écorce subéreuse repousse et atteint au bout de huit à dix ans une épaisseur de 22 à 25 millimètres, suffisante pour tous les usages auxquels le liège est employé. On la détache alors de l'arbre et on la livre au commerce.

« La production moyenne évaluée, dans mon rapport du 20 juin 1883, à $5^{kil},04$ par arbre au moment de la levée du liège est plus forte ; elle doit être portée à 7 kilos poids du mètre carré de liège brut ; car pour ne pas faire concevoir des espérances qui auraient pu ne pas se réaliser, je n'avais compté que sur des arbres de 0ᵐ,68 de circonférence que l'on démasclait à 1ᵐ,20 ou 1ᵐ,40 de hauteur. Les mesures prises pendant le cours des opérations de démasclage ont démontré que la circonférence moyenne de l'arbre est de 0ᵐ,67 et la hauteur du démasclage de 1ᵐ,57, soit pour chaque arbre une surface productive de 1 mètre carré donnant tous les huit et dix ans un poids de 7 kilos de liège brut valant sur l'arbre 1 fr. 75 (à raison d'un minimum de prix de 25 fr. le quintal métrique).

« Le gouvernement de S. A. le Bey comprenant tout l'intérêt qui s'attache à la mise en production de richesses semblables qui s'étendent sur une étendue de 110,000 hectares entre la Medjerdah et la Méditerranée, depuis la frontière algérienne jusqu'à une distance peu éloignée de Bizerte, n'a pas hésité à faire des sacrifices pour mettre ses forêts en rapport. Des crédits ont été alloués pour démascler 700,000 pieds en 1884 et 1885; ceux de 1886 permettent de démascler 1 million d'arbres. Les forêts domaniales de chêne-liège en Tunisie, après trois ans de mise en exploitation, contiendront donc plus de chênes-liège en rapport que celles de l'Algérie.

« Le petit nombre d'agents et de préposés qui constituent le personnel forestier de la régence m'ont obligé à concentrer les travaux.

« En 1884 ils ont exclusivement porté sur les forêts des Ouchtetas et des Mrassem dont l'étendue totale est de 15,000 hectares environ. En 1885 ils ont été continués dans ce massif et commencés dans la région d'Aïn Draham. Ces démasclages ont porté sur 1,275,238 chênes-liège; ils ont coûté tous frais compris 134,961 fr. 53, soit 0 fr. 105 le pied d'arbre. Leur production de 1992 à 1995 sera de 2,130,000 fr. en chiffres ronds.

« Le prix du démasclage 0 fr. 105 dépasse d'un cinquième environ le prix de 0 fr. 085 évalué aux rapports des 12 janvier et 20 juin 1883. Ce cinquième n'a rien d'étonnant, car les arbres, ainsi qu'il est dit plus haut, ont des dimensions plus fortes que celles qui avaient servi de base aux calculs (1). »

Ce rapport administratif pèche sans doute par un peu d'optimisme. Quelques personnes ont été jusqu'à évaluer à 7, 8 ou 10 millions de francs le revenu que le trésor pourrait retirer, dans douze ou quinze ans, des forêts domaniales. Pour ne pas nous bercer d'illusions, réduisons ces chiffres de moitié ou même des deux tiers, il est toujours vrai qu'une richesse considérable, une réserve fructueuse, est constituée par les massifs forestiers de l'État. Les travaux de régénération vont, d'ailleurs, avec ceux de démasclage.

Nous avons examiné l'emploi des 20,234,000 piastres (12,140,000 fr.) dont dispose la direction générale des travaux publics pour l'exercice 1886-87. Malheureusement, on l'a vu, les trois quarts de ces ressources viennent du report des excédents d'une série d'exercices. Sans ces reports l'administration des travaux publics n'eût pu disposer que de 4 millions de piastres (2,400,000 fr.); or, on ne peut évaluer à moins de 1,600,000 piastres (960,000 fr.) les simples dépenses de personnel, de matériel, d'entretien des bâtiments et des forêts; il en résulte que, sans l'appoint des excédents des exercices précédents, on n'eût disposé que de 2,400,000 piastres (1,440,000 fr.) pour l'entretien des routes et des ports et pour les travaux neufs de toute nature : c'eût été une somme bien maigre; cependant, on peut y être réduit, dès les prochaines années, si les exercices financiers ne continuent pas à présenter des plus-values.

(1) D'après un télégramme de la fin de mars 1887, les coupes des forêts de la Khroumirie auraient produit 400,000 piastres, soit 240,000 francs dans la dernière année; on devait procéder à l'adjudication du démasclage de 800,000 chênes-liège. Enfin l'administration des forêts aurait l'intention de procéder à la construction d'un chemin de fer de 40 kilomètres allant dans la montagne de la Khroumirie pour l'exploitation des bois.

C'est une raison pour éviter la dispersion des crédits, pour faire toutes les entreprises avec le maximum de simplicité et d'économie, enfin pour ne pas s'épuiser, s'il en est temps encore, à une œuvre prématurée comme celle du port de Tunis, et se contenter d'aménagements à la Goulette qui permettent l'accès à quai des vapeurs en tout temps.

Le chapitre V du budget des dépenses contient une dotation de 400,000 piastres (240,000 fr.) pour les dépenses imprévues.

De cet examen attentif de la situation budgétaire il ressort que le budget tunisien est plus à l'étroit qu'on ne le pense généralement. S'il contient beaucoup de recettes défectueuses, il offre peu de marge pour les dépenses utiles. Le report des excédents des exercices antérieurs a donné un air un peu trompeur de large aisance au budget de l'exercice 1886-87; mais une fois ces excédents dépensés, si l'élasticité des impôts ne se manifeste pas par de nouvelles plus-values, on pourra difficilement pourvoir aux principales œuvres urgentes; celles-ci nous paraissent être toujours l'amélioration graduelle des routes dans la zone de la colonisation, l'installation sans luxe d'un port commode et la création d'une voie ferrée de Bizerte à Sousse et à Kairouan.

On comprend la circonspection de l'administration française de la Régence quand on réfléchit que les excédents de recettes des derniers exercices ont pour cause, non seulement les nouvelles méthodes introduites dans la perception des impôts, mais encore la faveur, toujours précaire et capricieuse, de la nature. Les quatre dernières années ont été des années très abondantes en pluies. d'où il est résulté que les récoltes se sont montrées plantureuses. Dans ces pays primitifs, où presque tous les impôts sont payés par les cultivateurs et où ceux-ci n'ont, pour la plupart, aucune réserve, les récoltes influent beaucoup plus sur les recettes fiscales que dans nos vieux pays où une grande partie de la population jouit d'une aisance ancienne et où les manufactures ont un développement égal à la production agricole. S'il survenait une série d'années de sécheresse et de disette, comme celles de 1866 à 1869, où la perception de l'*achour*, impôt sur les terres ensemencées, dut être complètement suspendu, le budget tunisien pourrait se trouver dans l'embarras.

On a lieu, sans doute, de penser que le calme dont jouit le pays (tandis que, de 1866 à 1869, quelques troubles s'étaient joints à la disette), les capitaux qui ont été apportés dans l'ancienne Régence, les nouveaux éléments de vie, préserveront le budget tunisien de ces défaillances. On peut même compter sur des plus-values régulières, mais non les escompter. En définitive, c'est un très brillant succès d'être arrivé en dix ans à donner une aussi bonne assiette aux finances de la Tunisie, et d'avoir fait que cette contrée ne coûte plus à la France que ses frais d'occupation. C'est par la fermeté et la prudence qu'on y est parvenu ; la même fermeté et la même prudence sont nécessaires pour s'y maintenir.

On parle, au moment où nous écrivons, de la fondation à Tunis d'une banque d'État ; cette institution ne nous paraît avoir aucun caractère d'urgence ; en tout cas, le plan proposé, autant qu'on en peut juger, offre un danger sérieux ; on autoriserait, dit-on, la Banque à ouvrir un compte d'avances au gouvernement beylical. Il nous paraît à redouter que cet établissement financier privilégié, n'ayant presque pas d'opérations lucratives à effectuer dans le pays, pendant une demi-douzaine sinon une douzaine d'années, ne pousse l'État dans la voie de la prodigalité.

Les finances tunisiennes ont un lien étroit avec le commerce du pays, celui-ci, par son développement, devant faciliter l'essor des impôts, ou, par son resserrement, l'arrêter. Il n'est pas sans intérêt de jeter un coup d'œil sur le mouvement des échanges de l'ancienne Régence avec l'étranger, avant et après l'occupation française.

Un document officiel récent fournit, à ce sujet, les seuls

chiffres auxquels on puisse se fier (1). Voici le tableau tant des droits perçus que des marchandises importées, pendant les dix dernières années. Il faut se rappeler que l'occupation française date du mois d'avril 1881, que pendant cette année 1881 et la suivante le corps d'occupation a atteint le maximum, variant entre 20 et 30,000 hommes, que le régime français peut être considéré comme étant entré sérieusement en application à partir de 1884 seulement, que le corps d'occupation n'a pas cessé de diminuer depuis 1882, pour tomber enfin au chiffre actuel de 12,000 hommes. Ces explications ont de l'importance, puisque les troupes sont naturellement des consommateurs de produits français et que l'influence des variations de leur nombre doit se faire sentir sur les importations. Les chiffres donnés ci-dessous sont en piastres; la piastre tunisienne, on le sait, vaut environ 60 centimes.

Années.	Droits perçus.	Valeur des marchandises.
	Piastres.	Piastres.
1er juillet 1875 au 30 juin 1876.......	1,613,012	20,538,026
— 1876 — 1877.......	1,145,486	14,318,576
— 1877 — 1878.......	1,373,499	17,168,747
— 1878 — 1879.......	1,723,343	21,566,799
— 1879 — 1880.......	1,598,012	19,600,536
— 1880 — 1881.......	2,133,484	26,790,892
— 1881 — 1882.......	2,903,671	37,530,435
— 1882 — 1883.......	3,521,655	44,942,556
— 1883 — 1884.......	3,185,836	46,607,747
1er juillet au 12 octobre 1884 (2)......	598,497	9,760,558
12 oct. 1884 au 12 oct. 1885 (Exercice 1302).	3,531,038	44,552,546
Totaux des cinq premières années.....	7,443,385 (3)	93,192,684
Totaux des cinq dernières années......	15,275,676	200,424,176
Excédent en faveur des cinq dernières années...............................	7,832,291	107,231,492

(1) *Régence de Tunis. Rapport de M. Paul Cambon*, résident général. Douanes, Tunis, 1886.

(2) Lorsque fut abolie la commission financière internationale, l'exercice financier commença suivant la mode tunisienne au 13 octobre ; de là vient cette section d'année du 1er juillet 1884 au 12 octobre 1884.

(3) Les totaux dépassent de quelques unités l'addition des chiffres par-

Il ressort de ce tableau que les cinq premières années, qui ont précédé l'occupation française, n'ont pas fourni moitié autant de marchandises à l'importation, que les cinq années suivantes. Pour les droits, il en est à peu près de même, quoique la différence soit un peu moindre, grâce à certains dégrèvements opérés depuis l'occupation française. Encore convient-il de dire que la comparaison entre ces deux groupes de cinq années chacun ne correspond pas exactement au changement de régime. L'année 1880-81 qui est, en effet, comprise dans la deuxième série d'années, n'a coïncidé que dans les trois derniers mois avec l'occupation française.

Ainsi les importations en Tunisie ont plus que doublé depuis que nous nous sommes installés dans la Régence : elles ont monté de 11 ou 12 millions de francs à 26 ou 27 millions de francs en chiffres ronds. Il est remarquable que, malgré l'affaiblissement du corps d'occupation depuis 1882 et 1883, les chiffres de l'importation se soient presque exactement maintenus; c'est la preuve que les progrès mêmes de la contrée ont compensé la diminution de 12 ou 15,000 hommes de l'effectif des troupes.

Le progrès des importations paraît se poursuivre, car les prévisions budgétaires de 1885-86 prévoyaient, de ce chef, une recette de 3,550,000 piastres (2,130,000 francs), en augmentation de 19,000 piastres sur les recettes encaissées en 1884-85, et les neuf premiers mois de l'année 1885-86 donnent une somme d'encaissements supérieure aux 9 douzièmes des prévisions.

Le régime des marchandises importées est fixé par les traités de l'ancienne régence avec les nations étrangères et par un décret du 3 octobre 1884. L'administration des douanes fonctionne désormais avec un personnel français.

---

tiels que nous reproduisons, c'est que nous avons négligé les fractions de piastres dans les chiffres de chaque année.

Les droits sont établis sur la valeur des marchandises; ils sont en général de 8 p. 100. Divers articles sont admis en franchise, comme les céréales et, depuis un décret du 9 septembre 1885, les machines agricoles importées directement par les propriétaires pour leurs exploitations et non pour en faire le commerce; cette distinction est bien subtile et devrait être supprimée, comme étant défavorable au petit cultivateur européen qui, il est vrai, tient jusqu'ici peu de place dans la contrée; en outre, l'énumération des machines agricoles exemptées est incomplète et donne lieu à des discussions fréquentes. Le sel, le tabac, quelques autres articles sont prohibés. Les vins et les spiritueux payent 10 p. 100 quand ils sont adressés à un négociant, et 3 p. 100 seulement lorsqu'ils sont destinés à la consommation d'un particulier qui n'en fait pas le commerce et qui remplit certaines formalités. Cette distinction paraît tout à fait oiseuse, elle doit faciliter les fraudes et multiplier les contestations. Il conviendrait de l'abolir et de fixer le droit à 10 p. 100 uniformément pour les vins : on devrait l'élever, d'autre part, à 40 ou 50 p. 100 pour les spiritueux, qui peuvent, comme en tout pays, supporter une taxation plus lourde.

Les principales marchandises importées dans les deux derniers exercices sont les suivantes :

Marchandises.	Années.	
	1883-1884	1884-1885
	Piastres.	Piastres.
Tissus de coton et de lin............	7,810,460	9,076,043
Tissus de soie, soie grise et filée.....	3,537,870	4,061,316
Tissus de laine....................	1,545,360	1,357,181
Vins et spiritueux.................	4,479,062	4,307,058
Denrées coloniales.................	3,763,960	4,015,770
Peaux, cuirs, chaussures...........	1,251,680	1,768,630
Farines...........................	2,537,610	2,170,922
Comestibles et produits alimentaires..	1,149,990	1,239,550
Fruits et légumes secs ou verts......	1,723,020	1,029,815
Drogueries.......................	1,374,600	1,439,709
Bijouterie et joaillerie..............	1,153,330	1,180,407

Marchandises.	Années.	
	1883-1884	1884-1885
	Piastres.	Piastres.
Articles de mode..................	265,000	1,193,872
Bois de construction..............	1,068,650	966,972
Briques, chaux, marbre et pierres...	1,619,030	1,419,262
Quincailleries....................	1,255,050	1,267,527
Fer et autres métaux bruts........	1,427,600	1,317,044

Les tissus de toutes sortes forment donc le tiers environ des importations, pour une somme de 13 millions de piastres en chiffres ronds (8 millions de francs) en 1883-84, et de 14,400,000 piastres (8,650,000 francs) en 1884-85. Le second groupe important, c'est celui des vins et spiritueux, dont on importe pour 2,600,000 à 2,700,000 francs environ, malgré la réduction du corps d'occupation. Les vins entrent en Tunisie pour une quantité de 60,000 hectolitres environ; ce chiffre devra se réduire dans un délai de trois ou quatre ans au fur et à mesure que les vignobles plantés viendront en production; le Trésor perdra de ce chef une légère somme de droits d'importation, il devrait compenser cette perte par l'élévation des droits sur les spiritueux. Quant aux autres marchandises, il y a plus de chances d'accroissement que de réduction de leur importation.

Si l'on recherche les pays d'où proviennent les marchandises importées, on voit que pour le premier semestre de l'exercice 1303 (13 octobre 1885-12 avril 1886), sur une importation de 24,603,207 piastres (14,700,000 francs), la France figure pour 12,178,345 piastres ou 7,300,000 francs, l'Algérie pour 764,000 piastres ou 3,10 p. 100, soit ensemble 52,59 p. 100, plus de la moitié du total. Viennent ensuite l'Angleterre pour 16,67 p. 100, l'Italie pour 13,90, Malte pour 7,39. Aucune des autres contrées n'atteint à 3 p. 100 de l'importation totale.

A quelque point de vue que l'on se place pour juger ce mouvement, il est donc satisfaisant : la mère patrie avec l'Algérie qui en est le prolongement fournit plus de la moilié de l'ensemble de l'importation. Celle-ci s'accroît : elle atteint encore des chiffres faibles, 26 à 27 millions de francs en tout par année, mais le développement s'en accentuera avec les progrès du pays. Les bénéfices que retire une nation colonisatrice ne doivent pas d'ailleurs, comme nous l'avons prouvé (1), se mesurer exclusivement sur le montant des exportations de la métropole dans la colonie.

Les exportations de la Tunisie ont, depuis le régime français, suivi une progression analogue aux importations. Voici un tableau qui le démontre ; un grand nombre de marchandises sont, ainsi qu'on a pu le voir, par l'analyse du budget tunisien, grevées de droits à l'exportation : on a réduit, d'ailleurs, depuis quelques années, dans des proportions plus ou moins sensibles, certaines de ces taxes, c'est ce qui explique que le montant des droits n'ait pas suivi exactement les variations du montant des marchandises exportées.

Années.			Droits perçus.	Valeur des marchandises.
			Piastres.	Piastres.
1er juillet 1875 au		30 juin 1876.........	2,756,690	25,060,821
—	1876	— 1877.........	2,160,514	19,641,037
—	1877	— 1878.........	1.434,446	13,049,418
—	1878	— 1879.........	2,692,715	22,692,469
—	1879	— 1880.........	1,935,112	18,198,332
—	1880	— 1881.........	3,938,949	36,554,646
—	1881	— 1882.........	2,218,014	18,719,450
—	1882	— 1883.........	4,109,931	29,471,294
—	1883	— 1884.........	4,087,924	30,903,422
1er juillet au 12 octobre 1884 (2).....			529,962	6,143,552
13 octobre 1884 au 12 oct. 1885 (Exercice 1302).............................			3,307,172	31,305,076
Totaux des cinq premières années.......			10,979,478 (3)	98,633,077
Totaux des cinq dernières années........			17,661,992	146,963,818
Excédent en faveur des cinq dernières années			6,682,514	48,330,741

(1) Voir notre ouvrage, *De la colonisation chez les peuples modernes, histoire et doctrine*. 3e édition, Guillaumin, éditeur, 1885.
(2) Nous faisons ici la même observation qu'à la note 2 de la page 419.
(3) La note 3 de la page 419 trouve ici également son application.

La progression ici est également sensible, elle frappe d'autant plus qu'elle ne peut pas être attribuée, comme en partie pour le développement des importations, à la présence d'un corps nombreux d'occupation. Sauf l'année exceptionnelle 1880-81, le maximum de l'exportation se trouva en 1884-85; le total a monté, dans cet exercice, à 31,305,000 piastres, ou 18,700,000 francs, c'est un chiffre encore bien restreint; il devient assez significatif, quand on sait, comme on le verra plus loin, contre quels obstacles ont à lutter les exportations tunisiennes, et qu'on réfléchit, en outre, que les cultures entreprises par les colons demandent une demi-douzaine d'années au moins pour arriver à la pleine production.

Les obstacles dont nous parlons consistent dans les droits élevés qui frappent les produits tunisiens à l'entrée en France et dans les taxes d'exportation qui les grèvent à la sortie de Tunisie.

Les marchandises les plus exportées sont les suivantes :

	Année 1884-85	Moyenne des cinq années précédentes.
	Piastres.	Piastres.
Huiles d'olives	10,298,528	11,363,802
Grignons	1,138,461	578,245
Blé	4,068,851	2,272,030
Alfa brut et ouvré	3,488,989	3,763,376
Éponges	2,196,561	1,516,180
Orge	1,928,864	934,020
Cuirs et peaux	1,191,146	994,819
Laine brute, lavée ou filée	846,999	1,090,646
Tissus de laine	1,840,081	779,282
Animaux de boucherie	389,370	685,564
Dattes	253,256	494,120
Légumes	695,962	401,816
Bonnets rouges (chéchias)	683,724	292,764
Savons	328,567	172,543
Cire	179,628	94,250
Tan	551,151	99,516
Poisson salé	179,628	94,250
Poulpes	149,677	59,272
Bêtes de somme et de trait	148,170	43,322

L'examen de ce tableau est très utile. On peut l'étudier au point de vue statique et à celui de l'évolution. Les principaux éléments des exportations tunisiennes, ce sont les huiles d'olives et les grignons, qui ne sont que les résidus des olives, puis l'alfa et les céréales (blé et orge); ces quatre chapitres figurent pour environ 22 millions de piastres (13,200,000 fr.), soit les trois quarts environ des valeurs exportées. Sur ces éléments principaux de l'exportation, il n'y a pas eu d'accroissement notable, sauf pour les céréales, en 1884-85 relativement à la moyenne des cinq années précédentes (1879-80 à 1883-84). Au contraire, quelques autres articles, comme les éponges, les légumes, le tan, les bêtes de somme et de trait, le savon, la cire, même les tissus de laine, ont témoigné d'un développement notable des exportations. On peut être presque assuré que pour certaines de ces marchandises, notamment pour le tan, peut-être pour les légumes, l'accroissement ultérieur sera considérable : viendront, en outre, dans quelques années le liège, puis le vin.

Il est probable aussi que les exportations d'huiles, sinon des grignons (résidus des olives), pourront, avec quelques réformes dans la législation, prendre une extension considérable ; car une partie de la Tunisie n'est qu'une verte olivette, sauvage il est vrai, mais dont les troncs seraient aisément greffés. Déjà une usine importante s'est installée à Sousse et traite les grignons au sulfure de carbone, pouvant produire jusqu'à 80,000 kilogrammes d'huile par jour ; cette extraction se fait à des frais d'autant moindres, que les résidus de l'extraction soit employés au chauffage de l'appareil. Quelques utiles réformes fiscales pourraient, en une demi-douzaine d'années, doubler l'exportation d'huile de l'ancienne régence.

La destination des marchandises exportées de la régence a beaucoup varié suivant les années. En 1884 les exportations tunisiennes à destination du *commerce spécial français* ont atteint la proportion de 71,24 p. 100 du total des exportations; en 1885 la part proportionnelle de la France dans les exportations tunisiennes est tombée à 33,65 p. 100; enfin pendant le premier semestre de l'exercice 1885-86 (13 octobre 1885 ou 12 avril 1886), la France n'a plus attiré à elle que 15,68 p. 100 des exportations tunisiennes, l'Algérie 9,35 p. 100, ensemble 25 p. 100, tandis que l'Italie entrait dans les exportations pour 42,01 p. 100, l'Angleterre pour 16,67, la Tripolitaine pour 8,26, Malte pour 5,80, l'Égypte pour 1,03, l'Espagne, la Turquie et la Grèce pour des fractions insignifiantes.

On ne peut, sans doute, juger la direction générale des échanges sur un seul semestre, fût-il le plus rapproché. Néanmoins, cette décroissance continue des exportations de la Tunisie à destination de la France pourrait avoir à la longue des inconvénients. La cause principale en est due aux droits qui existent chez nous sur les produits tunisiens; on devrait les supprimer entièrement et recevoir ces articles en franchise, comme ceux de l'Algérie. Il ne faut pas, par des taxes prohibitives en France, amener les exportations tunisiennes à prendre de préférence la voie de l'Italie.

Les relations entre la Tunisie et l'Italie sont déjà très étroites; nous ne devons pas nous en plaindre, mais il serait imprudent, par de fausses mesures commerciales, de les reserrer encore. « En un seul mois (août 1886) 102 bâtiments italiens, de faible tonnage il est vrai, entrent à la Goulette, tandis que ceux de la France et des autres nations n'y sont ensemble qu'au nombre de 36; le nombre total de leurs navires dans les divers ports de la régence, en 1884-85, a été de 1,456; celui des Français, de 833; l'année suivante (1885-86), nous arrivons pour les nôtres au chiffre de 943, mais eux, à 2,177, le tonnage toujours en notre faveur (1). »

(1) Ce passage est extrait d'un article sur *Les débuts d'un Protectorat, la France en Tunisie*, publié dans la *Revue des deux mondes* du 15 mars

Une législation douanière, comme celle de la France, qui, en traitant moins durement les produits italiens que les produits tunisiens, développe artificiellement les relations de la Tunisie avec l'Italie, puissance rivale pour nous, est une législation qui atteint le maximum de l'absurdité.

Les exportations tunisiennes se heurtent à des obstacles considérables qu'il faut soit écarter, soit abaisser : ce sont certains impôts intérieurs très lourds et les droits d'exportation. Comme tous les États musulmans et comme beaucoup de pays neufs, tels que la république Argentine, le Brésil, même comme l'Italie encore aujourd'hui pour quelques articles, la Tunisie demande une partie de ses ressources à des droits d'exportation. C'est toujours là une fâcheuse recette; nous ne disons pas qu'il convienne de la supprimer immédiatement et intégralement, car le budget tunisien, malgré qu'il soit en équilibre, ne jouit pas encore d'une base bien large et bien assurée. Il est bon, néanmoins, de faire entrer dans un plan de finances l'abolition en trois ou quatre exercices, s'il est possible, en six ou sept au plus, de la plupart des droits d'exportation, bientôt même de tous. Ce serait un sacrifice de 2 millions à 2,200,000 francs environ, qui, réalisé en quatre ans, devrait être compensé chaque année par 550,000 fr. de plus-values annuelles. Le malheur est que les autres impôts tunisiens ont peu d'élasticité et sont d'ailleurs fort mauvais, comme on le verra plus loin. Le mieux serait d'augmenter d'une somme égale les droits à l'importation, notamment ceux sur les spiritueux, le sucre, les denrées coloniales, et de recourir à un régime comme celui de l'octroi de mer algérien, venant se superposer à la douane. Nous avons eu bien des fois l'occasion de le remarquer, les droits de douane à l'importation, surtout sur les spiritueux et les denrées dites coloniales, pour les pays qui

1887 (page 339) par un anonyme, qui est, si nous ne nous trompons, un diplomate, ayant été le collaborateur de la première heure de M. Cambon.

n'en produisent pas, sont parmi les meilleures ressources que puissent se procurer les colonies jeunes et adolescentes (1).

Le régime des marchandises à l'exportation a été fixé par d'anciennes mesures beylicales qu'a révisées le décret organique du 3 octobre 1884, plusieurs fois rectifié lui-même depuis lors par des abaissements de droits. Les seules marchandises dont on prohibe l'exportation sont les femelles de tous les animaux, ce qui est une précaution excessive et qu'il conviendrait d'abandonner. Divers décrets, sous le régime français, ont supprimé les taxes établies à l'exportation du blé, de l'orge, des légumes secs, de même que certaines taxes accessoires sur la généralité des denrées, ainsi les droits de porte établies sur les marchandises indigènes circulant à l'intérieur, les droits de *giornata* perçus à l'exportation dans tous les ports de la côte, sauf ceux de Tunis et de la Goulette. On a réduit à 10 piastres 5 caroubes, soit environ 6 francs par quintal tunisien, au lieu de 16 piastres 8 caroubes, le droit sur les huiles exportées. Une série de décrets, en date du 25 juin 1885, a détaxé le gibier, l'écorce de noyer, les racines tinctoriales, les farines, le couscous, les semoules et les dérivés des céréales. Les écorces à tan des forêts de l'État, ce qui constitue pour elles un privilège injuste, « ont été dispensées du payement du droit établi sur le tan pour une période limitée au 12 octobre 1887. » L'ambiguïté de la phrase n'est pas de nous ; elle laisse dans l'incertitude si c'est la dispense pour les écorces de l'État, ou si c'est le droit lui-même qui pour le tan en général doit expirer en octobre 1887.

D'autres mesures ont été prises pour faciliter le transport des marchandises indigènes d'un port à l'autre : on a aboli un droit de 3 p. 100 *ad valorem* qui les frappait quand elles entraient dans un port de la régence, provenant d'un autre

---

(1) Voir notre ouvrage *De la colonisation chez les peuples modernes*, Guillaumin, éditeur, 3º édition.

port : on a supprimé aussi des taxes locales d'exportation qui, comme à Sfax, s'ajoutaient aux taxes générales. Différentes taxes de pesage ou de mesurage ont aussi disparu. Enfin, un décret du 5 juillet 1885 restitue aux marchandises exportées les droits perçus à l'entrée des villes de Tunis, Bizerte, la Goulette, Sfax, Sousse, Monastir et Mehdia, sur l'orge, le blé, les légumes, les farines et les dérivés des céréales.

Il était utile d'énumérer toutes ces mesures pour faire comprendre tout le poids des entraves qui, sous le régime tunisien, pesaient sur le commerce. L'administration française n'est pas restée inactive ; elle s'est mise à sérieusement les alléger; on en trouve la preuve, d'ailleurs, dans la décroissance du produit des droits d'exportation, qui n'ont plus rapporté que 3,307,172 piastres (2 millions de francs environ) en 1884-85, contre 4,087,724 piastres (2,450,000 fr.) en 1883-84 et 4,109,931 piastres (2,465,000 fr.) en 1882-83, quoique la valeur des marchandises exportées (31,305,076 piastres) en 1884-85 ait dépassé de 400,000 piastre le chiffre de 1883-84, et de près de 2 millions de piastres le chiffre de 1882-83. Le gouvernement français a renoncé ainsi et avec raison à une recette d'environ 500,000 francs.

Le tarif des droits d'exportation reste encore singulièrement touffu et fort lourd, quoiqu'un décret du 13 janvier 1887 ait édicté une nouvelle série de dégrèvements en diminuant les droits de sortie sur les animaux. Les taxes actuelles d'exportation sont, pour les principaux objets, les suivantes : sur les huiles d'olive 10 piastres 5 caroubes (6 fr. 25 environ), par quintal tunisien (50 kilogrammes), soit à peu près 12 à 13 p. 100 de la valeur courante de la marchandise; sur les grignons 2 piastres 2 (1 fr. 30), par caffi (6 hectolitres et demi); sur l'alfa 1 piastre 2 (70 centimes) ou 1 piastre 10 (1 fr. 10) par quintal tunisien, suivant que l'exportation s'en fait par le sud ou par le nord de la régence, distinction singulière ; sur les laines en suint 11 piastres 5 (6 fr. 85), par quintal tunisien, et 22 piastres 10 (13 fr. 70) par quintal sur les laines lavées ; les laines filées payent 10.20 p. 100 à la valeur et les tissus de laine 5.10 p. 100 ; on se demande comment on en peut exporter.

Les peaux de bœufs, vaches, veaux, chevaux, ânes, mulets, chameaux, sont taxées à 6 piastres 4 (3 fr. 80), par quintal tunisien ; celles de chèvres et chevreaux à 10 piastres 6 (6 fr. 30) ; celles de moutons et d'agneaux à 8 piastres 4 (5 fr.). Les citrons payent 4 caroubes (20 centimes), par caisse de 200 ; le savon, 4 piastres 5 (2 fr. 65) par quintal tunisien (50 kilogrammes) ; la soude, 15 piastres 8 (9 fr. 40) par cafû (6 hectolitres et demi) ; la cire, 10 piastres 8 (6 fr. 40) par quintal ; les figues sèches 2 piastres 2 (1 fr. 30) par quintal également ; les éponges non lavées, 15 piastres 8 (9 fr. 40) et les lavées 31 piastres 2 (18 fr. 70) par quintal ; le raisin sec acquitte 2 piastres 2 (1 fr. 30) par quintal de 50 kilogrammes. L'exportation du vin n'a pas été prévue, de sorte que cette marchandise sortira en franchise. Quant aux animaux, les nouveaux droits, ceux du décret du 13 janvier 1887, portent le total de la taxe d'exportation (droits accessoires compris) à 3 piastres 1 (1 fr. 85) par tête d'âne, 12 piastres 2 (7 fr. 30) par tête de bœuf, 10 piastres 2 (6 fr. 10) par taureau, 8 piastres 1 (4 fr. 85) par tête de veau, bouvillon ou taurillon, 15 piastres 3 (9 fr. 15) par chameau, 30 piastres 6 (18 fr. 30) par tête de cheval de quatre ans ou davantage, 20 piastres 4 (12 fr. 20) par tête de poulain, le même chiffre par tête de mulet, et 1 piastre 1 (65 centimes) par tête de mouton, agneau, bouc ou chevreau. Ces droits représentent encore dans la plupart des cas 5 à 6 p. 100 de la valeur actuelle, si dépréciée, de ces marchandises.

Un décret de la même date subordonne l'exportation des

olives fraîches des pays de *Khanoun* (impôt direct) à l'acquittement préalable d'un droit de 3 piastres 5 caroubes (2 fr. 05) par quintal tunisien (1).

Il est impossible de n'être pas frappé du poids de ces taxes. Il conviendrait de les réduire d'abord à 2 ou 3 p. 100 de la valeur des marchandises, c'est-à-dire de moitié environ, et ultérieurement, quand le budget tunisien sera plus à flot, de les supprimer.

Nous n'avons pas ménagé les critiques à l'organisation soit financière, soit douanière, de la Tunisie. Il serait absurde de considérer l'état de choses actuel comme définitif. Néanmoins, si l'on tient compte de ce que notre protectorat date seulement d'hier, si l'on veut bien se rappeler que l'année 1884 marque vraiment l'affranchissement de notre administration du vasselage où la tenaient la Commission financière internationale et les capitulations, on doit s'estimer fort heureux que, sans aucun sacrifice de la part du Trésor français, on soit arrivé à assurer au budget tunisien une série d'excédents de recettes, à doubler l'importation et à accroître d'environ 50 p. 100 l'exportation; on doit aussi savoir gré au premier résident français et à ses collaborateurs d'avoir allégé et simplifié dans une mesure déjà sensible, quoique insuffisante pour l'avenir, le lourd et enchevêtré régime qui pesait sur la Tunisie.

(1) *Bulletin de statistique* (ministère français des finances), février 1887, page 182.

CHAPITRE VII

LA COLONIE EUROPÉENNE ET LES PROJETS DE RÉFORME

L'état d'esprit des colons tunisiens. — La Chambre de commerce de Tunis. — Ses doléances. — Déboires d'une partie des colons. — Allégation que la Tunisie rétrograde. — Arguments sophistiques relatifs au commerce extérieur. — Il est inexact d'attribuer l'accroissement des importations au corps d'occupation.
Absurdité de l'argument tiré de l'excédent des importations sur les exportations. — Toutes les colonies jeunes importent plus qu'elles n'exportent : exemples de l'Algérie, des diverses colonies australasiennes et du Canada. — Une colonie jeune ressemble à un enfant qui doit plus recevoir que rendre.
Critiques relatives au budget tunisien. — Parti pris de dénigrement de la chambre de commerce de Tunis. — Impossibilité d'une refonte absolue du système des impôts.

Devant ces résultats, acquis dans la brève période d'une demi-douzaine d'années, il semble qu'il devrait y avoir un sentiment général de satisfaction. Il ne faudrait pas s'abandonner à cette confiance : ce serait mal connaître l'impatience naturelle au colon, surtout au colon français. On s'imagine qu'il suffit de changer de lieu pour rassembler en quelques mois une fortune, que, dans une colonie, toutes les spéculations doivent promptement réussir et que le temps ne fait rien à l'affaire. Il y fait beaucoup, c'est le grand maître : les longs efforts sont aussi indispensables dans une colonie que dans une vieille contrée; ils y sont seulement plus productifs.

Nos colons de là-bas se plaignent donc. On a constitué avec raison une chambre de commerce de Tunis, et son premier soin, comme celui de toute assemblée, c'est de faire entendre des doléances; la plainte est si naturelle à l'homme : c'est par un vagissement qu'il entre dans ce monde. Nous avons sous les yeux une brochure de cette chambre de commerce intitulée : *Exposé de la situation économique de la régence de Tunis*, et portant le sous-titre : *Nécessité de l'assimilation des produits tunisiens aux produits algériens à leur entrée en France*. Nous approuvons beaucoup ce sous-titre et l'idée qu'il exprime; cette assimilation, nous l'avons demandée bien des fois; le gouvernement français ne saurait plus longtemps négliger de s'en sérieusement occuper. La thèse de la chambre de commerce de Tunis est donc excellente; mais pourquoi faut-il qu'elle la gâte par de déplorables exagérations?

A l'en croire, il semblerait que la Tunisie fût en décadence, que, depuis l'administration française, elle eût reculé. Peut-on soutenir des idées aussi peu patriotiques et aussi extravagantes? Les preuves qu'offrent à l'appui de leurs affirmations téméraires les auteurs de ce document sont des plus singulières, tout en paraissant aux esprits superficiels des plus décisives. En 1880, on n'enregistrait à Tunis qu'une faillite; en 1881, pas une seule; en 1882, on en constate deux, puis sept en 1883, quatorze en 1884, quinze en 1885 et six dans les trois premiers mois de 1886. Voilà qui est probant : autrefois, il y avait un régime commercial irrégulier; tout se passait à la « bonne franquette »; on n'appliquait pas la loi sur les faillites et il n'y en avait pas; aujourd'hui on l'applique et il y en a. Le nombre des commerçants aussi a augmenté, surtout des Européens, qui, à peu près seuls, sont soumis au régime de la faillite, et l'on voit les dépôts de bilans devenir plus nombreux. Aux États-Unis, il y a beaucoup de faillites et à la Plata; nous sommes certain que dans dix ans, à Tunis, le nombre des faillites sera plus considérable qu'aujourd'hui.

Quoi d'étonnant, d'ailleurs, que, dans les cinq premières

années de la colonisation, il se rencontre des mécomptes? Des commerçants qui n'ont pas assez réfléchi, qui ne possèdent pas assez d'avances, qui ne connaissent pas les besoins du pays, viennent tenter la fortune dans une contrée neuve, et ils ne la trouvent pas ; c'est le train habituel de la colonisation. De même que, sur un sol neuf, les pionniers payent leur tribut à la fièvre, de même aussi un commerce nouveau ne peut éviter de payer tribut à la faillite. Il y a, cependant, à Tunis une cause spéciale de dépôts de bilans : c'est la facilité qu'y trouve la mauvaise foi de certains commerçants, soit indigènes soit israélites. On fera bien d'appliquer avec quelque rigueur nos lois françaises sur la banqueroute simple et la banqueroute frauduleuse (1).

Les membres de la chambre de commerce de Tunis comparent le mouvement du commerce extérieur de l'ancienne Régence pendant les dix dernières années, et ils arrivent à cette conclusion singulière que la Tunisie s'appauvrit. Suivez leur raisonnement, qui reproduit toutes les vieilles erreurs vingt fois réfutées. Le chiffre des importations dans la Régence, avant l'occupation française, variait entre un minimum de 8,400,000 francs pour l'exercice 1876-1877 et un maximum de 12,600.000 francs pendant l'année 1878-1879; pour les cinq années qui expirent en 1880, le total des importations atteignait 54,600,000 francs, soit une moyenne de 11 millions en chiffres ronds par année. De 1881 à 1885, ces chiffres augmentent considérablement ; l'importation atteint au total, pour ces cinq années, 118,200,000 francs, soit une moyenne de près de 24 millions de francs, plus du double de la moyenne précédente (2).

(1) Voir à ce sujet l'étude intitulée *Mémoire sur la situation commerciale à Tunis et causes de sa stagnation actuelle*, par M. Jacques Medina. Tunis, 1886.

(2) Nous reproduisons ici textuellement les chiffres donnés par la Chambre de commerce de Tunis dans sa brochure précitée, mais nous ren-

Il semblerait que ce soit là un signe de richesse ; le doublement des importations en cinq ans paraîtra aux hommes compétents un sujet de réjouissance. La chambre de commerce de Tunis ne le voit cependant qu'avec mélancolie. Elle prétend que la présence et l'entretien du corps expéditionnaire est la cause de cet accroissement d'importation. Nous entretenons dix à douze mille hommes au maximum en Tunisie : les importations en 1884-1885 se sont élevées à 26,400,000 francs, dépassant de 15 millions le chiffre de 1879-1880, qui n'était que de 11,400,000 francs, et l'on voudrait faire croire que ces 15 millions d'excédent représentent l'entretien des dix à douze mille soldats que nous avons en Tunisie, soit 1,200 à 1,500 francs pour chacun d'eux, quoiqu'ils tirent leur nourriture presque entière du sol tunisien même! Cet argument est vraiment inconsidéré : les trois quarts au moins de l'excédent des importations en 1885, relativement à 1880, ont pour unique cause le développement des affaires dans la Régence. Ce qui le prouve, d'ailleurs, c'est que malgré la réduction de plus de moitié du corps d'occupation depuis 1882 et 1883, les importations se sont maintenues au même niveau que dans les années où nous entretenions le plus de soldats.

Le raisonnement de la chambre de commerce de Tunis au sujet de l'exportation n'est pas plus heureux. Dans la période de 1875 à 1880, dit-elle, les exportations se sont élevées à 58 millions de francs, soit 11,600,000 francs par année. De 1880 à 1885, elles atteignent 86 millions, soit 17,200,000 francs comme moyenne annuelle. Il semble que ce soit là un progrès de 5,600,000 francs, soit de 50 pour 100 environ, dont on ait lieu de se réjouir. Ce n'est certainement pas le corps expéditionnaire qui a contribué à cet excédent; car nos soldats, que nous sachions, n'exportent aucune marchandise.

voyons pour les chiffres officiels du commerce extérieur à la seconde partie du chapitre précédent du présent ouvrage.

Néanmoins, devant cet heureux résultat, la chambre de commerce de Tunis reste morose; il lui suffit, pour qu'elle s'attriste, que dans la période quinquennale qui a précédé l'occupation, les exportations aient dépassé de 3 millions les importations, tandis que dans la période quinquennale suivante, les exportations sont restées de 32 millions de francs au-dessous des importations. Le pays court à la ruine, puisqu'il reçoit plus de marchandises qu'il n'en envoie.

Voilà, vraiment, des colons bien peu expérimentés et peu instruits des choses de la colonisation. S'ils comparaient, ils verraient que leur cas est celui de toutes les colonies jeunes et florissantes : l'Algérie, l'Australie, le Canada. En Algérie, d'une façon régulière, l'importation est au moins double de l'exportation; en 1882, par exemple, les importations montent à 404 millions et à 311 millions en 1883, contre 141 millions et 131 millions à l'exportation pendant les mêmes années (1). L'ensemble des colonies australiennes en 1884, dernière année dont nous ayons le compte rendu sous les yeux, importent pour 1,600 millions de francs et exportent pour 1,364 millions; le Canada, en 1884, importe pour 650 millions et exporte pour 511 ; de même au Cap; je pourrais poursuivre à l'infini.

C'est que les membres de la chambre de commerce de Tunis ne réfléchissent pas qu'une colonie est comme un enfant qui, pendant toute la période de l'enfance et de l'adolescence, doit naturellement plus recevoir que rendre. Quand une société française plante 3 ou 400 hectares de vignes en Tunisie, cela lui coûte 1,400,000 ou 1,800,000 francs, dont les deux tiers ou les trois quarts représentent le prix d'achat de la terre, le prix de la main-d'œuvre, les traitements, etc. Mais le tiers ou le quart de ces 1,400,000 ou 1,800,000 francs vient en Tunisie sous la forme de charrues,

(1) On peut voir plus haut (page 178) que cette situation a persisté pendant les années suivantes : il est à croire qu'elle continuera fort longtemps.

de défonceuses, de machines agricoles, de matériaux de construction tels que les tuiles, les madriers, les colonnes de fonte, de vaisselle vinaire, parfois même d'animaux. comme des mulets ou des chevaux de France, etc. Toute cette importation enrichit la colonie, y apporte du capital. Ce n'est que plus tard, quand le vignoble est en rapport, que l'exportation se développe et fait rentrer les capitalistes dans leurs avances.

Voilà l'explication de ce phénomène universel, que toutes les colonies, pendant la période de l'enfance et de l'adolescence, qui dure un demi-siècle, trois quarts de siècle, parfois un siècle ou davantage, importent beaucoup plus qu'elles n'exportent. C'est signe de santé, c'est surtout signe de croissance.

On pourrait s'associer à la chambre de commerce de Tunis quand elle prend à tâche de démontrer que le budget tunisien est très fragile et que son excédent est assez précaire. Malgré un certain fond de vérité, il y a d'ailleurs, dans les critiques à cet égard de la chambre de commerce de Tunis, un parti-pris de dénigrement qui est lamentable; il est, d'autre part, en contradiction avec les désirs exprimés par cette même chambre de commerce. Voilà des hommes qui déclarent qu'on a beaucoup exagéré la prospérité des finances de leur pays, et ils demandent des dégrèvements énormes; soyez logiques : si votre budget n'est pas solide, il ne faut pas réduire les impôts, il faut les accroître. Mais non, le budget tunisien, tout en étant fort à l'étroit, vaut mieux que ne le dit la chambre de commerce de Tunis, il a joui d'un excédent réel d'environ 4 millions par an depuis quelques années; seulement cet excédent vient d'un très rigoureux esprit d'économie dans les dépenses, et une certaine part des plus-values de recettes provient de ce que les récoltes des dernières années ont été excellentes, et pourrait disparaître si l'on traversait une période de mauvaises récoltes. Voilà pourquoi il convient d'agir avec prudence et de ne pas affecter témérairement à des dégrèvements d'impôts l'intégralité de cet excédent.

Quant à l'idée d'une refonte complète des impôts, ce serait une souveraine imprudence : jamais aucun pays n'a pu réussir à substituer en bloc un système d'impôts nouveaux supposé plus rationnel à un système d'impôts anciens auxquels la population était habituée. La révolution française, qui a voulu le faire, n'a abouti qu'à une double banqueroute. L'habitude est pour beaucoup dans la résignation à supporter les impôts : si on voulait transformer brusquement et totalement le régime fiscal tunisien, on s'exposerait à ces deux inconvénients graves : mettre le trésor à sec et mécontenter les indigènes, dont on troublerait les usages ; les impôts nouveaux, même rationnels, provoquent toujours du mécontentement et parfois des insurrections. Aucun gouvernement sérieux ne courra une aussi périlleuse aventure.

Nous ne faisons aucune difficulté de reconnaître que le système fiscal de la Tunisie est très défectueux ; il est défectueux non seulement au point de vue absolu, ce qui sera toujours le cas, quoi qu'on fasse, des pays très lourdement taxés ; il est impossible de répartir équitablement et commodément un poids considérable de taxes. Mais il est défectueux aussi au point de vue relatif, la fiscalité y étant plus enchevêtrée, plus emmêlée, et à certains égards plus oppressive ou plus arbitraire que dans beaucoup d'autres pays du monde. Aussi ne doit-on pas renoncer à l'espoir de l'améliorer ; seulement il y faut beaucoup de temps, de science et de prudence ; c'est partiellement qu'on y peut parvenir, en s'aidant des excédents budgétaires et en ne substituant qu'après beaucoup d'études et avec beaucoup de tempéraments un impôt nouveau à des impôts anciens.

Nous avons déjà dit dans le chapitre précédent ce que nous pensons des droits d'exportation qu'on retrouve, d'ailleurs, dans plusieurs contrées d'une haute civilisation, la république Argentine, le Brésil, même l'Italie. Il conviendrait de supprimer ces taxes dans un délai de trois ou quatre ans, après les avoir réduites d'abord de moitié ou des deux tiers pendant une période préliminaire, de façon qu'ils ne représentent plus que 3 à 4 pour 100 de la valeur des marchandises. L'État tunisien perdrait ainsi une ressource de 2,300,000 piastres, soit 1,400,000 francs (1); il la perdrait en deux fois, par la réduction d'abord à moitié des droits actuels, puis par leur suppression. Cela lui rendrait la transition plus aisée. Il ne faut pas oublier que 1,400,000 francs pour le budget tunisien représentent à l'ensemble des ressources propres à l'exercice une proportion aussi forte que 250 millions dans le budget français.

Si l'on voulait procéder de façon à ne pas compromettre l'équilibre budgétaire et à faciliter l'amélioration des impôts intérieurs, il conviendrait de doubler, et même de tripler les droits à l'importation, sur les spiritueux et les denrées coloniales notamment. Les droits de douane à l'importation produisent à l'Algérie, y compris l'octroi de mer, 15 à 16 millions de francs de ressources régulières. Il est absurde qu'ils ne soient inscrits que pour 1,750,000 piastres (1,070,000 fr.), y compris les droits sur les vins et les spiritueux au budget tunisien. La population de la Tunisie dépasse le tiers de celle de l'Algérie; le nombre des Européens, il est vrai, n'y est guère que du cinquième ou du sixième de celui que l'on trouve dans nos possessions algériennes; mais la douane tunisienne à l'importation devrait tout au moins fournir le cinquième de ce que rapporte la douane algérienne, soit 3 millions à 3 millions et demi de francs; ce chiffre dépas-

(1) Ces chiffres, ainsi que ceux des droits d'importation, cités quelques lignes plus bas, sont ceux du budget de prévision pour l'exercice 1886-87 : ils sont fort inférieurs aux chiffres mentionnés pages 419 et 423 et qui concernaient les exercices antérieurs. La raison doit en être dans les dégrèvements effectués depuis 1885.

serait ce que donnent aujourd'hui les droits d'importation et ceux d'exportation réunis; on pourrait donc supprimer les derniers, et l'on disposerait encore de 6 à 700,000 francs pour la réforme des impôts intérieurs.

Il n'est pas douteux que les taxes perçues sur les produits ou à l'entrée des marchés, l'*achour*, les *kanouns* sur les oliviers, les dîmes, les *mahsoulats* ou redevances multipliées, incommodes et en partie arbitraires sur les échanges, ne soient fort nuisibles. Il faut dire, cependant, qu'ils le sont un peu moins dans la pratique que dans la théorie, parce que l'application, comme toujours pour les taxes oppressives, admet des tempéraments; ceux-ci, toutefois, laissent beaucoup de place à l'arbitraire.

Comme dans tous les pays primitifs, l'impôt foncier n'existe pas en Tunisie; les novateurs qui proposent de l'y introduire ne savent pas ce qu'ils écrivent et ne comprennent rien à la matière. En Algérie même, après cinquante-sept années de domination, on n'est pas encore arrivé à constituer l'impôt foncier rural, même pour les colons, et il n'a jamais été question de l'y établir, du moins jusqu'à ce jour, pour les indigènes.

On doit tenir compte, pour l'impôt sur des populations primitives, non pas de la totalité du sol qu'elles détiennent, mais de la partie qui est ensemencée chaque année. En Tunisie, l'*achour* ou dîme variable avait été réformé dans le sens d'une taxe fixe par *mechia* ensemencée. La *mechia* est l'étendue assez considérable de terrain qu'une certaine quantité de semences est appelée à féconder: en moyenne, c'est 10 hectares; mais parfois seulement 8 ou 9. L'*achour* doit prélever par *mechia* 5 *ouibas* de blé et 5 *ouibas* d'orge (la *ouiba* égale 40 litres); dans les pays où l'*achour*, au lieu de se prélever en nature, se perçoit en argent, le prix de conversion est de 50 piastres, 30 francs, par *mechia*, soit 3 à 4 francs par hectare.

Cette charge est fort élevée : dans la pratique, on l'abaisse. L'*emin*, ou personnage qui correspond à notre contrôleur, reçoit les déclarations et les vérifie; si les blés ou les orges ont mauvaise apparence, il peut tenir compte du résultat probablement fâcheux de la récolte, en n'inscrivant que la moitié ou le tiers des *mechias* cultivées, au lieu de la totalité. La dureté de l'impôt diminue par ces atténuations. C'est ainsi que le produit de l'*achour*, tant en nature qu'en argent, est porté au budget de 1886-87 pour une somme de 2,000,000 de piastres, soit 1,200,000 francs ; or, on n'évalue pas à moins de 60,000 ou 70,000 mechias, soit 600,000 à 700,000 hectares, les étendues ensemencées chaque année. L'*achour* exigerait donc environ 2 francs en moyenne par hectare de blé ou d'orge, ce qui cesse d'être excessif.

Malheureusement l'arbitraire et l'incertitude sont inséparables du mode d'assiette ; mieux vaudrait réduire le taux officiel de la taxe et la percevoir d'une façon plus égale. Il est vraisemblable que les gens riches et puissants parviennent à se soustraire à l'impôt, dont le poids est surtout rejeté sur ceux qui sont moins aisés. On pourrait peut-être faire de l'*achour* ce qu'il est en Algérie et y joindre d'autres taxes fixes par tête de bétail, comme les impôts auxquels les Arabes algériens se plient sans difficulté. La substitution de l'*achour* en argent à l'*achour* en nature serait un grand soulagement pour le trésor.

Qu'on ne s'y trompe pas, néanmoins: ces mesures ne peuvent se prendre qu'avec beaucoup de précaution pour ne pas mécontenter et choquer la population par la nouveauté. Un bât auquel on est habitué paraît souvent moins pénible qu'un nouveau d'une autre forme et plus léger.

Les droits sur les huiles sont particulièrement écrasants, comme en témoigne le tableau qui suit, lequel s'applique à la région de Tunis, Bizerte et du cap Bon.

L'impôt se perçoit d'abord sur la vente des olives qui paye un achour de............	11 p. 100 de la valeur.
Au moment de la trituration, le fermier de l'achour perçoit en nature sur le produit fabriqué.....................	11 —
De plus, le fabricant paye le notaire chargé de percevoir la dîme et les frais de mesurage, soit environ....................	1 —
Dans l'arrondissement de Tunis, les grignons appartiennent au gouvernement, et on doit les lui rendre à Tunis, ce qui représente une perte de................	5 —
Les droits d'exportation s'élèvent à 10 piastres 5 karoubes par 50 kil., soit par 100 kil., 13 francs ou...................	13 —
Enfin les droits d'entrée à Marseille sont de 4 fr. 50 par 100 kil., bruts, soit, pour le net, 5 francs par 100 kil., ou...........	5 —
Total des droits.........	46 p. 100 de la valeur.

On remarquera toutefois que sur cette note, qui provient d'un commerçant, on inscrit à la fin le droit payé à Marseille, lequel ne concerne pas le trésor tunisien. Nous espérons qu'on le supprimera, de sorte que la charge resterait seulement de 41 p. 100 de la valeur, ce qui est encore énorme : en supprimant le droit d'exportation, on ne serait plus qu'à 28 p. 100 et, en retranchant les frais de mesurage au notaire et la servitude relative aux grignons, on descendrait à 22 p. 100, ce qui serait plus tolérable, tout en étant encore fort élevé.

On se plaint aussi de ce que les impôts soient affermés, ce qui donnerait lieu à des exagérations, des inégalités, des vexations dans la perception. L'affermage est un procédé très utile au fisc dans les pays primitifs; dans les autres, on le remplace par les impôts de répartition qui ont l'inconvénient de manquer d'élasticité. Quant à des impôts de quotité, les seuls qui suivent de près le développement de la richesse du pays, il faut une administration très habile, très vigilante et très impartiale pour y recourir et les faire bien fonctionner. Quand le protectorat sera plus ancien, on pourra dans certains districts faire l'expérience de la perception directe par les agents du trésor, en entourant de beaucoup de tempéraments cette épreuve qui ne laissera pas que d'être délicate.

Les droits qui soulèvent le plus d'opposition sont encore les *mahsoulats* ou droits de marché. Ils concernent surtout les rapports entre les indigènes, car les colons qui produisent en vue de l'exportation peuvent aisément y échapper. Un droit général de caroube frappe toutes les ventes et n'est pas inférieur à 6,25 p. 100; c'est l'analogue de l'ancien *alcavala* qui eut dans l'Espagne des commencements des temps modernes de si pernicieux effets. Il faut rétribuer ensuite dans chaque marché le crieur public, le notaire, dont l'intervention est obligée, et le papier timbré où est rédigée la quittance. Le chameau qui a apporté les denrées paye un droit de 2 piastres ($1^{fr},20$) en arrivant au marché. Certains articles payent davantage, par exemple les légumes frais, qui acquittent 25 p. 100 de la valeur. Il est vrai qu'il peut y avoir des accommodements qui réduisent la valeur sur laquelle l'impôt se perçoit. Toutes ces taxes sont trop touffues; il y aurait avantage à les élaguer et à les concentrer. On ne doit pas oublier, toutefois, que si l'on réunit les monopoles et marchés affermés qui sont inscrits pour 4,900,000 piastres (2,940,000 fr.) au budget de 1886-87, les monopoles et marchés non affermés qui y figurent pour 1,500,000 piastres (900,000 fr.) et les produits des *mahsoulats* qu'on compte pour 2 millions de piastres (1,200,000 fr.), on obtient un total de 8,400,000 piastres, soit 5,040,000 fr., ou environ 30 p. 100 de l'ensemble des recettes ordinaires de la Tunisie. On ne peut traiter légèrement un ensemble de taxes qui fournit à un budget, d'ailleurs fragile, près du tiers de ses ressources. La réforme doit être circonspecte et graduelle.

Il faut ajouter que tous ces impôts divers pèsent surtout sur les indigènes. Les grandes propriétés européennes sont fort peu taxées : elles n'acquittent pas d'impôts fonciers, elles échappent, non pas toujours, mais en grande partie, aux droits de marché en vendant leurs récoltes en gros et en dehors même des marchés ; enfin elles s'entendent avec l'*emin* pour l'*achour*.

La transformation des impôts tunisiens, pour s'effectuer sans mécompte, devrait se rapprocher du système algérien : un mode d'impôt différent pour les Européens et pour les Arabes ; pour ceux-ci des taxes sur les charrues, sur les têtes de bétail, en outre, la capitation ; nous renvoyons le lecteur aux détails que nous avons donnés plus haut sur l'*achour*, l'*ockor*, le *zekkat* et la *lezma* (1). Mais nous devons rappeler que ces impôts ne produisent que 18 à 20 millions de francs pour une population plus que double de la population tunisienne. Un relèvement notable des droits de douane à l'importation est la condition essentielle de toute réforme ; les produits nets des forêts pourront aussi dans trois ou quatre ans, surtout dans six ou huit ans, y aider.

L'examen dans lequel nous sommes entré témoigne de l'impossibilité d'une refonte soudaine de la fiscalité tunisienne et des difficultés des améliorations partielles. En matière d'impôts, l'histoire nous apprend que les bonnes intentions sont souvent méconnues par les contribuables.

Il est un point sur lequel nous approuvons sans restriction les doléances de la chambre de commerce de Tunis, c'est quand elle sollicite l'assimilation à l'entrée en France des produits tunisiens aux produits algériens, c'est-à-dire la franchise de droits. Le conseil général des Bouches-du-Rhône a plusieurs fois émis un vœu dans le même sens. Sur ce point, il faut donner aux colons une satisfaction complète et prompte ; tout l'avenir de la colonisation en dépend.

Presque tous les Français ignorent que les produits tuni-

---

(1) Voir la première partie de cet ouvrage, page 209.

siens sont traités en France comme étrangers et frappés de droits qui sont parfois doubles ou triples de ceux qui grèvent les produits italiens, espagnols ou allemands. On doit modifier radicalement ce système ou renoncer à toutes les perspectives d'une colonisation fructueuse. Ce sont les principaux produits tunisiens qui payent à la douane française un tribut exceptionnellement lourd. S'il ne s'agissait, par exemple, que du gibier et des volailles qui, venant d'Allemagne, d'Espagne ou d'Italie, ne sont taxés par la douane française qu'à 5 francs les 100 kilogrammes, tandis qu'ils doivent acquitter 20 francs s'ils viennent de Tunis, on pourrait fermer les yeux sur une anomalie qui n'aurait que peu d'importance. Mais voici les huiles d'olive, le principal produit tunisien, qui payent 4 fr. 50, tandis que celles d'Italie ne sont imposées qu'à 3 francs par notre douane; les semoules italiennes sont taxées à 3 francs et les tunisiennes à 6 francs; quand la Tunisie exportera ses vins, si rien n'est changé au régime douanier de la France, elle devra payer à Marseille, à Cette ou à Bordeaux, plus du double du droit qui grève les vins italiens ou espagnols. Ainsi la France se conduit envers son nouvel enfant comme une marâtre.

Les conséquences de cette mesure, on les a vues dans le chapitre précédent : c'est que les exportations tunisiennes prennent de plus en plus le chemin de l'Italie; c'est le marché italien, non le marché français, qui devient le débouché de la Tunisie; les relations commerciales, par notre faute, s'établissent avec la péninsule, qui est si près, non avec la terre de France, qui est plus loin. Nous aggravons à plaisir, par nos règlements absurdes, l'inégalité de la distance qui est déjà à notre désavantage. Les produits tunisiens vont dans les ports d'Italie soit pour y être consommés, soit pour prendre le pavillon italien afin de s'assurer dans nos ports un traitement moins défavorable. On ne peut concevoir de conduite plus impolitique que la nôtre. Le rapport de M. Paul Cambon sur les douanes (année 1886, page 32) est très explicite à ce sujet. L'Italie, dans le premier semestre de l'exercice 1885-86, figure pour 42,01 p. 100 dans le total des exportations tunisiennes, l'Angleterre pour 16,67 et la France continentale seulement pour 15,68 p. 100. Voilà l'effet de l'absurde régime douanier auquel nous maintenons la Tunisie. Nous travaillons à faire de cette contrée une colonie italienne.

Il faut renoncer, sans tarder, à un traitement douanier qui a des conséquences aussi fatales à la France.

Ce n'est pas une réduction de droits, c'est la franchise absolue de droits sur les produits tunisiens à la douane française qui constituera la seule solution heureuse. On allègue, comme obstacle à cette réforme, les traités de commerce qui nous lient à différents pays et qui contiennent la clause de la nation la plus favorisée, clause dont pourraient se prévaloir les nations étrangères. Ce n'est pas là un argument sérieux ; en réalité, les autres puissances européennes n'ont aucun intérêt substantiel à s'opposer à l'affranchissement en France des produits tunisiens : grâce, en effet, à une disposition précieuse de la loi du 17 juillet 1867, les produits tunisiens peuvent entrer en franchise en Algérie par la voie de terre, et de là en France, où ils échappent à la douane française comme provenance algérienne : cela sauvegarde en partie les intérêts de l'agriculture tunisienne, en imposant, toutefois, à ses récoltes des détours qui équivalent à une augmentation de frais; mais le grand inconvénient de la continuation du régime actuel, c'est qu'il sacrifierait absolument la ville de Tunis et le port de Tunis. On peut se passer de consulter les nations étrangères et, par un simple article de notre loi du budget, déclarer que les produits tunisiens, venant directement de Tunis, seront reçus en franchise en France, de même qu'ils le sont déjà en Algérie.

Rien de plus simple que cette conduite : il ne se produirait pas de récriminations, ou, s'il en surgissait, ce ne serait que pour la forme. L'Autriche et la Hongrie pour la Bosnie et l'Herzégovine, l'Angleterre pour Chypre, la Bulgarie elle-même pour sa ligne de douane, ont pris bien d'autres licences. Les traités de commerce qui lient la France expirent, d'ailleurs, en 1892. Mais ce serait une grande faute que d'attendre cette date éloignée. Il est si facile de l'anticiper par de simples mesures qui n'auraient même pas besoin d'être des lois. Quoi de plus aisé, par exemple, que de considérer comme marchandises algériennes tout le chargement des navires qui, partant de Tunis, auraient fait escale en Algérie?

Si la France n'accomplit pas, sans tarder, cette réforme, elle montrera une fois de plus que le sens politique lui est étranger, qu'elle ne sait travailler que pour autrui, qu'elle pratique toujours la maxime des vers antiques : *Sic vos non vobis mellificatis, apes,* etc.

On dit que le ministère des affaires étrangères de France serait favorable à cette réforme, mais que le ministère du commerce s'y montrerait obstinément opposé. Ce serait de sa part une niaiserie et une preuve de vue singulièrement courte. Ce ne serait pas les 10, 15 et même les 20 ou 25 millions de francs de marchandises diverses que la Tunisie pourrait introduire en France qui feraient une concurrence sérieuse aux marchandises françaises. Il s'agit de détourner de l'Italie vers la France le courant d'exportation tunisien.

Le procédé à suivre est très simple, c'est d'établir une union douanière entre la Tunisie et la France. Au point de vue diplomatique, l'Union douanière ne peut susciter aucune difficulté sérieuse. Ce n'est, d'ailleurs, ni l'Autriche-Hongrie, pourvue de la Bosnie et de l'Herzégovine, ni la Grande-Bretagne, coutumière des perpétuelles annexions, qui pourraient protester avec quelque décence : ces précédents en imposeraient aux autres puissances. Cette union pourrait s'établir sans aucune résistance. Le Zollverein, ou union des différents États allemands, qui était une bien autre affaire, a pu fonctionner sans entrave, alors que l'Europe avait de bien autres susceptibilités qu'aujourd'hui.

Pour que le trésor tunisien, toutefois, ne fût pas victime d'un état de choses qui diminuerait le rendement de ses douanes, il faudrait établir en Tunisie l'octroi de mer, tel qu'il existe en Algérie et que nous l'avons décrit (1). Le budget tunisien retrouverait alors à peu près la compensation et bientôt même beaucoup plus que la compensation de tous ses droits de douane actuels.

Le régime du protectorat doit être maintenu en Tunisie, mais les liens de la contrée protégée avec la contrée protectrice doivent être de plus en plus resserrés. Une fois accomplies ces réformes urgentes, nous serons tranquilles sur l'avenir de la Tunisie. Les énormes capitaux qui se forment chaque année en France et qui cherchent avec anxiété, sans le rencontrer, un intérêt sûr de 4 1/4 ou 4 1/2 pour 100, les forces perdues qui se lamentent sur l'encombrement des carrières, peuvent se rendre dans ce pays si bien doué de la nature. Il faut, toutefois, que les colons se souviennent qu'il est trois conditions nécessaires à la prospérité des colonies : l'énergie, la persévérance et le temps.

Il faudra, toutefois, prendre quelques précautions pour que la France ne couve pas en Tunisie un œuf italien. On calcule qu'il est arrivé dans ce pays en une seule année sept mille cinq cents Italiens (2). C'est certainement quatre

---

(1) Voir page 187.

(2) Il en serait venu 15,987 et sorti 8,449. Ces chiffres empruntés à un article de la *Revue des Deux-Mondes* du 15 mars 1887 ne concordent pas, il est vrai, avec les statistiques italiennes. D'après ces dernières le chiffre des émigrants italiens à destination de la Tunisie aurait été seulement de 301 en 1876, 282 en 1877, 585 en 1878, 467 en 1879, 260 en 1880, 265 en 1881 ; il serait monté à 2,235 en 1882, puis serait redescendu à 1,867 en 1883, 637 en 1884 et 818 en 1885 (*Statistica della Emigrazione italiana per gli anni 1884 à 1885*, page 19). Les chiffres de la statistique officielle italienne nous paraissent au-dessous de la vérité.

ou cinq fois plus que de Français. Il serait absurde de fermer notre nouveau domaine aux travailleurs si utiles que la Sicile et les Calabres peuvent lui fournir. Mais il faut s'efforcer de les franciser. On ne doit rien épargner pour les écoles et pour le clergé français en Tunisie. Quelques centaines de mille francs consacrés à subventionner des prêtres français dans les principales villes de la régence seraient un crédit patriotiquement dépensé. Si l'on veut faire en Tunisie de la politique anti-cléricale, ce sera une preuve d'une maladie dont les premiers symptômes sont nombreux et alarmants; le crétinisme parlementaire.

Au point de vue de l'avenir de notre influence en Afrique, la Tunisie a une importance considérable. Quand nous aurons donné notre langue à plusieurs dizaines de milliers d'Arabes tunisiens, nous trouverons dans les indigènes des instruments excellents pour étendre notre influence sur le Sahara et jusqu'au Soudan. Quels agents pourraient valoir ces néophytes? Les anciens élèves du collège Sadiki accompagneront soit nos colonnes, soit nos explorateurs, soit nos commerçants. Les Touareg alors seront moins à craindre et ne nous arrêteront pas longtemps. Il ne nous faut plus que persévérer, car les commencements de l'œuvre sont bons.

En résumé, nos débuts en Tunisie ont été heureux et nous avons bien compris notre tâche. On doit approuver hautement l'intelligence et le zèle de notre premier résident, M. Cambon, qui a été, de la part d'intrigants, l'objet d'attaques injustifiables. Il paraît à craindre que son successeur n'ait quelque tendance à exagérer le personnel administratif et à accroître prématurément les dépenses.

Dieu nous garde de jeter sur le second résident de la République française à Tunis un blâme qui pourrait être prématuré! Mais s'il est trop tôt pour le juger, il ne l'est pas pour lui donner quelques conseils. On appréhende de rencontrer dans le nouveau représentant de la France en Tunisie une attitude trop préfectorale, qui rappelle le fonctionnaire métropolitain imbu de certains préjugés, manquant de la largeur de vues et de l'indépendance d'esprit nécessaires à un pays neuf. On lui attribue une disposition fâcheuse au développement du fonctionnarisme. Nous souhaitons que ces funestes tendances disparaissent et que le chef de notre administration tunisienne se rende compte qu'une jeune et adolescente colonie diffère singulièrement d'un département français.

La France a eu la bonne fortune de trouver dans son premier résident à Tunis un homme d'État et un administrateur. Il ne faudrait pas qu'il eût pour successeurs de simples politiciens, qui fissent de la Tunisie la proie des aventuriers, des chercheurs de places et de concessions. L'ancienne Régence de l'est, par un bienfait du sort, a jusqu'ici échappé à la tutelle administrative et au parasitisme des fonctions publiques. Il serait regrettable qu'on lui inoculât cette lèpre du vieux monde et, à vraiment parler, ce mal français.

La Tunisie a le bonheur de ne point posséder de députés au Parlement. Elle doit demeurer, très longtemps du moins, une colonie dans le genre de ce que les Anglais appellent des *Crown-Colonies*, colonies de la couronne, telles que Maurice et les Antilles anglaises. La préserver du *virus* politicien doit être un des grands soucis de notre gouvernement. Ce sera le meilleur moyen d'y maintenir une bonne administration des finances, d'y favoriser l'expansion agricole et commerciale, d'y conserver enfin et d'y développer même l'union des races.

La Tunisie ne doit pas être la copie de l'Algérie ; elle doit en former, au contraire, la contre-partie. Il y a peu de traits communs entre les deux anciennes régences. Elles doivent demeurer séparées et distinctes. Nous désirons que l'on maintienne aussi longtemps que possible le protectorat. Peut-être, cependant, un jour, dans quarante ou cinquante ans, sera-t-il difficile de conserver l'autorité nominale du bey, et sera-t-on contraint d'annexer la Tunisie à la France : c'est une solution que l'on doit autant que possible reculer. Mais si la Tunisie doit être un jour annexée, c'est à la France, ce ne doit pas être à l'Algérie. Nos deux possessions voisines doivent garder chacune leur individualité, leur développement séparé. Elles ne feraient que se nuire mutuellement et s'entraver en voulant s'unir. Leur séparation est une garantie pour chacune d'elles et une garantie aussi pour la France.

Qu'on laisse la Tunisie se développer naturellement, qu'on n'épuise pas le budget en création de cadres administratifs, qu'on fasse quelques travaux publics par des procédés peu coûteux et sommaires, qu'on tranche surtout la grande question de l'assimilation des produits tunisiens aux produits français à l'entrée de la métropole; et la France possédera, selon toutes les vraisemblances, dans dix ans, de l'autre côté de la Méditerranée, une magnifique colonie de capitaux qui aura grandi avec autant de rapidité que les plus florissantes colonies anglo-saxonnes.

CONCLUSION

La France aujourd'hui n'est pas seulement campée dans l'Afrique du nord ; elle y est solidement établie. De toutes les puissances européennes elle est celle qui a la prise la plus forte et la plus profonde sur le continent africain. Combien notre Algérie et notre Tunisie diffèrent de la précaire installation des Anglais sur le Nil, ou encore de leurs possessions lointaines, menacées soit par les indigènes, soit par les Hollandais dans l'Afrique Australe! On peut appliquer aux colonies britanniques africaines l'ancien vers classique :

Et penitus toto divisos orbe Britannos.

Les principales de nos colonies d'Afrique ont, au contraire, une énorme étendue de côtes sur la Méditerranée, à vingt-huit heures de Marseille, distance que diminue chaque nouveau progrès de la navigation.

La lente et laborieuse enfance de l'Algérie est écoulée; les épreuves ne sont, sans doute, pas finies pour elle; mais déjà les fleurs et les fruits s'y montrent au-dessus des épines. Les capitalistes, qui avaient toujours dédaigné cette terre réputée barbare, se sentent maintenant de l'attrait pour elle.

Quant à la Tunisie, elle est de ces colonies heureuses qui n'ont pas connu les convulsions de l'enfance, dont la croissance est spontanée et sans arrêt. Nulle part la nature et la race indigène ne se sont offertes avec autant de docilité à l'action d'une vieille nation civilisée et opulente.

Entre l'Algérie et la Tunisie il y a cette différence : la première ressemble à un enfant que l'on a péniblement mis au monde, dont on n'a guère su diriger les premiers pas, qui a prodigieusement coûté de soucis, de peines, d'angoisses, mais qui prenant enfin le dessus sur toutes ces infirmités de sa nature et de son éducation, commence à s'avancer gaillardement dans la vie et n'en est que plus cher à ceux qui l'ont enfanté ; la seconde est comme une grande adolescente, qui s'était développée naturellement, avec des moyens restreints, mais sans l'aide de personne, et qui s'est offerte à l'adoption d'une famille intelligente et riche ; on n'a qu'à lui prêter un appui moral, à l'instruire, à la conduire dans le monde pour que toutes ses ressources naturelles viennent à s'épanouir.

Toutes les deux se complètent et nous forment la plus magnifique dépendance que l'on puisse imaginer.

Sachons administrer avec intelligence et douceur Alger et Tunis ; assimilons-nous les étrangers européens par la langue, par l'école, même par le culte ; faisons des lois de naturalisation large qui, dès la deuxième génération, ne laissent plus subsister chez les descendants d'émigrants aucun caractère exotique. Soyons justes et paternels envers les indigènes. Ne les sacrifions jamais de parti pris aux Européens. Donnons-leur graduellement tous les droits qu'ont ceux-ci. Enseignons-leur notre langue, puis nos métiers et nos arts.

Pratiquons en Afrique une politique de conservation. Ce n'est pas à nous qu'il convient d'ébranler soit l'Empire du Maroc, soit la Tripolitaine. Ne nouons aucune intrigue dans ces deux pays, limitrophes de nos possessions. Mais, sans aigreur envers aucune puissance européenne, tâchons de prévenir les intrigues d'autrui. Il serait insensé de notre part de nous faire des querelles soit avec l'Espagne, soit avec l'Allemagne, soit avec l'Angleterre, soit avec l'Italie, au sujet des pays barbaresques. Tâchons de maintenir aussi longtemps que possible le *statu quo.*

Il se peut que la Tripolitaine doive devenir un jour la propriété d'une puissance européenne ; ce serait, en soi, une bien maigre possession ; mais, sans user d'autres armes que celles de la diplomatie, tâchons de conserver longtemps la Porte pour voisine.

L'Empire du Maroc est exposé à s'écrouler un jour ou l'autre. Il est de notre intérêt que ce soit le plus tard possible. Si pendant un quart de siècle ou un demi-siècle le chérif pouvait être maintenu sur son trône agité et dans l'intégrité de ses possessions prêtes à se dissoudre, ce serait un gain pour nous. Ne hâtons pas d'une minute le jour où cet autre « homme malade » disparaîtra en laissant un héritage contesté.

Nous ne saurions jamais revendiquer l'intégralité du Maroc ; ce serait de notre part une grande faute ; c'est un morceau beaucoup plus vaste et beaucoup plus résistant que l'Algérie. La puissance européenne qui voudrait entreprendre cette conquête y perdrait des milliards et des dizaines de mille hommes.

Quand le jour sera venu, jour que nous espérons lointain, où la succession marocaine sera ouverte, nous devrons nous entendre cordialement avec l'Espagne, qui depuis deux siècles, sauf une courte querelle de famille que nous avons provoquée, s'est toujours montrée pour nous une excellente parente et une cordiale voisine.

Ni nous, ni l'Espagne ne saurions accaparer pour l'une de nous ce grand Empire auquel on attribue 750,000 à 800,000 kilomètres carrés de superficie et 7 à 8 millions d'habitants. Une entente entre la France et l'Espagne, dans des conditions équitables et pratiques, sera absolument nécessaire pour trancher ce délicat problème de l'héritage marocain.

La France et l'Espagne sont les héritières naturelles, tout indiquées par leur voisinage, par leurs antécédents historiques, par l'influence que l'une et l'autre peuvent exercer sur les habitants, par la possibilité pour les enfants d'Espagne et de France de s'acclimater dans le pays et d'y faire souche. La démarcation naturelle entre les possessions futures de la France et de l'Espagne serait la ligne des hauts sommets de l'Atlas, qui commence un peu à l'ouest de la rivière Moulouya sur la Méditerranée et qui vient aboutir sur l'Atlantique au cap Nun, presque en face les Canaries.

Cet accord laisserait à la France le Maroc Oriental, le Touat, le Tafilet et aussi toute la vallée de l'Oued Draa qui vient se jeter dans l'Atlantique. Le lot de l'Espagne serait incomparablement le plus riche comme sol, le plus peuplé, celui qui contient toutes les villes. C'est la nature qui le lui a dévolu. Nous lui prêterions un concours moral pour s'en mettre en possession. L'Espagne et la France n'ont rien à craindre l'une de l'autre.

Il importe, d'ailleurs, je le répète encore, que le jour de cette liquidation marocaine soit aussi éloigné que possible. Si nous en parlons, c'est comme d'une éventualité que la France doit s'efforcer de reculer.

Chaque heure, pourvu que nous ne nous lancions pas de nouveau dans des aventures européennes, fortifie notre situation en Afrique. Nous serions bien fous d'être impatients. Le temps travaille pour notre œuvre; il contribue à la consolider et contribuera plus tard à l'accroître.

Quand on célébrera, en 1930, le centenaire de notre descente à Alger, on comptera dans nos provinces africaines actuelles, si nous avons su être sages et persévérants, environ deux millions d'hommes d'origine européenne, huit ou dix millions d'Arabes ou Kabyles, dont beaucoup seront francisés; nous dominerons une grande partie du Soudan; une immense étendue de ce vaste continent qui s'appelle l'Afrique sera sous notre dépendance, et aura reçu l'empreinte de notre civilisation.

FIN.

TABLE ANALYTIQUE

DES MATIÈRES CONTENUES DANS CE VOLUME

ACCLIMATATION des Européens en Algérie, 61.
ACHOUR (L') en Algérie, 209. Voir aussi au mot *Impôts*.
ADJUDICATION des terres domaniales en Algérie, 106.
ADMINISTRATION. Son rôle en Algérie, 129.
ADMINISTRATION COLONIALE. Son mauvais système de recrutement en Algérie, 299.
AGRICOLE (Matériel) parmi les Européens et les indigènes en Algérie, 121.
ALSACIENS-LORRAINS (Villages peuplés par les), 94.
ANNONE. Détails sur l'ancienne annone romaine, 357.
ARABES. Politique à suivre envers eux, 70. — Leur part dans les impôts, 200. — Description des impôts arabes en Algérie, 209. — L'instruction chez les Arabes, 251. — Nécessité d'ouvrir des carrières aux Arabes de la classe moyenne, 272. Voir aussi au mot *Indigènes*.
ARABE (Langue), 265.
ARABES FRANÇAISES (Écoles), 252.
ARCH. Territoires arch ou collectifs, 126, 149.
ARTÉSIENS (Puits), en Algérie, 146; en Tunisie, 336.
ASSIMILATION. Projet d'assimilation de l'Algérie à la France, 298.
AUTONOMIE. Impossibilité de l'autonomie pour l'Algérie, 298.
BANQUES. Création de la Banque de l'Algérie et de ses succursales, 221. — Les escomptes, 222. — Utilité de la liberté des banques, 224. — Projet de création d'une banque d'État en Tunisie, 349.
BERBÈRES (Les). Origines et caractères, 28. — Les Berbères tunisiens, 327.
BEY (Le) de Tunis. — Sa liste civile et celle de sa famille, 377.
BUDGET. Le budget de l'Algérie, 201. — Les recettes et les dépenses de l'Algérie de 1840 à 1886, 205. — Décomposition des recettes, 207. — Fâcheuse confusion du budget algérien et du budget français, 218. — Les budgets municipaux en Tunisie, 391. — Le budget tunisien, 404. — Causes de sa prospérité actuelle, 405. — Analyse de ce budget, 406. — Étroitesse réelle du budget tunisien, 406.
CADIS. Les cadis en Algérie, 269. — Modifications apportées à leurs fonctions, 270.
CAPITULATIONS (Les) en Tunisie, 369. — Leur suppression, 374.
CENTRES de population, 88. — Suppression de certains centres, 89.

//458//

Céréales (Les) dans l'ancienne province romaine d'Afrique, 357.
Chemins de fer (Les) en Algérie, 159. — Leur étendue, 162. — Défauts du réseau, 163. — Sa productivité, 167. — Chemins de pénétration, 168. — Les chemins de fer en Tunisie, 396.
Chemins vicinaux (Les) en Algérie, 157.
Chênes-liège (Forêts de). Voir au mot *Forêts*.
Climat : de l'*Algérie*, 25; de la *Tunisie*, 324.
Colons. Les griefs des colons tunisiens, en quoi ils sont fondés, en quoi exagérés, 433.
Colons ruraux. — Leur nombre, en Algérie, 109. — La Tunisie ne se prête pas encore à l'installation de petits colons autonomes, 346.
Colonies suisses de Sétif ; leur succès tardif, 358.
Colonisation officielle. Voir au mot *Concession*. — Caractère particulier de la colonisation en Tunisie, 346. — Divers types de la colonisation tunisienne, 348.
Commandite agricole. — En quoi elle consiste; services qu'elle pourrait rendre, 233.
Commerce (Le) de l'Algérie, 177 à 185. Voir aussi aux mots *Exportation* et *Importation*. Comparaison avec le commerce australien, 180. Commerce de l'Algérie avec les différentes contrées, 183. — Part de la France dans le commerce algérien, 184. — Le commerce extérieur de la Tunisie, 419. — Part respective de la France et de l'Italie dans le commerce tunisien, 426. — Des charges qui pèsent sur le commerce tunisien, 428.
Commission financière internationale (La) en Tunisie, 370.
Communes. Leur organisation en Algérie, 283.
Compagnies. Les grandes Compagnies foncières en Algérie, 226. —
Les Compagnies foncières en Tunisie, 348. — La Compagnie génevoise de Sétif, 359.
Comptoirs d'escompte. Les Comptoirs d'escompte locaux en Algérie, 228.
Concessions de terres. — Leur régime et ses inconvénients, 79. — Montant des concessions, 96. — Renseignements sur le nombre des familles concessionnaires, 97. — Sur les dépenses faites par l'État, 99, 102. — Concessions à titre exceptionnel en Tunisie, 336.
Conquête de l'*Algérie* : les diverses étapes et les diverses dates, 4. — Conquête de la *Tunisie*, 307.
Conseils généraux en Algérie, 281. — Les assesseurs musulmans, 284.
Conseil supérieur de gouvernement, 280.
Contrôleurs civils (Les) en Tunisie, 378.
Crédit. Son utilité dans les colonies 220. — Taux élevé de l'intérêt en Algérie, 225, 230.
Crédit Foncier Algérien. — Ses opérations, 230.
Criminalité en Algérie, comparée à celle de la France, 293 (note).
Cultures indigènes en Algérie, 120. — Les cultures diverses en Tunisie, 339.
Dattiers. Voir au mot *Palmiers*.
Décrets. Nécessité de renoncer au régime des décrets, 294.
Départements. Les budgets départementaux en Algérie, 208. Voir aussi au mot *Impôts*.
Dette. Conversion de la dette tunisienne, 372.
Domaine et terres domaniales. — Ventes, 83, 84 (note). — Sénatus-consulte de 1863, 92. — Importance actuelle et valeur du domaine de l'État en Algérie, 104. — Adjudication des terres domaniales, 106, 199. — Les grands domaines privés en Tunisie, 338. — Le domaine forestier tunisien, 415.

DOUANE. Les droits de douane dans les colonies, 193. — Voir aussi au mot *Impôts*. — Produit des droits de douane en Algérie. — Les droits de douane en Tunisie et leur rendement, 419. — De la réforme de ces droits, 430, 439. — Urgence de la Réforme douanière en Tunisie, 445.

EAUX (Régime des) en Algérie. — Voir au mot *Hydraulique*.

ÉLECTORAT chez les indigènes d'Algérie, 285. — De l'extension nécessaire des droits électoraux des indigènes, 288.

ENZEL. Rente foncière en Tunisie,364.

ESPAGNOLS. Proportion des Espagnols et des Français dans la province d'Oran, 52. Voir aussi au mot *Population européenne*.

ÉTAT CIVIL. — Constitution de l'état civil chez les indigènes, 127, 249, 250 (note).

EXPORTATIONS de vin d'Algérie, 117 (note). — Exportation totale d'Algérie, 177. — Principaux articles exportés, 181. — Les exportations de Tunisie, 423. — Principaux articles d'exportation, 424. — Part respective de la France et de l'Italie dans les exportations tunisiennes, 426.

EXPORTATION (Droits d') en Tunisie, 427. — Charges considérables de ces droits, 429.

EXPROPRIATION des terres des Arabes, projet relatif à ce sujet, 100.

FÉMININ (Sexe). Plus grande facilité d'acclimatation du sexe féminin que du sexe masculin en Algérie, 60.

FINANCES. Réorganisation des finances tunisiennes, 372, 404. — Voir aussi aux mots *Budget*, *Impôt*, etc.

FONCIER (Projet de régime) en Algérie, 152. — En Tunisie. Voir *Act Torrens*.

FONCIER (Impôt). Voir à *Impôts*.

FORÊTS. Étendue et régime en Algérie, 132. — Les incendies et leurs causes, 136. — Impunité des Européens dans les incendies de forêts, 138. — Les forêts de chênes-liège, 139. — Les forêts en Tunisie,413.—Grandes espérances fondées sur leur rendement, 415.

GARANTIE D'INTÉRÊTS pour les chemins de fer algériens, 169, 206.

GÉOGRAPHIE de l'*Algérie*, 21. — Géographie de la *Tunisie*, 319.

GOUVERNEMENT GÉNÉRAL. Utilité de son maintien en Algérie, 298.

HABBOUS (Biens) en Tunisie, 364.

HOCKOR (L') en Algérie, 209. Voir aussi au mot *Impôts*.

HYDRAULIQUE (Politique) en Algérie, 140. — Méthode à suivre, 141. — Projets de travaux, 144.

HUILE. Voir au mot *Olivier*.

HYBRIDE (Caractère) de la population française en Algérie, 46, 47, 54.

HYDROGRAPHIE de l'*Algérie*, 24. — Hydrographie de la *Tunisie*, 322.

IMMIGRATION. Le gouvernement s'oppose dans les premiers temps à l'immigration en Algérie, 31. — Il l'encourage de 1838 à 1845, 32. — Nouvelle opposition à l'immigration au début de l'Empire, 33. — L'immigration annuelle en Algérie, 172. — Immigration des Italiens en Tunisie, 448.

IMPORTATION de vin en Algérie, 117 (note). — Importation totale en Algérie, 177. — Les importations en Tunisie, 419. — Différentes catégories de marchandises importées, 421.

IMPÔTS. L'octroi de mer en Algérie, 187. — Difficulté des impôts dans les colonies, 191. — L'impôt foncier dans les colonies, 194. — L'impôt foncier en Algérie, 195. — L'impôt foncier sur les propriétés bâties, 196. — Part des Arabes et des Européens dans les impôts en Algérie, 200. — Décomposition des recettes de l'Algérie, 207. — Progression du produit des impôts, 208. — Les taxes départementa-

les, 208. — Les impôts arabes en Algérie, 209. — Progression des impôts arabes, 212. — Les impôts en Tunisie, 406. — Les droits d'exportation en Tunisie, 429. — De la réforme des impôts en Tunisie, 439.
INCENDIES. Voir au mot *Forêts*.
INDEMNITÉS pour insurrection, 91.
INDIGÉNAT (Le code de l'). Nécessité de le supprimer, 274.
INDIGÈNES de l'*Algérie*. — Leurs origines diverses, 27. — La propriété chez les indigènes. Voir au mot *Propriétés*, au mot *État civil*. — Les trois politiques à suivre vis-à-vis des indigènes algériens, 236. — Nécessité de la fusion avec l'élément européen, 239. — L'enseignement chez les indigènes, 251. — Insuffisance et mauvaise direction des sacrifices faits par la France pour instruire les indigènes, 251. — Représentation des indigènes aux conseils locaux, 285, 287. — Nécessité de les faire représenter au Parlement métropolitain, 288. — Pouvoirs trop grands des administrateurs civils à leur endroit, 299. — La main-d'œuvre indigène en Tunisie, 351. — Concours des indigènes comme métayers ou fermiers, 360, 362. — Les autorités indigènes en Tunisie, 379. — Dispositions des indigènes tunisiens pour l'instruction, 394.
INSTRUCTION (L') chez les indigènes algériens, 251. — Son insuffisance, 254 à 264. — L'instruction publique en Tunisie, 393, 410.
INSURRECTION de 1871. — Conséquences, 91.
ITALIE. Commerce de l'Italie avec la Tunisie, 426, 445.
ITALIENS (Les) en Tunisie, 353, 448.
JURY. En quoi le jury criminel est organisé d'une façon partiale en Algérie. — Nécessité d'y introduire des indigènes, 273.

JUSTICE. La justice française et la justice musulmane, 266. — Nombre d'affaires portées par les musulmans devant les tribunaux français, 268. — Défauts de la justice criminelle à l'endroit des indigènes, 273. — La justice française et la justice indigène en Tunisie, 374, 382. — Dépenses des tribunaux français en Tunisie, 387.
KABYLES. La capitation chez les Kabyles, 210. — En quoi les Kabyles se rapprochent des français, 240.
LEZMA (La). Impôt arabe, 209. — Voir aussi au mot *Impôt*.
MAGHREB ou Maurétanie, 20.
MAGISTRATURE. Voir au mot *Justice*.
MAIN-D'ŒUVRE AGRICOLE (La) en Tunisie, 351.
MARCHÉS. L'énormité des droits de marché en Tunisie, 407, 443.
MAURÉTANIE. Les vicissitudes qu'elle subit, 20.
MÉTAYAGE (Exemple de) avec les indigènes, 359.
MÉTROPOLE. Dépenses de la métropole pour l'Algérie, 205, 215.
MIXTES (Mariages) en Algérie, 53.
MIXTES (Communes) en Algérie, 284.
MIXTE (Tribunal) en Tunisie. — Utilité de cette juridiction, 386.
MONOPOLES (Les) en Tunisie, 407.
MORTALITÉ parmi les Européens, depuis la conquête, 38. — Des différents éléments de la population européenne, 40. — Faible mortalité actuelle, 48.
MUNICIPALITÉS (Les) en Tunisie, 388. Leurs dépenses, 391.
MUSULMANE (Population). Son accroissement en Algérie, 65. — Causes de cet accroissement, 66. — Perspectives pour l'avenir, 71.
NATALITÉ dans la population européenne en Algérie, 42.
NATURALISATIONS en Algérie, 44. — Nécessité de modifier les lois sur les naturalisations, 72.

NAVIGATION (La) en Algérie : part du pavillon national et des pavillons étrangers, 185.
NOTAIRES. Nombre des actes passés par les musulmans devant les notaires français, 273.
OCCUPATION. Faiblesse du corps d'occupation en Tunisie, 366.
OCTROI DE MER (L') en Algérie, 187. — Réformes récentes, 189. — De la nécessité d'introduire l'octroi de mer en Tunisie, 439.
OLIVIER (L') en Tunisie du temps des Romains et aujourd'hui, 354. — Des charges qui pèsent sur sa culture, 430, 441.
OPPOSITION des Chambres françaises à la colonisation sérieuse de l'Algérie, 11.
ORGANISATION POLITIQUE de l'Algérie, 277. — De la représentation des indigènes au Parlement métropolitain, 288.
ORIGINE DE NOTRE COLONISATION ALGÉRIENNE. En quoi elle diffère de celle de la plupart des colonies modernes, page 2.
PALMIERS DATTIERS (Culture des) en Algérie, 148 (note). — Même culture en Tunisie, 355. — Réserves à faire sur la description de Pline, 355.
PARLEMENT. De la représentation des indigènes au Parlement métropolitain, 288.
PEUPLEMENT. Lenteur et marche du peuplement en Algérie, 32.
PHYLLOXÉRA. En Algérie, 118.
PLUS-VALUES des impôts. Programme reposant sur leur emploi en Algérie, 217.
POLITIQUE (Régime). De l'Algérie, 277.
POLYGAMIE. Ses causes, 245. — Nombre des polygames en Algérie, 246 (note).
POPULATION EUROPÉENNE EN ALGÉRIE. Son importance à diverses époques, 32, 35. — D'après le recensement de 1886, 36 (note), 52. — Population européenne comparée, dans son développement, à celle de l'Australie, 37 (note). Les différents éléments dont elle se compose, 42. — Accroissement naturel et inégal des différents éléments européens, 48, 67.
POPULATION RURALE (Importance de la), 83, 109.
PORTS (Travaux de) en Algérie, 173. Projets de travaux de ports en Tunisie, Tunis, Bizerte, etc., 397, 399.
PROPRIÉTÉ. Chez les Arabes, 78. — Loi de 1873 sur la propriété privée chez les indigènes, 123. — État d'avancement des travaux de constitution de cette propriété, 123 à 125.
PROPRIÉTÉ EUROPÉENNE en Algérie (Étendue de la), 109. — Propriétés européennes en Tunisie, 336.
PROTECTORAT. Tentatives à demi conscientes pour créer en Algérie, au début de l'occupation, une sorte de protectorat, au lieu du gouvernement direct par la France, page 7. — Origine et naissance du protectorat en Tunisie, 305. — Caractère indécis de ce régime pendant les premières années, 317. — Utilité du protectorat en Tunisie, 367, 381.
PUITS ARTÉSIENS en Algérie, 146. — En Tunisie, 336.
RECENSEMENTS. Analyse des recensements algériens, 36 (note), 58, 66.
RECETTES. Voir aux mots *Impôts* et *Budget*.
REPRÉSENTATION des indigènes : aux conseils municipaux, 285 ; aux conseils généraux, 287. — Nécessité de faire représenter les indigènes au Parlement métropolitain, 288.
RESPONSABILITÉ collective des tribus. — Ses inconvénients, 293.
ROUTES (Les) en Algérie, 155. — Les routes ou pistes en Tunisie, 395. 398.

RURALE (Population européenne). Voir au mot *Population rurale*.
SADIKI (Le collège) à Tunis, 303.
SAHEL (Description du), 23.
SEQUESTRE des biens des Arabes, 93.
SOUDAN. Utilité de voyages et de chemins de fer dans la direction du Soudan, 303.
TELL (Description du), 22.
TERRES (Régime des) en Algérie, 75, 84. — Achats de terres par les Européens aux Musulmans en Algérie, 108. — Etendue des terres appartenant aux Européens en Algérie, 109. — Ventes de terres domaniales, 199. — Voir aussi au mot *Domaine*. — Abondance des terres disponibles en Tunisie, 335. — Achats de terres faits par les Européens dans ce pays, 336. — Prix des terres en Tunisie, 338.
TERRITOIRE CIVIL en Algérie, 282. — Ses accroissements, 283, 284.
TOPOGRAPHIE (Service de la) en Algérie, 149. — Topographie de la Tunisie, 323.
TORRENS (Act), 154. — Son importation en Tunisie, 363.
TRAITÉS de la Tafna, 15. — Anciens traités avec la Tunisie, 311. — La Tunisie au Congrès de Berlin, 313.
— Le traité du Bardo ou de Kasr-es-Saïd, 317. — Insuffisance et développements graduels de ce traité, 369.
TRAVAUX hydrauliques. Voir au mot *Hydraulique*.
TRAVAUX PUBLICS. Voir aux mots *Routes*, *Chemins de fer*, *Ports*. — De la méthode à suivre pour les travaux publics en Tunisie et en Algérie, 397. — Le personnel des travaux publics en Tunisie, 401.
TRIBUS. Désagrégation des tribus, 244. — Responsabilité collective des tribus, 293.
VENTES de terres domaniales, 83, 106. — Ventes de terres par les musulmans aux européens, 108.
VIN. Voir au mot *Viticulture*.
VITICULTURE en Algérie, 110. — Etendue des vignes, 113. — Les récoltes de vin en Algérie, 117. — Rendement moyen par hectare, 121 (note). — Les grands vignobles en Tunisie, 340. — Conditions de la Tunisie pour la culture de la vigne, 341. — La vigne dans l'ancienne province romaine d'Afrique, d'après les écrivains latins, 343.
ZEKKAT. Impôt arabe, 209. — Voir aussi au mot *Impôt*.

FIN DE LA TABLE ANALYTIQUE DES MATIÈRES.

TABLE DES MATIÈRES

LIVRE PREMIER
L'ALGÉRIE

CHAPITRE PREMIER
LES ORIGINES ACCIDENTELLES DE NOTRE ÉTABLISSEMENT EN ALGERIE. — CARACTÈRE TOUT PARTICULIER DE CETTE COLONIE.

CONSIDÉRATIONS GÉNÉRALES. — Origine tout exceptionnelle de notre établissement colonial en Algérie. — L'Algérie doit tenir une place à part dans l'histoire de la colonisation.
Coup d'œil historique sur les commencements de la conquête. — Irrésolution des Chambres et du gouvernement. — Hostilité d'un grand nombre d'importants personnages parlementaires.
La politique qui prévaut pendant huit ans est celle de l'occupation restreinte. — On cherche confusément en Algérie l'application d'une formule analogue à celle du protectorat. — Efforts persévérants pour gouverner l'intérieur du pays au moyen de princes indigènes, plutôt alliés que dépendants. — Les combinaisons avec la famille beylicale de Tunis. — Les nombreux traités avec Abd-el-Kader. — Les propositions faites à Achmed, bey de Constantine.
La société indigène algérienne n'était ni assez compacte ni assez assise pour fournir les éléments d'un protectorat.
L'Algérie n'est devenue une colonie que fortuitement et malgré l'intention de la métropole.. 1

CHAPITRE II
LE PAYS ET LES HABITANTS.

L'Algérie appartient au monde méditerranéen plutôt qu'au monde africain. — Relations constantes de l'Algérie à travers les âges avec l'Europe méridionale et l'Asie orientale.
Situation géographique et caractère topographique de la contrée. —

La division empirique : le Tell, les hauts plateaux et le Sahara. — Le relief du sol. — Le régime des eaux. — Le climat.

Toutes les races du sud et du centre de l'Europe et de l'Asie orientale se sont superposées en Algérie. — Les restes de populations romaines ou imprégnées de latinisme. — Les anciens habitants du temps de la conquête de Rome. — Proportion présumée des Berbères et des Arabes. — Les descendants des Maures chassés d'Espagne.

La civilisation européenne peut à la longue rendre leurs qualités agricoles primitives aux anciens Berbères, aux anciens Romains, aux anciens Maures andalous, et exercer une influence heureuse sur les descendants même des Arabes nomades... 19

CHAPITRE III

L'IMMIGRATION. — LE PEUPLEMENT. — L'ACCLIMATATION.

Obstacles que dans les premiers temps le gouvernement oppose à l'immigration. — Infiltration lente de l'élément européen. — Appel aux agriculteurs européens vers 1840. — Alternatives de faveur et de rigueur vis-à-vis de l'immigration.

Marche ascendante de la population européenne. — Comparaison du peuplement de l'Algérie avec le peuplement de l'Australie. — Excédent des décès sur les naissances pendant les vingt premières années. — Depuis lors, excédent notable et continu des naissances sur les décès dans l'élément européen.

Acclimatation inégale des diverses nationalités européennes. — Proportion de ces diverses nationalités dans le nombre total des colons. — Craintes inspirées par l'afflux des Espagnols. — Les naturalisations. — Moyens de favoriser à la longue la naturalisation des Européens étrangers.

Caractère hybride de l'élément français en Algérie. — Nécessité d'une union politique pendant plusieurs siècles de l'Algérie avec la France. — Le recensement de 1866. — Augmentation considérable de la population indigène... 31

CHAPITRE IV

LE RÉGIME DES TERRES ET LA COLONISATION.

Nécessité d'avoir des idées claires sur ce que la France veut faire en Afrique.

L'Algérie ne peut être ni une simple colonie de peuplement comme le Canada ou l'Australie, ni une simple colonie d'exploitation comme les Indes ou Java.

Caractère mixte que doit avoir la colonie algérienne.

Situation défavorable de l'Algérie pour le régime des terres. — La propriété indivise des Arabes. — Le domaine du bey.

Les concessions de terre et les obligations qu'elles entraînaient primitivement. — Améliorations apportées à ce régime.

Essai en 1850 et en 1860 de la méthode de vente des terres suivant les procédés australiens. — La population agricole européenne en 1864.

Perfectionnements apportés en 1881 au régime des concessions gratuites.

Les deux méthodes simultanées par lesquelles procède la colonisation territoriale : les concessions et les achats de terres aux Arabes.

Le système de colonisation par centres ou villages.

Étroitesse de la zone de colonisation.

Rappel en 1855 des colons établis dans des localités excentriques.

Pénurie du domaine. — L'insurrection de 1871 accroît l'étendue du domaine au moment où il était presque épuisé. — Les colons alsaciens-lorrains. — Caractère artificiel de cette colonisation.

Étendue des concessions de terres depuis 1870. — Projet de loi relatif à l'expropriation de 3 ou 400,000 hectares de terres appartenant aux indigènes. — *Critiques adressées à ce projet de loi.* — *Le gouvernement ne doit pas exproprier les propriétaires indigènes.*

Comment la colonisation agricole peut se développer. — La colonisation agricole spontanée et indépendante égale déjà la colonisation agricole officielle.

Nombre des colons ruraux en Algérie.

La production agricole chez les Européens et chez les indigènes. — La viticulture.

La race arabe ne doit pas être dépossédée. — Dans peu d'années, la colonisation officielle n'aura plus de raison d'être.

La loi de 1873 sur la constitution de la propriété privée. — Lenteur des premiers résultats. — État actuel des travaux.

Achats considérables de terres faits à l'amiable par les Européens aux Arabes. — Importance du domaine public actuel. — Succès de la vente aux enchères d'une petite partie de ce domaine en 1855 et en 1886. — Constitution de l'état civil chez les indigènes.................. 74

CHAPITRE V

LE ROLE DE L'ADMINISTRATION EN ALGÉRIE.

Le rôle de l'administration est immense dans les colonies nouvelles, il est néanmoins compatible avec les libertés des colons. — L'administration doit se restreindre aux grands services d'intérêt collectif. — Les dépenses préparatoires et les dépenses conservatoires. — L'administration des forêts. — Les puits artésiens. — Le service topographique. — L'introduction d'un régime perfectionné de conservation et de transmission de la propriété... 129

CHAPITRE VI

LES TRAVAUX PUBLICS, LEUR IMPORTANCE, LA DIRECTION A LEUR DONNER.

Étendue des routes en Algérie. — Les chemins. — Les dépenses pour travaux divers. — Les ports.

Les chemins de fer. — De la productivité des chemins de fer algériens. — Les travaux projetés. — De la nécessité de faire des lignes perpendiculaires à la mer et de les pousser jusqu'à l'extrême Sud. — De l'exploitation du désert. — Le Transsaharien. — Les chemins de fer doivent être construits en Algérie à beaucoup moins de frais et beaucoup plus rapidement qu'on France.

Les vices généraux du système français en matière de travaux publics. — Influence des travaux publics sur l'immigration............... 154

CHAPITRE VII
LE RÉGIME COMMERCIAL.

Régime relativement libéral de 1861. — Le développement du commerce extérieur algérien de 1850 à 1864 et de 1864 à 1885. — Les principaux articles d'importation et d'exportation de l'Algérie. — Le commerce avec les différentes contrées. — Le mouvement de la navigation. — Assimilation de la France à l'Algérie pour le régime douanier. — L'octroi de mer. — Caractère de cet impôt; les réformes dont il a été l'objet. — Son produit et celui des douanes. — Tendances protectionnistes de la part de la métropole. — Idée de la création de ports francs. — Utilité d'un régime douanier libéral... 176

CHAPITRE VIII
LE RÉGIME FINANCIER ET LES IMPÔTS.

Utilité d'un bon régime financier dans une colonie. — De l'établissement de l'impôt foncier. — Des inconvénients particuliers de hauts droits d'enregistrement dans une colonie. — Le budget colonial de l'Algérie. — Les budgets départementaux et communaux.

Données contradictoires qu'offrent les statistiques algériennes et les statistiques françaises relativement à l'équilibre des budgets algériens. — La France paie actuellement chaque année, sans y comprendre les dépenses militaires, une trentaine de millions de francs pour l'Algérie. — Les sacrifices faits par la France, depuis 1840, pour les services civils de la colonie.

Les impôts arabes. — Grande augmentation de leur rendement. — Détails sur leur organisation. — Accroissement du taux de la capitation des Kabiles en 1887. — Incident de la caravane parlementaire dans la même année.

Comparaison des charges des Français et des indigènes. — Réformes à introduire dans le budget algérien................................. 192

CHAPITRE IX
LE CRÉDIT.

Importance de la question du crédit. — Exemple des États-Unis. — Taux élevé de l'intérêt dans les colonies. — Mesures qui peuvent tendre à l'a-

TABLE DES MATIÈRES.

baisser. — La Banque de l'Algérie, son développement depuis un quart de siècle et ses opérations. — Ses lacunes et ses faiblesses. — Projets de fusion avec la Banque de France : inconvénients de cette solution. Les compagnies banquières diverses. — Les comptoirs d'escompte locaux. — Le Crédit foncier et agricole d'Algérie. — Énormité du taux des prêts agricoles. — Remèdes factices sollicités par les colons. — Utilité d'introduire en Algérie la liberté des banques d'émission. — Les comptoirs locaux pourraient, sous ce régime, se développer comme les banques d'Écosse. — La commandite agricole pourrait, en outre, fournir à bas intérêt aux colons une partie des capitaux permanents dont ils ont besoin. — En quoi consiste ce régime.. 220

CHAPITRE X
DE LA POLITIQUE A SUIVRE A L'ÉGARD DES INDIGÈNES.

Situation sans précédent de notre colonie algérienne. — Les trois politiques que l'on peut suivre à l'égard des indigènes : le refoulement, le fusionnement, l'abstention. — Dangers de la première et de la dernière; nécessité de l'intermédiaire. — Oscillations de notre politique à ce sujet.

Des obstacles à la fusion de l'élément indigène et de l'élément européen. — Ces obstacles ne sont pas insurmontables avec le temps et la persévérance. — Les différents éléments de la population indigène. — La féodalité arabe est liée à la propriété collective. — De la désagrégation de la tribu. — De l'institution de la polygamie. — Raisons d'être de la polygamie chez les Arabes. — La division du travail et le développement des échanges devront singulièrement restreindre la polygamie. — Petit nombre actuel des polygames.

De l'instruction chez les indigènes. — Efforts modiques faits avant 1870 : les écoles arabes françaises d'alors. — Les collèges arabes français d'Alger et de Constantine. — Depuis 1870, réaction contre l'enseignement des indigènes. — Préjugés des colons. — Suppression des collèges arabes-français. — Petit nombre des écoles arabes-françaises. — Chiffre infime des indigènes qui reçoivent de l'instruction. — Dotation mesquine de ce service dans le budget colonial et dans les budgets locaux.

La justice et les indigènes. — Les procès portés librement par les indigènes devant nos tribunaux. — Nombre et situation des cadis ; ils ignorent presque tous la langue française. — Les juges de paix français jugeant les différends entre indigènes. — Grand nombre des actes faits entre musulmans devant les notaires français. — Organisation vicieuse de la justice criminelle à l'égard des indigènes. — De la suppression du Code de l'indigénat. — Nécessité de se concilier la classe moyenne indigène en lui faisant une place dans nos cadres administratifs et judiciaires... 235

CHAPITRE XI
DU RÉGIME POLITIQUE DE L'ALGÉRIE.

Phases diverses par lesquelles ont passé les institutions algériennes. — Alternatives du régime libéral et du régime restrictif. — Division de l'Algérie en territoire civil et en territoire militaire. — Étendue et population de chacune de ces deux régions. — Raisons d'être de cette division.
Organisation municipale : les communes de plein exercice, les communes mixtes et les communes indigènes. — Difficultés spéciales de la vie municipale algérienne. — Les électeurs indigènes et les anciens électeurs européens non Français.
Des droits des indigènes. — Les assesseurs musulmans dans les conseils généraux. — De la représentation des indigènes dans le parlement métropolitain.
L'Algérie doit être régie par des lois, non par des décrets ou des arrêtés. — La politique de l'assimilation et la politique de l'autonomie. — De la création en Algérie d'un personnel administratif spécial à l'abri des fluctuations politiques.................................. 276

LIVRE DEUXIÈME
LA TUNISIE

CHAPITRE PREMIER
ÉTAT GÉNÉRAL DES ESPRITS EN FRANCE ET A TUNIS RELATIVEMENT A NOTRE PROTECTORAT TUNISIEN.

CHAPITRE II
L'OCCUPATION DE LA TUNISIE PAR LA FRANCE.

Anciennes relations diplomatiques de la France et de la Régence de Tunis. — Les divers traités passés au xix° siècle. — Rôle prédominant de nos consuls en Tunisie. — Attitude ferme de M. Guizot à l'égard de la Porte qui voulait réoccuper la Régence. — Les travaux publics exécutés avec la garantie de la France en Tunisie : le chemin de fer de la Medjerda. — La Tunisie au congrès de Berlin.
Les relations pratiques de la Tunisie avec l'Algérie. — Les incursions fréquentes sur notre territoire des tribus montagneuses tunisiennes. — Opinion d'un voyageur russe, M. de Tchihatchef. — Intrigues anglaises

et italiennes à Tunis. — Les griefs sérieux de la France contre le bey. — Entrée des troupes françaises dans la Régence. — Le traité du Bardo ou de Kasr-es Saïd. — Insuffisance de ces conventions. — La révolte de Sfax et les massacres d'Oued Zergua. — Occupation totale et définitive de toute la Régence... 310

CHAPITRE III

GÉOGRAPHIE ET ETHNOGRAPHIE DE LA TUNISIE.

Situation de la Tunisie. — Configuration et relief du sol. — Supériorité à ce point de vue du sol tunisien sur le sol algérien. — Large ouverture des vallées. — Les vents dominants et les pluies. — L'hydrographie tunisienne. — Bonnes conditions hygiéniques du pays.
    Ethnographie. — Berbères, Arabes, Maures, Juifs. — Caractères de la population.. 319

CHAPITRE IV

LES PROCÉDÉS DE COLONISATION.

Les diverses classes de colonies. — La colonie doit être d'abord et pendant un certain temps une colonie d'exploitation ou de capitaux. — Le développement industriel doit y être précédé par le développement agricole.
Ressources variées de la Tunisie pour la culture. — Achats de terres par les Européens. — Grande quantité de terres disponibles.
L'élève du bétail. — La vigne. — Aptitude du sol tunisien pour la vigne. — Jugement des auteurs latins sur les vins de Tunisie.
La Tunisie ne se prête pas encore à la petite propriété européenne. — Les deux types d'exploitation européenne qui peuvent actuellement réussir : la très grande propriété par le mode d'association restreinte, et la moyenne propriété avec résidence du propriétaire. — Inconvénients des emprunts. — Difficulté de trouver des régisseurs.
La main-d'œuvre : Arabes ou Kabyles, Siciliens, Français.
Les cultures diverses. — L'olivier. — Les dattiers.
La culture des céréales. — Renseignements sur l'annone romaine et sur la part qu'y prenaient les provinces formées du territoire actuel de la Tunisie.
La production des céréales au moyen de fermiers ou de métayers arabes. — Un excellent exemple est fourni par une exploitation algérienne, celle de la Compagnie génevoise de Sétif. — Les conditions, les cadres, les résultats de cette exploitation. — Les calculs de M. Pascal : en quoi ils sont exagérés.
La production des céréales au moyen de métayers indigènes commandités et dirigés doit aller simultanément, sur un même domaine, avec les cultures perfectionnées faites directement par les Européens.
La nouvelle loi immobilière. — Grande exagération des frais d'arpentage et d'immatriculation. — Cette énormité des frais condamne la loi à la stérilité. — Projet de reviser les tarifs................................ 329

CHAPITRE V

L'ADMINISTRATION ET LE RÉGIME DU PROTECTORAT.

Rôle de l'administration en Tunisie. — Sécurité complète du pays. — Faible effectif du corps d'occupation.

Le régime du protectorat. — Excellente et prudente conduite du premier résident français, M. Cambon. — Les obstacles à notre action en Tunisie.

Insuffisance du traité du Bardo : il ne définit aucunement les pouvoirs de l'administration française. — Situation équivoque de nos représentants au début de l'occupation. — Double vasselage de la Tunisie vis-à-vis des puissances étrangères.

La Commission financière internationale. — Heureuse conversion de la dette tunisienne. — Recouvrement de la liberté fiscale.

Les capitulations. — La juridiction consulaire. — La Réforme judiciaire.

Rattachement de la Tunisie au ministère des affaires étrangères. — Fixation des pouvoirs du résident général. — Le bey et les hauts fonctionnaires tunisiens. — Les linéaments du protectorat ne sont fixés qu'en 1884.

Les contrôleurs civils. — Leurs attributions. — Les caïds et leurs khalifats.

La magistrature nouvelle. — La justice indigène : le *chara*, l'*ouchara*. — Nécessité d'une grande prudence pour l'application de nos lois à la population musulmane. — Utilité de tribunaux mixtes. — Des nouveaux tribunaux et des nouvelles justices de paix.

Les municipalités. — Leur organisation et leur fonctionnement. — Leurs ressources. — Danger de les trop étendre. — Circonspection à apporter dans les essais de réglementation administrative. — Les budgets municipaux.

Utilité d'une subordination très sévère des pouvoirs des diverses autorités françaises. — Exemples d'indiscipline de la part des chefs de l'armée et de la justice.

L'instruction publique en Tunisie. — Heureux essor de l'enseignement français. — La Tunisie est, sous ce rapport, dans une meilleure voie que l'Algérie. — Les collèges Sadiki et Allaoui.

Les travaux publics. — La topographie rend ces œuvres plus faciles dans notre nouvelle possession africaine que dans la plus ancienne. — Les anciennes pistes arabes tenant lieu de routes. — Les chemins de fer. — Les routes. — Les ports. — Ceux de la Goulette, Tunis et Bizerte. — Inconvénient d'éparpiller les crédits. — Les dépenses d'eaux et d'égouts. — Effectif du personnel des ponts et chaussées en Tunisie........ 365

CHAPITRE VI

L'ADMINISTRATION FINANCIÈRE ET LE COMMERCE EXTÉRIEUR.

Excédents continus du budget tunisien depuis l'administration française.
Organisation financière de la Tunisie. — Analyse du budget des recet-

tes. Les reports des exercices précédents et les ressources propres à l'exercice. — Importance de la distinction.

Les impôts directs. — Les droits de douane. — Les monopoles et les marchés affermés. — Le budget tunisien paraît plus lourd que le budget algérien.

Analyse du budget des dépenses. — La dotation du bey et de sa famille. — La seule direction générale des finances absorbe près des deux tiers des ressources ordinaires de la Tunisie. — L'administration générale. — Les dépenses militaires.

Décomposition du budget des travaux publics. — Il est, pour la plus grande partie, alimenté par des fonds de reports. — Inconvénients de l'éparpillement des crédits. — Circonspection à observer en matière de travaux publics.

L'administration des forêts. — Renseignements sur les forêts tunisiennes. — Espérances de revenus qu'on fonde sur elles.

Le budget tunisien, malgré ses apparences luxuriantes, est très à l'étroit. — Il manque d'élasticité. — Les excédents sont le produit d'une grande économie. — Danger de déficits en cas de mauvaises récoltes.

La création d'une Banque privilégiée : les périls qu'elle offrirait pour le Trésor tunisien.

Le régime commercial. — L'importation. — Elle a plus que doublé sous le protectorat. — Régime des marchandises importées. — Inconvénients des traités avec les puissances étrangères. — Nature des principales marchandises importées. — Les pays de provenance. — La France tient la plus grande part dans les importations.

Les exportations tunisiennes. — Elles ont augmenté de moitié sous le protectorat. — Principales marchandises exportées. — Pays de destination. — L'exportation pour l'Italie est beaucoup plus considérable que pour la France. — L'une des causes en est dans les droits qui grèvent les produits tunisiens à l'entrée de la France continentale. — Absurdité de ces droits. — Elles font le jeu de l'Italie.

La navigation.

Les droits d'exportation. — Tarif sur les différentes marchandises. — Nécessité de diminuer, puis de supprimer ces droits. — Les dégrèvements déjà accomplis. — Du remplacement graduel des droits d'exportation par le relèvement des droits à l'importation. — De l'introduction en Tunisie de l'octroi de mer comme en Algérie............... 403

CHAPITRE VII

LA COLONIE EUROPÉENNE ET LES PROJETS DE RÉFORME.

L'état d'esprit des colons tunisiens. — La Chambre de commerce de Tunis. — Ses doléances. — Déboires d'une partie des colons. — Allégation que la Tunisie rétrograde. — Arguments sophistiques relatifs au commerce extérieure. — Il est inexact d'attribuer l'accroissement des importations au corps d'occupation.

Absurdité de l'argument tiré de l'excédent des importations sur les exportations. — Toutes les colonies jeunes importent plus qu'elles n'exportent : exemples de l'Algérie, des diverses colonies australasiennes et du Canada. — Une colonie jeune ressemble à un enfant qui doit plus recevoir que rendre.

Critiques relatives au budget tunisien. — Parti pris de dénigrement de la chambre de commerce de Tunis. — Impossibilité d'une refonte absolue du système des impôts.. 432

FIN DE LA TABLE DES MATIÈRES.

www.ingramcontent.com/pod-product-compliance
Lightning Source LLC
Chambersburg PA
CBHW051621230426
43669CB00013B/2129